"十二五"职业教育国家规划教材修订版

ICVE
智慧职教

高等职业教育在线开放课程新形态一体化规划教材

国家职业教育专业教学资源库配套教材

网 上 创 业

WANGSHANG CHUANGYE

主编 吴凌娇 宋 卫

高等教育出版社·北京

内容提要

本书是"十二五"职业教育国家规划教材，也是国家职业教育电子商务专业教学资源库配套教材。

国家职业教育电子商务专业教学资源库项目（项目编号：2011-1-7）是教育部、财政部为深化高职教育教学改革，加强专业与课程建设，推动优质教学资源共建共享，提高人才培养质量而启动的国家级高职教育建设项目。

本书遵循"立足网络零售，实施项目教学，培养创业能力，提升专业技能"的整体设计思路，以网上创业为主线进行编写。全书共设计了识别网上创业机会、寻找货源与创建网店、网店流量引入与转化、网店日常经营管理、网上创业绩效评估与风险控制、网店的公司制运作等六个项目，每个项目均以生动的漫画和故事情景引入，然后根据项目目标分解成若干个可实施的任务。全书共设计了十八个任务，每个任务均以提问形式导入，然后进行具体实施，最后有理论方面的任务思考题和实践方面的举一反三操作题。每个项目结束后，还设计了项目综合训练，项目实施总结及自我检查。本书将理论知识和操作实践有机结合，既有利于培养学生的实践动手能力，又便于教学的安排和组织。

本书可作为各类高职院校电子商务、市场营销、国际贸易等相关专业的课程专用教材或参考用书，适用的课程包括"网上创业"、"网络零售"、"网店运营"等，同时，本书也可作为阿里巴巴电子商务认证的参考书。

本书配有相关数字化教学资源，使用者可按照"郑重声明"页的资源服务提示获取资源服务。

图书在版编目（CIP）数据

网上创业 / 吴凌娇，宋卫主编 . –– 北京：高等教育出版社，2013.6（2019.6 重印）

ISBN 978-7-04-037306-6

Ⅰ . ①网… Ⅱ . ①吴… ②宋… Ⅲ . ①电子商务—高等职业教育—教材 Ⅳ . ① F713.36

中国版本图书馆 CIP 数据核字 (2013) 第 084693 号

| 策划编辑 | 赵　洁 | 责任编辑 | 谷轶波 | 封面设计 | 张　志　于　涛 | 版式设计 | 于　涛 |
| 插图绘制 | 尹文军 | 责任校对 | 杨凤玲 | 责任印制 | 赵义民 | | |

出版发行	高等教育出版社	咨询电话	400-810-0598
社　　址	北京市西城区德外大街 4 号	网　址	http://www.hep.edu.cn
邮政编码	100120		http://www.hep.com.cn
印　　刷	固安县铭成印刷有限公司	网上订购	http://www.landraco.com
开　　本	787mm × 1092mm 1/16		http://www.landraco.com.cn
印　　张	24.5	版　次	2013 年 6 月第 1 版
字　　数	447 千字	印　次	2019 年 6 月第 9 次印刷
购书热线	010-58581118	定　价	39.80 元

本书如有缺页、倒页、脱页等质量问题，请到所购图书销售部门联系调换

版权所有　侵权必究

物　料　号　37306-B0

出版说明 <<<<<<<<<<<<<

教材是教学过程的重要载体，加强教材建设是深化职业教育教学改革的有效途径，推进人才培养模式改革的重要条件，也是推动中高职协调发展的基础性工程，对促进现代职业教育体系建设，切实提高职业教育人才培养质量具有十分重要的作用。

为了认真贯彻《教育部关于"十二五"职业教育教材建设的若干意见》（教职成〔2012〕9号），2012年12月，教育部职业教育与成人教育司启动了"十二五"职业教育国家规划教材（高等职业教育部分）的选题立项工作。作为全国最大的职业教育教材出版基地，我社按照"统筹规划，优化结构，锤炼精品，鼓励创新"的原则，完成了立项选题的论证遴选与申报工作。在教育部职业教育与成人教育司随后组织的选题评审中，由我社申报的1 338种选题被确定为"十二五"职业教育国家规划教材立项选题。现在，这批选题相继完成了编写工作，并由全国职业教育教材审定委员会审定通过后，陆续出版。

这批规划教材中，部分为修订版，其前身多为普通高等教育"十一五"国家级规划教材（高职高专）或普通高等教育"十五"国家级规划教材（高职高专），在高等职业教育教学改革进程中不断吐故纳新，在长期的教学实践中接受检验并修改完善，是"锤炼精品"的基础与传承创新的硕果；部分为新编教材，反映了近年来高职院校教学内容与课程体系改革的成果，并对接新的职业标准和新的产业需求，反映新知识、新技术、新工艺和新方法，具有鲜明的时代特色和职教特色。无论是修订版，还是新编版，我社都将发挥自身在数字化教学资源建设方面的优势，为规划教材开发配备数字化教学资源，实现教材的一体化服务。

这批规划教材立项之时，也是国家职业教育专业教学资源库建设项目及国家精品资源共享课建设项目深入开展之际，而专业、课程、教材之间的紧密联系，无疑为融通教改项目、整合优质资源、打造精品力作奠定了基础。我社作为国家专业教学资源库平台建设和资源运营机构及国家精品开放课程项目组织实施单位，将建设成果以系列教材的形式成功申报立项，并在审定通过后陆续推出。这两个系列的规划教材，具有作者队伍强大、教改基础深厚、示范效应显著、配套资源丰富、纸质教材与在线资源一体化设计的鲜明特点，将是职业教育信息化条件下，扩展教学手段和范围，推动教学方式方法变革的重要媒介与典型代表。

教学改革无止境，精品教材永追求。我社将在今后一到两年内，集中优势力量，全力以赴，出版好、推广好这批规划教材，力促优质教材进校园、精品资源进课堂，从而更好地服务于高等职业教育教学改革，更好地服务于现代职教体系建设，更好地服务于青年成才。

高等教育出版社
2014年7月

张永良　张立群　张丽华　张丽霞　张明明　张晓娜

张　鸽　张　磊　李正坤　李玉清　李立威　李国政

李建军　李建洪　李　苑　李统亮　李选芒　李祥杰

李　艳　李　琴　杨小毛　杨志昂　杨国良　杨晓黎

杨莉惠　汪永华　汪启玲　邱　阳　陆　婷　陈月波

陈伟明　陈　华　陈　花　陈国军　陈　炜　陈　萱

单继周　周林燕　周　莉　季晓伟　宗　玮　庞海松

林剑谊　林　雯　罗闻泉　罗艳蓓　范生万　范微娜

郑　延　郑　琦　金文进　金航飞　姚旭东　姚　琪

姜　欣　姜桂娟　施建华　胡华江　胡　蓉　赵宇萱

赵树敏　夏　凡　徐云彪　徐　文　徐秀清　柴方艳

桂海进　殷洪杰　聂洪臣　袁江军　陶　金　崔华楠

曹春益　曹献存　梁学伟　盘红华　麻丽颖　傅　俊

童旭红　粟卫民　董彦龙　覃晓康　韩　花　鲍志林

蔡宝玉　谭东清　薛永三

总　序 <<<<<<<<<<<<

2005年国务院发布了《国务院办公厅关于加快电子商务发展的若干意见》，强调电子商务是国民经济和社会信息化的重要组成部分。发展电子商务是以信息化带动工业化，转变经济增长方式，提高国民经济运行质量和效率，走新型工业化道路的重大举措，对实现全面建设小康社会的宏伟目标具有十分重要的意义。

2012年发布的《中华人民共和国国民经济和社会发展第十二个五年规划纲要》中指出，积极发展电子商务，完善面向中小企业的电子商务服务，推动面向全社会的信用服务、网上支付、物流配送等支撑体系建设。

2012年工业和信息化部制定了《电子商务"十二五"发展规划》，阐明电子商务是降低成本、提高效率、拓展市场和创新经营模式的有效手段，是满足和提升消费需求、提高产业和资源的组织化程度、转变经济发展方式的重要途径，对于优化产业结构、支撑战略性新兴产业发展和形成新的经济增长点具有重要作用。

电子商务业已经成为国民经济的一个非常重要的服务产业，它涉及领域广、吸纳就业人数多，对促进生产、拉动消费的作用大。据统计，电子商务业产值每增加1个百分点，可增加10多万个工作岗位。电子商务在中小企业中的应用普及率迅速提高。网络零售交易额迅速增长，"十一五"期间年均增速达100.8%，占社会消费品零售总额比重逐年上升，成为拉动需求、优化消费结构的重要途径。2012年我国网络零售用户规模达2.42亿，交易额达到12 594亿元，占社会消费品零售总额比重达到6.1%。为适应电子商务的快速发展，规范电子商务人才的培养，《国家教育事业发展第十二个五年规划》明确指出，加快培养电子商务、电子政务等经济社会各领域信息化应用型人才。

要提高电子商务业整体管理水平，则需要一支数量庞大的高素质、高技能的电子商务从业人员队伍。2006年年底启动的"国家示范性高等职业院校建设计划"，旨在引导我国高等职业教育人才培养面向各行业企业岗位需求，向培养高素质、技能型人才方向发展。于2011年开展的"国家职业教育电子商务专业教学资源库建设项目"，是教育部门为了满足电子商务业迅速发展对从业人员素质提高的需求，规范电子商务专业人才培养模式，共享优质教学资源而做的一项重要的有开创性的工作。两年多来，在中国电子商务协会、教育部高等学校高职高专工商管理类专业教学指导委员会电子商务与物流分委会、全国电子商务职业教育行业指导委员会的指导下，按照教育部提出的"由国家示范高职建设院校牵头组建开发团队，吸引行业企业参与，整合社会资源，在集成全国相关专业优质课程建设成果的基础上，采用整体顶层设计、先进技术支撑、开放式管理、网络运行的方法进行建设"建设方针，确定了浙江经济职业技术学院、上海商学院、常州信息职业技术学院、昆明冶金高等专科学校、浙江经贸职业技术学院、海南职业技术学院、义乌工商学院、青岛职业技术学院、长沙民政职业技术学院、黑龙江农业经济职业学院等10多所院校和阿里巴巴（中国）教育技术有限公司、浙江物产信息技术有限公司、杭州拼图网络科技有限公司、重庆人人斑竹网络技术有限公司、湖南竞网科技有限公司、东华纺织集团有限公司、常州顶呱呱彩棉服饰有限公司、黑龙江响水米业股份有限公司、牡丹江德世盟生物科技有限公司、昆明浩州集团有限公司、云南省电子政务网络管理中心、济南盈昂信息科技有限公司、义乌市万客投资管理有限公司、海南天涯在线网络科技有限公司等20余家企业作为联合建设单位，同时以课程和项目为单位吸收全国80余所高职院校的100余名骨干教师共同承担了10门专业课程开发和3个子项目建设工作，形成了一支学校、企业、行业紧密结合的建设团队。两年多来，项目建设团队先后召开了多次全国性研讨会，以建设具有高等职业教育特色的标志性、共享型专业教学资源库为目标，紧跟我国职业教育改革的步伐，确定了"能力本位、工学结合、校企合作、持续发展"的高职教育理念，以《国家教育事业发展第十二个五年规划》中的"课程内容与职业标准对接"为指导，以《国家电子商务师职业标准》为依据，以电子商务职业岗位及岗位任务分析为逻辑起点，开发了电子商务概论、网络营销、网络贸易、网上创业、商务网站内容维护与管理、客户服务与管理、商务网页设计与制作、电子商务法律法规、商品信息采集与处理、商品实务等10门电子商务专业理实一体的课程，以先进技术为支撑建设了各课程系列教学资源，开发了虚拟仿真实训库、大宗生产资料电子商务实践平台、网上小商品创业平台等三个教学平台，构建了一个电子商务专业的门户网站，该网站也是校企沟通的桥梁，为本专业搭建了全国性的教学与就业信息共享平台。

在上述工作基础上，项目组推出了国家职业教育电子商务专业教学资源库系列教材。本系列教材是"国家职业教育电子商务专业教学资源库"建设项目的重要成果之一，也是资源库课程开发成果的重要载体和资源整合应用的实践。两年多来，项目组多次召开教材编写会议，组织各课程负责人及参编人员认真学习高等职业教育课程开发理论，深入进行电子商务职业岗位及岗位任务的调研与分析，以培养高素质的技能型电子商务人才为目标，根据电子商务教学的需求重新构架教材体系、设计教材体例，力求做到理论知识的学习和实际技能的训练能合二为一，使"教学做"融为一体。

本系列教材装帧精美，采用四色或双色印刷，使教材的表现力更加生动、形象。另外，按照资源库建设的顶层设计要求，在本系列教材编写的同时，各门课程开发了涵盖课程大纲、教材、职业活动教学设计、电子课件、操作演示、虚拟实训、案例、动画、视频、音频、图片等在内的丰富的教学资源。这些教学资源的建设与教材编写同步进行，相携而成，是本系列教材最大的特色。同时，为了引导学习者充分使用资源，打造真正的"自主学习型"教材，本系列教材增加了辅学资源标注（具体见本书学习指南），即在教材中通过图标形象地告诉读者本处教学内容所配备的资源类型、内容和用途，从而将教材内容和教学资源有机整合起来，使之浑然一体。如果说资源库数以千计的教学资源是一颗颗散落的明珠，那么本系列教材就是将它们有序串接的珠链。

我们有理由相信，这套嵌合着数以千计的优质资源、凝结着数以百计的优秀教师心血的教材将会成为高职电子商务专业教学上第一套真正意义的理实一体的数字化、自主学习型创新教材。衷心地希望国家职业教育电子商务专业教学资源库项目成果，能够为高等职业教育电子商务专业建设和人才培养起到积极重要的推动和引导作用。

国家职业教育电子商务专业

教学资源库建设项目课程建设委员会

2013年3月

songwg@vip.163.com

前 言 <<<<<<<<<<<<

互联网推动着电子商务革命，各种新观念、新技术、新模式不断出现，从最初的信息检索、网上建站、网上提供服务，到今天网上零售、网络团购、网络贸易、SNS 营销、LBS应用、云计算服务等，电子商务向更深、更广、更快、更丰富、更贴近消费者的方向发展，各类应用模式不断创新，创业市场广阔。

其中，基于网络零售应用模式的网上创业，由于其商业模式成熟、进入门槛较低、经营方式灵活等诸多优势，成为当下最热门的网上创业形式，国内最大的网络零售平台——淘宝网更是成为众多中小卖家的创业天堂。七格格、天使之城、韩都衣舍、裂帛、茵曼、御泥坊等网货品牌已经深入人心，并成为伴随着互联网长大的80后、90后等新一代消费者追捧的品牌。"双十一"、"双十二"等电商狂欢促销节更是吸引了无数网购爱好者，而众多品牌商家更是创下了一天网络销售额过亿元的神话。这股网络零售热潮，不仅吸引了众多草根卖家开启网上创业之路，传统品牌商家也纷纷进军网络零售市场。一时间，网店运营人才奇缺，巨大的市场需求更是催生了网店代运营等各类服务外包项目。

本书正是基于"立足网络零售，实施项目教学，培养创业能力，提升专业技能"这一整体设计思路进行编写的。为了营造较好的项目情景，本书根据内容需要设计了两个虚构人物：艾美丽，女，大学市场营销专业刚毕业，网购达人，微博控，凭着对电子商务的一腔热情，打算网上创业；甄有才，男，艾美丽的师兄，成熟稳重，某知名服装淘品牌网店经理人，精通网上商店的运营。全书以艾美丽在甄有才的指导下，成功进行网上创业这个故事情景为主线，共设计了六个项目，分别是：识别网上创业机会、寻找货源与创建网店、网店流量引入与转化、网店日常经营管理、网上创业绩效评估与风险控制、网店的公司制运作。每个项目均以生动的漫画和故事情景引入，然后根据项目目标分解成若干个可实施的任务。全书共设计了十八个任务，每个任务以提问形式导入，然后进行具体实施，最后有理论方面的任务思考题和实践方面的举一反三操作题。每个项目结束后，还设计了项目综合训练、项目实施总结及自我检查。

全书由常州信息职业技术学院宋卫老师负责总体设计与统稿。吴凌娇编写了任务1-3、任务2-1、任务2-2、任务3-2，刘霞编写了任务1-1、任务1-2、任务5-2、任务6-1、任务6-2，成先海编写了任务4-1、任务4-2、任务4-3，王莉编写了任务3-1、任务3-3，赵苧萱编写了任务5-1，宗玮编写了任务2-3，姚琪编写了任务2-4，陆婷编写了任务3-4。

本书是国家职业教育电子商务专业教学资源库"网上创业"课程配套教材。本书可用作高职院校电子商务、计算机、市场营销等专业网络零售、网店运营、创业等课程的配套教材或参考用书，同时也可作为阿里巴巴考证的辅导教材。

感谢宋文官教授在本教材编写过程中提出的大量建设性意见！感谢电子商务专业教学资源库建设团队在本教材编写过程中给予的关心与支持！感谢淘品牌姿彦丽儿为本书提供了丰富的案例和素材！书中部分案例资料源自多家报刊、网站等媒体，为便于读者理解，在收录时做了不同程度的改写和润色，敬请原作者见谅并在此致以谢意。

感谢多个淘品牌CEO在百忙之中抽出时间认真审阅本书，并对本书进行评价。部分摘录如下：

本书将电子商务业务知识和实践经验有机结合，通过本书，可以全面了解淘宝网店的业务运营，帮助大家在网上创业之路走得更快、更好。

——淘品牌棉先生CEO 姚坤

本书系统地梳理了网络零售业务中的各种必备技能，同时还从创业的角度全面介绍了网店的公司化运作。相信走在新商业文明路上的你，通过本书一定能创造出更多的奇迹。

——淘品牌姿彦丽儿CEO 陈国军

大学教育能如此紧密地与企业实际应用相结合，这样培养出来的人才正是我们企业急需的！这是一本实用的好书，是网上创业不可或缺的宝典！

——淘品牌芙蓉天使CEO 刘波

对于本书中存在的不妥或错误，恳请各位专家及同仁指正，编者的e-mail：wljiaotz@163.com。

编者
2013年4月

学习指南 <<<<<<<<<<<<

一、资源标注说明

国家职业教育电子商务专业教学资源库系列教材共有6种辅助资源标注形式，分别是图片、案例、表格、音频、视频、动画。当教材中出现相应图标时，表示此处配有对应类型的资源。学习者可到相关网站查看或获取。

二、资源获取方式

1. Abook，网址：http://abook.hep.com.cn。进入相关课程，正确输入教材封底防伪标签上的20位密码，即可浏览、获取上述6种教材辅助资源及试题库等其他资源。

2. 智慧职教，可通过登录"智慧职教"（www.icve.com.cn）平台，进入"网上创业"进行在线学习，也可通过扫描书中二维码观看部分教学资源。

目　录 <<<<<<<<<<<<

项目1　识别网上创业机会　/001

　　任务1-1　创业准备　/002

　　任务1-2　启动网上创业　/021

　　任务1-3　网上商店策划　/037

　　项目综合训练　/052

　　项目实施总结　/053

　　自我检查　/054

项目2　寻找货源与创建网店　/055

　　任务2-1　货源渠道与采购进货　/056

　　任务2-2　产品规划与发布　/078

　　任务2-3　基于第三方平台建立网上商店　/101

　　任务2-4　自营式独立网店建设　/128

　　项目综合训练　/151

　　项目实施总结　/151

　　自我检查　/153

项目3　网店流量引入与转化　/155

　　任务3-1　网店基础自然流量引入　/156

　　任务3-2　网店付费流量引入　/175

　　任务3-3　网店活动流量引入　/192

　　任务3-4　网店会员流量引入　/219

　　项目综合训练　/237

　　项目实施总结　/238

　　自我检查　/240

项目4 网店日常经营管理 /241

    任务4-1 网店商品管理 /242

    任务4-2 网店交易管理 /260

    任务4-3 客户管理 /275

    项目综合训练 /287

    项目实施总结 /287

    自我检查 /289

项目5 网上创业绩效评估与风险控制 /291

    任务5-1 网上创业绩效评价 /292

    任务5-2 网上创业风险控制 /309

    项目综合训练 /323

    项目实施总结 /324

    自我检查 /326

项目6 网店的公司制运作 /327

    任务6-1 公司制运作筹备 /328

    任务6-2 公司品牌化建设 /347

    项目综合训练 /369

    项目实施总结 /369

    自我检查 /371

参考文献 /373

项目1　识别网上创业机会

【项目描述与分析】

创业指导者：甄有才，男，艾美丽的校友、学长，成熟稳重，某知名服装淘品牌网店经理人，精通网上商店的运营。

创业者：艾美丽，女，大学刚毕业，市场营销专业，网购达人，微博控，凭着对电子商务的一腔热情，打算在网上创业。

项目引入

在即将毕业之际，面对茫茫的求职大军，艾美丽决定另辟蹊径，利用自己的专业特长进行网上创业。为了确定自己是否适合网上创业，艾美丽求教于师兄甄有才。经过师兄的指点，艾美丽认识到网上创业不能光凭对电子商务的一腔热情，还需要精心的准备。作为初次尝试网上创业的人，在开始创业活动之前，首先应了解创业常识，选择网上创业方式，整合网上创业所需各种资源，并在此基础上进行创业项目的初步策划。

【项目知识点】

创业的含义、构成要素、一般过程和基本类型，网上创业的主要政策与法律法规，网上创业的主要模式与比较选择，网上创业资源的整合，网络零售市场调研的一般过程和方法，网上商店货品选择的一般方法，网上商店的类型及市场定位，网上商店的建站方案，网上商店的主要业务内容。

【项目技能点】

主动搜寻创业机会，开展创业准备；准确选择网上创业方式并整合所需资源；结合所销售产品进行各类市场调研；利用各类市场分析工具进行数据化选品操作。

任务 1-1　创 业 准 备

任务导读

1. 评估创业需要哪些条件?

2. 创业要经历哪些阶段? 每个阶段的主要工作是什么?

3. 什么样的人适合创业? 怎样才能把自己培养成一个能创业的人?

4. 创业机会有哪些? 哪里可以找到创业机会?

5. 如何判断某个机会是否为创业的好机会?

任务分解与实施

一、评估创业需要的条件

虽然创业这一现象受到了理论界和实践的普遍关注，但迄今为止创业仍然是一个意义非常宽泛的词语。通过对已有定义的总结来看，在所有创业定义中出现频率较高的有：开创新事业、创建新组织、创造资源新组合、创新、捕捉机会、承担风险、创造新价值。据此，可将创业定义为：创业者围绕创业机会，创新性地提供产品或服务，实现价值创造的过程。

具体而言，创业具有以下典型特征：

（1）创业围绕商机而展开。创业由商机激活并受其驱动，商机是创业过程的核心。可以说，虽然不是每一个商机最终都能发展成为一个新企业，但每一个创业活动都始于创业者对于商机的捕捉和及时把握。

（2）创业与创新二者有着不可分割的内在联系。创业的关键在于创新，创新是创业的源泉，持续创新必然推动和成就创业；创新成果的商品化、市场化依靠创业，因而创业能够实现创新的经济价值、社会价值。在信息化、经济全球化的大环境中，二者的动态融合以及相互影响对于创业成功和企业成长至关重要。

他们都改革了什么？

（3）创业活动能够实现价值的创造。创业者之所以愿意从事创业活动就是源自于创业活动能够带来的财富回报。当然，这种价值的创造既体现于创业者财富的创造，也体现于顾客带来的新产品或服务的体验。

小案例

Facebook 的价值创造传奇

2012年2月1日，Facebook向美国证券交易委员会（SEC）正式递交了首次公开募股申请，计划融资50亿美元。Facebook上市将是美国历史上最大规模的科技公司IPO交易，市场预计Facebook估值可能达到750亿～1 000亿美元。据统计，Facebook拥有8.3亿名月活跃用户，这个记录将是全球互联网之最，而创始人马克·扎克伯格的身价也将超过微软的比尔·盖茨，成为全球瞩目的焦点。Facebook从默默无闻到业内侧目再到全球轰动，只用了6年时间，事实再一次证明奇迹是怎样实现的。

案例思考：马克·扎克伯格的创业活动除了为其带来了财富，还创造了哪些价值？

（4）创业活动必须以顾客为导向。创业者必须瞄准目标群体，根据他们的需求提供新的产品和服务。只有这样，才能获得市场的认可，创业才有成功的可能。

小案例

火暴洋葱网带来的启示

"用洋葱网，网速快、收费低。"从去年开始，一个名为"洋葱"的网络服务通过口口相传逐渐成为南京航空航天大学同学寻求上网服务的首选。洋葱网一半接入电信网络，一半接入校园网，同学们在使用时既可以高速上网，又可以连上校园网，享受校内网络资源。洋葱网的收费标准为半年200元，一年350元，两年的使用费为600元。洋葱网是黄超等人从服务商那里买来的带宽，利用学校的网线端口，通过自己开发的虚拟网关分给每一位用户同学。"实际使用效果是网速下限是1M的带宽，上限是10M左右。"相比于校园网的网速与服务商的价格，这样的性价比吸引了不少同学。黄超希望用自己的技术来给大家一个实惠的网络服务。洋葱网为学生用户提供7天免费试用，服务期内使用不满意可以无条件退款。

如果从利益角度出发，洋葱网可以优先满足网游客户，校园里这片市场才是最大的，技术上也是最简单的，这样可以获得更大的利润。不过，黄超和他的助手们却一直在控制使用人数，每当有同学申请加入时，他们都要了解使用需求，玩网游的人是不能申请的。"我们只给真正需要的人。"

（资料来源：新华报业网—扬子晚报。）

案例思考：洋葱网在创业过程中采取了哪些以顾客为导向的措施？

（一）创业要素

创业要素是指创业过程中所需各种社会资源的总称。任何创业活动都是一系列创业要素组合的结果，创业者创业能力的高低取决于其有效控制的创业要素的数量、质量、种类的多少以及这些要素间的相互匹配程度。

关于创业由哪些要素构成，学者们先后提出了"内部要素与外部要素、宏观要素与微观要素"、"商机、资源、创业团队"、"人、物、社会、组织"等多种不同的分类方式，其中最有代表性的是Timmons创业模型，如图1-1所示。

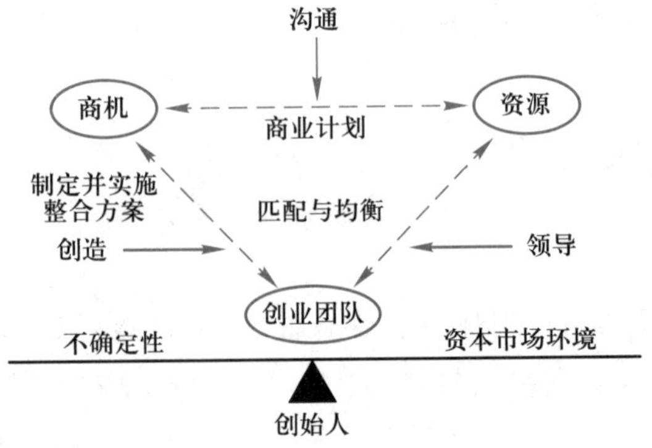

图1-1　Timmons创业模型

提出这一创业模型的Timmons认为，创业过程是一个高度动态的过程，其中商机、资源和创业团队是创业过程最重要的三大要素。创业过程依赖于这三大要素的匹配和均衡，它们的存在和成长决定了创业过程向什么方向发展。创业过程的起点是商机，而不是资金、战略、关系网、工作团队和商业计划。商机的形式、大小、深度决定了资源与创业团队所需形式、大小、深度。创始者的作用是利用其创造力在模糊、不确定的环境中发现商机，并利用资本市场等外界资源，领导企业来实现商机的价值。在这个过程中，资源与商机是"适应→差距→再适应"的动态过程。

（二）创业的一般过程

创业过程是一个包括了从商机的最初发现到形成新事业，直至新事业能实现规范化经营的整个过程。这一过程实际上也就是各种创业要素在进行相互适应的高度动态平衡过程。

在实践中，创业过程一般可分为理解创业、酝酿创业、启动创业和创业管理四大阶段（见图1-2），每一阶段包含多项工作。

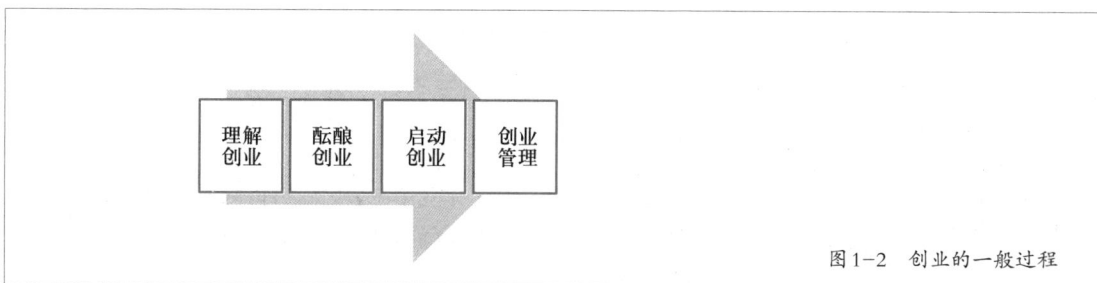

图1-2　创业的一般过程

1. 理解创业阶段

该阶段的主要任务是弄清"什么是创业"（参加创业培训）以及"我是否适合创业"（创业测评）的问题（见表1-1）。

表1-1　理解创业阶段性工作检查表

阶段名称	主要工作任务	需解决的问题	完成与否
理解创业阶段	参加创业培训	创业是什么？	☐
		创业就是开公司吗？	☐
		创业一定要有发明吗？	☐
		创业是有钱才能进行吗？	☐
	创业测评	有创业者的潜质吗？	☐
		有哪些素质是创业必需的基本素质？	☐

2. 酝酿创业阶段

该阶段的主要任务是创业者在对创业有了基本认知的基础上，主动去了解创业环境，反思自身优势，并初步制定创业规划及识别创业机会。该阶段的主要工作如表1-2所示。需要注意的是，近年来，我国从中央到地方先后出台了多项鼓励创业的优惠政策，在制订创业计划之前应先行了解自身条件是否符合享受优惠。一般而言，这些政策通常包括：创业奖励补贴政策、融资扶持政策和税费返还与优惠政策等。

表1-2　酝酿创业阶段性工作检查表

阶段名称	主要工作任务	需解决的问题	完成与否
酝酿创业阶段	了解创业环境	现在的宏观环境适合创业吗？	☐
		我感兴趣的行业适合创业吗？	☐
		现有的环境中有哪些因素是对我创业有利的？	☐
		现有的环境中有哪些因素对我创业不利？	☐
	反思自身优势	我在创业经验方面有优势吗？	☐
		我在创业技术方面有优势吗？	☐
		我在人际关系方面有优势吗？	☐
		我在项目方面有优势吗？	☐
		我在资金方面有优势吗？	☐
		我去创业会有哪些制约条件？	☐
	制定创业规划	我打算现在就创业还是工作几年积累经验后再创业？	☐
		如果这次创业失败了，我还继续创业吗？	☐
		我的创业目标是什么？	☐
		我有创业困难的应对计划吗？	☐
	识别创业机会	我可以从哪些来源找到创业机会？	☐
		有关销售的产品总体市场性质和特征是什么？	☐
		拟创业项目的核心商业模式是什么？	☐
		拟创业项目的竞争优势在哪里？	☐
		选中机会的收益规模、毛利率是否大于心理预期？	☐
		该创业机会的成长速度如何？	☐
		有无能力组织起捕捉该商机所需的各种资源？	☐
		该机会有一定持久性，在我进入市场的时候机会窗口是否仍会打开？	☐

3. 启动创业阶段

此阶段是创业者围绕前期选定的某一特定项目聚集各种创业要素开展具体创业活动的阶段。该阶段任务完成的标志是创业者所创新事业的正式诞生，可开展对外经营活动了（见表1-3）。

表 1-3 启动创业阶段性工作检查表

阶段名称	主要工作任务	需解决的问题	完成与否
启动创业阶段	组建创业团队	团队成员如何构成？各成员有无与创业项目有关的教育和工作背景？	☐
		团队成员之间是否实现优势互补？	☐
		创业团队共同的目标是什么？	☐
		如何进行团队成员间的职权划分？	☐
		如何提升团队成员的协作性？	☐
		是否开展创业团队的调整融合？	☐
		团队的激励措施是否制定？	☐
	资金筹集	本创业项目需要的资金规模是多少？	☐
		本创业可从哪些渠道筹集资金？	☐
		本创业项目所需资金采取什么方式筹集？	☐
		拟采用筹资方式的资金成本要多少？	☐
		所筹资金的风险性有哪些？	☐
	设计企业制度	采取何种组织形式？	☐
		采取何种组织结构？	☐
		是否制定公司章程？	☐
		是否制定激励制度？	☐
		是否制定业务管理制度？	☐
	注册成立	企业名称是什么？	☐
		企业选址在哪里？	☐
		是否工商注册？	☐
		是否完成税务登记？	☐
		是否购置设备？	☐

4. 创业管理阶段

该阶段的工作主要是做好生产运营、市场营销、人力资源管理、财务管理、风险管理等企业管理工作的规范。创业初期，创业者需做好新企业在市场的定位，并能弹性应变以确保存活，但当新创事业发展成为一个较具规模的企业时，专业化管理的作用将凸显出来。专业的人力资源管理、财务管理、市场营销等管理将使企业在规范中发展壮大。

（三）创业的类型

按照不同的标准，创业可划分为多种类型：

1. 根据创业主体人数的不同，可将创业分为独立创业、合伙创业两类

独立创业，是指完全由个人所有，作为创业者的个人对创业活动的所有事务具有绝对决策权的一种创业方式。

合伙创业，是指由两个以上的个人或组织以组建合伙企业的方式，为共同的创业目标相互约定共同出资、共同经营、共享收益和共担风险的一种创业方式。

2. 根据依托载体的不同，可将创业分为传统创业和网上创业两类

传统创业，是在传统行业中开展创业活动，如开设洗车店、制造企业等。

网上创业，则是利用互联网开展创业活动，如网上开店、开发网游等。

3. 根据创新内容的不同，可将创业分为产品创新式创业、营销创新式创业和流程创新式创业

产品创新式创业，是基于产品的技术或工艺的创新而开展的创业活动，如腾讯公司依靠QQ实现创业。

营销创新式创业，是指创业者通过采取有别于已有厂商的、能给消费者带来更高满意度的市场营销模式的一种创业方式，如国美电器创新电器售卖方式实现创业。

流程创新式创业，是指那些靠更有效地实现产品商业化和产业化的创业活动，如戴尔公司依靠其著名的直销模式实现创业成功。

小案例

国美电器创新电器售卖方式实现创业

1986年，17岁的黄光裕跟着哥哥黄俊钦在北京前门的珠市口东大街420号盘下了一个100平方米的名叫"国美"的门面。在那里，黄氏兄弟先卖服装，后来改卖进口电器。

1987年1月1日，"国美电器店"的招牌正式挂出来了。尽管是有货不愁卖，但黄氏兄弟仍然决定走"坚持零售，薄利多销"的经营策略。而在当时那个卖方市场背景下，很多商家正在采用"抬高售价、以图厚利"的经营方式。1991年，黄光裕第一个利用《北京晚报》中缝打起"买电器，到国美"的广告，每周刊登电器的价格。当时国营商店对于广告的认识还停留在"卖不动的商品才需要广告"的层面，即使后来也有人想学习国美的广告策略，但黄光裕已经以每次800元的低价包下了报纸中缝。很少的广告投入为国美吸引来了大量顾客，电器店生意"火得不行"，"所有存货一卖而光"。到1993年时，国美电器连锁店已经发展至五六家，小门面变成了一家

大型电器商城。1995年，国美电器商城从1家变成了10家；1999年国美从北京走向全国，并在之后迅速增长至在全国88个城市开出330家门店。至2011年年底，国美电器旗下门店数量已达1 079家。

案例思考：相比于其他企业，国美电器如何实现流程创新？

4. 根据创业动机的不同，可将创业分为生存型创业和机会型创业两类

生存型创业，是指那些受生活所迫，物质资源贫乏，从事低成本、低门槛、低风险、低利润的创业。这类创业活动往往从事的是技术壁垒低、无须很高技能的行业，如开设小吃店等。

机会型创业，则是创业者出于抓住现有机会并实现价值的强烈愿望而开始的创业活动，如比尔·盖茨发现软件产业的巨大商机创建微软公司。

小案例

抓住软件产业创业时机的比尔·盖茨

1975年的冬天，比尔·盖茨和保罗·艾伦从MITS的Altair机器得到了灵感，看到了商机和未来计算机的发展方向。于是他们在未收到任何定金的情况下，两个月通宵达旦地编写出世界上第一台微型计算机——MITS Altair的BASIC编程语言。MITS对此也非常满意。

3个月之后，盖茨敏感地意识到，计算机的发展太快了，等大学毕业之后，他可能就失去了一个千载难逢的好机会，所以，他毅然决然地从哈佛三年级退学了。盖茨和艾伦深信个人计算机将是每一部办公桌面系统以及每一家庭的非常有价值的工具，并为这一信念所指引，开始为个人计算机开发软件。 很快，盖茨与艾伦迁往阿尔它公司所在地新墨西哥州阿尔布奇市（Albuquerque），正式创立微软公司Microsoft。当时，盖茨才19岁。1977年，苹果、康懋达（Commodore）和Radio Shack进入个人计算机市场，微软提供BASIC给大多数早期的个人计算机，当时BASIC是最重要的软件。根据盖茨自己的描述："在微软草创的前三年，其他的专业人员大多致力于技术工作，而我则负责销售、财务和营销计划……我每把BASIC卖给一家公司，就多一份信心。"就这样，在低价授权、以量制胜的方式促销下，微软 BASIC 很快成了计算机产业的软件标准，当时几乎每一家个人计算机制造商都会使用微软授权的软件。

案例思考：比尔·盖茨的创业活动从创业动机的角度来说属于哪种类型？

5. 按照对个人和市场的影响程度，可将创业划分为复制型创业、模仿型创业和创新型创业三种

复制型创业，是指创业者复制原有公司的经营模式，创新的成分很低。如某人原本在某外贸企业从事外贸业务，离职后自行创立一家与原公司类似的新外贸公司。

模仿型创业，是创业者模仿已取得创业成功的企业开展创业活动。对于市场虽然也无法带来新价值的创造，创新的成分也很低，但与复制型创业的不同之处在于，创业过程对于创业者而言具有很大的冒险成分。如马化腾模仿 ICQ 创立腾讯公司开发 QQ（见图 1-3）。

小 案例

腾讯模仿 ICQ 开发 QQ

图 1-3　QQ 的发展历程

ICQ 是一种基于互联网的即时通信工具，它集寻呼、聊天、电子邮件和文件传输多种功能于一身。当用户将 ICQ 安装在个人计算机上，它就会嵌入 Window 系统，成为桌面上的图标，用户打开计算机，它就是一个固定设备。互联网用户可借此知道朋友是否在上网，并可进行直接交流。

1999 年 2 月，腾讯开发出第一个"中国风味"的 ICQ，即腾讯 QQ，受到用户欢迎，注册人数疯长，很短时间内就增加到几万人，成为全国在线人数最多的中文 ICQ 服务商。

案例思考：按照对个人和市场的影响程度，腾讯公司属于哪种类型的创业？

创新型创业，是创业者根据创新构想进行的创业活动。该类创业是一种难度很高的创业类型，有较高的失败率，但成功所得报酬也很惊人。这种类型的创业如果想要获得成功，则必须在创业者能力、创业时机、创业精神发挥、创业策略研究拟定、经营模式设计、创业过程管理等各方面都有很好的搭配。如 Mark Zuckerberg 将社区的理念搬上网络，创立了 Facebook。

二、评估自己是否具备创业条件

创业者是指那些发现创业机会存在并就此开展创业活动的个人或者团队，在整个创业过程中他（他们）处于核心地位、承担一定风险、起着关键的推动和领导作用。概括而言，作为创业活动的实践者，"创业者"这一称谓具有如下内涵：

（1）创业者与商机之间关系密切，是辨识、捕捉和利用商机的人。

（2）创业者需要承担一定的风险。

（3）创业者在创业过程中处于核心地位，是创业活动的推动者和实践者。尤其是在创业初期，创业者内在的心理特质、知识和能力、背景和创业动机的状况直接影响和决定了新企业创业进程的每一步。

（4）创业者既可以以个体形式存在，也可以以团队形式存在。

虽然迄今为止人们并不清楚创业者创业成功必备的心理特质具体包括哪些，但绝大部分学者都赞同具有高成就需求、勇于冒险、具有创新精神的人较适合创业。

（一）创业者应具备的知识

创业知识是创业者所具备与创业活动相关的各种经营、技术、组织管理等认识和经验的总和。创业者知识水平的高低对新企业经营活动具有重大的影响，良好的知识储备是创业成功的前提。

如图1-4所示，创业者应具备的知识可分为三大类：第一类为基础性知识，即人们生产、生活中必须具备的常识性知识；第二类为一般性经营知识，即开展任何生产经营活动都必须掌握的共性知识，如法律、税收、管理等知识；第三类为创业项目专门知识，即与所创事业直接相关的知识，如与特定产业相关的知识、技术、经验等。

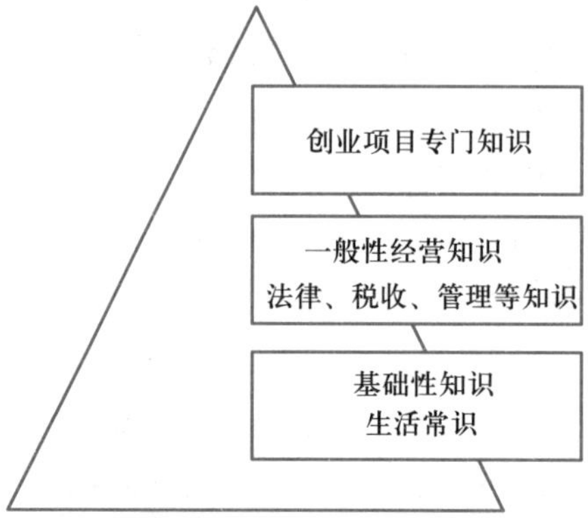

图1-4 创业者应具备的知识

注意事项：创业者需注意实践经验的积累

知识的获取和积累一般可以通过学校教育来完成，但有时候更需要实践锻炼和经验。经验作为一种特殊的知识，对创业者具有重要意义。对于一名创业者而言，类似企业的从业经验使其能够获得该行业的特有技术秘诀，从而能够熟练地选择最佳经营方式，最大限度地规避风险。

（二）创业者应具备的基本素质

1. 创业意识

创业意识，是指由创业需要、创业动机、创业兴趣、创业理想等要素构成，能驱动人们启动创业活动的个性因素。在实践活动中，创业意识具体体现为创业者的商机意识（即有足够的商机敏锐度，有意识地研判未来市场形势的走向）、转化意识（即整合各种资源将商机转化为现实生产力的意识）、战略意识、风险意识等。

2. 创业精神

创业精神，是指在创业者的主观世界中具有的开创性的思想、观念、个性、意志、作风和品质等。一般来说，目前大家普遍接受的是从创新、自治、风险承担、超前行动和积极参与竞争五个维度来衡量创业精神的强度。

3. 心理品质

心理品质，是指创业者具有的稳定的、习惯化的思维方式和行为风格。心理学家们在对创业者的心理特征方面做了大量的研究工作后，发现成功的创业者往往具有一些不同于常人的共同心理特征，如主动性、灵活变通、坚韧、适中的冒险性、独立、自控性强、自信。

创业心理特质测试

（三）创业者应具备的能力

创业者应具备的能力即创业能力，是指创业者在创业过程中运用已有知识解决问题的本领，即创业者在创业过程中表现出的机会识别、组织协调、风险应对、人际关系、创新等多个方面的能力（见图1-5）。

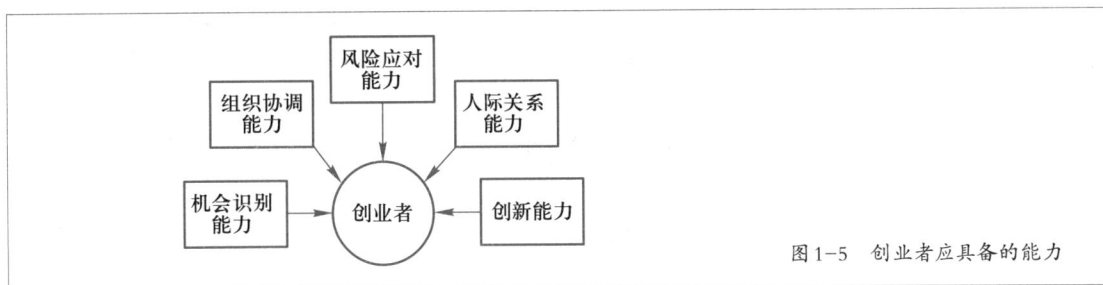

图1-5 创业者应具备的能力

1. 机会识别能力

任何创业活动都始于商机的发现，不能发现商机，创业也就无从谈起。创业者对于市场需求的预测能力、目标市场的熟悉程度、市场变化的警觉性，对其能否迅速掌握商机，启动创业活动并顺利将产品推向市场具有重要影响。

2. 组织协调能力

组织协调能力，是指根据组织目标，调配、控制、激励和协调群体活动使之相互融合的能力。创业者就是研究、开发、生产、销售等各个环节的协调者、组织者和领导者。组织协调能力是对一个创业者的基本要求。

小 案例

从马云创业看团队激励

1999年，不甘心受制于人的马云推辞了新浪和雅虎的邀请，决心南归杭州创业，其团队成员全部放弃其他机会而决定跟随。1999年2月，在杭州湖畔家园马云的家中召开第一次全体会议。18位创业成员或坐或站，神情肃穆地围绕着慷慨激昂的马云。马云快速而疯狂地发表激情洋溢的演讲："黑暗中一起摸索，一起喊。我喊叫着往前冲的时候，你们都不会慌了。你们拿着大刀，一直往前冲，十几个人往前冲，有什么好慌的？"在这次会议上，马云和伙伴共筹了50万元本钱。尽管只有50万元创业资金，但马云首先花了1万美元从一个加拿大人手里购买了阿里巴巴的域名，并细心注册了alimama.com和alibaby.com。他们没有租写字楼，就在马云家里办公，最多的时候一个房间里坐了35个人。他们每天16～18个小时在马云家里疯狂工作，日夜不停地设计网页，讨论网页和构思，困了就席地而卧。马云不断地鼓动员工，"发令枪一响，你不可能有时间去看对手是怎么跑的，你只有一路狂奔"。又告诫员工，"最大的失败是放弃，最大的敌人是自己，最大的对手是时间"。阿拉巴巴就这样孕育并诞生在马云家中。

案例思考：马云的组织协调能力体现在哪些方面？

3. 风险应对能力

创业过程，风险与机会并存，新企业时刻都面临着市场变化和各种风险，这就要求创业者必须具有一定的胆识和能力及时制定出相应的风险对策，并能够利用其中可能的机会。

4. 人际关系能力

困难和挫折在创业过程中不可避免，创业者的人际关系能力直接关系到其能否及时协调、解决新企业内外部的矛盾，获取资源持有者的支持，进而实现新企业内外高效协作。在各种传播媒体日益发达、社会联系日益紧密的今天，创业者的人际关系能力越来越重要。具有良好的人际关系能力，善于与不同的机构和不同的人员打交道，能够帮助新企业顺利排除各种障碍，顺利创业。

5. 创新能力

创新能力，即创业者对现有产品和技术的继续改进、创新的能力以及对相应技术市场发展方向的把握程度。新企业提高竞争力的关键在于发挥创业者的创新能力。只有不断地用新的思想、新的产品、新的技术、新的制度和新的工作方法来替代原来的做法，企业才能在竞争中立于不败之地。

三、识别与评估创业机会

创业机会是指有利于创业成功的机遇和时机。从本质上来说，创业过程由创业机会激活并受其驱动，创业机会是创业过程的核心。好的创业机会是创业成功的一半。可以说，虽然不是每一项创业活动都能最终发展成为一个新企业，但每一个创业活动都始于创业者对于机会的捕捉和及时把握。

小贴士：好创业机会的特征

第一，能吸引顾客；第二，能在商业环境中行得通；第三，必须在机会之窗存在的期间被实施（注：机会之窗是指商业想法推广到市场上去花的时间，若竞争者已经有了同样的想法，并已把产品推向市场，那么机会之窗也就关闭了）；第四，必须有资源（人、财、物、信息、时间）和技能才能创立业务。

（资料来源：Timmons，《21 世纪创业》。）

（一）创业机会的类型

如表1-4所示，根据市场需求与实现目标的技术手段的明确程度，可将创业机会划分为四种：

表1-4　创业机会分类

实现目标的技术手段 ＼ 市场需求	明确	不明确
明确	显在型机会	发现型机会
不明确	开发型机会	创造型机会

1. 显在型机会

显在型机会，是指那些市场中有明确需求，而满足市场需求的技术手段十分明确的创业机会。例如，市场对某种产品供小于求的时候。对于这类机会，创业者只要能拥有较多的资源，就可以顺利进入市场获利。

2. 发现型机会

发现型机会，是指那些技术已经成熟但市场需求尚不明确的创业机会。如一项技术被开发出来尚未实现商业化的时候。对于此类创业机会，创业者的关键任务是开展各类营销推广活动，说服市场接纳该新技术。

3. 开发型机会

开发型机会，是指市场有一定的需求，但技术实现手段尚不明确的创业机会。此类创业机会对于创业者的技术开发能力要求较高。

4. 创造型机会

创造型机会，是指那些市场需求和技术手段都不明确，全由创业者来创造的创业机会。此类创业机会来自于创业者兼具的对市场深远的预见能力和强大的技术实力。

小 案例

索尼公司创造商机开发随身听

索尼公司觉察到人们希望随身携带一个听音乐的设备，并利用公司微缩技术的核心能力从事项目研究，最终开发出划时代的产品——Walkman（随身听），取得了巨大的成功。

世界上第一台Walkman是去掉了当时普通录音机的录音功能和扬声器，并配以立体声电路和立体声耳机后诞生的（见图1-6）。然而，在Walkman的研发过程中，一些市场观察家，甚至索尼自己的员工对这一产品的市场前景均持怀疑的态度。但研发小组对这一新市场的潜力抱以很大信心，经过潜心研究，终于推出了世界上第一台Walkman "TPS-L2"。两个月之后，所有人的疑虑被一扫而光，Walkman开始变得非常流行。除了推广"随时随地欣赏音乐"的概念以外，Walkman还通过很多名人在杂志上进行了广泛宣传。于是，Walkman迅速为广大年轻人所青睐，并成为了一种新文化的标志。

图1-6　索尼公司的第一台随声听

案例思考：随身听这一产品的商机属于哪一种类型的创业机会？

（二）创业机会的来源

创业机会的根本源泉在于产品、服务、市场等方面的变革。可以说，没有变化就没有创业机会。具体而言，创业机会来源于四种变革：

1. 技术变革——新的科技突破和进步

新技术的出现改变了企业间的竞争模式，使得创办新企业的机会大大提高。研究者指出，新技术能使人们以新的、更有效率的方式做事，技术变革是有价值创业机会的最重要来源。

小案例

结束传统通信时代的Skype

Skype是一家全球性互联网电话公司，它通过在全世界范围内向客户提供免费的高质量通话服务，正在逐渐改变电信业。Skype 是网络即时语音沟通工具，具备视频聊天、多人语音会议、多人聊天、传送文件、文字聊天等功能。它可以免费高清晰地与其他用户语音对话，也可以拨打国内国际电话，无论固定电话、手机、小灵通均可直接拨打，并且可以实现呼叫转移、短信发送等功能。《财富》杂志于 2004 年 2 月 16 日刊文："为打电话付费的概念已属于上个世纪。Skype 软件为人们提供了一种全新的功能，使人们可以利用他们的技术和网络投资来与朋友和家人保持联系。"

2. 政策法规调整

随着经济发展、科技变革等，政府必然不断调整自己的政策。而政府政策的某些变化，就可能给创业者带来新的创业机会。例如，环境保护政策的出台会将那些严重破坏环境的产品赶出市场，将为环保型产品带来新的机遇。又如，放松对电信业、银行业、运输业以及铁路系统的管制使现存企业更难以阻止新竞争者的进入，并使创业者可以将更有效率的商业创意引入这些行业。

3. 社会和人口结构变革

社会和人口结构变革改变了人们对产品和服务的需求。由于创业者通过销售顾客需要的产品和服务来赚钱，因而需求的变化就产生了生产新事物的机会。

4. 产业和市场结构的变化

产业和市场结构的变化改变了行业中的竞争状态，形成了创业机会。

（三）创业机会的评估

"创业机会具有时限，稍纵即逝"与"创业需要承担各种风险"是所有创业者都必须平衡的一对矛盾。据不完全统计，创业企业的失败率高达 70% 以上。盲目开始创业，可能面临极大的失败风险。因此，正确评价和把握创业机会，对于创业者来说十分重要。

对于创业机会的评价，建议从创业机会的市场吸引力、资源需求满足程度和获利能力三个方面开展评估。

1. 创业机会的市场吸引力评估

该评估主要侧重于评价创业机会所在行业和市场是否具有进入的可能和诱人的前景。建议进一步细化为对市场规模、市场结构和商机持续时间三个方面的评估。

（1）市场规模评估。市场规模大小与成长速度是影响创业成败的重要因素。一般而言，市场规模大者或正在成长中的市场，通常也会是一个充满商机的市场。

（2）市场结构评估。由市场结构分析可以得知新企业未来在市场中的地位，以及可能遭遇竞争对手反击的程度。一般可从行业进入障碍、供货商、顾客、经销商的谈判力量、替代性竞争产品的威胁以及市场内部竞争的激烈程度等方面评估。

（3）商机持续时间评估。不同的机会具有的生命周期各不相同，有的是转瞬即逝，有的则会持续相当长的时间。即使同一商机，处于不同时间段，其可能带来的价值也是差别巨大的。商机持续时间主要体现于机会之窗的总体大小和机会之窗已经打开的时间长度。

具体而言，可将对创业机会的市场吸引力的评估细化为对若干评价指标的评估，如表1-5所示。

表1-5　创业机会的市场吸引力评估指标体系

指标分类	评估指标
市场规模	有明确的顾客群，且规模大或年增长率不低于30%
	顾客愿意付费接受产品或服务
	顾客愿意重复购买，保证带来持续收入
	具有较高的产品附加值
	市场成熟度
市场结构	进入障碍的大小
	供货商的议价能力
	顾客对价格的影响能力
	经销商的议价能力
	替代性产品的竞争威胁程度
	市场内部竞争的激烈程度
商机持续时间	商机预计持续时长
	商机已出现时长

2. 创业机会的资源需求满足程度评估

对于创业机会的资源需求满足程度的判断，可从创业者利用该商机需要投入的资金、土地、知识、劳动力等资源的存量需求以及这些资源的可转移性两个方面展开。

（1）资源的存量需求必须经过相当时间的积累才能完成。这种需求越高，对于创业者而言越难以把握。如表1-6所示，资源的存量需求可用实体资源、人力资源等四个评估指标来表示。这些指标对于创业者而言是硬性的指标，如果出现否定式回答，即认为该创业机会无法把握，应予以放弃。

小贴士：存量与流量的概念

存量和流量是互为对称的概念。存量是指某一指定的时点上过去生产与积累起来的产品、货物、储备等的结存数量。如2010年11月1日零时中国总人口为1 370 536 875人，这个就是中国人口在当时时点上的存量。流量是指一定时期内发生的变量变动的数值。而2010年11月1日到2010年12月1日期间，全国新出生人口的数量就是流量。

（2）资源的可转移性决定了创业者能否很顺利地整合到创业活动所需各类资源来捕捉创业机会。如表1-6所示，资源的可转移性可用资本市场成熟程度等三个评估指标来表征。

表1-6　创业机会的资源需求满足程度评估指标体系

指标分类	评估指标
资源的存量需求	该创业项目有无创业者无法获取的实体资源
	该创业项目有无创业者无法获取的人力资源
	该创业项目投资总额是否在筹资能力范围之内
	该创业项目是否存在无法取得的专利、专有技术
资源的可转移性	资本市场成熟程度
	行业中介服务体系完善程度
	行业相关法律法规健全程度

3. 创业机会的获利能力评估

创业机会的获利能力评估主要是反映该创业机会能带来的经济回报情况的评价。建议采用利润水平和投资回报性两类指标来衡量，如表1-7所示。

表1-7　创业机会的获利能力评估指标体系

指标分类	评价指标
利润水平	毛利率
	税后净利率
	现金流
	销售额增长率
投资回报性	投资回报率
	投资回收期

任务小结

创业活动是创业者围绕创业机会创新性地提供产品或服务，实现价值创造的过程。要想顺利实现创业，有志于创业的人应在了解创业是什么的基础上修炼自我，不断地提高自身的知识、素质和能力，为成功捕捉创业机会做好准备。需要注意的是，虽然不是每一项创业机会最终都能发展成为一个新企业，但每一个创业活动都始于创业者对于机会的捕捉和及时把握。因此，准确、及时地识别和评估创业机会意义重大。对于创业机会的评价，建议从创业机会的市场吸引力、资源需求满足程度和获利能力三个方面展开。

任务思考

1. 创业活动的典型特征有哪些？

2. 了解在20世纪末的互联网创业浪潮中取得成功的创业者，分析：

（1）他们曾经面临的机会是什么？

（2）帮助他们取得创业成功的因素是什么？

（3）他们之间是共性的特点多还是差异多？

3. 为什么有些人能看到创业机会，而另一些人则看不到？

举一反三

根据"市场需求"与"实现目标的技术手段"相互关系的明确程度，创业机会可分为四种类型。请判断表1-8中的网上创业形式属于哪种类型。

表1-8　网上创业机会

网上创业形式	市场需求	实现目标的技术手段	创业机会类型
团购网站	明确	明确	显在型机会
网上超市			
行业平台网站			
移动电子商务			
第三方平台开店			

任务 1-2　启动网上创业

任务导读

1. 什么是网上创业？
2. 现在的创业环境适合网上创业吗？
3. 网上可以有哪些经营方式？
4. 开展网上创业哪些资源必不可少？如何得到这些关键性的资源？

任务分解与实施

网上创业，即创业者围绕创业机会，以互联网为载体，创新性地提供产品或服务，实现价值创造的过程。简而言之，所有利用互联网开展的创业活动均可称为网上创业。

相比于传统创业方式，网上创业具有如下优势：

（1）进入门槛低、手续相对简单。如选择在第三方平台上开网上商店的方式进行网上创业，创业者就可省去多项烦琐的程序和节省相应费用。

（2）经营方式灵活，受时空限制小。互联网作为全球性的媒介，没有地域、时间限制，持续地向网络用户提供海量信息和丰富机会。可以说，互联网为创业者提供了一个没有时间与地域限制、自主的网络市场环境，创业者可结合自己的兴趣、爱好灵活选择创业方式。

小案例

图 1-7　猪八戒网首页

猪八戒网创办于2006年，是全国最大的威客网站（见图1-7）。威客模式网站上的用户按照其行为可以分为两类：有需求者和服务者。其中，有需求者提出难题和发布任务，在获得合适的解决方案后支付报酬给服务者。服务者接受任务，当服务者的解决方案得到有需求者认可后，服务者获得约定的报酬。

目前，猪八戒网服务交易品类涵盖创意设计、网站建设、网络营销、文案策划、生活服务等多种行业。猪八戒网有百万家服务商正在出售服务，为企业、公共机构和个人提供定制化的解决方案，将创意、智慧、技能转化为商业价值和社会价值。2011年猪八戒网获得IDG千万级美金投资，并被评选为中国2011年度"最佳商业模式十强"企业。

案例思考：从猪八戒网来看，威客模式是一种怎样的网上创业模式？

（3）网络市场前景广阔。2009年以来，以网络购物、网上支付、旅行预订为代表的商务类应用持续快速增长，并引领其他互联网应用发展，成为中国互联网发展的突出特点。中国互联网络信息中心（CNNIC）《第29次中国互联网络发展状况统计报告》显示：包括网络购物、网上支付、网上银行、旅行预订在内的电子商务类应用在2011年继续保持稳步发展态势，其中网络购物用户规模达到1.94亿人，较上年年底增长20.8%（见图1-8），网上支付用户和网上银行全年用户也增长了21.6%和19.2%，截至2012年1月用户规模分别为1.67亿和1.66亿。

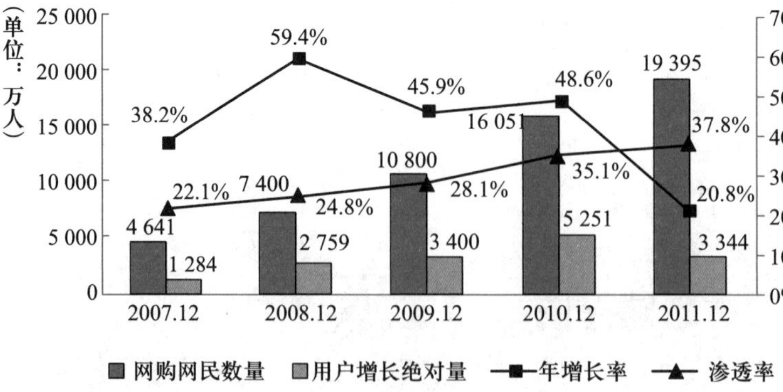

图1-8 2007.12—2011.12 我国网购用户数量、增长率及渗透率

（资料来源：中国互联网络信息中心发布的《第29次中国互联网络发展状况统计报告》。）

一、了解网上创业环境

（一）我国创业的宏观环境

为了鼓励创业，国家和地方政府先后出台了《国务院关于进一步做好普通高等学校毕业生就业工作的通知》（国发〔2011〕16号）、《国务院办公厅转发人力资源社会保障等部门关于促进以创业带动就业工作指导意见的通知》（国办发〔2008〕111号）、《关于推动建立以创业带动就业的创业型城市的通知》（人社部发〔2008〕87号）等扶持政策，涉及融资、开业、税收、创业培训、创业指导等诸多方面。在党的十七大提出"实施扩大就业的发展战略，促进以创业带动就业"后，国家和各级地方政府、银行金融体系先后出台了很多政策法规来促进创业活动。

小贴士：高校毕业生可享受的创业优惠政策

2009年2月15日，国务院办公厅发出通知，高校毕业生创业可享受四项优惠政策，包括免收行政事业性收费、提供小额担保贷款、享受职业培训补贴、享受更多公共服务等。

综合国际、国内形势来看，我国经济发展仍处于大有作为的重要战略机遇期。经统计，如图1-9所示，2011年全年国内生产总值471 564亿元，比上年增长9.2%。国家外汇储备31 811亿美元，比上年年末增加3 338亿美元。

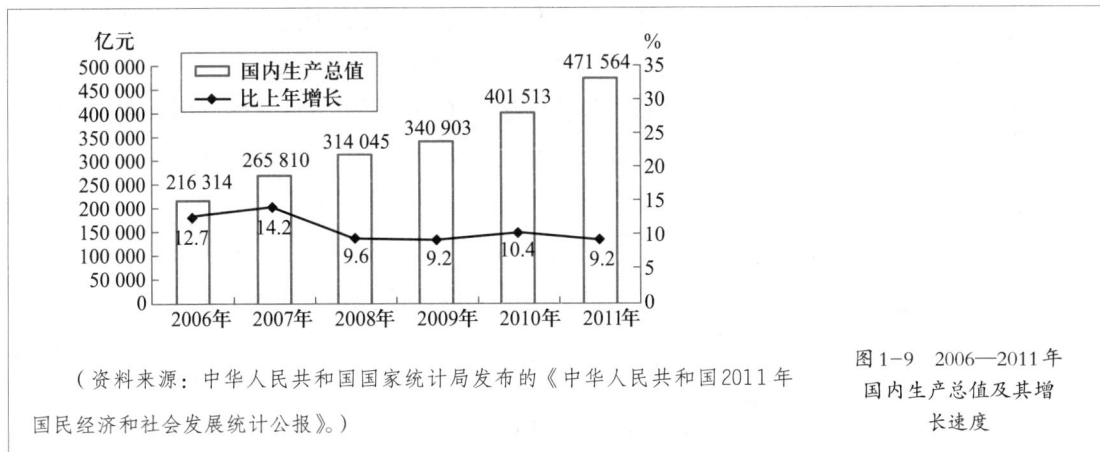

（资料来源：中华人民共和国国家统计局发布的《中华人民共和国2011年国民经济和社会发展统计公报》。）

图1-9 2006—2011年国内生产总值及其增长速度

从国内看，工业化、信息化、城镇化、市场化、国际化深入发展，人均国民收入稳步增加，经济结构转型加快，市场需求潜力巨大，资金供给充裕。经济体制活力显著增强，政府宏观调控和应对复杂局面能力明显提高，社会保障体系逐步健全，社会大局保持稳定，我国完全有条件推动经济社会发展和综合国力再上新台阶。

小贴士：经济环境的概念

经济环境是企业经营活动面临的全部外部经济条件，体现于宏观经济环境和微观经济环境两个方面。宏观经济环境主要指一个国家的人口数量及其增长趋势，国民收入、国民生产总值及其变化情况以及通过这些指标反映的国民经济发展水平和发展速度。微观经济环境主要指企业所在地区或所服务地区的消费者的收入水平、消费偏好、储蓄情况、就业程度等因素。这些因素直接决定着企业目前及未来的市场大小。

随着经济体制改革的不断深化，我国各级政府部门以及社会各界对于创新、创业的重视程度不断提高。人们的择业观已经发生了巨大的变化，人们的创业热情空前高涨，我国的创业活动在全球范围内持续保持在前列，2009年中国的TEA指数达到了16.4%（即表示每100位18 ~ 64岁的成年人中有16.4人在从事创业活动），其中年龄在26 ~ 35岁的青年创业人群比5年前增加了200%。

（二）我国互联网行业环境

1. 互联网法律法规体系基本形成

目前，我国互联网法律法规体系初步形成，相关法律、行政法规、司法解释和部门规章共计30多部，形成了专门立法和其他立法相结合、涵盖不同法律层级、覆盖互联网管理主要领域和主要环节的互联网法律法规体系。根据执法工作的需要，最高人民法院、最高人民检察院出台了《关于办理利用互联网、移动通讯终端、声讯台制作、复制、出版、贩卖、传播淫秽电子信息刑事案件具体应用法律若干问题的解释》等司法解释，为新形势下依法管理互联网提供了法律依据。

2. 互联网普及率提高

如图1-10所示，2012年1月中国互联网络信息中心（CNNIC）《第29次中国互联网络发展状况统计报告》显示，截至2011年12月底，中国网民规模突破5亿，达到5.13亿，全年新增网民5 580万。互联网普及率较上年年底提升4个百分点，达到38.3%。2011年，网民平均每周上网时长为18.7个小时，较2010年同期增加0.4小时。

3. 互联网络基础设施建设将得到飞速发展

根据2012年我国工业和信息化部发布的《宽带网络基础设施"十二五"规划》，到"十二五"期末，初步建成融合、安全、绿色的宽带网络基础设施，基本实现"城市光纤到楼入户，农村宽带进乡入村"。城市家庭互联网接入带宽基本达到20Mbps以上，其中东部地区基本达到30Mbps，部分发达城市基本达到100Mbps；农村家庭互联网

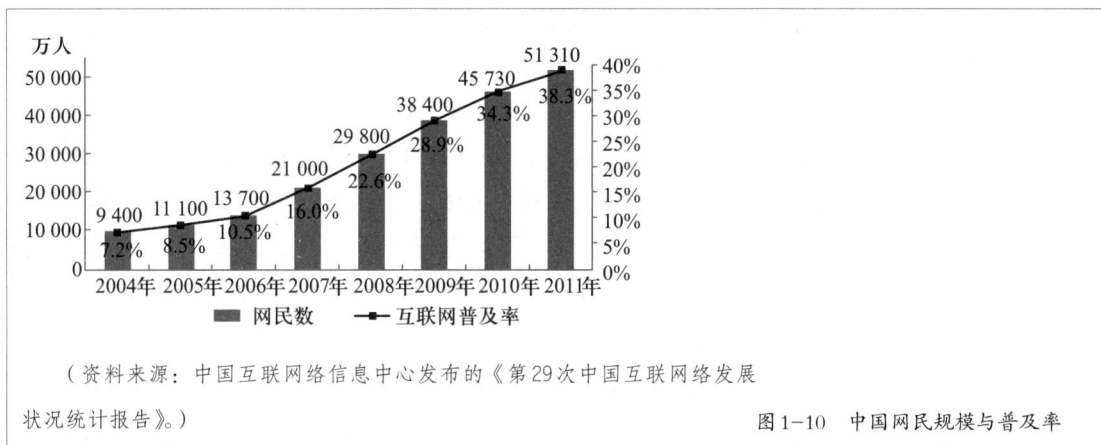

（资料来源：中国互联网络信息中心发布的《第29次中国互联网络发展状况统计报告》。）

图1-10　中国网民规模与普及率

接入带宽基本达到4Mbps以上。单位用户平均接入带宽超过100Mbps。光纤入户网络覆盖2亿个家庭。固定宽带接入用户超过2.5亿户，其中农村宽带接入用户增长170%，超过6 800万户，3G用户超过4.5亿户。

4. 政策大力支持发展电子商务

发展电子商务是以信息化带动工业化，转变经济增长方式，提高国民经济运行质量和效率，走新型工业化道路的重大举措，对实现全面建设小康社会的宏伟目标具有十分重要的意义。各级政府部门先后出台了多项支持电子商务发展的政策，如国务院办公厅《关于加快电子商务发展的若干意见》（2005年）、商务部《关于促进电子商务规范发展的意见》（2007年）、《上海市促进电子商务发展规定》等。此外，2012年3月国家工业和信息化部发布了《电子商务"十二五"发展规划》。该规划提出了我国电子商务发展的具体目标是电子商务交易额翻两番，突破18万亿元。

小贴士：重庆出台系列政策支持电子商务发展

为进一步加快推动电子商务产业发展，重庆市专门出台了系列支持政策，涉及税收优惠、财政扶持、人才扶持、金融保障、服务保障等。对符合条件的电子商务企业，可按差额方式确定计税营业额；已经认定的电商企业可优先认定为软件企业，营业税前3年全额补贴，后3年补贴50%；在重庆市租赁办公用房的，可由注册地所在区县（自治县）或园区，给予办公场地租金补贴；在人才引进上，重点电商企业引进高层次人才，前5年可按其在重庆工作实际缴纳的个人所得税地方留成部分给予全额补贴。据悉，享受政策支持的电子商务企业，其电商相关业务收入必须不低于企业总经营收入的80%且年收入不低于100万元。

（三）网上创业法律法规

1. 创业相关的基本法律法规

成功创业必然从依法创业开始。法律意识淡薄、法律知识缺乏将导致创业者无法有效使用法律武器来维护自身的合法权益，最终导致所创事业的失败。只有在法律允许范围内的市场参与才是健康理性的，才能保证创业合法有序地进行。创业全过程中，创业者都应具备法律意识，都应及时了解与创业密切相关的法律规定（详见表1-9）。

表1-9　创业过程中涉及的法律

创业阶段	关注焦点	相关法律法规
创业启动阶段	创业初始资金、设备场地以及办公场所等资源筹集过程中的法律问题	《中华人民共和国民法通则》、《中华人民共和国担保法》、《中华人民共和国合同法》以及各级政府在工商注册、小额担保贷款、税费减免等方面出台的各项优惠政策
创业拓展阶段	规定企业如何设立、组织、解散的法律以及企业设立相关行政审批程序	《中华人民共和国公司法》、《中华人民共和国合伙企业法》、《中华人民共和国个人独资企业法》、《中华人民共和国公司登记管理条例》、《中华人民共和国企业破产法》、《中华人民共和国企业法人登记管理条例》及消防、卫生等方面的行政规定
创业经营阶段	市场交易及管理	《中华人民共和国合同法》、《中华人民共和国担保法》、《中华人民共和国票据法》、《中华人民共和国产品质量法》、《中华人民共和国票据法》、《中华人民共和国保险法》、《中华人民共和国反不正当竞争法》、《中华人民共和国反垄断法》、《中华人民共和国广告法》、《中华人民共和国消费者权益保护法》等法律
	规范企业劳动关系	《中华人民共和国劳动法》、《中华人民共和国劳动合同法》、《中华人民共和国就业促进法》、《社会保险费征缴暂行条例》、《社会保险登记管理暂行办法》、《工伤保险条例》、《最低工资规定》等
	保护知识产权	《中华人民共和国专利法》及其实施细则、《中华人民共和国商标法》及其实施条例、《信息网络传播权保护条例》、《中华人民共和国计算机软件保护条例》等
创业全程	创业纠纷解决	《中华人民共和国民事诉讼法》、《中华人民共和国行政诉讼法》、《中华人民共和国仲裁法》、《中华人民共和国劳动争议调解仲裁法》等

小案例

农民淘宝卖假羊毛衫判罚 199 万元

2010 年 8 月，湖南商贩李清向熟人周金柱购买了 3 万套非法制造的鄂尔多斯、恒源祥等注册商标。随后，李清又购买了 2 万多件白坯衫，在上面钉上商标，包装成名牌羊毛衫，通过淘宝网销售。网购者发现上当后纷纷投诉，在网上发帖声讨，另有网购者向公安部门进行了举报。2010 年 12 月 15 日，鄂尔多斯市警方在郴州市富民商场将李清抓获。

公安人员在李清的店内扣押吊牌价每件 2 180 元的假冒鄂尔多斯羊毛衫 4 351 件，吊牌价每件 1 680 元的假冒鄂尔多斯羊毛衫 17 403 件，吊牌价每件 968 元的假冒恒源祥羊毛衫 4 433 件。之后，经鄂尔多斯市中级人民法院一审审理，判处向李清销售非法制造商标的被告人周金柱有期徒刑 4 年，并处罚金人民币 7 万元；判处被告人李清有期徒刑 5 年，并处罚金人民币 2 151 万元。经上诉二审认定李清犯假冒注册商标罪，判处有期徒刑 4 年 6 个月，并处罚金 1 991 859 元。当李清的妻子李红英接到代理律师王福奎从内蒙古打来的电话，告知重审判决结果时，尽管得知判决的罚金比曾经的 2 151 万元的十分之一还少，但李红英还是被巨额罚款吓得目瞪口呆。她表示：我们夫妻如何拿得出这么多钱？

（资料来源：中国电子商务研究中心。）

案例思考：售卖假羊毛衫违反了什么法律？网络销售商品需要承担哪些责任？

2. 电子商务法律法规

网上创业者除需了解创业活动的基本法律，还应熟悉本行业相关的法律法规。电子商务法律法规是指在互联网平台上参与人际交往、社区活动、贸易活动时必须遵循的规则、制度和章程。近年来，随着电子商务的快速发展，国家有关部门为推动我国电子商务持续健康发展，相继出台了一系列电子商务法律法规，如表 1–10 所示。

3. 电子商务行业规则

除了政府层面规定的相关法律法规以外，利用第三方交易平台开展网上创业活动还需关注第三方交易平台为有效规范买方、卖方交易行为建立的交易规则，尤其是其严格的违规处罚机制。入驻商

表1-10 中国电子商务重要法律法规盘点

颁布时间	颁布部门	具体名称	所属领域
2004年8月	国家商务部	《中华人民共和国电子签名法》	电子认证
2005年4月	中国电子商务协会	《网上交易平台服务自律规范》	网上交易
2005年6月	中国人民银行	《支付清算组织管理办法》	网上支付
2005年10月	中国人民银行	《电子支付指引（第一号）》	网上支付
2007年3月	国家商务部	《关于网上交易的指导意见（暂行）》	网上交易
2007年12月	国家商务部	《关于促进电子商务规范发展的意见》	电子商务
2008年4月	国家商务部	《电子商务模式规范》和《网络购物服务规范》	电子商务
2009年11月	国家商务部	《关于加快流通领域电子商务发展的意见》	电子商务
2010年6月	国家工商总局	《网络商品交易及有关服务行为管理暂行办法》	网上交易
2010年6月	中国人民银行	《非金融机构支付服务管理办法》	网上支付

家不仅需要熟悉国家宏观层面的电子商务法律法规，更需要熟悉所入驻第三方交易平台的规则，这样才能更好地利用交易规则保护自身的合法权益，在发生交易纠纷时也能依据交易规则正当维权。

以淘宝网为例，作为国内最大的第三方网络零售交易平台，淘宝在交易规则的制定和实施方面作出了严格的规定，入驻商家可以通过淘宝规则官方网站（rule.taobao.com）在线学习和熟悉关于店铺注册、商品发布、出价付款、交易时限、信用评价、违规处罚、投诉维权等各类交易细则。随着平台的变化和升级，淘宝交易规则也在不断增补和完善，具体以网站最新公布为准。

二、选择网上创业方式

（一）典型的网上经营模式

根据盈利模式的不同，创业者可选用以下网络经营模式来实现网上创业。

1. 网络销售式

该种经营模式是将传统线下售卖的商品搬至网上进行售卖，典型的代表如当当网、凡客诚品、唯品会等。

凡客诚品网上创业思路

小 案例

唯品会的商业模式

唯品会是B2C品牌折扣网站，向消费者提供时装、护肤品、箱包、皮具、配饰、香水等商品，并以比零售大幅优惠的折扣价销售。唯品会采用快销模式，即首页以每日精选的形式推送折价商品（北京时间每天上午10：00），通常设置数量（每人限量2件同类商品，一个购物车一次限20件商品）和购买时间限制。量大、高频是这种模式的特点。

唯品会的商业模式类似传统的包销模式：网站自己和品牌厂家或直线代理合作，省去中间代理商的层级费用，再以比零售价大幅优惠的折价（一般为比市场价低50%～70%）出售给网站的用户；唯品会为商家货物提供库存和配送，对部分商家货品有活动结束后15天内退还未售出货品的权利。据招股书的介绍，部分长期关系良好的厂商不对唯品会收取货品抵押费用，其他商家一般对其收取10%～15%的抵押费。

案例思考：唯品会采取的是何种盈利模式？

2. 交易佣金式

该种经营模式主要依靠收取入驻商家交易佣金实现盈利，典型的代表如旅游中介类网站携程网（见图1-11）、支付宝等。

图1-11 携程网首页

3. 会员收费式

该类经营模式是通过向会员有偿提供有价值的资源或信息服务来实现盈利，典型的有远程教育类网站（如101远程教育网）、数据库类网站（如中国知网，见图1-12）等。

4. 广告盈利式

广告盈利式适用于绝大多数网站的经营。当网站在网民中具有一定影响力和知名度以后，就可能靠广告费来实现盈利。为此，就

CNKI 中国知网 中国知识基础设施工程　全球最大的数字图书馆　全天开放的知识超市

中国知网流量计费标准表　在线订卡

数据库＼计费标准＼卡种		标准价格	会员卡（100元~1000元）	5000元机构年卡	10000元机构年卡
期刊全文	常规数字出版	0.5元/页	标准价	标准价7折优惠计数	标准价5折优惠计数
	独家数字出版(新产品)	1元/页	标准价	标准价7折优惠计数	标准价5折优惠计数
	优先数字出版(新产品)	价格/篇	标准价	标准价	标准价
学位论文	常规数字出版	0.5元/页	标准价	标准价7折优惠计数	标准价5折优惠计数
	独家数字出版(新产品)	1元/页	标准价	标准价7折优惠计数	标准价5折优惠计数
会议论文	常规数字出版	0.5元/页	标准价	标准价7折优惠计数	标准价5折优惠计数
	独家数字出版(新产品)	1元/页	标准价	标准价7折优惠计数	标准价5折优惠计数
年鉴		0.5元/页	标准价	标准价7折优惠计数	标准价5折优惠计数
统计年鉴	全文　0.5元/页　表单　2.0元/个		标准价	标准价7折优惠计数	标准价5折优惠计数
工具书		0.2元/条	标准价	标准价	标准价
文革中草药实用手册全文数据库		0.2元/页	标准价	标准价	标准价
建筑工程造价预算与规范数据库		0.2元/页	标准价	标准价	标准价
专利		8元/篇	标准价	标准价	标准价
哈佛商业评论	在线浏览　15元/篇　打印　15元/篇		标准价	标准价	标准价
国学宝典		8元/卷	标准价	标准价	标准价
科技成果	有鉴定书　5元/条　无鉴定书　2元/条		标准价	标准价	标准价
国家标准全文库		价格/条	标准价	标准价	标准价

图1-12　中国知网计费标准

有部分网站通过向访问者免费提供资源的方式吸引网民访问，在网民中具有一定影响力和知名度后靠商家广告费实现盈利。典型方式有创办免费信息检索（如百度）、免费娱乐休闲网站（如4399小游戏网、优酷网等）、论坛和社区类网站（如天涯论坛、蘑菇街等）。

小案例

不卖东西的购物社区——蘑菇街

蘑菇街是由杭州卷瓜网络于2011年创建的一个新型的女性买家社区。该社区是一个专注于提供发现美与时尚、分享购物乐趣、结交志趣相投好友的自由交流平台。

虽说是以购物为主题的社区，但蘑菇街本身并不向用户售卖物品，它既不是B2C，也不是C2C。用户在蘑菇街上逛，遇到心仪物品时，再链接到售卖物品的网站——绝大多数情况下，链接的终点指向淘宝。 在蘑菇街，用户可以分享购物乐趣，也可以分享自己在网店上的各种创造。除淘宝外，蘑菇街还和当当网、京东商城、凡客诚品等网站有合作，用户甚至可以从国外著名购物网站Top Shop等添加物品。

比分享本身更重要的是，这些分享汇聚成一个资源库，更多的用户从蘑菇街上发现这些宝贝，再反向链接到售卖物品的网站。一个与电子商务紧密结合的社区就此形成。

在正式上线不到半年的时间里，蘑菇街注册用户已经超过百万，每天可以向淘宝贡献上千笔交易。截至2012年4月初，蘑菇街的注册用户数已经突破950万，日UV（独立访客）达到220万，页面浏览量（PV）过亿，平均单用户浏览达到50页。

案例思考：蘑菇街采取的是何种盈利模式？

5. 智慧服务式

智慧服务式是以网络为载体，利用创业者的个人智慧帮助有需求的商家实现特定任务的一类创业方式，典型的有威客等。

小贴士：什么样的人适合当威客？

从行业来细分的话，以下人群适合做威客：

（1）设计师（平面设计、网站设计、flash设计、软件设计、动漫设计等）

（2）写手（论文、软文、起名、策划、广告词、其他文案等）

（3）专业领域（翻译、法律等）

（4）其他类型（推广、销售、网赚等）

（二）网上经营模式的比较选择

网上经营模式多种多样，根据其所依托互联网平台的差异，可将网上经营模式进一步加以划分。各类网上经营模式分别有自身的特点和适宜人群。

如表1-11所示，创业者可根据自身的特点，对自身的条件状况进行充分、系统的分析，选择和创新适合自身发展的网上经营模式。

表1-11 网上经营模式的对比

经营模式	创业平台	主要特点	适宜人群
网络销售式 交易佣金式 会员收费式 广告盈利式	自建网站	① 技术要求高 ② 资金门槛较高	① 创业初期即拥有丰富资源 ② 能开发出全新商业模式 ③ 拥有较强资源整合能力
智慧服务式	第三方平台 （如猪八戒网、任务中国网等）	① 仅需微量启动资金 ② 主要依靠娴熟技术实现创业	某一技术领域具有杰出才能
第三方电子商务交易平台网络销售	第三方电子商务交易平台 （如淘宝、拍拍等）	① 浏览量有保障，容易带来商机 ② 提供整套电子商务解决方案 ③ 创业门槛较低 ④ 易于上手，技术要求不高	大众

总体而言，自建网站或智慧服务式并不适合一般的创业者，第三方电子商务交易平台开设网店适合绝大多数网上创业者。

三、整合网上创业资源

网上创业资源，是指在网上创业的过程中先后投入到网上创业活动的各种资源的总称。一般而言，任何一项创业活动都离不开财务资源、人力资源、知识资源和社会关系等多种资源的支撑。对于网上创业来说，这些创业资源中的人力资源和财务资源的整合程度尤为关键。创业者对于这两大资源的掌握和整合能力直接关乎能否成功地开发出创业机会，进而推动创业活动向前发展。

（一）创业团队的组建

团队在创业过程中具有重要的意义。美国的一项研究表明，83.3%的高成长企业是由团队建立的，团队创业型企业的成长性明显优于独自创业型企业。创业团队是指在创业初期（包括企业成立前和成立早期）一群才能互补、责任共担、愿为共同的创业目标而奋斗的人组成的特殊群体。创业团队的创建过程如图1-13所示。

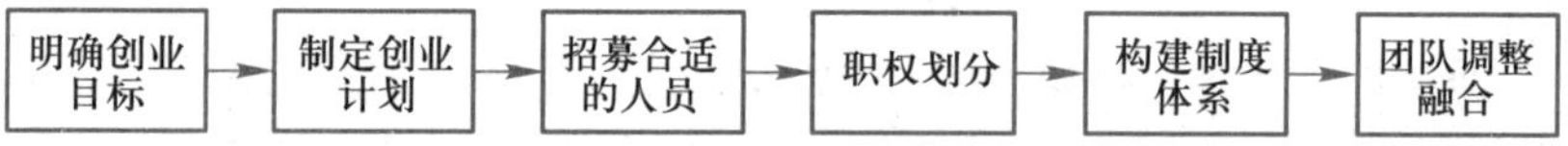

图1-13 创业团队组建流程

1. 明确创业目标

共同的目标是创业团队构成的前提，它是创业团队成员共同奋斗的方向。没有目标，团队也就没有存在的意义。因此，团队发起人在考虑组建创业团队之初就应明确本创业项目在产品、市场、收益等方面的目标。

2. 制定创业计划

创业计划是在对创业目标进行具体分解的基础上确定不同阶段需要完成的目标，通过逐步实现这些阶段性目标来最终实现创业目标。

3. 招募合适的人员

依据能力互补、规模适度的基本原则招募创业团队成员。

小贴士：创业团队成员的招募要点

创业团队成员的招募主要应考虑两个方面：一是互补性，即其能否与其他成员在能力或技术上形成互补。一般而言，创业团队至少需要管理、技术和营销三个方面的人才。二是适度规模，适度的创业团队规模是保证创业团队高效运转的重要条件。创业团队成员太少则无法实现创业团队的功能和优势，而过多又可能产生交流的障碍，创业团队很可能分裂成许多较小的团体，进而大大削弱创业团队的凝聚力。一般认为，创业团队的规模控制在2～12人为最佳。

4. 职权划分

创业团队的职权划分就是根据执行创业计划的需要，具体确定每个团队成员要担负的职责以及相应享有的权限。创业团队成员间职权的划分必须明确，既要避免职权的重叠和交叉，也要避免无人承担造成工作上的疏漏。

小贴士：淘宝网店创业初期的团队职权划分（见图1-14）

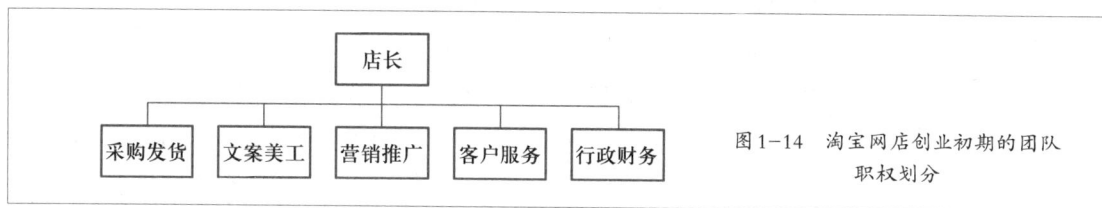

图1-14　淘宝网店创业初期的团队职权划分

5. 构建创业团队制度体系，实现对创业团队成员的控制和激励

控制制度，主要包括纪律制度、组织制度、财务制度、保密制度等，主要用于指导其成员避免做出不利于团队发展的行为，实现对其行为的有效约束，保证团队稳定。激励制度，主要包括利益分配方案、奖惩制度、考核标准、激励措施等，旨在激发创业团队成员的工作积极性。

小贴士：创业团队的激励制度

创业团队的激励制度应使团队成员看到随着创业目标的实现，其自身利益将会得到怎样的改变，从而达到充分调动团队成员的积极性、最大限度发挥团队成员作用的目的。要实现有效的激励，就必须首先把团队成员的收益模式界定清楚，尤其是股权、奖惩等与团队成员利益密切相关的事宜。

6. 团队的调整融合

专门针对运行中出现的问题，不断地对前面步骤进行调整直至满足实践需要为止。在进行团队调整融合的过程中，最重要的是要保证团队成员间经常进行有效的沟通与协调，强化团队精神，提升团队士气。

（二）创业资金的筹集

1. 创业资金的筹集渠道

创业资金的筹资渠道是指取得创业资金的来源。目前主要有以下几种筹资渠道：自有资金、银行信贷资金（如银行贷款、信用卡透支）、政府资金（如扶持基金等）、非银行金融机构资金（如融资担保公司资金、典当行资金等）、其他法人资金、其他居民个人资金。

小案例

小微企业融资别样体验——淘宝订单贷款

　　李飞在淘宝上开有两家玩具店铺。此前，随着生意越做越大，他最大的感受就是缺钱。今年2月起，李飞开始使用阿里金融为淘宝店主开发的融资产品"淘宝订单贷款"，只要卖家当前有"卖家已发货"的订单，就可申请贷款。整个申贷、获贷、支用环节都在网上完成。8个月内，李飞通过淘宝订单贷款已获贷超过百次。以每次使用贷款额度为5 000～10 000元计算，这段时间内，他的获贷总额近100万元。由于淘宝订单贷款算的是日息，不过万分之五，而李飞每次使用贷款基本在3～5天，货款到位第一时间就是还贷，因此产生的利息并不高。

　　阿里金融公关总监王彤表示，在阿里金融各个贷款产品中，数据和互联网极其关键，数据化的运作降低了小微企业获贷的门槛，也能有效控制阿里金融自身的放贷风险。在阿里金融已经服务的10万家小微企业中，没有一家是通过担保或抵押获得贷款的，这些企业获贷的途径都是互联网。

（资料来源：http://www.aliresearch.com/index.php?m-cms-q-view-id-68584.html。）

案例思考：淘宝订单贷款与银行贷款的区别在哪里？

2. 创业资金的筹集方式

　　创业资金的筹集方式主要是解决通过何种方式取得资金的问题。根据筹来资金性质的不同，可将创业资金的筹集方式分为投入方式和借入方式两类（见表1-12）。

表1-12　投入方式与借入方式筹资的比较

	投入方式筹资	借入方式筹资
投资者的角色	新加入的合伙人（或股东）	债主
本金偿还义务	无偿还义务	到期必须偿还
报酬	随经营情况而定，有利润可分红，无利润则无须支付	事先约定固定金额的利息
经营风险承担	承担	不承担
对企业的控制权	按投入时的约定享有	无
典型形式	吸收直接投资	抵押贷款、典当借款、商业信用

具体而言，对于尚处于创业初期的创业者而言，其可采取的筹集方式如下：

（1）吸收周边人群的直接投资。创业者可联合志同道合的朋友或者家庭成员共同合伙投资。

（2）小额担保贷款。为了支持劳动者自主创业，国家制定了宽松的小额担保贷款优惠政策，具体措施根据各地实际情况有所不同。

（3）抵押贷款。利用自己或亲友的房产、存单、有价债券或者保单来办理抵押或质押贷款。

（4）利用非银行金融机构借款。信托投资公司和典当行这类金融机构借款以方便、快捷而著称。

（5）利用商业信用获得短期资金周转。创业者可通过向供应商赊购商品、向采购商预收货款、开具商业承兑票据的形式获得短期的借贷资金。

小贴士：资金的分类

按资金使用期限长短，可分为：短期资金（供1年内使用的资金，如短期借款、商业信用等）和长期资金（使用期限为1年以上的资金，如发行股票、债券、长期借款、融资租赁等）。

按是否拥有所有权，可分为：权益资金（又叫自有资本，是永久性的资本，无到期日，如吸收直接投资、发行股票、留存收益）和债务资金（又称借入资金，到期要还本付息，如长期借款和短期借款）。

按资金来源划分，可分为：内部资金（自身积累下的资金，如公积金、未分配利润、折旧等）和外部资金（外部融入的资金，如发行股票、借款、债券等）。

3. 创业资金筹措原则

（1）筹集规模适当。对创业者而言，任何方式筹来的资金均需承担资金成本。过量筹集会导致成本过高，资金不足则可能导致创业项目无法顺利开展。因此，筹资前创业者首先应合理确定资金需求量，努力提高筹资效率。

小贴士：创业资金需求量的估算

资金需求量的估算应考虑三部分资金的需求量：

（1）一次性投入：网上创业必需的固定设施、设备投资（如计算机设备、打印机及传真设备、电话设备、办公桌椅等）、网站系统开发费用、开办费（含办理证明、证书、执照费用，初期公关费，人员培训费等）。

（2）日常运营投入：应考虑购买并储存商品的费用、促销开支、人员工资、保险的费用、网站维护费用、设备维护费用、营销费用、房屋租金、域名付费、虚拟主机租赁费、宽带费用、水电费用等费用。需要注意的是，开张后要运转一段时间才能有销售收入，流动资金量应保证3~6个月的使用。

（3）预备金：用于涨价、损失、遗漏等各种意外支出的准备。

（2）筹措及时。适时获取资金，保证资金投放需要。

（3）来源合理。合理安排资金来源结构，保持适当的偿债能力，实现分散筹资风险、降低筹资成本的目的。

（4）方法经济。正确计算资金成本，合理确定融资渠道和方式的组合。

任务小结

本任务首先介绍了利用互联网开展的网上创业活动具有经营方式灵活、受时空限制小等多重优势。其次，介绍了国内宏观环境、互联网行业环境、网上创业法律法规等网上创业环境和网上创业方式，并在此基础上进行网上经营模式的比较选择。相对而言，基于第三方电子商务交易平台开设网店适合于绝大多数网上创业者。最后，本任务着重介绍了如何组建创业团队以及如何筹集创业资金。

任务思考

1. 相比于其他创业方式，网上创业的特点有哪些？

2. 电子商务行业有哪些重要法律法规？

3. 不同的网上创业方式适合的人群各不相同，思考一下自己适合于哪种方式。

4. 如何组建创业团队？

5. 如何确定网上创业需要的资金量？可以从哪些渠道筹集到这些资金？

举一反三

淘宝订单贷款是基于卖家店铺已发货、买家未确认的实物交易订单金额，结合店铺运营情况，进行综合评估，给出授信额度的贷款。请上网查询了解一下淘宝订单贷款的下列情况：

（1）申请条件。

（2）贷款额度。

（3）贷款期限。

（4）计息方式。

（5）贷款利率。

（6）还款方式。

（7）贷款流程。

任务1-3　网上商店策划

任务导读

1. 如何进行网络零售市场调研？

2. 哪些商品适合在网上销售？如何选择网货品类？

3. 有哪些不同类型的网上商店？如何进行网上商店的市场定位？

4. 如何选择网络销售平台？

5. 网上商店有哪些具体的业务内容？

任务分解与实施

一、网络零售市场调研

从2004年6月30日开始，我国统一启用新版的零售业态分类标准，网上商店作为一种新的零售业态正式纳入零售业。网上商店面向的市场也称网络零售市场。在准备开设网上商店之前，为降低创业风险，了解市场行情，有必要对网络零售市场进行调研。进行网络零售市场调研，可以综合运用网上和网下调研手段。网上调研范围广，效率高；网下调研更具有针对性和真实性，能在一定程度上弥补网上调研的不足。两种方法结合使用能更有效地掌握要调研的问题。下面重点介绍网上调研方法。

（一）明确问题与确定调研目标

明确问题与确定调研目标是网络调研的第一步。网络中存在海量的信息，如何合理、有效地开展信息收集，需要在调查前有一个清晰的规划，避免付出过多的时间和调研费用。

对于网络零售市场的调研，一般的调研内容包括：网络零售市场环境、网上消费者信息、网上产品信息、网络中的竞争者、网络中的合作者等。一些可以设定的具体目标是：

（1）有哪些人群经常进行网上购物，这些人群有哪些特点？

（2）网络中的热销产品或服务有哪些？

（3）谁有可能成为你的供货商？

（4）谁有可能在网上使用或购买你的产品或服务？

（5）在你选择的行业中，竞争者的数量有多少？他们都在给顾客提供什么样的产品和服务？

（二）制定调查计划

网上调研的第二个步骤是制定出最有效的信息搜索计划。**具体来说，要确定资料来源、调查方法、调查手段、抽样方案和联系方法。**

1. 资料来源

确定收集的是二手资料还是一手资料（原始资料）。

2. 调查方法

网上调研可以使用专题讨论法、问卷调查法和实验法等调查方法。

3. 调查手段

网上调研可以采取在线问卷、交互式计算机辅助电话访谈系统和网络调研软件系统三种调查手段进行。

4. 抽样方案

抽样方案，即要确定抽样单位、样本规模和抽样程序。抽样单位是确定抽样的目标总体；样本规模的大小涉及调查结果的可靠性。

5. 联系方法

联系方法，是指以何种方式接触调查的主体。网络调研主要采取网上交流的形式，如E-mail传输问卷、参加网上论坛等。

小贴士：市场调研的两种形式

市场调研一般有两种形式：一手资料的调研和二手资料的调研。一手资料的调研，主要是通过一些调研问卷直接在市场中对关心的问题进行调研，通过数据的整理和分析可以较清晰、直接地了解关心的问题。二手资料的调研，主要是指一些间接资料的调研，通过查阅已经存在的相关资料，从中获得有价值的信息。

（三）收集第一手资料

在制订调查计划后，就要着手准备收集资料。一手资料和二手资料的收集方式是完全不同的。首先介绍一手资料收集的步骤。

1. 抽样设计

大多数的调查是抽样调查，即从调查对象总体中选取具有代表性的部分个体或样本进行调查，并根据样本的调查结果去推断总体。**抽样调查需确定三项内容：抽样对象，也就是确定研究的对象；样本大**

小，即要调查的人数；抽样程序，也就是抽样的方法。常用的抽样方法有随机抽样和非随机抽样，两种抽样方法的对比如表1-13所示。

表1-13 抽样方法对比

抽样方法	特点	类型
随机抽样	① 按照随机原则进行抽样，是一种客观的抽样方法 ② 事先能够计算抽样误差，不会出现倾向性偏差 ③ 常用于传统调研	简单随机抽样、分层随机抽样、分群随机抽样、系统随机抽样
非随机抽样	① 按照一定主观标准抽取样本 ② 总体中每一个体被抽取的机会不平均 ③ 抽样误差较大	任意抽样、判断抽样、配额抽样

2. 设计调查问卷

调查问卷是由专门为从被调查者那里获得有关某个主题的信息而设计的一组或一系列问题组成的。调查问卷需要具备两个功能：一是能将所调查问题明确地传达给被调查者；二是设法取得对方的合作，使被调查者能真实、准确地回复。调查问卷要围绕一定的目的设计，虽然网络调查问卷的设计没有固定的格式和步骤，但有一些需要注意的内容：

（1）调查内容不宜过多，以免参与者没有耐心完成全部调查问卷。如果一个在线调查在10分钟之内还无法完成，则一般的被调查者都会难以忍受。除非这项调查对他非常重要，或者是为了获得奖品才参与调查。而这样即使完成了调查，也隐含一定的调查风险，比如被调查者没有充分理解调查问题的含义，或者没有认真选择问题选项，最终会降低调查结果的可信度。

注意事项：减少不真实问卷

作为补偿或者刺激参与者的积极性，问卷调查机构一般都会提供一定的奖励措施，有些用户参与调查的目的可能只是获取奖品，甚至可能用作弊的手段来增加中奖的机会。虽然在传统的问卷调查中也会出现类似的问题，但由于网上调查具有无纸化的特点，为了获得参与调查的奖品，同一名用户多次填写调查表的现象常有发生，即使在技术上给予一定的限制条件，但也很难杜绝。合理设置奖项有助于减少不真实的问卷。

（2）调查说明不够清晰或遗漏重要问题选项的规避方法。一份完整的调查问卷在调查问题之前首先应该对调查做出必要的说明。如果调查说明不够清晰或遗漏了部分的答案，则会降低被调查者的信任和参与兴趣，结果使参与调查的人数减少，或者问卷回收率低。一般可以在调查表中设置一个"其他"选项，来弥补问卷设计过程中考虑的不全面。

（3）调查问题描述不应存在歧义。调查问题描述存在歧义，会造成被调查者难以决定最适合的选项，不仅影响调查结果的可信度，而且可能使得参与者未完成全部选项即中止调查。

3. 实施调查

在设计好调查问卷后，需要将调查问卷进行投放来收集资料。直接调研的方法主要有四种：观察法、专题讨论法、在线问卷法和实验法。网上调研使用最多的是在线问卷法。下面重点介绍这种方法。

在线问卷法，是指将设计好的调查问卷通过各种途径发放以便收集信息的一种调研方法。企业在实施在线问卷法时多使用企业自身的网站进行问卷投放。但对于个人来说，由于缺乏自己的站点投放问卷，因此一般采用在线调查网站、电子邮件以及即时聊天工具进行问卷投放实施调研。例如，my3q网（www.my3q.com）就是一个免费在线调查网站，利用该网站可以方便地进行调查问卷设计、投放与数据分析，如图1-15所示。

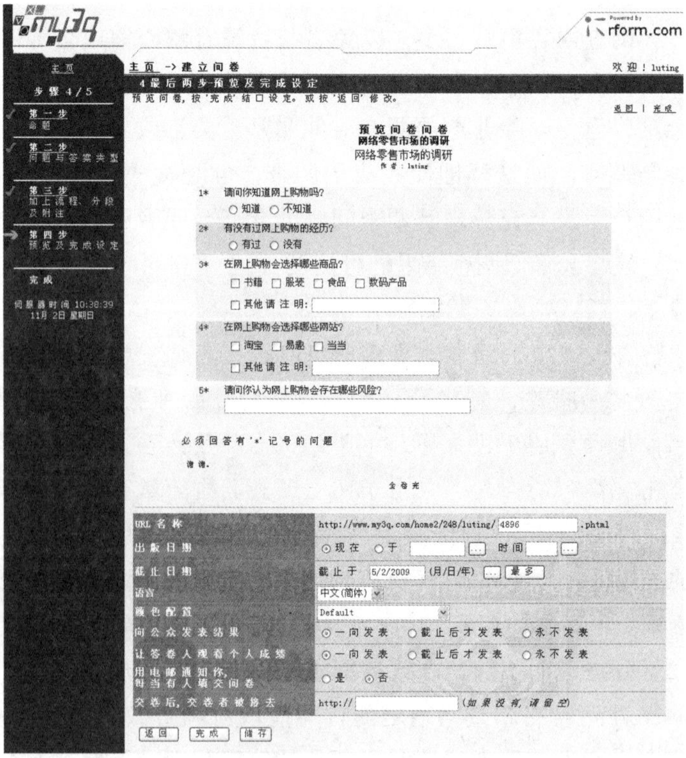

图1-15　利用my3q网站进行在线问卷调查

小贴士：利用专题讨论法实施网上调查

专题讨论法是网上调查中常用的一种调查实施方法，主要通过网络社区论坛或邮件列表讨论组实施深度访谈。其调查实施的一般步骤是：确定要调查的目标市场—识别目标市场中要加以调查的讨论组—确定可以讨论或准备讨论的具体话题—登录相应的讨论组—通过过滤系统发现有用的信息或创建新的话题供大家讨论，从而获得有用的信息。

（四）收集第二手资料

收集二手资料，关键在于确定资料收集的平台，也就是通过哪些渠道来获得二手资料，并对资料进行有效整理和分门别类的保存。

二手资料的来源有很多，如政府出版物、公共图书馆、大学图书馆、贸易协会、市场调查公司、广告代理公司和媒体、专业团体、企业情报室等。

目前，许多单位和机构都在互联网上建立了自己的网站，再加上众多综合型ICP（互联网内容提供商）、专业型ICP以及成千上万个搜索引擎网站，使得互联网平台上存储了海量的二手资料，但是要在这些二手资料中准确地找到自己需要的信息并不容易。利用互联网检索二手资料的主要方法有以下三种：

1. 利用搜索引擎查找资料

搜索引擎使用自动索引软件来发现、收集并标引网页，建立数据库，以Web形式提供给用户一个检索界面，供用户以关键词、词组或短语等检索项查询与提问匹配的记录，成为Internet上最突出的应用。常用的搜索引擎有谷歌、百度、雅虎，专业的购物搜索引擎有一淘网等。

2. 访问相关的网站收集资料

除了通过搜索引擎来获得二手资料外，也可以在一些专业性的网站中获得资料。一般来说，政府网站、协会网站、行业网站以及一些专业调研的网站中都可能有一些最新的资料，直接访问这些网站可获得所需资料。

小贴士：网络零售市场调研网站推荐

中国互联网络信息中心：http://www.cnnic.cn

艾瑞咨询网：http://www.iresearch.cn

易观国际：http://www.eguan.cn

亿邦动力网：http://www.ebrun.com

淘宝数据市场：http://home.shuju.taobao.com

A.C.尼尔森：http://cn.nielsen.com

3see网：http://www.3see.com

3. 利用相关的网上数据库查找资料

网上数据库有付费和免费两种。在国外，市场调查用的数据库一般都是付费的。我国的数据库业近10年有较大的发展，近几年也出现了几个Web版的数据库，但它们都是文献信息型数据库，商情数据库检索还比较少。

（五）整理、分析信息

网络调查相对于传统调查，信息收集比较简单，直接在网上提交或下载即可。对于传统问卷中出现的遗漏重要信息问题，可以在网上调研中通过设置问卷提交条件予以避免。如果用户提交的问卷中有遗漏内容，系统就会自动拒绝递交调查表。

收集信息后要做的工作是分析信息，这一步非常关键。"答案不在信息中，而在调查人员的头脑中。"调查人员如何从数据中提炼出与调查目标相关的信息，直接影响最终的结果。一些在线调查网站会对调查结果提供简单的数据统计。另外，还可以利用统计分析软件，如SPSS、SAS等对信息进行分析。二手资料的信息处理工作更多的是对已获取资料进行整理、归类，删除无用的、相互矛盾的信息，选取有价值的信息并进一步分析。

（六）撰写报告

调研报告的撰写是整个调研活动的最后一个阶段。报告不是数据和资料的简单堆砌，要把与调研目标有关的主要调查结果报告出来，并以调查报告应具备的正规格式写作。

小贴士：调研报告的基本结构

调研报告的基本结构包括：封面；标题页（包括调研项目的题目、日期等）；目录；前言（说明本次调研活动的调查区域、调查动机及要了解的问题等）；调查说明（包括调查区域、调查时间、抽样方法、样本容量和结构）；正文（主要是叙述性表达调查结果，可以适当插入一些总括性的表格和图像）；建议（主要包括对调查目的的贡献、调查问题的解答、可行性建议提供、调查重大发现及对策等）；附件（主要收录了问卷样式、参考文献、相关的网络资料及其来源等）。

二、货品选择

（一）主要商品品类

通过网络销售的商品一般包括有形商品和无形商品两大类。前者主要指实物商品，需要通过线下物流配送完成交易；后者主要指在线服务及虚拟商品，不需要线下物流配送即可完成交易。

对于有形商品，根据艾瑞咨询统计数据，如图1-16所示，2011年中国网络购物市场中，服装、鞋帽、箱包类和3C及家电类占比过半，是成交量最大的商品品类。

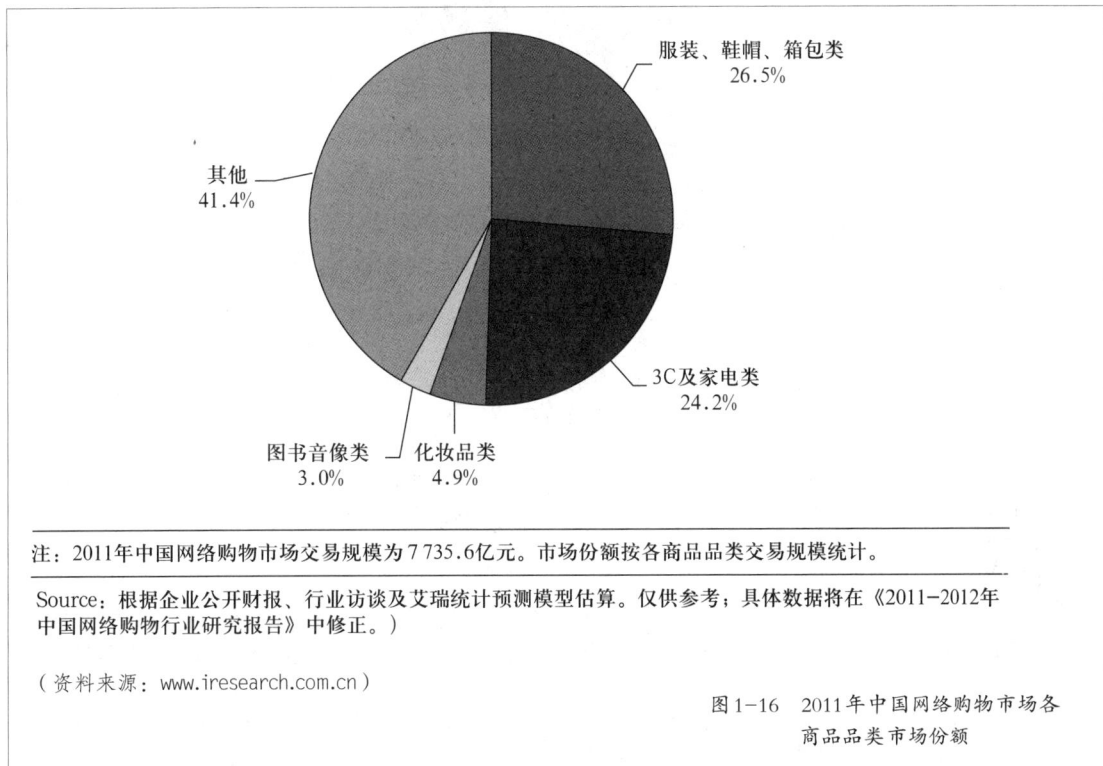

注：2011年中国网络购物市场交易规模为7 735.6亿元。市场份额按各商品品类交易规模统计。

Source：根据企业公开财报、行业访谈及艾瑞统计预测模型估算。仅供参考；具体数据将在《2011—2012年中国网络购物行业研究报告》中修正。）

（资料来源：www.iresearch.com.cn）

图1-16　2011年中国网络购物市场各商品品类市场份额

对于无形商品，除了各类数字化图书、音像制品、虚拟币、游戏装备外，一些创意产品、增值服务正越来越成为无形商品中的佼佼者，图1-17中所销售商品为网店美工设计的网络店铺装修模板，图1-18中所销售商品为淘宝网店直通车推广优化服务。

图1-17　在售无形商品之一

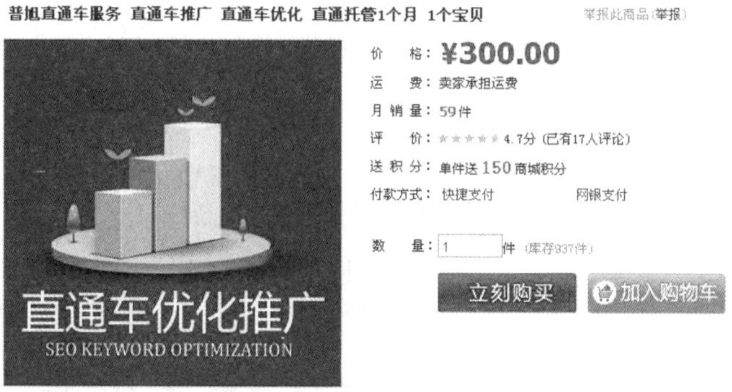

普旭直通车服务 直通车推广 直通车优化 直通托管1个月 1个宝贝　　　　举报此商品(举报)

价　格：¥300.00
运　费：卖家承担运费
月 销 量：59件
评　价：★★★★★ 4.7分 (已有17人评论)
送 积 分：单件送150商城积分
付款方式：快捷支付　　　网银支付

数　量：[　1　]件 (库存937件)

立刻购买　　加入购物车

图1-18　在售无形商品之二

（二）基于淘宝市场进行货品选择

在货品选择时，首先要了解市场需求，通过市场调研及自身积累的丰富经验来把握市场的流行趋势，选择最合适的商品。例如，基于淘宝市场选择货品时，就必须分析淘宝市场数据。淘宝市场数据主要来源包括数据魔方、量子恒道、类目导航、热卖排行榜等，这些市场数据将对选择货品起到关键作用。

1. 数据魔方

数据魔方（data.taobao.com）是淘宝官方推出的市场分析工具，主要用于收集行业数据，洞察市场趋势，如图1-19所示为利用数据

数据魔方的使用

图1-19　利用数据魔方进行行业调查

魔方获取店铺所属类目产品的热卖品牌数据。另外，可以针对店铺所属类目产品销量分析流行元素，以及流行元素的销售增长趋势，如流行颜色、印花等；可以通过数据魔方看到所属类目商品的销售产品结构统计，以及产品结构销售变化趋势，例如，近期天气越来越冷了，可以统计出单外套类秋装的销售和初冬类薄衫之间的销售比例关系以及比例关系的变化趋势。

2. 量子恒道

利用淘宝店铺后台的量子恒道工具，可以统计出近期店铺所在类目商品销量、热卖飙升榜以及关注度最高的商品。通过对这些产品的分析，了解这些产品的特征和特点，有助于下一个采购计划的选款。

3. 类目导航

图1-20所示淘宝的类目导航数据并不是轻易就能决定的事情，所有类目导航是为了方便顾客挑选商品。如何才能知道最近一段时间顾客都喜欢找什么样的商品呢？淘宝的技术后台会根据近期顾客在淘宝上搜索和点击的热点情况，来挖掘现在淘宝上大多数顾客都找什么商品，以什么关键词寻找什么类型的商品。所以，通过观察淘宝类目导航的变化，可以知道淘宝近期某个类目上的顾客都在寻找什么类型的商品。

4. 热卖排行榜

如果想了解淘宝上的热卖商品及热卖商品所在行业的特征，还可以通过淘宝网排行榜（top.taobao.com）来了解不同类目下的热卖商品，如图1-21所示。

除以上因素外，选择货品时，还需要综合考虑创业者的资源背景、个人专长和兴趣爱好、货源地域优势等诸多因素。

注意事项：选品也应关注个性特色

如果完全绝对化地按照上述市场数据来选择商品，就失去了作为零售品牌或零售店铺的产品定位。从产品定位的角度来说，要把通过市场分析获得的流行元素趋势回归到本店铺的产品定位上来，而不是简单地模仿；否则，店铺和品牌都将失去其自身的价值，无法让顾客对店铺有鲜明的认知，这样的店铺会在激烈的市场竞争中逐步被淘汰。

所有类目			
虚拟 送20000个淘金币，最后一天！			
充值中心 移动 联通 电信 宽带	游戏 dnf 九阴ol C9 魔兽 天龙	彩票 双色球 时时彩 3D 15选5	
网上营业厅 3G上网 号码 4S	点卡 魔兽 劲舞团 DNF CF QQ	机票 酒店 国际票 旅游 门票 客栈	
服装 型男着装2012潮流预告 服装鞋包配件6折起			
女装 呢外套 T恤 羽绒 衬衫 裤子	男装 衬衫 T恤 夹克 皮衣 牛仔裤	内衣 文胸 睡衣 内裤 袜子 基础款	
春装 连衣裙 针织 风衣 开衫 皮衣	针织 风衣 西服 卫衣 polo 休闲裤	童装 春秋 毛衣 裤子 童鞋 细节	
鞋包配饰 国际名牌包包，优惠专场！			
女鞋 新品 单鞋 帆布 靴子 清仓	男鞋 清仓 休闲 商务 时尚 靴子	配饰 围巾 帽子 皮带 丝巾 毛线	
女包 新品 真皮包 单肩 钱包 韩版	男包 单肩 钱包 商务 双肩 真皮	旅行箱包 双肩 旅行箱 包 登机	
运动户外 运动酷人装，低至26元起包邮！			
运动鞋 板鞋 篮球 跑步 帆布 配	运动 跑步机 健身 游泳 乒乓 轮滑	特步 李宁 阿克 捷安特 卡洛驰	
运动服 卫衣 套装 清仓 T恤 裤	户外 速干裤 工装鞋 腰包 手电 刀	垂钓 军迷 骑行 瑜伽 羽球 真人秀	
珠宝手表 淘宝配饰联袂大戏，春季流行美饰全面上新！			
珠宝 钻石 黄金 铂金 施华洛	翡翠 珍珠 琥珀 珊瑚 宝石 碧玺	饰品 项链 手链 发饰 耳饰 手镯	
品牌手表 卡西欧 天梭 浪琴	时装表 果冻表 水钻表 复古表	眼镜 眼镜架 zippo 烟具 太阳镜	
数码 不花冤任钱，最热卖耳机，火热促销！			
手机 iPhone4S 安卓 Nokia 三星	国产手机 HTC 中兴 小米 华为	相机 卡片机 单反 佳能 索尼 MP5	
笔记本 联想 苹果 戴尔 HP 华硕	平板 三星 iPad2 联想 百元平板	电脑 键鼠 显示器 整机 DIY 路由	
配件 新品 潮品 手机配件 U盘	淘in 外壳 iPad精品 贴膜 PSV	办公 高清投影 打印机 一体机	
家电 大家电，热卖流行款推荐，品牌抄底价，买的多，实惠多！			
小家电 电饭煲 电水壶 微波炉	大家电 冰箱 洗衣机 空调 电视机	视听 播放器 家庭影院 音响 耳机	
挂爱机 吸尘器 面包机 榨汁机	个人护理 剃须刀 电吹风 按摩器	正品 LED 电压力锅 豆浆机 煲汤	
美容护发 春季肌肤敏感？10大明星产品助你对抗过敏			
护肤 保湿 面霜 男士 身体乳 套装	彩妆 BB霜 OPI 睫毛膏 口红 眼线	美发 洗发 弹力素 染发 欧莱雅	
香水 男香 女香 馏证 香奈儿 迪奥	国货 珀莱雅 我的美丽日记 自然堂	假发 梨花 BOBO头 长卷发 花苞	
母婴用品 淘宝母婴正品授权奶粉，全场85折起			
奶粉 牛奶 牛栏 钙 营养 辅食	用品 尿裤 润肤 奶瓶 睡袋	玩与学 玩具 童车 积木 早教	
孕产 孕装 孕裤 防辐 必备用品	新生儿 礼装 暖奶 婴儿床 游泳	婴幼服 爬服 内衣 外出 鞋袜	
家居建材 【赢巴厘岛双飞】2012家装日记大赛奢牵上演			
家具 床 桌 沙发 茶几 电视柜	家饰 摆件 墙贴 花瓶 搁板 装饰画	家纺 地毯 窗帘 四件套 沙发垫	
建材 龙头 花洒 马桶 瓷砖 墙纸	灯饰 台灯 吸顶灯 护眼灯 光源	五金 门锁 置物架 开关 排插 水槽	
美食特产 趣味猎宠游，免单美食，千分红包			
零食 免单 猪肉脯 坚果 牛肉干	菜肴 牛排 车厘子 寿司 泡菜 腊肉	茶叶 铁观音 龙井 普洱 花茶	
特产 新疆 云南 四川 湖南 福建	进口食品 巧克力 咖啡 饼干	保健 纤维 送礼 美容 螺旋藻 胶原	
日用百货 初春床罄新鲜租逢，全场买就包邮~			
收纳 拖把 行李车 整理柜 收纳凳	日用 洗发水 卫生巾 纸巾 牙膏	家纺 蚕丝被 四件套 枕头 十字绣	
厨房 杯具 茶具 餐具 锅 保温壶	居家 小商品 创意 伞 婚庆 保暖	成人 夜场 男欢 女爱 套 惰趣内衣	
汽车、车品 节后爱车疗伤·清洗,保养5折起			
车品 坐垫 内饰 外饰 方向盘套	车用电器 GPS DVD导航 影音	改装 配件 车灯 轮胎 轮毂 滤芯	
文化玩乐 家有"趣宠"，如有一宝！			
个性定制 抱枕 台历 照片书	收藏 龙票 开运 玉髓 钱币	玩具 毛绒 公仔 动漫 车模 DIY	
文具 新奇特 韩国款 笔记本 钢笔	书籍 考试 杂志 养生 童书 小说	乐器 吉他 钢琴 车载CD CD	
宠物 狗狗 猫咪 水族 爬虫 春游	鲜花园艺 鲜花 仿真 绿植 园艺	网络服务 纸箱 冲印 快递 装修	
生活服务 包你免费任，抢租最低价！			
吃喝玩乐 星巴克 克莉丝汀 团购	电影订座 演唱会 电影 战马	全球购 韩国站 裙摆摇曳 客品购	
生活超市 三文鱼 车厘子 沐浴露	点外卖 快餐 寿司 披萨 小吃	房产 租房 新房 二手 特惠租房	

图1-20　淘宝网商品类目

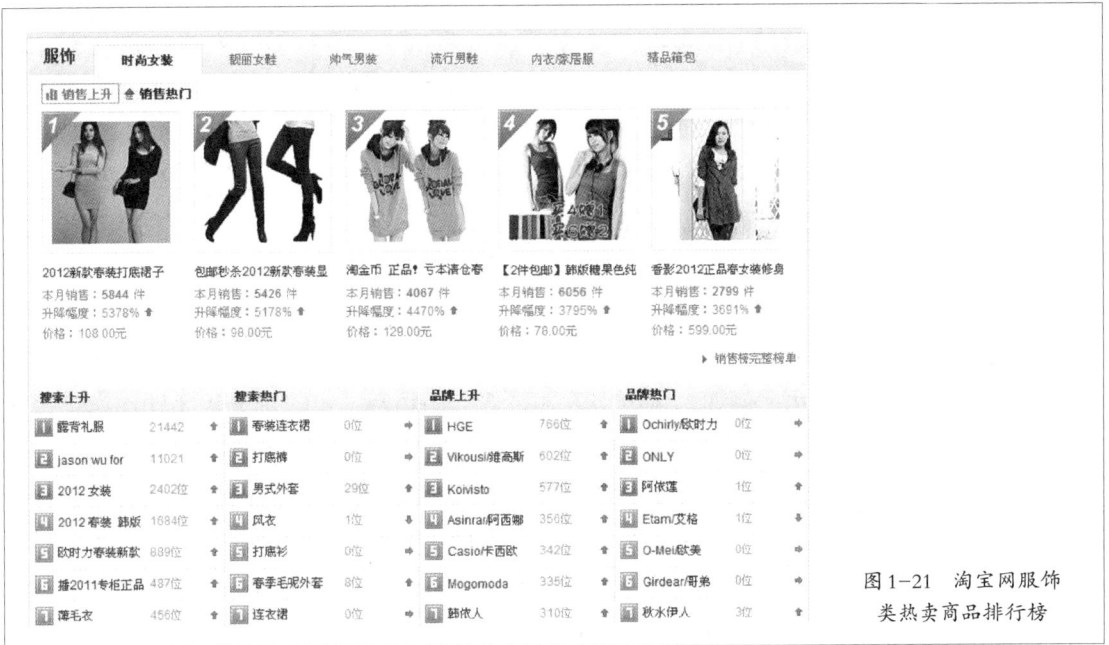

图 1-21 淘宝网服饰类热卖商品排行榜

三、确定网上商店的市场定位

（一）网上商店类型

在确定网上商店的市场定位之前，首先要了解网上商店的类型及其特点。

从网店经营主体来看，网上商店可分为B2C（business-to-consumer）网店与C2C（consumer-to-consumer）网店。前者是由企业通过网站向消费者提供商品和服务，后者是由个人通过网站向消费者提供商品和服务。从网店业务范围来看，网上商店可分为内贸网上商店和外贸网上商店。前者主要面向国内用户提供商品和服务；后者主要面向国外用户提供商品和服务，涉及国际物流与国际支付。从网店主营商品类目来看，网上商店可以分为综合百货类网上商店和垂直专卖类网上商店。前者涉及多个不同商品类目，后者专营某一类特色商品。表1-14列出了不同分类标准下常见网上商店的代表。

表 1-14　网上商店类型

分类标准	网上商店类型	典型代表
网店经营主体	B2C网上商店	京东商城、当当网、卓越网、苏宁易购、凡客诚品在天猫开设的网上商店（www.tmall.com）
	C2C网上商店	在淘宝集市开设的网上商店（www.taobao.com）

续表

分类标准	网上商店类型	典型代表
网店业务范围	内贸网上商店	京东商城、当当网、亚马逊中国、苏宁易购、凡客诚品
	外贸网上商店	在速卖通开设的网上商店（www.aliexpress.com） 在敦煌网开设的网上商店（www.dhgate.com）
网店主营商品类目	综合百货类网上商店	京东商城、当当网、亚马逊中国、1号店
	垂直专卖类网上商店	麦包包、玛萨玛索、乐淘、钻石小鸟

以上为常见的网上商店类型。除此以外，还有其他一些分类方法。例如，从成交方式来看，购物网站可以细分为团购网站、拍卖网站、导购引擎网站等。又如，国内最大的购物平台天猫（www.tmall.com）将入驻的B2C网店按其品牌资质不同分为旗舰店、专卖店和专营店三类。其中，旗舰店品牌必须为企业自有，在天猫经营同一品牌、同一个一级商品类目下的所有产品；专卖店企业必须取得品牌持有者的正式授权，在天猫经营授权品牌下同一个一级类目内的所有产品；专营店企业须具有自有品牌或他人品牌的品牌资质，在天猫经营同一个一级类目下多个（至少两个）品牌。

小案例

聚美优品的定位

网上商店的分类标准并不是单一的。以国内知名的化妆品团购网站聚美优品（www.jumei.com）为例，该网站从经营主体身份来看，是B2C网站；从成交方式来看，是团购网站；从主营商品类目来看，是专营化妆品的垂直网站。

综合以上多重分类标准，就形成了聚美优品的特色：综合团购模式与垂直模式的超轻型B2C。具体而言，就是在充分了解消费者需求的基础上，精简SKU（stock keeping unit），每天重点销售几款精选商品，针对消费者注重化妆品产品的口碑及跟风消费的心理，利用单品制胜法则，采取团购成交方式，用口碑最好的前20%的商品去满足80%的用户需求，减轻管理复杂度和网店运维成本。与拉手网（www.lashou.com）等本地生活服务类团购网站的区别是，聚美优品自己建仓、自己采购、自己发货、自己做所有服务，以确保消费者的购物体验。

案例思考：聚美优品的商业模式有何特色？你认为此类商业模式有何竞争优势？

（二）网上商店市场定位的方法

网上商店市场定位就是在确定自己特色、优势的前提下，使这些特色、优势有效地向目标市场显示。常用的定位方法包括：

1. 根据产品属性定位

根据产品属性定位，即通过产品的市场功能区分进行定位，重点突出产品的功能、风格等差异化属性。以淘宝女装店铺为例，女装类目是淘宝上竞争最激烈的类目，若要在女装类目中脱颖而出，必须突出店铺的与众不同之处。淘宝上特色鲜明的女装店铺包括：橡菲只做皮衣的产品线特色定位，木棉天堂的文艺青年风格定位，裂帛的民族仿古风格定位，韩都衣舍的流行韩版风格定位，七格格的潮流炫酷风格定位，OSA的白领职业风格定位，天使之城的潮流偶像风格定位。这些店铺正是凭借鲜明的产品属性定位，在竞争激烈的淘宝女装类目中形成了自己的竞争优势，并取得了成功。在根据产品属性进行市场定位时，要尽量考虑竞争对手没有顾及的属性，这种定位方法比较容易收效。

2. 根据产品价格和质量定位

根据产品价格和质量定位，即通过价格和质量的关系进行市场定位。行之有效的价格—质量定位主要有低质低价定位、优质高价定位和优质低价定位三种。例如，专卖男装的B2C网站玛萨玛索，将市场定位于高端精品男装，保持较高的单品价位，这是优质高价的典型代表。同样做服装的B2C网站凡客诚品，其单品价位就比较低，属于优质低价市场定位。

3. 根据用户群体定位

根据用户群体定位，即企业谋略性地把某些产品指引给适当的使用者或某个分市场，以便根据那个分市场的特点创建起恰当的形象。例如在服装类店铺中，有些网店专门针对特殊体型人群提供大码服。网易印象派B2C网站（yxp.163.com）则专门为强调个性化服务的文艺范青年提供个性印品的在线定制。此外，还有专门针对孕妇、婴幼儿、中老年人、情侣等各类用户群体提供商品或服务的网上商店。

4. 根据产品档次定位

产品档次包括低档、中档和高档。例如，天猫的前身淘宝商城在2011年大幅度提高收费标准主要就是为了提高商城的服务品质与产品档次，淘汰一些产品档次低、品牌实力不强的中小卖家，为买家提供更好的购物体验。

市场定位是一项精细而又复杂的工作，只有企业市场营销人员通过一切调研手段把握和确定自己的潜在竞争优势之后，才能正确定位。

四、确定网上商店的建站方案

网上商店的建站方案主要有以下两种模式：

（一）入驻第三方交易平台

入驻第三方交易平台，即中小企业或个人通过入驻第三方提供的交易平台来创建网店，开展网络零售业务。目前，国内知名的第三方内贸网络零售交易平台主要包括淘宝网（www.taobao.com）、拍拍网（www.paipai.com）、eBay易趣网（www.eachnet.com），第三方外贸网络零售交易平台主要包括速读通（www.aliexpress.com）、敦煌网（www.dhgate.com）等。根据艾瑞咨询统计数据，淘宝网在中国网络零售市场占据80%以上的市场份额，处于绝对领先地位。

个人或企业在选择要入驻的第三方网络零售交易平台时，应注意考察平台是否具备以下基本功能：

（1）为买卖双方提供交易空间，通过自身的知名度将买卖双方聚集到一起。

（2）承担交易监督和管理的职责，包括制定平台交易规则，规范并监控买卖双方的交易行为，创建良好的商业信用环境，保障买卖双方的权益。

（3）为买卖双方提供技术支持服务，如商品发布、网店创建与装修、商品搜索比价、在线支付、在线推广、在线促销等各类技术支持服务。

（4）为买卖双方提供信用贷款、在线交易保险、仓储配送、数据分析等各类增值服务。

（二）自营式独立网店

自营式独立网店即中小企业或个人自己搭建的、具有商品展示和网上订单功能的独立网店，自行推广、运营和维护网店。根据自营式独立网店的建站方式不同，又可以细分为两种模式：一是自主开发网店软件系统；二是购买专业网店软件系统。大部分中小企业或个人会选择购买专业网店软件系统建立独立网店。国内独立网店系统主要供应商包括：ShopEx（www.shopex.cn）、Hishop（www.92hi.com）、Probiz（www.probiz.com）。其中，ShopEx产品线较全，在网店软件产品市场占有率高达70%。

两种不同模式的网上商店建站方案各有优势与劣势，具体对比如表1-15所示。

表1-15 网络零售业务开展模式对比

项目	自营式独立网店	入驻第三方交易平台
优势	为企业量身定做的在线销售系统，可以满足企业个性化需求，有助于展示企业品牌形象，没有第三方交易平台规则约束，也更容易与企业现有MIS对接	入驻商家可以通过租用虚拟柜台的方式低成本、方便、快捷地开设网上商店，不用再花费大量的资金、人力、物力去开发维护商务网站，商家可以专心主业，将更多的精力用于采购、销售和客户服务，从而获得更多的利润。同时，入驻商家可以借助第三方交易平台的知名度迅速聚集网店访问流量，带来更多的商业机会
劣势	平台运营、维护、推广费用高；技术要求高，除了经营商铺还需要管理网站程序和维护网络安全	众多商家聚集在一个交易平台上，产品价格、流量资源等的竞争非常激烈。同时，第三方交易平台为规范和管理买卖双方的交易行为，制定了严格的平台交易规则，所有入驻商家必须统一遵循，难以满足入驻商家个性化的特殊需求

五、确定网上商店的业务内容

网上商店的典型业务内容如图1-22所示。其中，进货生产、验货清点、入库上架、产品拍摄、收款结算、打单匹配、一次配货、二次配货、装盒包装、封盒贴单、核对计数、面单排序这些属于线下业务工作，而美工文案、产品发布、同步库存、上架销售、运营推广、生成订单、核对信息、确认快递这些都属于线上业务工作。对于新开设的网店而言，运营工作的重中之重是通过各类推广与促销手段为网店引入流量。只有有了持续稳定的流量，网店的各项业务才能正常开展，并构成良性循环。

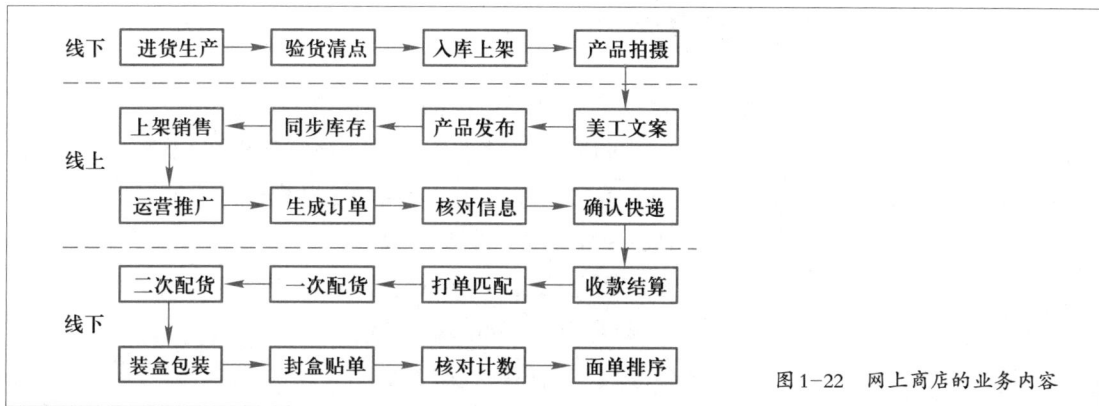

图1-22 网上商店的业务内容

任务小结

本任务是在市场调查的基础上进行网上商店的策划，在充分了解目标用户需求及竞争对手的前提下，完成网上商店的货品选择、市场定位，确定网上商店的建站方案，明确网上商店的主要业务内容。需要补充说明的是，无论是独立网店，还是第三方平台的网店，网上商店本质上都是一个销售渠道，对于企业而言，关键是要为市场提供有核心竞争力的产品和服务。企业在面向网络市场进行销售渠道搭建时，可以选择自营（自己建立网站，自己运营销售）、联销（将自己的产品放在别人的网站上销售）、分销、批发等几种渠道模式，相应的网站表现形式和功能架构也不同。

任务思考

1. 如何基于淘宝市场环境进行货品选择？
2. 有哪些不同类型的网上商店？其分类标准是什么？
3. 什么是网上商店的市场定位？常用的定位方法有哪些？
4. 对比分析网上商店的不同建站方案的优势和劣势。
5. 试分析网上商店不同业务之间的协作关系。

举一反三

选择某一类产品，试采用合适的调查方法，对这类产品的网络零售市场中的主要竞争者及其特征、潜在购买者及其特征、市场需求情况进行调研。要求对收集的资料进行整理分析，撰写并提交调研报告。

项 目综合训练 <<<<<<<<<<<<<<<<<<<<<<<<<<<<<<<<<<<<

项目综合训练

请以开设一家经营某类产品的网店为目标，每班同学按4~6人一组，自由组成团队开展该类产品的网络零售市场调研。根据调研的结果共同完成下列训练任务，并以PPT形式进行课堂汇报：

（1）完成该网上商店的货品选择。
（2）分析该网上商店的主要竞争者及主要顾客群。
（3）确定该网上商店的市场定位。
（4）确定该网上商店的建站方案。
（5）确定该网上商店的业务内容。

项目实施总结 <<<<<<<<<<<<<<<<<<<<<<<<<<<<<<<<<<<<<<<<<<<<<<<<<<<<<<<<<<

在师兄甄有才的指导下，艾美丽很快对网上创业有了更深入的了解，并开始着手相关准备活动。经过对相关数据的调查与分析，艾美丽完成了网上店铺定位与产品定位——网店以在校大学生和年轻白领为主要顾客群，以休闲服饰类产品为主营产品。艾美丽还将本项目在实施过程中涉及的关键要点进行了总结，如图1-23所示。

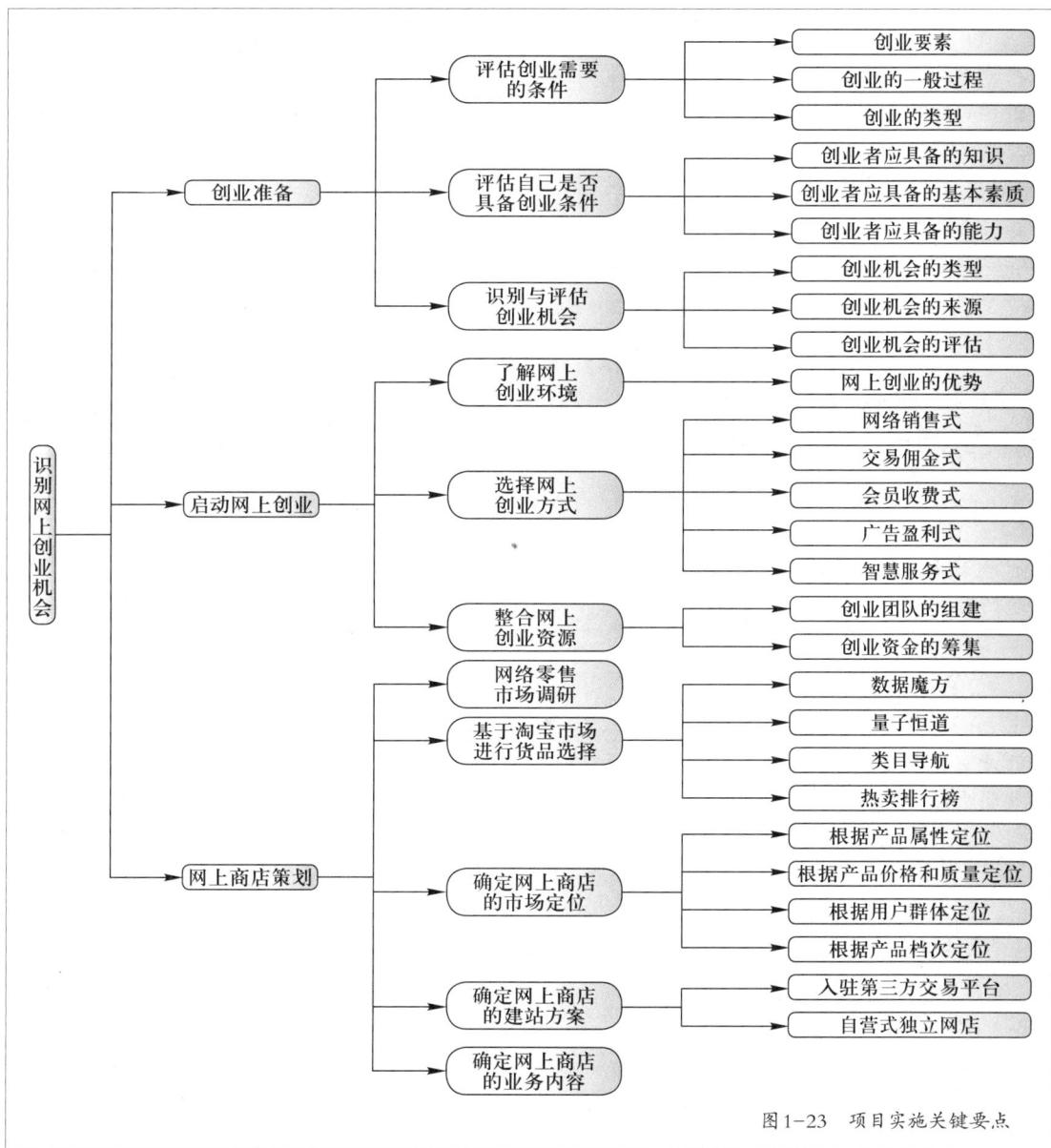

图1-23 项目实施关键要点

自我检查

附表1-1　职业能力测评表

	能/否	职业能力
通过学习本项目，你能否掌握右边列出的职业能力？		能主动搜寻创业机会，开展创业准备
		能准确选择网上创业方式并整合所需资源
		能结合所销售产品进行各类市场调研
		能利用各类市场分析工具进行数据化选品操作
通过学习本项目，你还掌握了哪些职业能力？		
自评人（签名）： 　　年　　月　　日	教师（签名）： 　　年　　月　　日	

注："能/否"栏填"能"或"否"。

附表1-2　职业素养测评表

	职业素养	是否提高
通过学习本项目，你能否提升右边列出的职业素养？	信息获取能力	
	自我学习能力	
	商业规则意识	
	沟通表达能力	
	解决问题能力	
	团队合作精神	
通过学习本项目，你还提升了哪些职业素养？		
自评人（签名）： 　　年　　月　　日	教师（签名）： 　　年　　月　　日	

注："是否提高"一栏可填写"明显提高"、"有所提高"、"没有提高"。

项目2 寻找货源与创建网店

【项目描述与分析】

艾美丽通过前期的市场调查，打算在网上开一家名为"蚂蚁搬家"的女装店铺，开启自己的网上创业之旅。但如何找到可靠的供应商和优质货源呢？如何创建一个富有特色和吸引力的网上商店呢？在师兄甄有才的指导下，艾美丽知道开网店最关键的是熟悉产品和了解顾客，刚起步时没有钱进货可以选择供应商"一件代发"的代销模式，虽然利润低一点，但是无须垫资进货，也没有压货风险，是一种零成本的创业模式，很适合大学生。通过师兄的介绍，艾美丽还知道网店就是网络上的销售渠道，建立网上商店的主要方式有两种：一是基于第三方网络零售交易平台建立网上商店；二是基于独立建站工具建立网上商店。淘宝网作为亚洲最大的网络零售交易平台，凭借巨大的访问流量和成交量、成熟的网上交易配套设施，吸引了无数的网上创业者。初次尝试网上创业，可以从淘宝起步，有了一定客户积累和店铺品牌影响力之后，还可以考虑建立独立网店，建立网络多渠道销售体系。

项目引入

【项目知识点】

电子商务采购，货源渠道类型，供应商的选择，产品规划，产品定价方法，网络零售中商品信息采集的方法，网络零售中商品信息发布的行业规则，第三方网络零售交易平台的对比与选择，独立网店系统的类型及功能，网上商店的基本要素、页面组成、布局及风格，自营式独立网店的建设。

【项目技能点】

通过网络分销平台和网络批发平台寻找供应商并采购，网络零售中的商品信息发布操作，基于第三方网络零售交易平台建立网上商店，基于独立建站工具建立网上商店，网上商店的装修与美化。

任务 2-1　货源渠道与采购进货

任务导读

1. 什么是采购？有哪些采购方式？

2. 电子商务的采购模式与采购业务过程是怎样的？

3. 有哪些不同类型的货源渠道？它们之间有何差异？

4. 如何为网上商店选择供应商？

5. 如何通过网络进行采购？

任务分解与实施

一、采购认知

（一）采购概念的理解

商品采购是指零售企业为实现企业销售目标，在充分了解市场需求的情况下，根据企业的经营能力，运用适当的采购策略和方法，通过等价交换取得适销对路的商品的经济活动过程。俗话说"采购好商品等于卖出一半"，"只有错买，没有错卖"。在确保满足其他条件的情况下，力争获得最低的价格是采购人员最重要的工作。

按照会计准则的规定，采购成本是指商品从采购到入库前发生的全部支出，包括购买价款、相关税费、运输费、装卸费、保险费以及其他相关费用。控制采购成本是增加企业利润的重要手段之一。一般可以通过选择合适的采购方式及确定合适的采购批量来有效控制采购成本。

（二）选择合适的采购方式

采购方式的选择取决于市场竞争情况、供应商数量等多种因素。常见的采购方式包括：

1. 招标采购

招标采购，指采购方作为招标方，事先提出采购的条件和要求，邀请多个企业参加投标，然后由采购方按照规定的程序和标准一次性地从中择优确定交易对象，并与提出最有利条件的投标方签订协议的过程。该采购方式适用于没有明确供应商的情况。

2. 比价采购

比价采购，指采购方请数家供应商提供价格后，通过比较分析再决定供应商进行采购的方式。

3. 议价采购

议价采购，指采购人员选取信用可靠的供应商并讲明采购条件，之后发送询价单并促请对方报价，比较后现价采购的过程。

4. 定价收购

定价收购，当采购数量巨大或市场上该物品匮乏时，可设定价格收购。

5. 竞价采购

竞价采购，指采购方在拍卖交易中通过竞价方式进行采购。

（三）确定合适的采购批量

采购批量是指每次采购货物的数量。在供应商提供数量折扣的前提下，由于采购批量不同将会导致采购价格及成本的差异，所以确定合适的采购批量，也可降低采购成本。采购人员在制订采购计划时，应在充分分析现有存货量、货源情况、订货所需时间、需求量、货物运输到达时间等因素的基础上，结合各种货物的安全库存量等确定最佳的订货量及订货时点。常用的采购批量确定方法包括：

（1）经济订货批量法（EOQ）。指订购成本和仓储保管成本总和最低的一次采购批量。计算公式如下：

$$Q = \sqrt{\frac{2AF}{C}}$$

式中：Q——经济订购批量；

A——一定时期（一年）存货总的需要量；

F——每次订货成本；

C——单位存货储存成本。

（2）固定数量法（FOQ）。凭过去的经验或直觉，每次订购和数量都相同。

（3）固定期间法（FPR）。每次订单涵盖的期间都是固定的（如每个月的第一周下订单），但是订购数量每次都会变动。

（4）批对批法（CLFL）。每次订购数量与每一期净需求的数量相同，每一期均不留库存。如果订购成本不高，则这种方式最适用。

小贴士：网上商店商品采购数量控制

开店初期进货应该款式多、数量少。款式多有利于店铺看起来货品丰富，顾客有挑选的余地和兴趣。相同的款式进货数量宜少，避免压货。对于成熟的大店，在货品数量上一般按以下流程进行预测：首先，通过对一些社区进行调研，根据调研结果进行预售；其次，根据预售效果进行试销；再次，试销成功后，大规模定量采购生产；最后，量产进行比较好的，经过市场监测的款式再进行分销。预售、试销主要是试探市场反应，若产品受市场欢迎则再进行量产和分销，并不是一开始就大量囤货。

二、电子商务采购

（一）电子商务采购的特点

电子商务采购是依托互联网平台及相应管理信息系统完成采购业务的一种新型采购方式。在制造业，很多跨国公司都把物资采购的电子商务化列入企业发展战略目标。英美联合石油、埃克森—美孚等14家国际石油公司联合组建了一个全球性的电子商务采购平台，以消除在物资采购、供应链管理的低效率的影响。通用、福特、戴姆勒—克莱斯勒3家汽车公司建立了全球最大的汽车专用采购平台，其每年的采购金额高达2 500亿美元。国内石油化工行业的中石油、中石化、中海油，钢铁行业中的宝钢等企业都在实施网上采购，并取得了明显的经济效益。

在商贸流通行业，传统采购备货与电子商务业务模式下的采购备货有较大差异。以服装零售行业为例，传统品牌服装企业以纯，全国有3 000多家门店，每一家门店每款商品至少存放1套尺码，假设某款商品有3种颜色、4种尺码（S、M、L、XL），按常见尺码比例2∶3∶3∶2来计算，这款商品在每家门店至少需要存放30件，3 000家门店一共需要存放9万件商品，因此，传统企业采购下单量大，采购周期也相对较长，对供应商的响应要求也较低。由于响应时间慢，所以供应商较容易合理安排产能。

根据电商企业的业务特点，一般是由工厂将货物送到有限的几个仓库里，全国所有订单都从这些仓库发货给客户，不需要对数千家门店进行库存的铺货。由于库存周转快，电子商务采购的特点是多批次、少单量、快速响应。这就对供应链的要求非常高，需要供应商快速反应。由于单次下单量较少，就会使生产成本比较高。当然，电子商务采购的优势也是很明显的，就是库存风险低、库存周转快、产品更新快、供应链协同效率高。

（二）电子商务采购的主要模式

电子商务采购的主要模式分为买方网站采购模式和第三方平台采购模式两种。

1. 买方网站采购模式

买方网站采购模式，即由一些大企业或行业企业联盟建立专门的采购网站，完成供应商管理、采购管理、信息交换等业务活动。该模式对买方要求很高，不仅技术力量要求高，资金投入大，而且浏览量受企业规模、品牌的影响，所以目前该类采购模式运行较成功的是一些大型企业。

美国通用电气公司（GE）的电子采购系统就是这种模式最典型的例子。它能够自动联系客户、协调业务，每年可节省5亿~7亿美元的采购费用。该系统自动将正确的图表和附件放入询价表，在两个小时内供应商就能得到通知并在网上反馈。

国内海尔集团投资成立海尔电子商务有限公司，在家电行业率先建立企业电子商务网站，全面开展面对供应商的B2B业务。图2-1所示为海尔电子采购平台。通过该平台，海尔可以方便地与供应商

图2-1 海尔电子采购平台

建立协同合作关系，实现网上招标、投标、供应商自我维护、订单状态跟踪等业务过程，把海尔与供应商紧密联系在一起，大大降低了采购成本，缩短了采购周期，提高了采购业务的效率和效果，减少了不必要的人工联络及传递误差。

注意事项：买方采购网站的类型及功能特点

买方采购网站可以分为自营式采购网站和联盟式采购网站两类。前者是以单个企业为主建立和运营的采购网站，如海尔、通用电气的采购网站。后者是有相似需求的企业结成战略联盟，共同建立采购网站以共享供应商资源，集中需求以取得对供应商的市场优势。例如，通用汽车、福特汽车、戴姆勒-克莱斯勒、雷诺汽车和日产汽车共同组建的采购联盟网站Covisine，每年将处理7 500亿美元的交易额；中国的首钢、宝钢、武钢等大型钢铁集团联合起来组建采购联盟，建立了中国钢铁联盟网，如图2-2所示。

需要注意的是，买方采购网站的功能并不是停留在信息上网及网络营销阶段，而是要把企业与供应商接触的最前端——整个采购业务流程都搬到互联网上，一般包括询价、确认供应商、招标标准、价格谈判、签署合同以及支付等的网上实现。

图2-2 联盟式采购网站

2. 第三方平台采购模式

在第三方平台采购模式下，第三方通过建立一个网上交易市场和服务平台，为供应商提供产品发布和销售服务，为采购商提供完善的电子采购服务，支持从买卖信息的撮合到交易完成的整个过程，

实现一站式采购。 第三方采购平台主要面向中小企业提供低成本、专业化的电子商务应用服务，中小企业只需以会员方式加入第三方平台，就可以方便快捷地进行海量商业信息的收集、供应商对比、产品询价、在线洽谈和交易。根据面向的行业不同，第三方采购平台可以细分为综合水平式平台和行业垂直式平台。综合水平式平台是一个跨产业链的综合平台，分布在不同产业链上的采购商、供应商在此汇集，形成复杂的上下游关系，产品涵盖类别多，信息量丰富但分散，交易信息充分流动。此类平台的典型代表有阿里巴巴、慧聪网、环球资源等。如图2-3所示为阿里巴巴第三方采购平台。行业垂直式平台主要针对某一特定的行业提供服务，此类平台不仅在专业上更权威、更精准，而且由于行业针对性比较强，买卖双方的供需匹配度相对更高。典型代表如中国化工网、全球五金网等。

第三方平台采购模式不同于买方网站采购模式的特点是，它不是以买方企业的利益为主，而是站在买卖双方之间一个比较公正的立场上促成交易的成功。

图2-3　阿里巴巴第三方采购平台

在电子商务采购模式中，常用的就是上述介绍的买方网站采购模式和第三方平台采购模式，前者适合大型企业，后者适合中小型企业。处于不同市场环境中的企业，在综合权衡各种因素选定采购模式之后，接下来的工作就是建立与供应商的联系渠道，再造企业的采购业务流程，充分发挥网络与电子商务环境中新型采购模式的作用。

（三）电子商务采购的一般业务处理

电子商务采购主要基于互联网和电子采购平台完成。企业使用的电子采购平台不同，其采购业务流程也略有不同。下面介绍较完整的新品网络采购的一般业务处理，如图2-4所示。

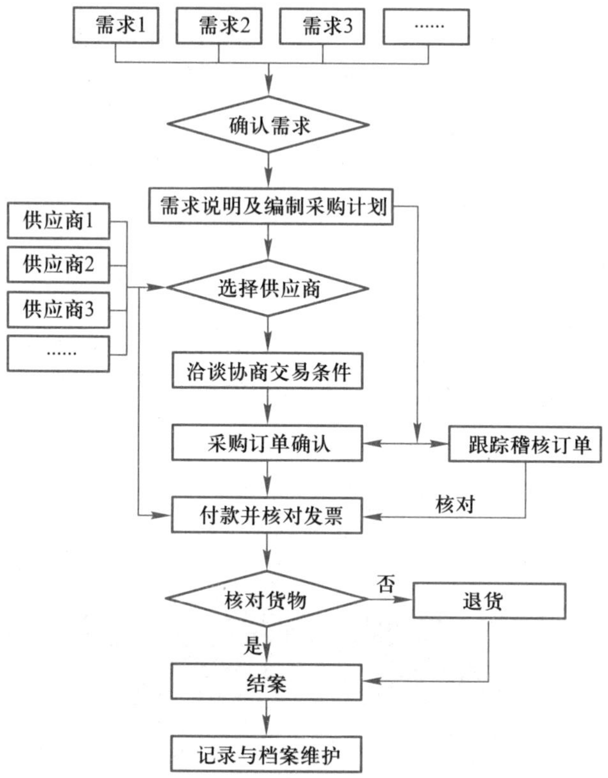

图2-4 采购业务处理

1. 需求说明及编制采购计划

为明确采购需求，一般在招标采购中需要制定专门的RFP文档。在明确采购需求的基础上编制采购计划，采购计划应包含的内容主要是：买什么、买多少、什么时间买。

小贴士：什么是RFP？

RFP（request for proposal），即需求方案说明书，也叫提案企划书、意见请求书、建议书邀请函。由那些需要某种商品或服务的公司提出并分发给那些预期中可能的供应商，供应商随即提供针对该需求方案标准说明的提案。

2. 选择供应商

对于新品采购，一个重要工作就是通过各种途径寻找潜在供应商并整理供应商登记表，登记的主要内容包括供应商名称、经营范围、注册资金、地址、联系方式、拟采购商品的相关证件等。在收集整理供应商资料的基础上，根据企业内部确定的供应商评估标准选择意向供应商。供应商的具体选择策略详见本任务"四、供应商的选择"。

3. 洽谈协商交易条件

通过在线询价、报价及洽谈，协商交易条件，主要包括数量及价格折扣、付款方式、交货期、交货地点、商品包装、运输方式、承运人、售后服务、逾期交货赔偿条件、品质检验及不合格商品赔偿条件等。

4. 采购订单确认及跟踪

在线签订采购合同或提交采购订单后，电子采购平台会自动生成采购订单号，采购人员可以登录电子采购平台根据采购订单号随时追踪订单的执行情况，直到发货。

5. 付款及收货

在电子采购业务中，既可以采用支票、汇票等传统支付结算工具，也可以通过网上银行或第三方支付工具安全便捷地在线支付货款。例如，阿里巴巴内贸采购平台可以利用支付宝这类网上支付工具实现第三方担保交易，即使大额采购也不用担心货款的安全问题。在采购收货时，必须认真验货，核对数量，检查质量，对于不合格商品要及时进行采购退货处理。

三、货源渠道类型

网上商店的主要货源渠道如表2-1所示，主要包括网下货源与网上货源。实际采购进货时，可以综合利用网上、网下货源。

表2-1　网上商店货源渠道

货源渠道	零库存	小批量	大批量
网下货源	自身货源	批发市场	工厂
网上货源	网络分销市场	网络批发市场	网络批发市场

（一）网下货源

网下货源即通过传统货源渠道采购进货，根据产品（或服务）最终来源与数量的不同，可以分为自身货源、批发市场货源及工厂货源等。

1. 自身货源

自身货源是指不需要通过外界而是凭自己的专业、手艺、创作甚至创意提供产品。例如，网店美工设计外包业务、商品图片拍摄外包业务、手工编制产品、专业翻译等，如图2-5所示。

图2-5　自身货源

2. 批发市场货源

线下专业批发市场一般货品种类丰富，数量充足，但货品质量参差不齐，价格不一。在批发市场进货，必须做到目标明确，眼光独到，多逛，多看，心中有数，尽可能在市场中找到货源稳定的批发商，建立长期稳定的合作关系。

小贴士：长三角及广东地区主要服装批发市场

四季青服装批发市场：位于杭州，专业从事服装成衣销售渠道建设，市场以批发为主，汇聚了1 100余家服装生产企业、900多个品牌的服装，种类包括了服装成衣的各个类型，且产品细分十分完善。

七浦路服装批发市场：是上海最具规模，辐射长三角的专业服装类批发市场，坐落在闸北、虹口、黄浦三区交界处。目前，七浦路已逐渐由原来的地摊商业转化为商场商业，由原来经营低档服饰转化为品牌服饰，其功能也在原来批发、零售的基础上增加了品牌展示、新品发布等产业化发展商圈。

白马服装批发市场：广州服装批发业老大，高品质成熟女装居多，价位在同类服装批发市场中较高，国内有很多女装品牌都是从这里起家转向专卖的。

常熟招商城：常熟招商城是中国最大的服装批发市场之一。目前，招商城内拥有至少两万个摊店，不下5 000家服装服饰品牌专卖店、总经销处和代理网点。

3. 工厂货源

工厂货源即直接从生产厂家进货，其优点是货源充足、价格最低；缺点是进货量大、容易压货、换货麻烦。

注意事项：原单货、跟单货、追单货、仿单货的不同工厂进货时，有时会听到原单货、跟单货、追单货、仿单货等不同的词语，它们之间有什么区别呢？

原单货：也叫余单、尾单。原单货是指订单内生产出来的产品。很多品牌服装都通过代加工生产，这些大品牌一般都提供面料、版型给代加工企业。原单货来源有三种：一是通过非正常渠道获取品牌商订单内的产品；二是代加工企业在与品牌商商定的原材料额定消耗份额内通过压降消耗而多生产出来的产品，这块也可以讲是"抠"出来的；三是因为色差、脱线、掉纽扣等瑕疵被品牌商拒收的"外转内销"。

跟单货：原版面料，搭配非品牌商提供的辅料，按品牌商提供的版型生产出来的产品，这就是跟单货。

追单货：生产厂家利用品牌商提供的版型，采购类似的面料、辅料而生产出来的产品，这就是追单货。

仿单货：小厂家仿照品牌商发布的成品生产制造的产品。仿单货质量最差，但却是市面上最泛滥的货源。

（二）网上货源

网上货源即通过电子采购平台采购进货。网上商店采购规模一般都很小，所以选择的电子采购平台多为第三方平台。根据与供应商有无固定的供货关系，网上货源可以细分为网络分销货源和网络批发货源。

1. 网络分销货源

网络分销即供应商利用网络进行分销渠道管理。供应商可以利用网络快速招募分销商，并搭建和管理产品的网络销售渠道；分销商可以利用网络快速找到合适的供应商，并取得货源。网络分销的主要业务模式可分为网络经销与网络代销两种形式，其基本业务处理过程如图2-6所示，其特点、优点及缺点分析如表2-2所示。

网络分销货源比较适合大学生创业，其最大的优势是供应商可以代发货，分销商因零库存而大大降低经营成本和风险。另外，通过网络分销平台，可以在供应商和分销商之间实现商品数据同步及采购业务协同处理，省去了商品发布、采购下单等工作，大大提高了业务效率。该模式存在的不足是分销商不能自由定价，产品销售毛利较低，退换货较麻烦。

小贴士：知名网络分销平台推荐

淘宝分销平台：http://fenxiao.taobao.com

搜物网：http://www.sowu.com

万客商城：http://www.15wk.com

窈窕一身：http://www.yaotiaoys.com

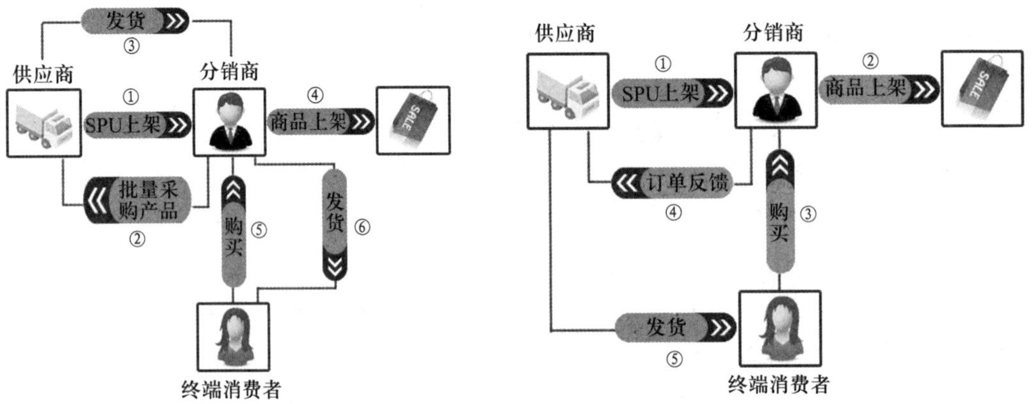

（a）网络经销业务处理　　（b）网络代销业务处理

注：SPU——标准化产品单元

图2-6　网络分销基本业务处理

表2-2　网络经销与网络代销对比分析

	网络经销（囤货销售）	网络代销（一件代发）
特点	分销商事先向供应商批量采购进货，供应商审核发货后，分销商确认付款，囤货销售，当终端消费者下单购买后，由分销商发货给消费者	分销商与供应商建立渠道关系，供应商把商品图片和信息提供给分销商，让他们放在自己的网店进行销售，但商品仍存放在供应商的仓库里。当终端消费者下单购买后，分销系统根据销售单直接生成采购单并反馈给供应商，由供应商直接向终端消费者发货
优点	了解实物，能掌握库存、包装、物流等	无压货风险，供应商发货，省事省心
缺点	有压货风险、资金周转问题	不了解实物，不能掌握库存、包装、物流，利润低等

2. 网络批发货源

网络批发即通过各类网络批发平台寻找供应商并采购进货，其优点是货品丰富，途径便捷，搜索比价方便，可用第三方支付工具担保付款采购；缺点是不能亲眼看到商品实物，对商品质量的把控存在风险。相对于网络分销货源，同类商品的网络批发货源价格更低，但一般有起订量的要求。另外，网络批发平台与网络分销平台的差别还体现在采购商与供应商之间不存在相对稳定的渠道关系，采购商与供应商的合作关系是动态的。

小贴士：知名网络批发平台推荐

阿里巴巴国内站：http://china.alibaba.com

慧聪网：http://www.hc360.com

环球资源网：http://www.globalsources.com.cn

四、供应商的选择标准

目前，处于买方市场环境中，同一款商品往往会有多个供应商供货，选择一个好的供应商是一款商品质量和货期保证的重要因素。选择供应商的主要考虑因素包括：品质、产能、成本、快速响应能力、技术水平、售后服务、信誉、地理位置等。所有因素均为最佳的供应商，即所谓绝对完美型供应商，通常是不存在的。在实际工作中，需要在不同因素之间进行平衡和取舍。这里详述前四种因素。

（一）品质

品质是保证店铺长期发展和顾客回头率进而形成品牌忠诚度的重要因素之一。供应商的质量保证能力是在选择供应商时必须考虑的首要因素。

（二）产能

产能即供应商的供货能力。特别是当商品成为销售爆款时，对供应商的产能就会有比较高的要求。

（三）成本

成本是产品能否赚取利润，或产品是否具备价格优势的重要条件。如果在采购某一产品时，同等条件下有多个供应商可选择，如有北京的、浙江的、广州的，则建议首选产业集中地的供应商。所谓产业集中地，是指同一行业的企业集合起来，共同向消费者提供商品和服务的地方。这样的地方，在价格和规模方面都会有竞争优势。图2-7列出了国内具有代表性的产业集中地。

（四）快速响应能力

快速响应能力是指供应商对采购方需求的响应速度，受到订单处理速度、供货提前期等多种因素的影响。针对电子商务采购特有的多批次、少单量、快速追单等特点，供应商的快速响应能力可确保销售的商品不因为断货而导致销售大幅下滑，或提前进行预售而影响成交率。

综上所述，根据店铺对产品的品质、产能、成本、快速响应能力的要求不同，在供应商的选择上倾向性也会不同。例如，当某款商品售价较高，购买者对品质要求也会比较高，所以品质是第一要素。由于售价高，此款商品的销量一般不会很多，所以产能是最弱的要素，快速响应能力也是比较弱的要素。同时，成本也不是最关

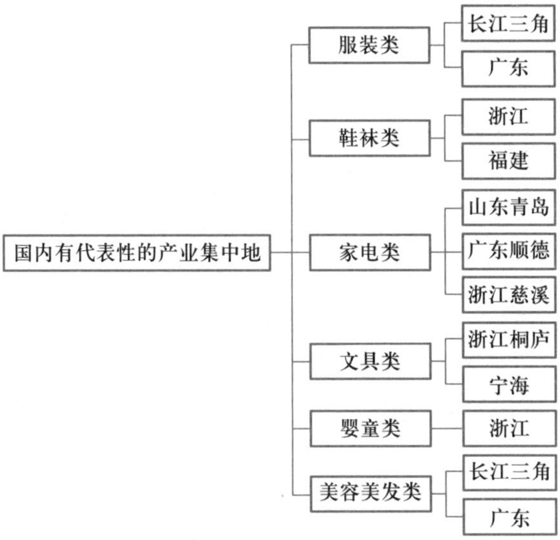

图2-7　国内有代表性的
　　　产业集中地

键的因素，因为商品定位高，商品售价的定倍率也高。再看一个相反的例子，由于某款商品售价较低，适用人群较广，因此可能形成爆款。这时，成本就是关键因素，成本的降低对于绝对利润的提升将有很大帮助，同时由于销量比较大，对于供应商的产能和快速响应能力要求也较高。另外，品质因素虽然是不可忽略的，但相对于断货而导致的销售下滑风险其重要性就会弱化。

五、通过网络分销平台寻找供应商并采购

下面以淘宝分销平台为例，介绍如何通过网络分销平台寻找供应商并采购进货。

淘宝分销平台使用手册

（一）认识淘宝分销平台

淘宝分销平台是淘宝网专门研发的，用来帮助供应商、分销商进行网络销售渠道管理的平台。登录淘宝分销平台（fenxiao.taobao.com），进入主界面，如图2-8所示。淘宝分销平台上活跃着两类用户，即供应商和分销商，他们都跟淘宝分销平台签署了用户协议，成为真正意义上的淘宝供应商和淘宝分销商。

淘宝供应商，指那些厂商企业用户，他们通过淘宝分销平台来搭建产品的网络销售渠道，并在该平台上管理和运作自己的渠道。

淘宝分销商，指那些拥有网络店铺或者电子商务网站的销售者，他们通过淘宝分销平台来寻找供应商，由此取得货源。

小贴士：分销、分销渠道和分销商的概念

分销的概念是相对于直销而言的，分销体现出销售的多个层次

和环节。分销渠道一般由制造商—中间商（分销商）—消费者构成，
表明的是产品的生产—流通—消费这一过程。分销渠道中的中间商
即分销商，包括经销商、批发商、代理商、终端零售商、经纪人等
不同类型成员。

　　在图2-8所示淘宝分销平台首页，点击"我的分销"，通过淘宝
ID及密码登录分销平台会员中心，如图2-9所示，这里相当于淘宝

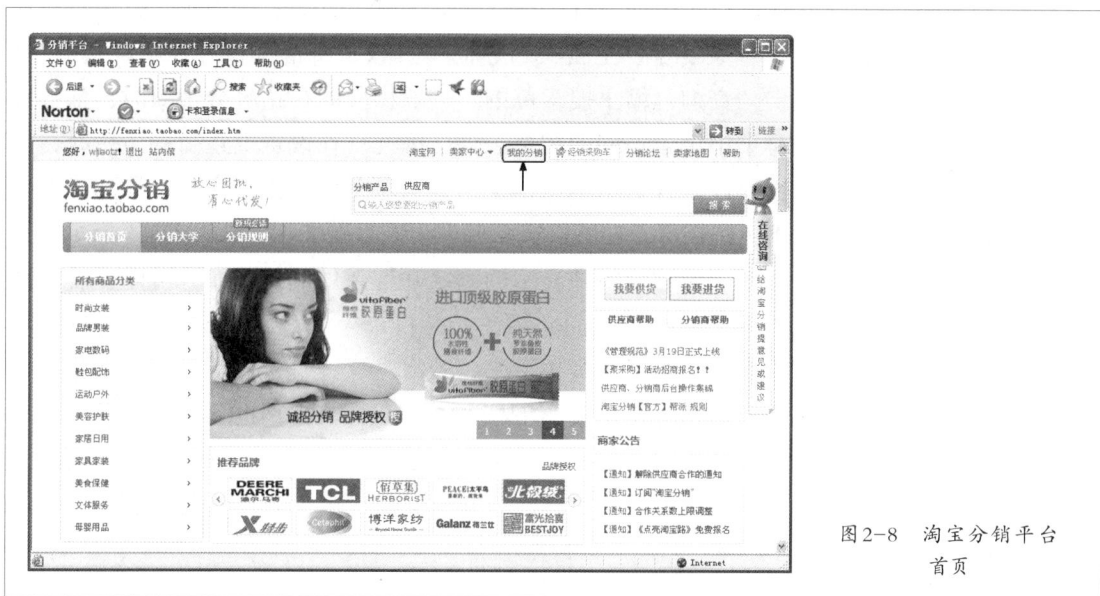

图2-8　淘宝分销平台
首页

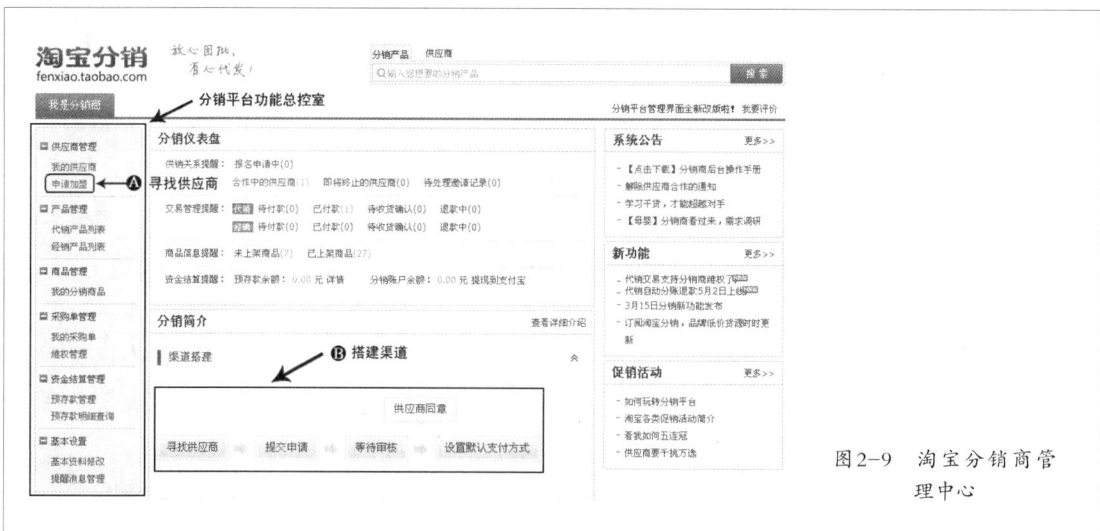

图2-9　淘宝分销商管
理中心

分销平台功能总控室。作为分销商，在这里可以完成供应商管理、
产品管理、商品管理、采购单管理、资金结算管理等诸多操作。

（二）寻找供应商，搭建渠道

淘宝分销商与淘宝供应商建立联系，搭建渠道的基本工作流程如图2-9所示，主要包括寻找供应商、建立渠道关系、设置默认支付方式等操作环节。

1. 寻找供应商

在图2-9所示淘宝分销商管理中心点击"申请加盟"，在出现的供应商目录中搜索符合条件的供应商，如图2-10所示。具体可以通过设置关键字、主营类目、品牌授权、质检授权等各类筛选条件，点击"查询"缩小搜索范围。一般供应商在招募分销商时，都会在招募书中设置不同的招募条件。因此，在设置上述筛选条件时，可以同时设置仅显示本店铺能达到招募条件的供应商，这样那些本店铺达不到招募条件的供应商就不会显示出来。

对于搜索结果中显示的满足筛选条件的供应商，可以查看其详细档案，包括供应商介绍、产品目录等。对于确定合作的供应商，首先需要详细查看其招募书，若自身店铺符合供应商招募条件，再提交申请，等待供应商审核通过。在提交申请前后，可以通过阿里旺旺工具与供应商的招商客服在线交流，进一步了解供应商的情况。

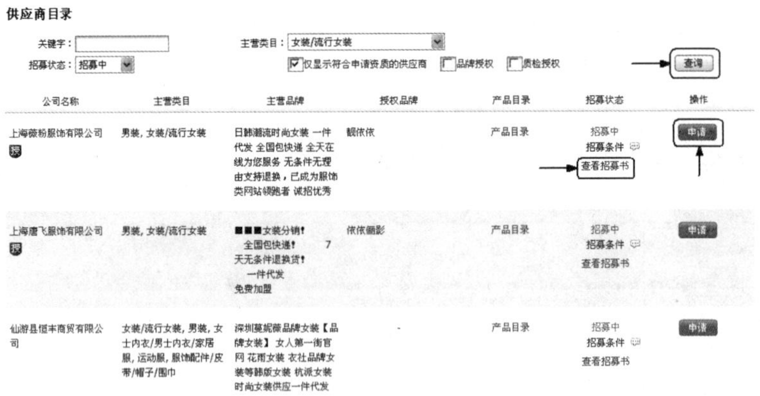

图2-10　供应商筛选

小贴士：刚起步的小卖家如何在淘宝分销平台上选择供应商？

对于刚起步的小卖家，在淘宝分销平台上选择供应商时，可以考虑以下几个因素：

供应商的实力：要选择通过支付宝企业实名认证的供应商，最好拥有自有品牌，在天猫等知名电商平台设有官方旗舰店。

供货能力和发货速度：这一点对于淘宝店运营很关键，为避免因延迟发货被买家投诉，降低店铺的DSR评分，一定要选择在供货能力和发货速度方面有优势的供应商。

　　产品质量和价格：即性价比，网上同款产品很多，搜索比价技术也很成熟，但由于生产厂家不同，同款产品的质量也会参差不齐。若第一次通过网络无法判断供应商的货物质量是否上乘，也可以自己购买一次或索要样品，感受其在线客服、发货速度、商品质量等。

　　供应商客服人员素质：通过旺旺等在线沟通工具与供应商客服交流沟通，了解其对产品是否熟悉、能否及时处理交易纠纷、能否一直保持在线等。

　　售后服务：由于在淘宝分销平台上采购时分销商是不能对供应商进行交易评价的，所以最好能选择提供7天无理由退换货的供应商，以降低采购风险。

　　商品数据包：查看供应商提供的商品图片、商品详情描述、商品属性等商品数据是否完整。

2. 建立渠道关系

　　分销商提出分销申请，供应商审核后，在图2-9所示分销商管理中心，点击"我的供应商"，即可查看与供应商的合作状态以及详细的合作备忘录，如图2-11所示。在这里我们可以发现，供应商与分销商建立渠道关系有两种方式：第一种是分销商提出申请，供应商审核通过；第二种是供应商对有实力的分销商主动发出邀请，分销商同意加盟。另外，在合作过程中，有一方提出终止合作，另一方同意终止或7天内没有答复，双方将终止合作，解除合约。

图2-11　查看合作中的供应商

3. 设置默认支付方式

　　分销商与供应商建立好渠道关系后，还需要设置在采购结算时默认使用的支付方式，推荐使用的默认支付方式为支付宝担保交易。

（三）下载产品，商品上架销售

1. 下载产品

建立好渠道关系之后，分销商在图2-9所示分销商管理中心的"产品管理"中即可查看到供应商提供的产品数据，如图2-12所示，包括供应商总销量、零售价区间、采购价格、利润区间、库存状态、邮费等，点击"下载产品"即可方便地将供应商产品数据下载到分销商的淘宝店铺中。

图2-12 供应商产品数据

小贴士：淘宝分销平台相关名词

产品：指供应商发布的宝贝，是分销商品的来源。

商品：指分销商店铺的宝贝。

下载产品：将供应商的产品复制到分销商的店铺成为商品并把二者建立关系的过程。

关联宝贝：在保留销售记录的前提下，通过把店铺的商品变成分销商品而将它与供应商的产品建立关系的过程。

需要注意的是，在淘宝分销平台上，商品只有和产品建立关系才算是分销商品，才会同步产品库存、属性并产生分销交易。

2. 商品上架销售

下载后的供应商产品可以在图2-9所示分销商管理中心的"商品管理"中查看，如图2-13所示，刚下载的产品其销售状态默认为"未上架"，必须通过点击"编辑商品"，修改商品标题等信息后，才能上架销售。商品上架后，消费者即可在分销商的淘宝店铺中查看并购买该商品。

（四）采购下单

基于淘宝分销平台的采购下单方式分为经销采购和代销采购两种（两种业务模式的区别见表2-2，其业务处理的基本过程见图2-6）。下面以代销采购为例演示其采购下单过程。

淘宝代销采购操作交互动画

図 2-13　商品上架销售

1. 买家拍下付款，采购单自动创建

代销采购订单由买家下单操作触发而自动生成，如图 2-14 所示，分销商在淘宝卖家中心的"交易管理"中可以查看到买家已拍下付款的销售订单，点击"查看采购单"，即自动进入分销商管理中心，在"采购单管理"中可以看到系统根据销售单自动生成的采购单。

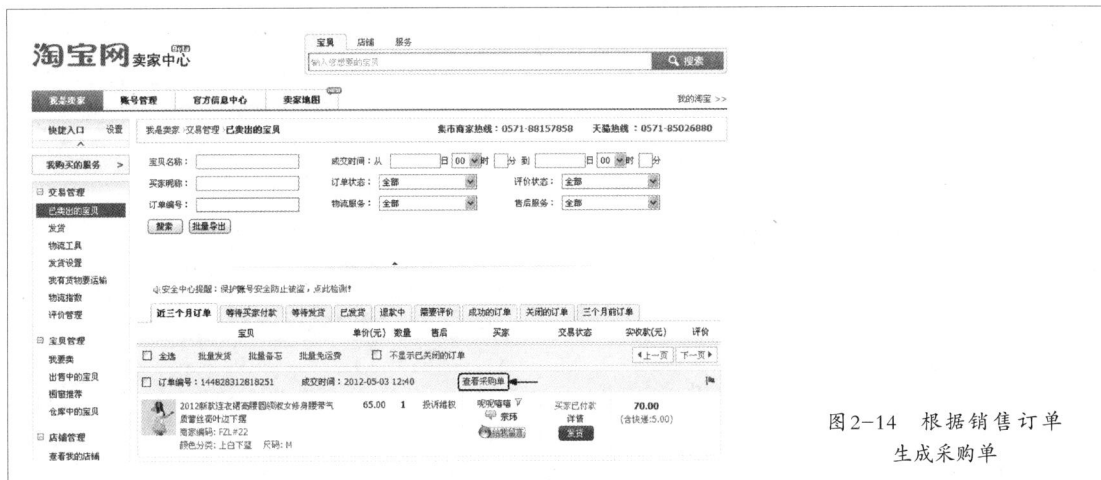

図 2-14　根据销售订单生成采购单

2. 采购付款

如图 2-15 所示，采购订单在买家付款后自动生成，采购状态为"等待付款"，此时分销商可以利用前面与供应商约定的默认付款方式完成采购付款，本例选择"支付宝担保付款"，接下来采购订单的状态变为"已付款，待发货"，如图 2-16 所示。

3. 确认收货，采购成功

供应商发货并完成订单处理后，采购订单的状态变为"已付款，已发货，确认收货"，如图 2-17 所示。同时，分销商在淘宝卖家中心会查看到相应的销售订单状态也自动更新为"卖家已发货"，如图 2-18 所示，分销商不需要进行任何发货操作。特别要注意的是，分销商必须在买家确认收货后，在淘宝卖家中心查看到这笔销售订单

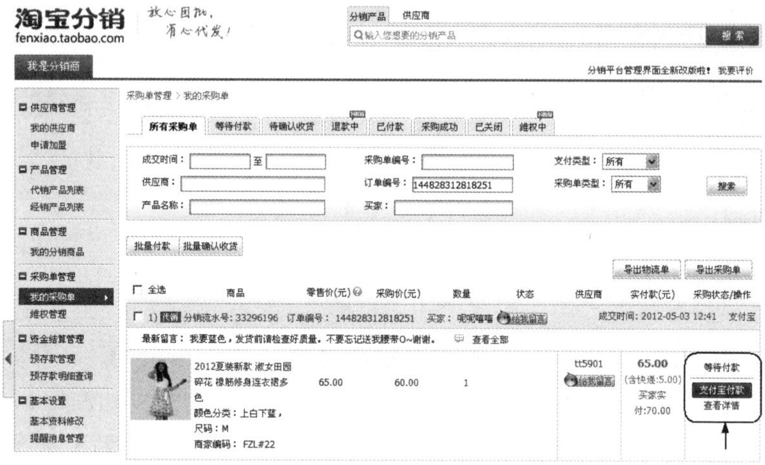

图 2-15　采购付款

图 2-16　采购付款成功，等待供应商发货

图 2-17　供应商已发货，等待分销商确认收货

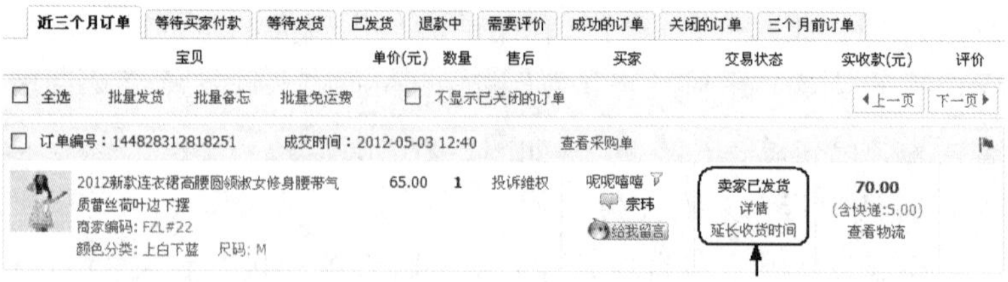

图 2-18　销售订单状态自动更新为"卖家已发货"

的状态为"交易成功"之后，如图 2-19 所示，分销商才可以向供应商确认收货，一旦确认收货后，支付宝即向供应商打款，采购即告结束。

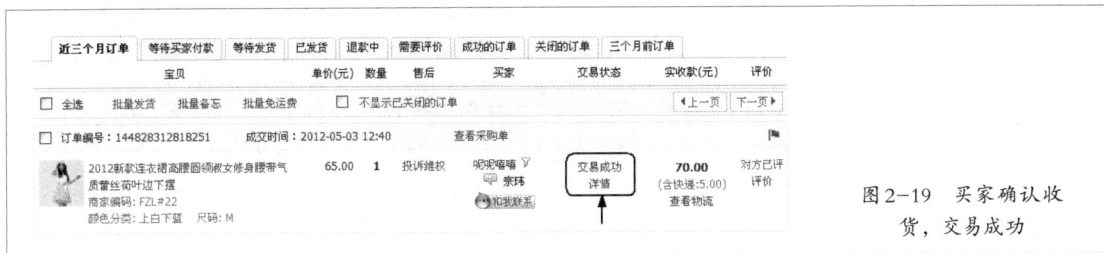

图2-19 买家确认收货，交易成功

注意事项：淘宝分销采购交易安全控制

若供应商迟迟没有发货，则分销商应及时申请退款，申请退款操作入口如图2-16所示。

若供应商已发货，但买家确认收货后不满意，要求退货，则应同时执行买家对分销商的销售退货流程以及分销商对供应商的采购退货流程，具体操作请读者自行查阅淘宝规则。

六、通过网络批发平台寻找供应商并采购

下面以阿里巴巴国内站为例，介绍如何通过网络批发平台寻找供应商并采购进货。

（一）认识阿里巴巴国内站

阿里巴巴国内站（china.alibaba.com）是一个面向国内贸易的网上交易市场，主要用来帮助中小企业进行供需对接，达成企业间的合作与贸易。阿里巴巴国内站上活跃着两类用户，即供应商和采购商。供应商在该平台上发布供应信息，建立旺铺推广企业和产品；采购商利用该平台可以找到丰富的货源，在线询价和洽谈，在线采购下单并支付。

（二）基于阿里巴巴国内站的采购业务处理

基于阿里巴巴国内站的采购业务处理如图2-20所示。从采购商的角度看，基本采购方式有两种：

1. 搜索商机

其采购业务处理的主要工作内容是：搜索供应信息和供应商信息、货比三家、发送询盘、网上洽谈、采购下单。

2. 发布求购信息

其采购业务处理的主要工作内容是：发布采购信息、等待供应商反馈、网上洽谈、采购下单。

一般来说，第一种采购方式用得较多，第二种方式一般适用于难以在市场上找到符合条件的供应商，或采购量大，采购要求特殊时选用。

在阿里巴巴国内站进行采购下单操作时，一般选用支付宝担保交易付款方式，在进行采购订单的跟踪管理时，必须以会员账号登录"我的阿里"会员管理中心，如图2-21所示。采购订单的交易处理流程与淘宝购物流程类似，篇幅所限，不再赘述。

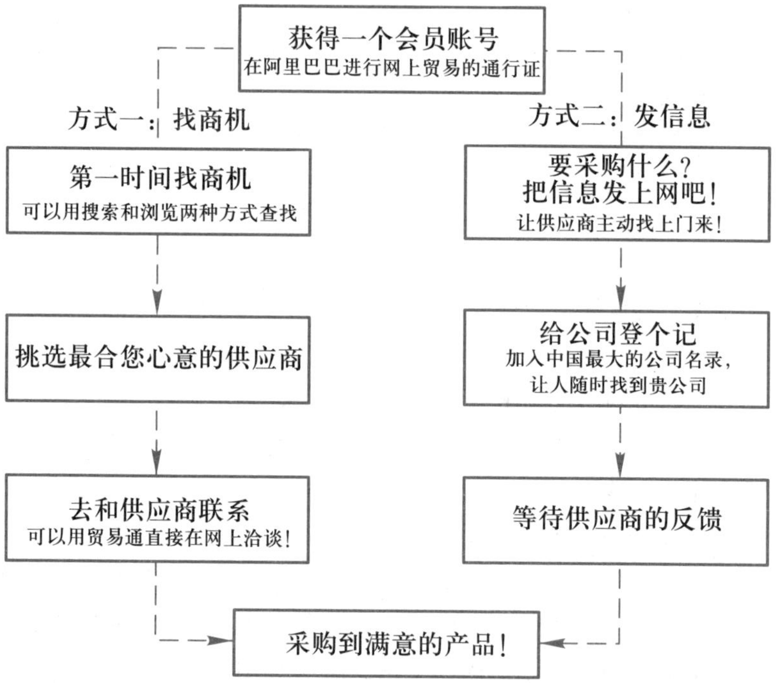

图2-20 基于阿里巴巴国内站的基本采购业务流程

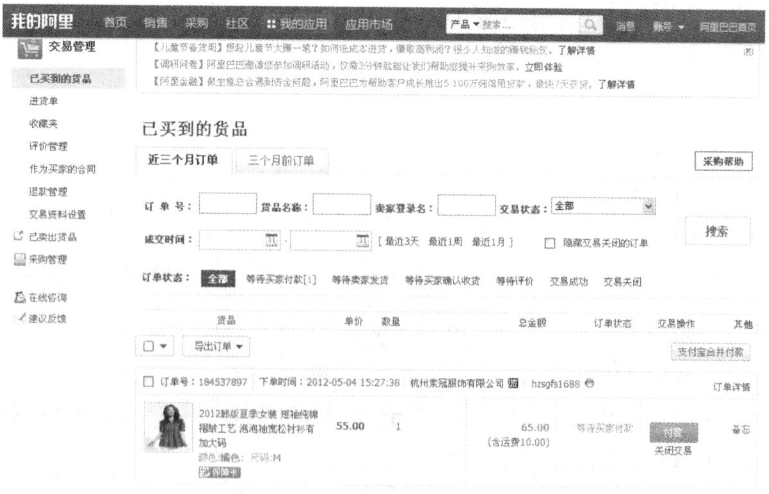

图2-21 阿里巴巴国内站采购订单管理

小贴士：如何降低在阿里巴巴国内站上大批量订货的风险？

（1）为确保产品质量，可以先进入样品中心订购样品，了解实物。

（2）慎重选择供应商，选择时应坚守的底线是经过实名认证的诚信通会员。

（3）支付方式一定要选用支付宝担保付款，以确保交易资金安全。

任务小结

本任务的重点是了解不同的货源渠道并采购进货。需要注意的是，对于任何一个卖家，货源渠道都不是一成不变的。卖家在不同的成长阶段，必须及时调整货源，以便与消费者需求以及自身经营状况等相匹配。对于新开店的卖家，网络渠道和批发市场是值得优先考虑的货源。这两类货源对卖家的门槛普遍较低，自主性和灵活性较大。当经营规模持续增长，如日均订单量在100单以上时，则有必要寻找稳定的货源，如寻找可靠的代工工厂，或与品牌商建立长期合作关系。不管最终选择哪个货源，卖家都必须考虑能否获得价格和质量方面的比较优势。拥有比较优势的货源，将成为卖家获得竞争力的重要基础。

任务思考

1. 如何控制采购成本？

2. 电子商务采购的特点及主要业务模式有哪些？

3. 网上商店的主要货源渠道有哪些？对比分析不同的货源渠道。

4. 什么是网络分销？有哪些知名的网络分销平台？

5. 试对比分析网络经销与网络代销这两种网络分销的业务模式。

6. 如何选择供应商？供应商的评价标准有哪些？

7. 试分析基于淘宝分销平台的采购退货业务流程。

8. 试分析阿里巴巴国内站的采购业务与淘宝分销平台的采购业务有何本质区别。

举一反三

上网查找除淘宝分销平台以外的其他网络分销平台，熟悉其主要功能并尝试网络采购业务操作：

（1）注册会员。

（2）查找并下载商品信息。

（3）商品比价及采购下单。

（4）采购订单结算与处理。

任务 2-2　产品规划与发布

任务导读

1. 为什么要进行产品规划？科学合理的产品规划对网店运营有什么好处？

2. 如何恰当地进行产品定价？

3. 商品信息的基本要素有哪些？如何根据网络销售要求采集商品信息？

4. 基于第三方交易平台发布商品信息有哪些约束和规范？

5. 如何完成商品信息发布操作？

任务分解与实施

一、产品规划

（一）产品规划的重要性

事实上，在网上商店策划之初，也即确定了网上商店的市场定位之后，就有必要开始考虑整个网店的产品定位，合理地进行产品规划，以便进一步确定价格体系。产品规划与产品定价会直接影响产品的销售表现。当然，除此以外，市场推广能力和业务运营能力也是决定产品销售表现的重要因素。这些业务之间的关系如图2-22所示。产品规划的主要内容包括产品分类、产品定位等。

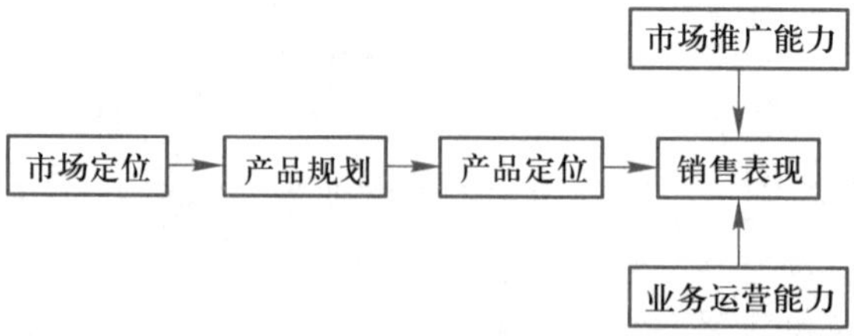

图2-22　产品规划的重要性

（二）产品分类

产品分类是网店产品规划的重要内容。产品的合理细分不仅有利于顾客选购，而且对于产品品类的管理、产品组合和搭配销售都非常关键。网上商店产品分类的依据一般包括：

1. 按类目划分

大部分网上商店的产品一级分类都是遵守行业类目惯例进行的，以方便管理和理解。例如，在淘宝网上发布商品时首先必须正确地选择所属类目，其类目划分惯例如图2-23所示。网上商店在对产品进行细分时，一般也参考此惯例，得到按类目划分的产品表。

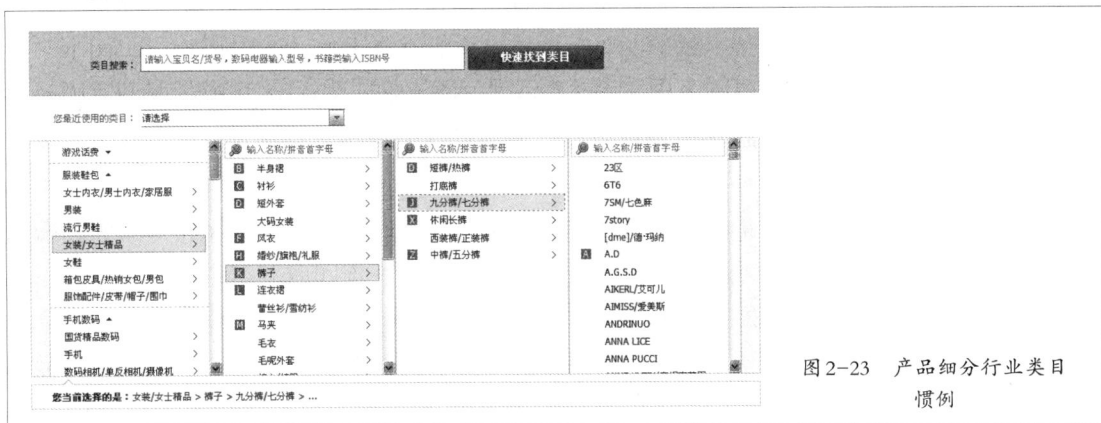

图2-23　产品细分行业类目惯例

2. 按情景划分

按情景划分即在类目划分得到基本品类的基础上，按照使用情景进行二次细分，得到按情景细分的产品表。如图2-24所示，以饰品为例，按类目进行一次细分时，得到耳环、项链、胸针、手链、戒指、发饰等产品品类。在此基础上，可以根据佩戴场合、材质成分、风格、主色调、销售主题等不同细分标准进行二次细分，得到更详细的产品项目表及产品组合表。图2-24中饰品所选二次细分标准为佩戴场合，分为生日、结婚、约会、职业、休闲、派对等不同场合。

说明：一次细分得到基本品类。二次细分中的使用情景可以采用场合、风格、使用人群等不同的参考。

图2-24　产品细分工具

注意事项：产品细分标准不宜过多

需要注意的是，产品细分标准不宜过多，否则会使分类导航过于琳琅满目而让顾客无所适从。多重细分标准还会造成同一商品被重复展示，让顾客产生视觉疲劳或厌烦情绪。

（三）产品定位

产品定位即根据店铺整体运营战略，对店铺中的产品进行不同的定位，赋予不同层次的产品不同的使命，并制定相应的营销策略。网上商店中常见的产品定位包括形象产品、利润产品、人气产品、体验产品等。

1. 形象产品

价格高，销量少，其主要使命是提高店铺的品牌形象和消费者信心。

2. 利润产品

价格适中，销量适中，有较高的利润空间，通过与人气产品等合理组合并搭配销售，提高店铺整体客单价与利润水平。

3. 人气产品

店铺重点推广和打造的销售爆款，以超低的价格实行低价快速渗透，借此来积累大量的销量从而提高该商品的排名。当然，这种商品在很多时候都是在"赔本赚吆喝"，该商品的作用也多为"引流"。以淘宝为例，如果一个店铺中有很多销量上千乃至上万件的人气产品，根据淘宝的搜索规则，该商品就能在搜索结果中占据较好的自然排名位置，得到更多的曝光机会。

4. 体验产品

一般在新产品大量上市之前，通过预售、新品试用等方式试探市场对该产品的反应，了解并收集消费者对该产品的评价和需求，以便进一步改进产品，确定产品在市场中的价格和定位。体验产品在品牌店铺中较常见，如天猫女装店铺OSA、裂帛等都会通过预售等方式进行新品发布。

注意事项：产品定位不是一成不变的

随着产品进入不同的生命周期，其定位和肩负的使命也是不同的。在导入期，一般定位于体验产品，通过预售、新品体验等方式让消费者慢慢熟知；进入上升期后，产品逐步成熟并被市场所接受，成为店铺中的利润产品；随着进一步的市场推广，产品积累了足够的市场人气和销量，达到鼎盛期，这时可以通过各类营销活动将这款产品打造成人气产品，成为店铺中的销售爆款；到达顶峰后，随着市场需求逐步饱和，新的替代产品相继出现，产品销量开始下降，进入衰退期，直至最终退出市场。特别要注意的是，当某款产品已经成为人气产品时，一定要充分发挥这款产品的引流作用，合理进行产品组合，为打造下一款人气产品做好准备。

小 案例

美国苹果公司的产品规划

乔布斯第二次回到苹果公司担任CEO之后，面对公司模糊不清的产品定位，大刀阔斧地进行了产品的重新规划。他在大家吵闹不休、意见无法统一时，在白板上简单地划了两条线，如图2-25所示，将苹果的产品进行了两次细分：第一次细分是按照行业惯例分为台式机和笔记本两个品类；第二次细分是按照使用场合分为消费级和专业级两种情景。在此基础上，苹果公司细分出四个产品项目。其中，iMac定位于人气产品，用于拉动销量，提升人气；iBook定位于常规产品，利润适中；PowerBook G3定位于利润产品，为企业贡献主要利润；Power Macintosh G3则是形象产品，主要用于提升公司品牌形象和消费者信心。即使现在看来，这个产品规划方案也堪称经典。

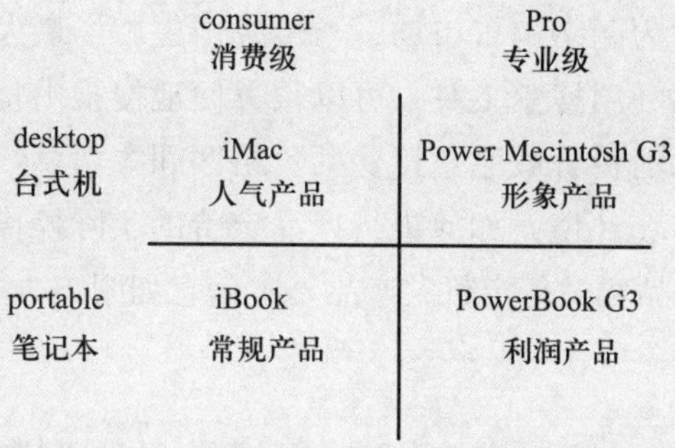

	consumer 消费级	Pro 专业级
desktop 台式机	iMac 人气产品	Power Mecintosh G3 形象产品
portable 笔记本	iBook 常规产品	PowerBook G3 利润产品

图2-25 美国苹果公司的产品规划

案例思考：产品规划有何用途？苹果公司是如何进行产品规划的？

二、产品定价

（一）产品定价的一般方法

产品定价的一般方法包括成本导向定价法、需求导向定价法和竞争导向定价法。

1. 成本导向定价法

这种方法是以产品的总成本为中心来制定价格的，具体方法主要包括成本加成定价法、售价加成定价法、目标收益定价法、保本定价法、变动成本定价法等。其中，商业部门尤其是零售部门，较多采用售价加成定价法。

2. 需求导向定价法

这是一种以需求为中心、以顾客对商品价值的认知为依据的定价方法，具体包括认知价值定价法、反向定价法等。

3. 竞争导向定价法

这种方法是指企业为了应对市场竞争的需要而采取的特殊定价方法，具体有随行就市定价法、垄断定价法、密封投标定价法等。其中，较常用的是随行就市定价法，即根据同行业企业的现行价格水平定价。采用这种方法既可以追随市场领先者定价，也可以采用市场的一般价格水平定价，这要根据企业产品的特征及市场差异性而定。

小贴士：网上商店产品定价策略

根据店铺定位和目标消费者，确定店铺整体货品定位及价格定位。但在同一个店铺里，还是要进行合理的商品定价组合，利用低价商品拉流量，通过巧妙的关联销售将低价商品与高价商品有效组合，利用高价商品赚利润。

（二）基于淘宝市场环境的商品定价操作方法

淘宝市场作为网络销售市场，与传统销售市场最大的区别就是价格的透明度，利用搜索工具，可以很方便地搜索出整个市场的最高价、最低价、消费者最愿意接受的价格区间等信息。基于这样一个比较特殊的市场环境，如何进行产品定价的实际操作呢？下面有一款儿童沙发产品要进行定价，产品基本信息如图2-26所示。

图2-26 需要在淘宝市场中定价的 儿童沙发产品　　　　　　纯棉斜纹布，环保海绵，无框架软件结构

首先，进行市场分析。利用数据工具进行市场行情分析、竞争对手分析、竞争单品分析，得出行业基本情况及主流价格区间、主流产品特点、主要竞争对手产品特征。如图2-27所示为利用淘宝主搜索工具搜索得到的淘宝市场上儿童沙发产品的价格区间，如图2-28所示为在市场调查基础上编写的分析报告。

小贴士：淘宝市场分析的数据工具

淘宝市场分析的数据工具主要包括：利用数据魔方（data.

taobao.com）实时获取行业和竞争对手数据；在数据市场（shuju. taobao.com）购买专业市场分析报告或专业分析工具、搜索工具（如一淘、站内主搜索等）。

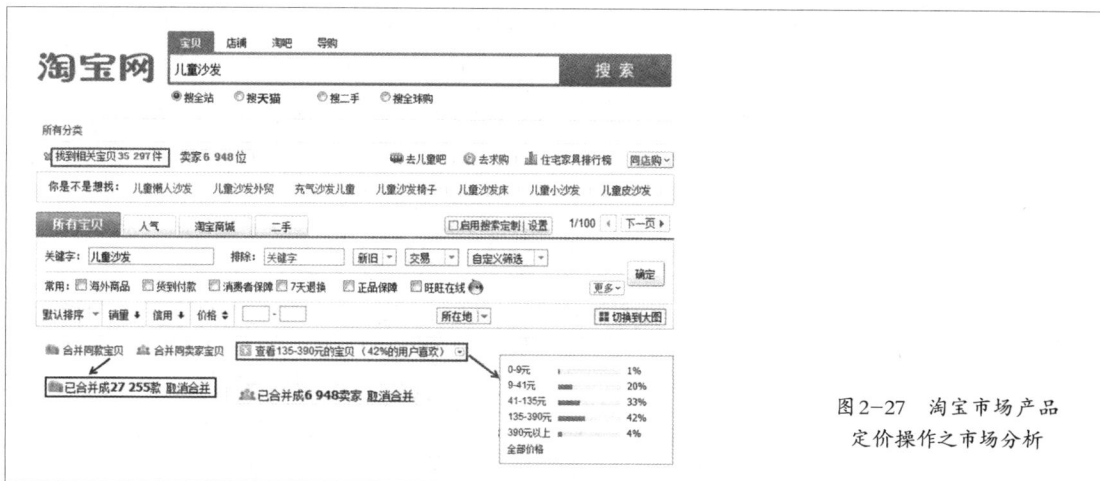

图 2-27　淘宝市场产品定价操作之市场分析

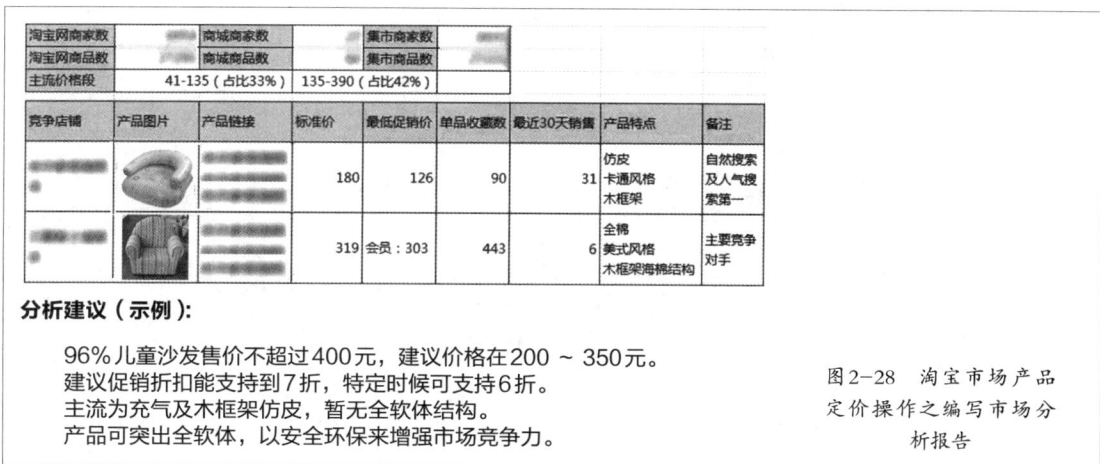

分析建议（示例）：

96% 儿童沙发售价不超过 400 元，建议价格在 200～350 元。
建议促销折扣能支持到 7 折，特定时候可支持 6 折。
主流为充气及木框架仿皮，暂无全软体结构。
产品可突出全软体，以安全环保来增强市场竞争力。

图 2-28　淘宝市场产品定价操作之编写市场分析报告

其次，完成产品初步定价。先进行产品成本核算，产品成本一般包括产品采购成本、包装物料成本等。设定本例产品成本 = 110 元（采购成本）+10 元（包装物料成本）= 120 元。然后以行业经验作出初步定价，综合考虑运营及推广成本，结合行业经验，设定本例产品定价的定倍率为 3，本例产品初步定价为 120 元 × 3 = 360 元，销售毛利率估算为（360 元 −120 元）÷ 360 元 × 100%=66.7%。

小贴士：淘宝销售毛利估算

根据淘宝行业销售经验，估算的销售毛利尽量维持在 35% 以上。商品定价的定倍率一般根据行业不同而不同，是零售企业结合产品运营经验灵活设定的。

最后，根据竞争情况调整定价。即分析自身单品的竞争力，根据市场竞争情况和竞争策略调整定价。如图2-29所示，通过分析本产品的产品力、类目优势、按初步定价的价格竞争力，综合考虑后，定价为299元。从市场上同类产品的价格分布区间来看，该产品正好填补了市场上200~300元的价格断档区。综上所述，本产品在产品力及主流价格段两个因素上都不失分。

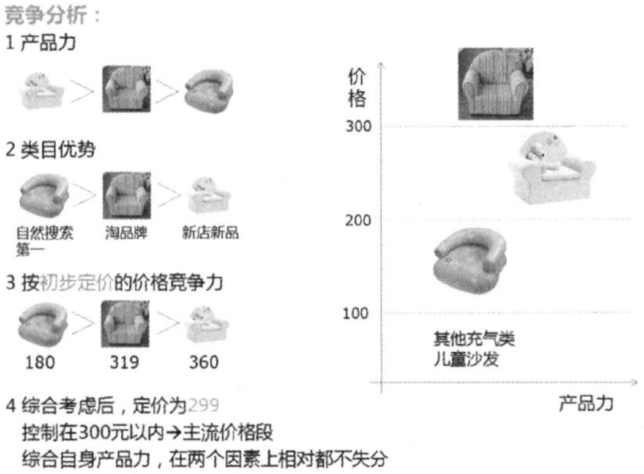

图2-29　淘宝市场产品定价操作之根据竞争情况调整定价

美国苹果公司的产品定价

如图2-30所示为苹果公司推出的几款不同型号的iPhone产品针

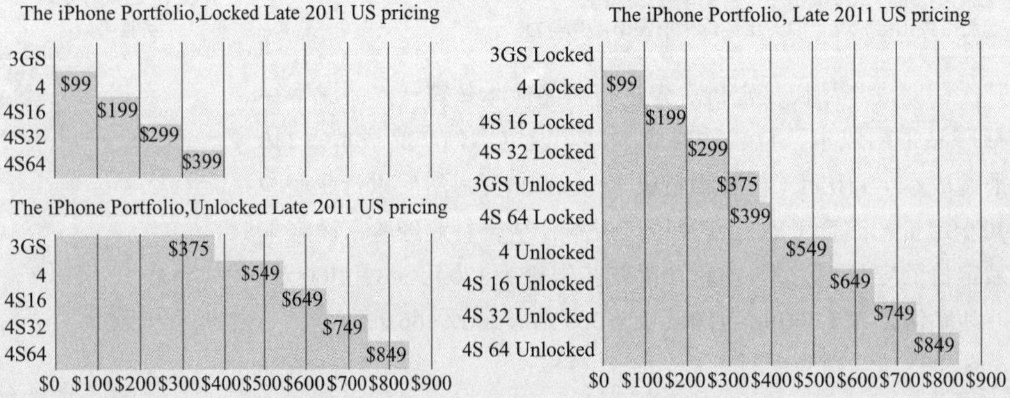

注：美国合约机是按月付费的。
Locked：合约机；Unlocked：零售机。

图2-30　美国苹果公司的产品定价

对美国市场2011年的产品定价，通过不同型号的产品与合约机、零售机两种结算方式进行合理组合，使产品的价格区间为 $99 ~ $849，覆盖了手机市场的主要产品价格区间，且基本不存在价格断档，可以满足不同承受能力消费者的购买需求。

案例思考：什么是产品价格的断档区？苹果公司在进行产品定价时，是如何做到覆盖美国手机市场的主要产品价格区间的？

三、商品信息采集

商品信息采集是商品发布销售的前提和基础，商品信息采集的质量将直接决定商品的购买转化率。商品信息采集内容主要包括商品标题、商品图片、商品属性、商品详情描述等。在采集这些内容时，不仅要考虑如何吸引用户眼球，提高销量，还要遵循第三方网络零售平台的交易规则。以淘宝为例，根据淘宝交易规则（rule.taobao.com），如果违规发布商品，轻则受到扣分扣款、商品搜索降权、商品删除等处罚，重则清退出淘宝，对于违法犯罪交易，则直接移送公安机关处理。下面将以淘宝平台为例，详细介绍如何基于淘宝这个销售平台完成商品信息的采集。

小 案例

商品标题关键词使用不当给店铺带来灭顶之灾

小高是某校电子商务专业大二的学生，2010年11月他在淘宝上创建了一个以兵人玩具模型为主营商品的个人网店。由于兵人玩具模型商品是淘宝上的一个冷门类目，竞争不太激烈，经过一年多的运营实践，店铺终于达到"一皇冠"的信用级别，并且有了稳定的流量和成交量，日均PV量（即浏览量）在2 000左右，日均UV量（即访客数）为400左右，日均订单量为20笔左右。2012年年初，小高信心满满地准备大干一场，专程从义乌小商品市场进了一大批新货，还在同学中间招了几个兼职客服。正当各项业务都蒸蒸日上之时，有一天小高突然收到来自淘宝的处罚通知，如图2-31所示，通知显示店铺发布禁售品，严重违规被扣12分，封店7天。小高一下傻眼了，他知道这个处罚对于一个成长中的店铺而言几乎是灭顶之灾。封店处罚后，店铺几乎无人问津了，刚进的几万元商品也压在库里卖不出去。

小高是否真的在淘宝上出售禁售商品了呢？当然不是。出问题的商品如图2–32所示，该商品在发布时，商品标题信息中出现了“毛瑟枪”这样的淘宝禁售商品信息，尽管实际上这是一款1∶8的玩具枪模型，但因为商品标题关键词使用不当，违反了淘宝交易规则，因而受到淘宝严厉处罚。

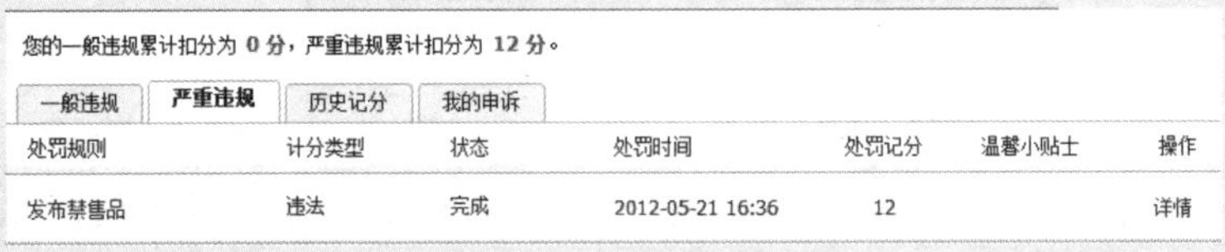

您的一般违规累计扣分为 0 分，严重违规累计扣分为 12 分。
一般违规
严重违规
历史记分
我的申诉
处罚规则
计分类型
状态
处罚时间
处罚记分
温馨小贴士
操作
发布禁售品
违法
完成
2012-05-21 16:36
12
详情

图2–31　店铺违规处罚通知

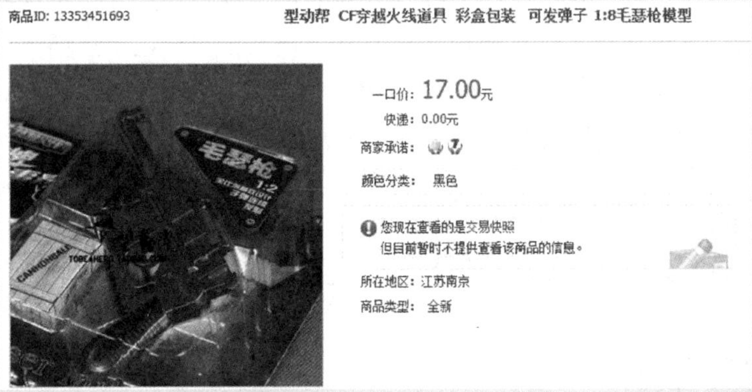

商品ID: 13353451693
型动帮 CF穿越火线道具 彩盒包装 可发弹子 1:8毛瑟枪模型
毛瑟枪
一口价：17.00元
快递：0.00元
商家承诺：
颜色分类：黑色
您现在查看的是交易快照
但目前暂时不提供查看该商品的信息。
所在地区：江苏南京
商品类型：全新

图2–32　违规商品实例

案例思考：在淘宝发布商品信息时，哪些行为属于滥发信息并将受到处罚？

小贴士：商品信息采集准备工作

在为了网络销售进行商品信息采集之前，首先要熟悉商品知识及网络销售行业标准。

熟悉商品知识：包括商品规格、商品特性、使用方法、商品保养与售后服务等知识。

熟悉行业标准：在网络零售领域，目前比较完整、规范的商品信息采集行业标准是天猫推出的商品发布行业标准。

（一）商品标题

1. 商品标题的作用及信息容量

网络购物与传统购物不同，大部分顾客网络购物时，都是通过商品标题关键词的搜索找到商品的，如图2–33所示。所以，商品标题搜索成为网店重要的流量入口，必须尽量将顾客在搜索时可能用

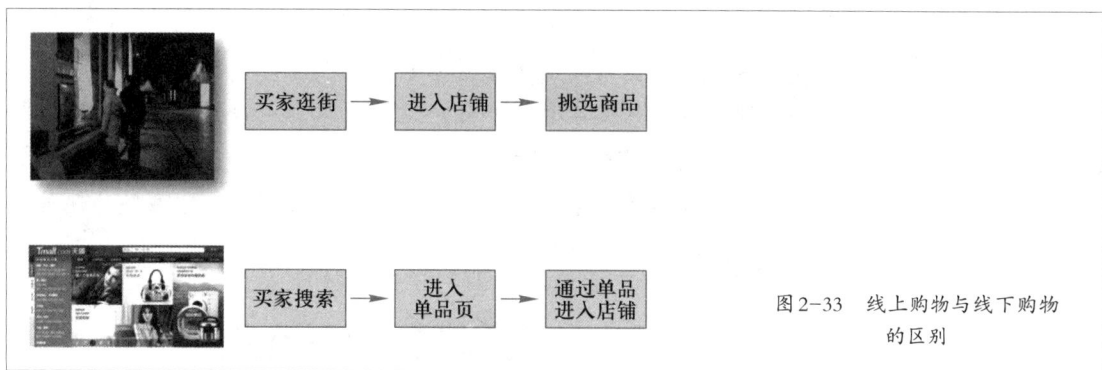

图2-33　线上购物与线下购物的区别

到的关键词都包含在商品标题中。

小贴士：淘宝店铺的三个重要入店页面

单品页是顾客重要的入店页面之一。入店页面（landing page，也称登录页面），是指用户从外部访问店铺的第一个页面，一般包括首页、单品页、自定页三类。

2. 关键词类型

淘宝规定商品标题的信息容量为30个汉字，即60个字节。卖家在采集商品标题信息时，必须充分利用给定的信息容量空间，灵活利用各种关键词组合，提高搜索曝光率。常见的商品关键词类型如表2-3所示，其中属性关键词是任何一个商品标题都必不可少的组成部分。图2-34为淘宝知名女装店铺茵曼的一款商品标题实例，该标题充分运用了商品属性关键词和品牌关键词的组合，其中商品属性关键词有"连衣裙"、"2012夏装新款"、"V领"、"风琴褶设计"、"收腰"、"822102883"等，中英文品牌关键词有"INMAN"、"茵曼"。在一些品牌商品标题中，常常可以看到一长串数字，此为商品的SKU编码，即货号，可方便顾客直接按货号检索。

表2-3　商品标题关键词类型

关键词类型	关键词举例
属性关键词	商品名称或俗称、商品类别、规格、功用、款式、材质
促销关键词	清仓、特价、×折、大降价、秒杀、出口尾单、冲冠、包快递、买一送三、热款、不满意包退
品牌关键词	商品品牌，如李维斯（Levis）、Lee、马克华菲、阿迪达斯（Adidas）等；店铺品牌，如天使之城、OSA、裂帛等
评价关键词	皇冠信誉、百分百好评、万人收藏、疯狂热卖千件、好评如潮

注意事项：淘宝商品标题不是一成不变的

商品标题搜索是淘宝店铺基础自然流量的重要入口。如何才能提高商品标题的搜索曝光率呢？这需要根据用户搜索习惯及后台热搜关键词的监测数据，对标题反复优化，这样才能达到最佳效果。根据淘宝顾客的搜索热点选择商品标题关键词及优化商品标题的具体操作，详见任务3-1。

图2-34 商品标题实例

INMAN茵曼2012夏装新款V领风琴褶设计
收腰连衣裙822102883

（二）商品图片

商品图片是网络销售的灵魂，一张好图胜千言。在网络销售中，首先要求商品图片能清晰、直观地展现商品原貌；其次要求商品图片能刺激消费者的购买欲望，达到销售目的。一般摄影师拍摄完之后，都需要美工配合销售要求进行商品图片的加工处理。关于商品图片的拍摄及处理技巧，请读者自行参阅其他书籍。下面主要从信息采集的角度，结合天猫行业标准，举例说明不同行业的商品图片信息采集要求。

例一：天猫保健食品行业商品主图信息规范，如图2-35所示。

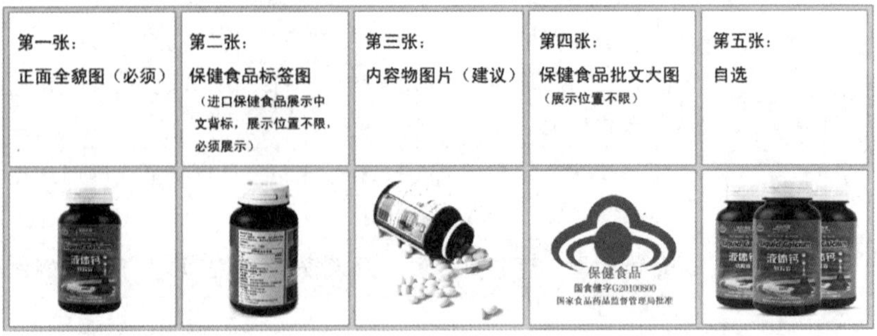

图2-35 天猫保健食品行业商品主图信息规范

第一张：正面全貌图（必须）	第二张：保健食品标签图（进口保健食品展示中文背标，展示位置不限，必须展示）	第三张：内容物图片（建议）	第四张：保健食品批文大图（展示位置不限）	第五张：自选

其中，第一张主图必须为白底，展示包含商标及商品名称的正面全貌图；第二张主图为保健食品标签图，进口保健食品展示中文背标；第三张主图为内容物图片；第四张主图为保健食品批文大图；第五张主图可自选。

例二：天猫家纺行业商品主图信息规范，如表2-4所示。其中，第一张主图为正面全貌图，场景化背景或白底背景二选一；第二、第三张主图为材质细节图；第四张主图为水洗标；第五张主图为产品包装。

表2-4　天猫家纺行业商品主图信息规范

（三）商品属性

在零售管理中，通常以SKU为单位进行商品管理。SKU（stock keeping unit，库存量单位）指包含特定的关键属性与销售属性的最小存货单位。每个SKU都有唯一的商品编码，以便在采购、销售、库存等管理中对商品进行识别。

商品属性是由商品关键属性与商品销售属性构成的。商品关键属性简称SPU（standard product unit，标准化产品单元），是商品信息

聚合的最小单位。在商品信息电子化过程中，商品的特性可以由多个"属性|属性值"进行描述。"属性|属性值"完全相同的商品，可以抽象成为一个SKU，也即一个独立单品。例如，在淘宝上发布商品信息时，对于不同的商品，系统都会自动匹配不同的SPU属性集，如图2-36所示为笔记本电脑的SPU，而如图2-37所示为女装衬衫的

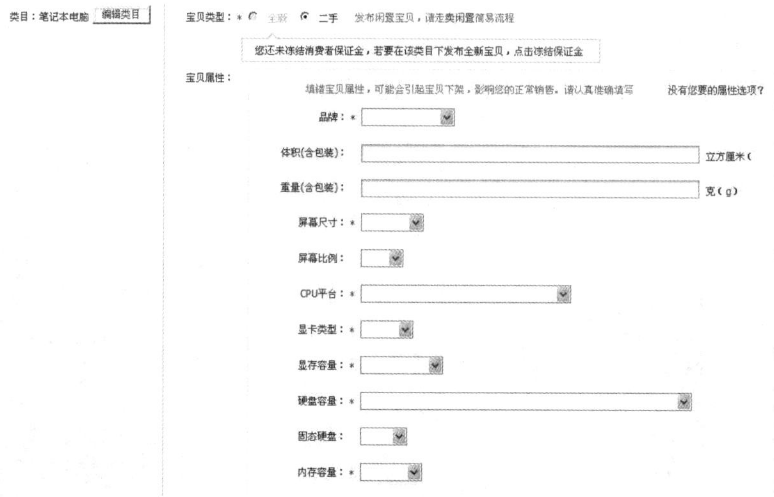

图2-36　笔记本电脑的 SPU

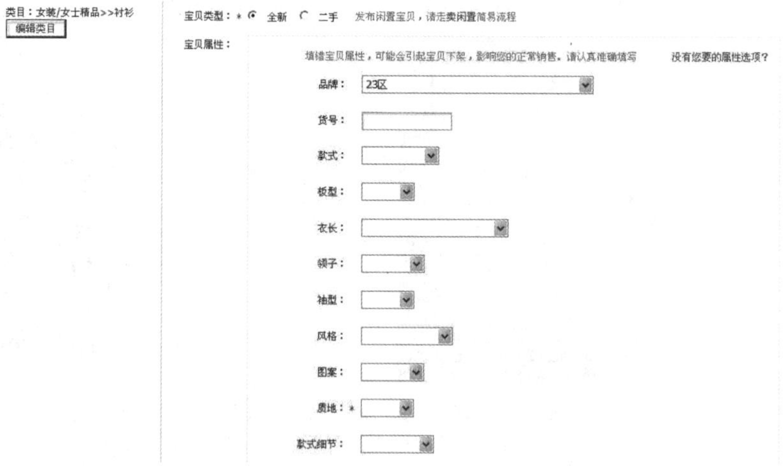

图2-37　女装衬衫的 SPU

SPU，这些关键属性项目都是系统设定的，卖家在发布商品时，只能根据设定的属性项目填写属性值。

商品销售属性通常指颜色、尺码、规格等，通常是可以自定义的。商品销售属性的变更并不会影响该商品成为另一个SKU。例如，一个衬衫单品通常会有不同的销售属性，如尺寸、颜色等，这些销

售属性经过组合，会得到多个不同规格的商品，但由于其SPU没有发生变化，这些衬衫在系统管理时仍被视为一个单品，即一个SKU，只分配一个商品编码。

（四）商品详情描述

网络零售中的商品详情描述页面，也即单品页面，是最重要的顾客着陆页。无论是首页还是分类页或其他流量承载页面，这些页面最终的目的都是将顾客引入商品详情描述页面，也即商品成交页面，引导顾客去下单购买。

商品详情页面信息布局连连看

商品详情描述页面的设计包括信息采集与美工设计两个方面。下面主要从信息采集的角度介绍商品详情描述页面的内容构成及布局原则。

1. 商品详情描述页面内容构成

商品详情描述页面不仅要全方位展示商品信息，还要展示企业的实力。同时，要像一位无声的导购员一样，吸引顾客下单购买，对于顾客担心的各类交易问题要清晰明了地说明，消除顾客的各种顾虑，建立信任感。在顾客打算离开该商品页面之前，还要通过推荐与搭配销售引导顾客进入其他商品详情页面，以提高最终的购买转化率与客单价水平。商品详情描述页面的内容基本构成如表2-5所示。表2-6以天猫店铺奥派阿西中的某一个服装商品为例，展示了商品详情信息的具体采集内容。

2. 商品详情描述页面布局原则

商品详情页面信息看似多而繁杂，其实其布局是有规律可循的。如图2-38所示，顾客网购时，对一个商品的认知一般遵循了感性挑选到理性分析再到感性购买这样一个过程，配合这个过程，可以将商品详情页面布局分为五个步骤，分别是头图（即主图）、铺垫、正文、分析、余韵。五个部分承担的职责如下：

表2-5 商品详情描述页面内容构成

商品详情信息类别	商品详情信息内容
商品展示类	色彩、细节、优点、卖点、包装、搭配、效果
实力展示类	品牌、荣誉、资质、销量、生产、仓储
吸引购买类	卖点打动、情感打动、买家评价、热销盛况
交易说明类	购买、付款、验货、退换货、保修
促销说明类	热销商品、搭配商品、促销活动、优惠方式

表2-6　商品详情描述页面信息采集案例

商品基本信息展示	
商品卖点展示	

续表

商品色彩展示（省略色彩描述文案）	 紫色　　灰色　　粉色　　黑色
商品尺寸展示	 单位：（cm）尺码表仅供参考，标示数据误差范围为2～3cm
商品吊牌及洗涤说明	 详细的洗涤说明　　　　　详细的商品吊牌信息
吸引购买之领袖意见	
品牌信息展示	

商品设计理念展示	
交易说明信息	
生产、仓储、运营实力展示	

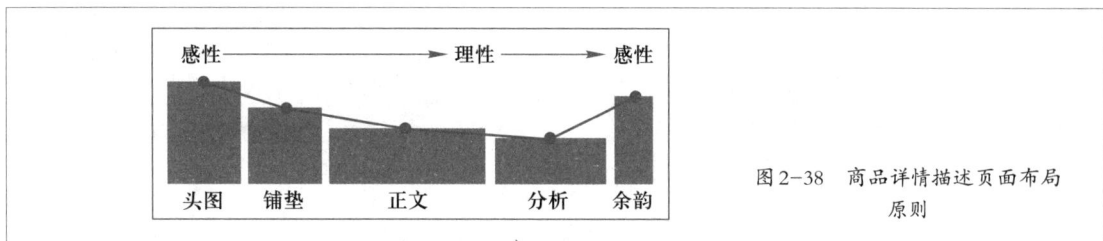

图2-38 商品详情描述页面布局原则

头图——瞬间传递商品信息及店铺信息，引发顾客继续浏览的兴趣。

铺垫——多维度展示商品卖点，激发顾客购买欲望。

正文——仔细全面地介绍商品，使顾客产生信任感。

分析——分析商品工作原理、设计理念及优势，帮助顾客理性决策。

余韵——详细说明购物须知（邮费、发货、退换货等），发出购买号召，替顾客做出购买决定，或通过关联营销引导顾客进入其他商品页面。

四、商品信息发布

商品信息发布看似简单，因为操作流程都是固定的，但是要做好却很难。其中包含的经验有两个层面：一是硬能力，指操作技能，对操作流程的熟练程度；二是软实力，指经验技巧，如顾客心理分析、销售技巧运用等。一般第三方交易平台都会提供方便快捷的商品发布工具。下面以淘宝平台为例介绍两种商品信息发布的方法。

（一）基于Web方式进行商品信息发布

该方式适合单件商品的信息发布，登录淘宝后台，通过"卖家中心"→"宝贝管理"→"我要卖"这个功能入口即可进入商品信息发布页面，如图2-39所示。首先选择商品信息发布方式：一口价、拍卖和个人闲置，然后选择商品所属类目，点击"现在发布宝贝"按钮后，即出现详细的商品信息发布页面，在这里需要详细发布以下信息：

（1）商品基本信息。关键属性、销售属性、商品标题、商品价格、商品数量、商品图片、商品详情描述、在店铺中所属类目等。

（2）商品物流信息。商品所在地、物流运费等。

（3）售后保障信息。发票、保修、退换货承诺、售后说明等。

（4）其他信息。商品有效期（指商品上架发布后的显示时间）、上架时间、是否设置为橱窗推荐、秒杀商品或会员打折商品等。

图2-39 基于Web方式进行商品信息发布

小贴士：商品信息发布之前必须做好的几项辅助工作

在淘宝上正式发布商品信息之前，除了必须详细采集商品信息，做好美工文案设计之外，还必须做好以下几项辅助工作：

（1）运费模板管理。通过"卖家中心"→"交易管理"→"物流工具"这个功能入口创建运费模板，以便针对不同地区、不同物流公司的报价正确设置物流运费。在商品信息发布时，直接选择运费模板即可完成运费设置。

（2）店铺内部宝贝分类管理。通过"卖家中心"→"店铺管理"→"宝贝分类管理"这个功能入口完成店铺内部商品细分，以便在商品信息发布时能正确地选择商品在店铺中所属分类。

（二）利用淘宝助理进行商品信息发布

淘宝助理（zhuli.taobao.com）是专门提供给淘宝卖家的客户端管理软件，可以在淘宝助理官方网站免费下载最新软件版本。淘宝助理是一个功能丰富且使用方便的管理工具，因为淘宝网为其开放了专门的数据接口，因此，淘宝助理不仅可以与平台的升级变化同步更新，而且可以即时反映出商家的后台管理数据，以确保数据对接的准确性。

1. 淘宝助理软件登录及主要功能

淘宝助理在商品管理和交易管理方面有着丰富强大的功能。在商品管理方面，利用淘宝助理可以快速创建新商品；可以方便地将已经发布到网上商店中的商品信息下载到本地计算机，进行批量编辑、修改和发布；可以将商品信息导成数据库文件，方便在不同店铺之间共享商品数据。总之，利用淘宝助理可以大大提高网店商品管理的工作效率。

利用淘宝助理进行商品
信息发布和管理

淘宝卖家利用淘宝会员名及密码登录淘宝助理软件，进入如图2-40所示淘宝助理主界面。在主菜单及快捷功能按钮下，窗口一分为三。其中，左侧为不同状态的商品管理文件夹，当选择相应文件夹后，在右侧就会显示该文件夹中的商品信息：右上为商品列表；右下为当前选中的某一个商品的详细信息，包括编辑基本信息、销售属性、编辑宝贝描述、HTML源代码以及宝贝描述预览共五个选项卡。

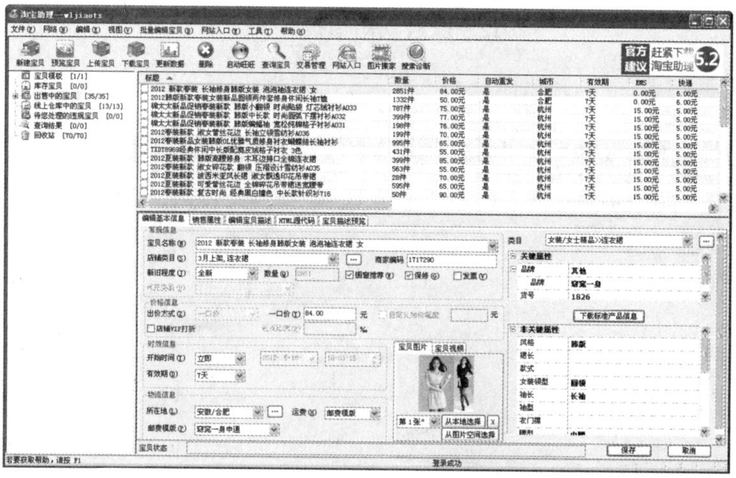

图2-40　淘宝助理之主界面

小贴士：淘宝助理左侧窗口不同状态商品管理文件夹的区别

淘宝助理左侧窗口共有七个商品文件夹，其中"出售中的宝贝"、"线上仓库中的宝贝"、"待您处理的违规宝贝"与对应淘宝店线上商品信息一致，可以利用"下载宝贝"功能将线上商品信息分别下载到这个三个文件夹中。如果选择"上传宝贝"功能将这三个文件夹中的商品上传，就会直接覆盖线上原来的商品信息。

其他几个文件夹中的商品信息与线上商品信息没有对应关系，其中"库存宝贝"指在本地计算机中已经编辑好的商品信息，但还没有发布上线，利用"上传宝贝"功能就可以发布一件新商品。"宝贝模板"中存放的是预设模板，通过预设模板可以大大降低发布新商品的工作量。

2. 利用淘宝助理创建新商品

利用淘宝助理可以快速创建新商品。下面介绍两种常用方法。

方法一：将"出售中的宝贝"复制到"库存宝贝"中，再进行相关商品信息的修改和调整，使其成为一件新的商品。

方法二：事先在"宝贝模板"文件夹中存放预设模板，点击"新建宝贝"按钮时，选择相应模板，如图2-41所示，然后在预设模板已有内容与格式的基础上进行修改和调整，如图2-42所示，使其成为一件新的商品。

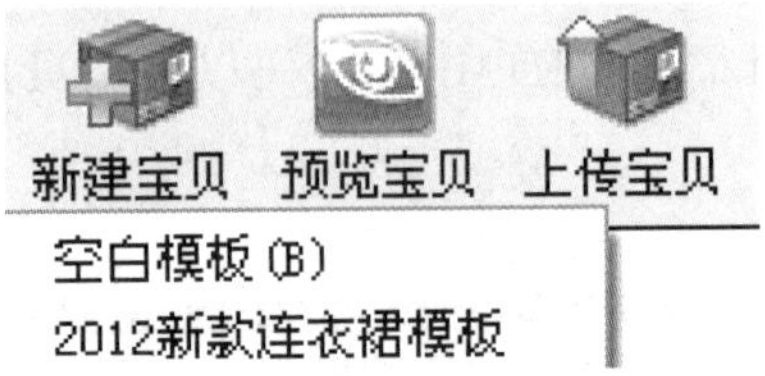

图2-41　淘宝助理之新建商品

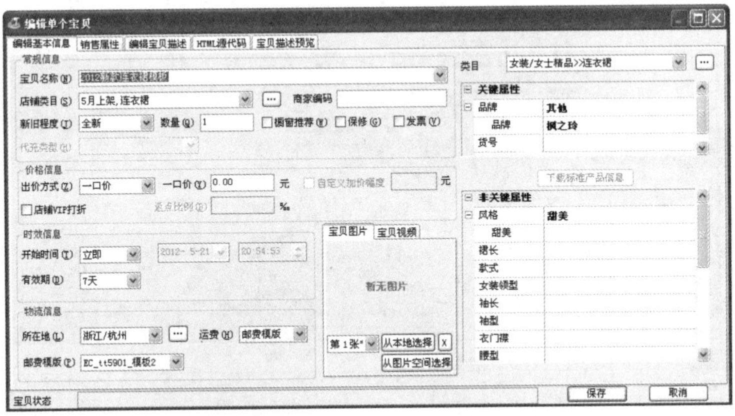

图2-42　淘宝助理之利用模板创建新商品

创建新商品时，首先要确认所创建新商品信息是存放在"库存宝贝"文件夹中的，然后在该文件夹中选择相应的商品点击"上传宝贝"按钮即可发布新商品。

3. 利用淘宝助理下载商品并编辑修改

点击淘宝助理的"下载宝贝"按钮，选择相应的筛选条件，即可将已经发布到网上的商品下载到淘宝助理。下载的商品信息分别存放在淘宝助理的"出售中的宝贝"、"线上仓库中的宝贝"、"待您处理的违规宝贝"三个文件夹中。下载到淘宝助理的商品可以采用批量编辑的方式一次性批量编辑修改，这样不仅能够省时省力，而且不容易造成错改或者漏改商品。

例如，若要批量修改出售中的商品信息，首先是在淘宝助理左侧选中"出售中的宝贝"，然后利用鼠标左键+Shift的方式多选需要批量修改的商品，点击菜单里的"批量编辑宝贝"选择批量修改项目，如名称、价格、类目、属性等，如图2-43所示。

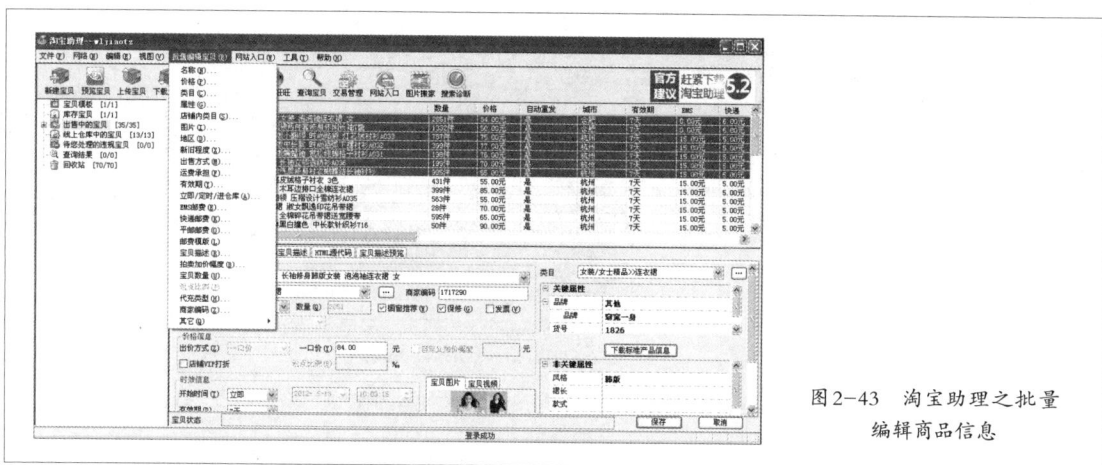

图2-43　淘宝助理之批量
编辑商品信息

　　编辑修改完"出售中的宝贝"信息后，必须点击"上传宝贝"按钮，这样才会将淘宝助理中最新编辑修改的商品信息直接覆盖线上原来的商品信息。

　　4. 利用淘宝助理备份商品数据库

　　商品上传后，最好做一个数据备份，并将备份文件保存到一个安全的地方，需要时可以将这些商品数据原封不动地重新恢复到淘宝助理中。备份商品数据库不仅可以保护商品资料，还可以利用备份功能为商品建立副本，以后在此基础上复制商品进行修改，要比重新创建新的商品简单得多，速度也快很多。备份商品的具体操作步骤如下：

　　（1）在淘宝助理左侧窗口中选择要备份的商品文件夹，如选择"出售中的宝贝"，在右侧窗口中选择要备份的商品，然后选择"工具"菜单中的"备份数据库"，如图2-44所示。

　　（2）选择存储数据库文件的路径，点击"确定"即开始备份数据了。在备份过程中，有指示条提示我们数据备份的进度；当备份完毕后，会出现"备份数据成功"的提示信息。

　　注意事项：淘宝助理生成的备份商品数据库文件形式

　　淘宝助理生成的备份商品数据资料有两个：一个是后缀名为.db的文件；一个是名为images的文件夹。只有同时保存好这两个数据资料，才能正常地从备份数据库文件中导入商品数据。

　　淘宝助理的备份数据资料可以供任何淘宝ID导入，导入备份数据时，只需在左侧选择"库存宝贝"文件夹，然后在"工具"菜单选择"导入数据库"即可。在导入数据库时，如果选择"合并到现在的数据库中"，就是将备份商品合并到现有商品中；如果选择"替

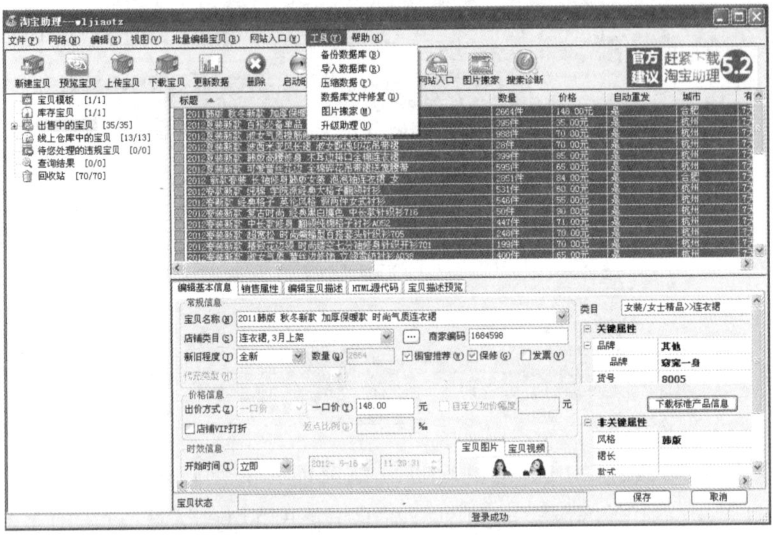

图 2-44 淘宝助理之备
份商品数据库

换现有数据库",就是把当前文件夹中的商品数据先清除,然后全部
替换成新导入的商品数据资料。

从上面介绍的淘宝助理的基本功能来看,如果能够熟练掌握的
话,则能极大地提高我们的工作效率,发布商品信息时不用担心网
速的快慢,不用反复打开同一个页面,不用重复提交、刷新的动作。
使用淘宝助理,不仅上货可以不用登录淘宝,还可以上传、下载、
批量编辑、备份、导入商品,使枯燥的重复劳动去繁就简,极大地
提高了商品管理的工作效率。

任务小结

本任务主要介绍了产品规划、产品定价、商品信息采集及商品
信息发布。产品规划的重点是做好产品细分及产品定位。产品定价
的一般方法包括成本导向定价法、需求导向定价法和竞争导向定价
法,在实际网络零售业务中,要结合市场竞争环境,灵活应用各类
定价方法。商品信息采集是商品发布销售的前提和基础,主要采集
内容包括商品标题、商品图片、商品属性、商品详情描述等。基于
淘宝平台进行商品信息发布时,主要包括 Web 方式和淘宝助理方式,
前者适合单件商品发布,后者适合商品批量发布和修改。基于第三
方交易平台发布商品时,一定要注意遵守平台交易规则,避免违规
发布商品信息。

任务思考

1. 如何选择网上商店中的产品细分标准？

2. 为什么要进行产品定位？不同定位层次的产品有什么不同的使命及销售策略？

3. 如何基于淘宝市场环境进行商品定价操作？

4. 如何根据淘宝顾客的搜索热点选择商品标题中的关键词？

5. 简述淘宝商品详情描述页面的内容构成及布局原则。

6. 如何完成不同淘宝店铺之间的商品数据交换？

举一反三

选择一个商品，完成以下操作：

（1）根据网络交易规则和网络销售要求，完成以下商品信息的采集：商品标题、商品图片、商品属性、商品详情描述。

（2）完成商品详情页面布局设计（手绘稿），并说明理由。

（3）基于某个网络销售平台完成商品发布操作。

任务2-3 基于第三方平台建立网上商店

任务导读

1. 怎样选择合适的第三方平台？

2. 网上商店的建立流程是什么？

3. 网上商店页面如何装修美化？

4. 网上商店商品详情页面如何呈现？

任务分解与实施

一、第三方交易平台对比分析

（一）国内主流第三方交易平台

国内知名的第三方B2C平台主要包括天猫、京东商城、亚马逊中国、腾讯B2C、苏宁易购、当当网等，第三方C2C平台主要包括淘宝网、拍拍网、eBay易趣网等。根据艾瑞咨询统计数据，2012年第一季度的网络零售市场占有份额如图2-45、图2-46所示。其中，B2C平台以天猫的市场份额最大，占到51.5%；其次为京东商城，占比为22.7%。C2C平台以淘宝网的市场份额最大，占到95.17%；其次为拍拍网，但仅占4.82%。

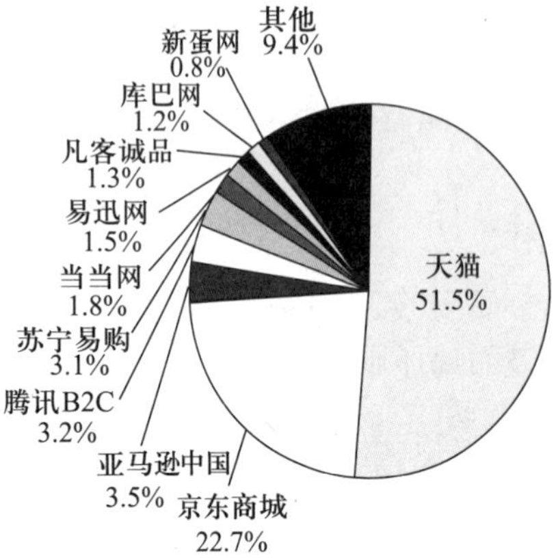

资料来源：艾瑞市场咨询。 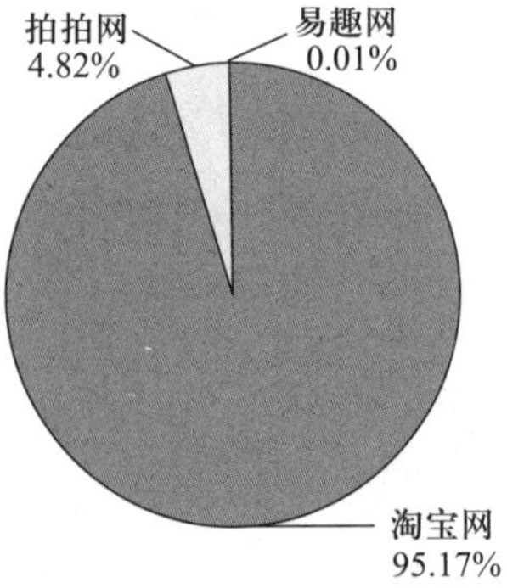　　　　　　　　资料来源：艾瑞市场咨询。

图2-45　2012年Q1中国B2C购物网站市场份额（左）
图2-46　2012年Q1中国C2C购物网站市场份额（右）　　　　　　　注：Q₁——第一季度

（二）第三方交易平台的对比分析

理想的第三方网络零售交易平台应该具有这样的基本特征：良好的品牌形象、简单快捷的入驻手续、稳定的后台技术、完善的网店维护与订单处理功能、快速周到的顾客服务、安全方便的在线支付体系、必要的配送服务以及售后服务保证措施等。当然，平台本身还需要有尽可能高的访问流量、市场占有率、营销推广能力。此外，平台收费模式和费用水平也是重要影响因素之一。下面结合实例进行具体分析。

1. 第三方B2C平台对比分析

下面以国内最大的两个第三方B2C平台天猫和京东商城为例，分别从平台特色、入驻要求、支付结算方式、客户体验、物流配送等几个维度对这两个交易平台进行对比分析，如表2-7所示。

表2-7　天猫和京东商城B2C平台对比分析

平台名称	平台特色	入驻要求	支付结算方式	客户体验	物流配送
天猫 TMALL.COM 天猫	注重品质、品牌，100%正品保障	拥有企业营业执照商家，拥有注册商标或者品牌或拥有正规品牌授权书，签署入驻平台合约	支付宝快捷支付、货到付款、网上银行支付，回款较快	一口价销售、7天退换货、全网积分购物、承诺售后等	与国内九大一线阵营的快递企业合作建造电商社会化物流体系

续表

平台名称	平台特色	入驻要求	支付结算方式	客户体验	物流配送
京东商城（360buy.com）	3C网购专业平台，以人为本，超值价低	公司注册资金50万元或50万元以上，必须提供正规发票	货到付款、在线支付、分期付款、邮局汇款、公司转账，回款较慢	3C类延保服务、能效补贴、价格补贴、返修退换货	自营物流为主，拥有北京、上海、广州、成都、武汉、沈阳六大物流中心

（资料来源：根据官方网站相关资料整理。）

2. 第三方C2C平台对比分析

下面以国内最大的两个第三方C2C平台淘宝网和拍拍网为例，分别从用户群特征、平台知名度、技术支持服务、营销推广服务、增值服务等几个维度对这两个交易平台进行对比分析，如表2-8所示。

表2-8 淘宝网和拍拍网平台对比分析

平台名称	用户群特征	平台知名度	技术支持服务	营销推广服务	增值服务
淘宝网	主要买家购买行为是比较离散的、高频次的复杂行为过程	注册会员近1.8亿，是亚洲最大的网络零售商圈	商品发布、网店创建与装修、商品搜索比价、在线支付、在线推广、在线促销	淘宝直通车、淘宝客、钻石展位、淘金币、付邮试用、淘帮派	信用贷款、在线交易保险、仓储配送、数据分析
拍拍网	主要用户追求时尚、潮品，购买年龄为年轻一族	注册会员上千万，有强大的QQ用户群体支持	商品发布、网店创建与装修、商品搜索比价、在线支付、在线推广、在线促销	拍拍直通车、口碑营销、易推广平台、推荐位	卖家成绩表、多客服系统、客户管理

（资料来源：根据官方网站相关资料整理。）

小案例

基于第三方交易平台的店铺成长

下面以目前天猫、淘宝网知名服装品牌棉先生为例，来分析一个店铺在第三方网络零售交易平台的成长历程。

棉先生是一个于2004年开始在淘宝集市店注册并逐渐成长起来的店铺。网店注册之初主营出口男女童装。在2010年，棉先生品牌注册成功，正式入驻商城店主营男女出口服装、童装。图2-47、图2-48所示为棉先生分别在B2C、C2C平台的店铺首页。由于早前在集市店累积起来的超高品牌知名度和会员制顾客，集市店的经营仍旧是该品牌销量的主力军。由此看来，作为一个普通卖家，集市店仍是一个不错的选择，但是商城店是一个企业品牌做大做强的必经之路。卖家选择入驻平台时，要综合考虑自身的资金实力、商品品牌知名度、经营目标等多种因素。如果线下已经有一定的品牌知名度，并拥有雄厚的综合实力，则建议首选入驻B2C商城。

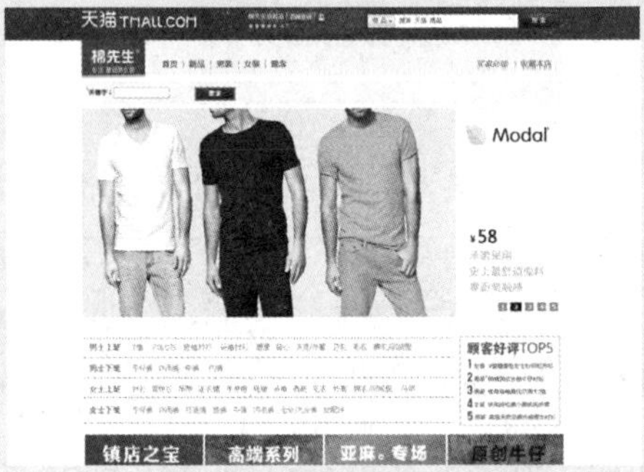

图 2-47　棉先生 B2C 店 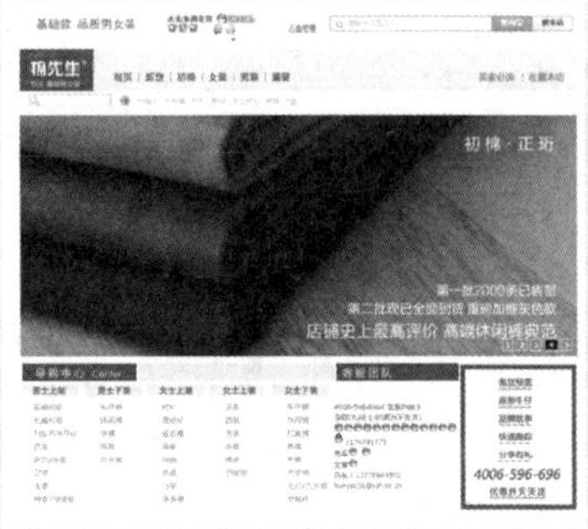　　　　图 2-48　棉先生 C2C 店

案例思考：作为新手卖家可以选择怎样的第三方平台作为成长的起点呢？为什么？

二、基于淘宝网的开店流程

淘宝网作为亚洲最大的网络零售交易平台，以其巨大的访问流量和成交量、稳定的后台技术支撑，以及成熟的在线交易商业环境，吸引了无数的创业者，成为中小卖家网上创业的首选平台。

（一）在淘宝集市开设个人网店应满足的条件

根据《淘宝规则》第32条的规定，在淘宝集市开设个人网店应满足以下条件：会员将其账户与通过实名认证的支付宝账户绑定，公示真实有效的姓名、地址或营业执照等信息，并通过开店考试后，方可创建店铺。

（二）在淘宝集市开设个人网店流程

1. 注册淘宝账号、下载并安装业务管理工具

主要包括阿里旺旺（卖家版）、淘宝助理、量子恒道统计等，如图2-49所示。

图2-49 淘宝集市开店
必备工具

2. 建立关联网银、支付宝实名认证

支付宝实名认证是一项身份识别服务，通过认证后可以拥有"互联网身份证"。申请支付宝个人实名认证操作方法如下：

（1）登录支付宝账户，点击"账户管理"→"立即认证"。

（2）勾选服务协议，点击"立即申请"。

（3）有两种实名认证的方式可选：其一，在线开通支付宝卡通，同时可完成实名认证，并将支付宝账户与银行卡连通，不需要再开通网上银行就可直接在网上付款，支付宝卡通开通成功后将同时通过实名认证；其二，通过确认银行汇款金额来进行认证。

（4）若选择银行汇款方式认证，在填写完个人身份信息和银行卡信息后，等待1 ~ 2天，支付宝公司会在相应的认证银行账户中打入1元之下的金额。收到这笔金额后，登录支付宝账户进行确认即通过支付宝实名认证。

在完成以上操作后，会出现如图2-50所示界面，即表示支付宝

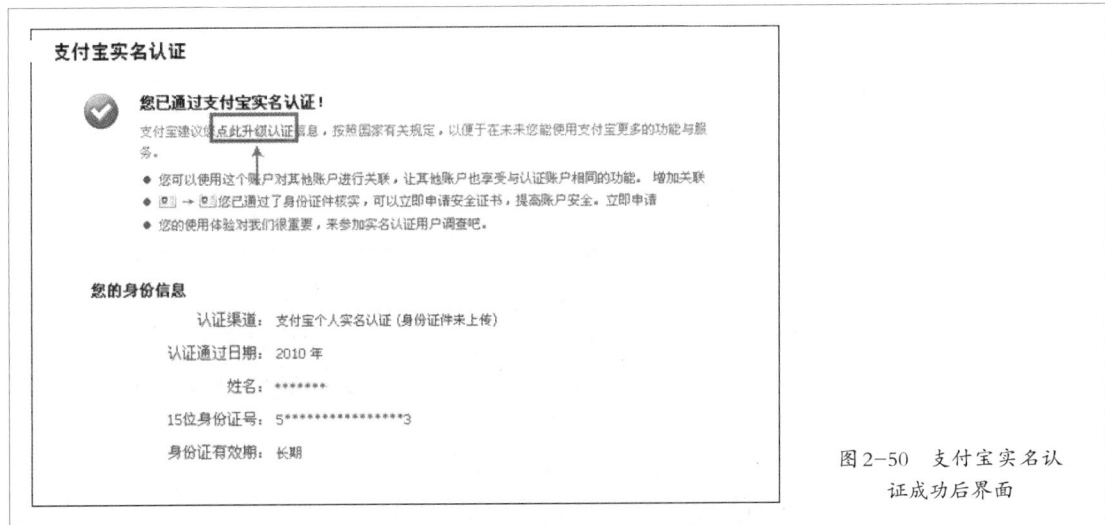

图2-50 支付宝实名认
证成功后界面

实名认证成功。

3. 淘宝开店在线考试

在线考试，是淘宝给新卖家上的第一课。所谓"无规矩不成方圆"，网上开店也必须遵循一定的规则。淘宝为促进开放、透明、分享、负责任的商业环境，保障淘宝用户合法权益，维护淘宝正常经营秩序，根据《大淘宝宣言》及《淘宝服务协议》、《tmall.com（天猫）服务协议》，制定淘宝规则。

在淘宝平台上，可以登录http://rule.taobao.com/（淘宝规则频道），先系统地学习一下淘宝的交易、市场管理、通用违规行为及处理、淘宝网分则、天猫分则等知识。卖家违规受到处罚的一个重要原因是不熟悉淘宝规则，因此淘宝规则中增加了开店需要考试的规定，目的是让卖家先熟悉在淘宝网上经营需要遵守的规则，做到守规经营，避免在开店过程中因误操作而违规扣分造成降权，甚至遭到关店的厄运。

4. 商品上架、铺货

完成了商品信息的收集工作后，可根据任务2-2中"产品规划与发布"的操作规范将收集的信息展示在店铺中，如图2-51所示。

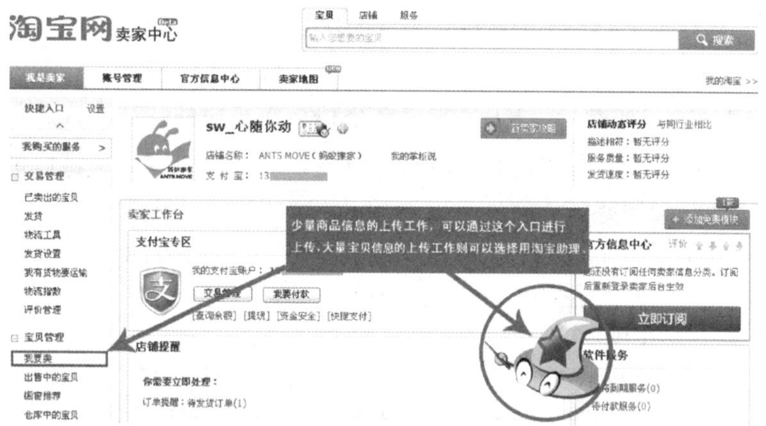

图2-51 淘宝网店商品
上架、铺货入口

三、店铺的基本要素设置

淘宝店铺基本要素设置主要包含：店铺名称、店铺logo、二级域名、宝贝分类设置、运输模板设置、经营类型、店铺类目、简介、联系信息、店铺详细介绍、手机二维码、旺旺头像等。下面就这些主要要素设置进行详细介绍。

（一）店铺名称

淘宝店铺名字是淘宝开店的第一步，好听的淘宝店名不仅能吸引顾客的眼球，留下深刻的印象，起到宣传推广的作用，还能带来订单。在起店铺名字的时候，可以考虑店铺品牌、情感、易搜索、行业品类、信誉、促销信息、专业特色、活动等一些因素。知名品牌店铺名称如图 2-52 所示。在综合考虑了以上因素的基础上，所列词语便可构成店铺标题的躯干。

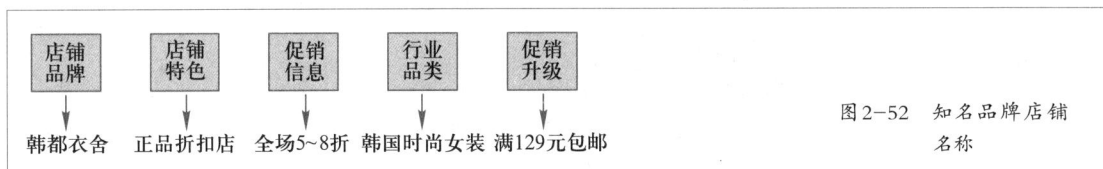

图 2-52　知名品牌店铺名称

小贴士：天猫店铺名称与淘宝集市店铺名称的不同之处

天猫店铺的命名应当严格遵守《天猫店铺命名规范》。天猫店铺 ID 及域名根据商品所在类目、品牌属性等要素生成，相关的规范如表 2-9 所示。

表 2-9　天猫店铺命名规范

店铺类型	命名规则	其他要求
旗舰店	品牌名+（类目）+旗舰店	1. 店铺名字不得超过 20 个字符
专卖店	品牌名+企业商号+专卖店	2. 域名不得少于 4 个字符，支持英文、数字和 "–"（英文状态下的横杠）
专营店	企业商号+类目+专营店	3. 专卖店命名中，若企业商号与品牌名一致，则启用以下规则：品牌名+区域+专卖店

注：天猫店铺 ID 及域名一旦生成，便无法修改。但淘宝集市店铺名称可以修改。

（二）店铺 logo

店铺 logo 承载着网店的无形资产，是网店综合信息传递的媒介。在形象传递过程中，店铺 logo 是应用最广泛、出现频率最高，同时是最关键的元素。无论是中小卖家还是商城企业店铺都应该有自己独一无二的店铺 logo。它是吸引顾客记住一个店铺的法宝，不仅要美观醒目，更要树立店铺的品牌风格。网店定位、经营模式、产品类别和服务特点，都被涵盖于标志中。

logo 设计可以分为自然图像、文字、几何图形或上述要素的组合，如图 2-53 所示。

同一品类的商品，根据战略定位不同，其 logo 的风格也不同。下面以女装品类为例说明，如表 2-10 所示。

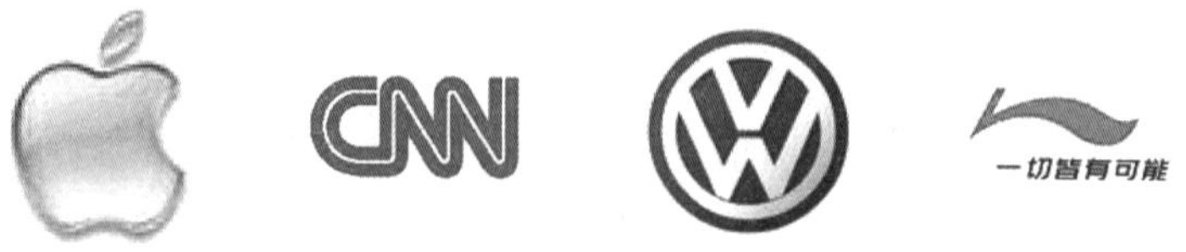

图2-53　logo分类展示

表2-10　淘宝热卖女装品牌logo对比

品牌名称	店铺logo	品牌定位
天使之城	天使之城	定位策略是偶像追随，时尚指导，所以更侧重形象宣传
韩都衣舍	韩都衣舍 HSTYLE	定位韩版靓衣，侧重于风格和款式，所以更突出品牌名字
七格格	7GEGE.com	风格是前卫潮品，酷、率性，所以标志用大黑体，硬朗明快
裂帛	向_内_行_走 LIEBO裂帛	定位时尚民族风，因而logo字体采用大宋，英文字体也取宋体的运笔结构，并且其品牌思想是“人生当有裂帛的勇气”，所以字体上有断裂设计

小贴士：传统品牌logo的设计注意点

传统品牌和已经有影响力的网络品牌的标志应该简洁明了，重点在于清晰地传达品牌名称信息，避免繁复降低品牌感。

1. 淘宝店铺logo的传播

淘宝店铺logo一般在以下几处出现的频率比较高：

（1）除扶植版、拓展版外的旺铺版本，店铺logo都会出现在以下的位置，如图2-54所示。

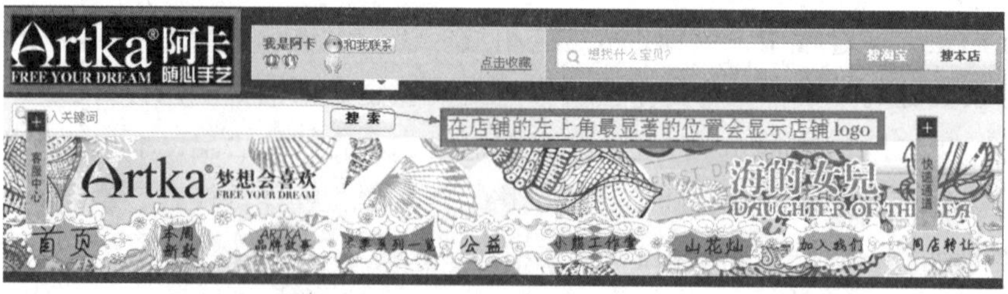

图2-54　logo在淘宝旺铺左上角展现

（2）淘宝的搜索列表页，也是引流的一个比较大的入口，尤其是对知名度比较高的品牌而言，如图2-55所示。

（3）天猫、良无限、品牌特卖、垂直频道、活动流量入口都会显示店铺的logo，如图2-56所示。

图2-55　淘宝搜索列表页

图2-56　品牌活动页

2. 淘宝店铺logo的制作

淘宝店铺logo的制作要求及主要设计工具如下：

（1）制作要求：文件格式为GIF、JPG、JPEG、PNG；文件大小80K以内；店标建议尺寸80px×80px。

（2）静态店标设计工具：Photoshop。

（3）动态店标设计工具：Imageready、Fireworks、Ulead GIF Animator。

淘宝店铺logo同时应满足形式美观、具唯一性、符合用户定位、表现出产品特性及品牌特点等要求。

（三）二级域名

淘宝店铺二级域名（子域名）的表现形式是：xxx.taobao.com（xxx部分称为二级域名，为商家自己设置的内容）。商家可以根据自

淘宝店铺二级域名设置

己的需要，在不触犯相关申请规则的情况下来设置自己的域名。以蚂蚁搬家店铺为例，其默认店铺网址是：http://shop71100787.taobao.com，而用户要记住这串不规律的数字，难度较高。其二级域名是antsmove.taobao.com，巧妙的拼音或者英文让买家立即记住店铺，可增强店铺推广效果，彰显品牌，不再千篇一律。

注意事项：二级域名注册要点

二级域名只能修改三次，考虑清楚再更改！

（1）基本规则，域名不能低于4个字符，不能超过32个字符。只能含有字母、数字、"-"，并且"-"不能出现在最前面或者最后面。

（2）已经被使用的域名是不能申请成功的。

（3）涉及部分相关网络安全词汇，是不可注册的。

（4）涉及相关非商品性品牌、著名城市地区名、专有词汇、著名网站等，也不能申请使用。

（5）相关驰名商标，以及受商标法约束的部分普通商标，不能申请使用。

设置淘宝店铺二级域名的功能入口是：登录账号→进入卖家中心→店铺管理→域名设置，如图2-57所示。

图2-57　淘宝店铺二级域名的功能入口

小贴士：淘宝店铺客户服务项目设置

从店铺成长的角度来看，作为淘宝C2C店铺，最好开通以下客户服务项目，以提高店铺的信誉度。如图2-58所示，画线的服务项目均是店铺必要的基础设置。

图 2-58　淘宝店铺客户服务项目设置

四、店铺页面的装修美化

淘宝旺铺是淘宝平台提供的一套专业店铺系统，用来管理和装修店铺及其产品。它可以让店铺更加专业、美观，提供更佳的用户体验和更多的店铺装修功能，如图 2-59 所示。根据不同卖家特点以及功能差异，淘宝旺铺目前分为扶植版、标准版、拓展版、旗舰版四个核心版本。淘宝旺铺的版本及功能会不定期调整更新，具体可参考官方网站 wangpu.taobao.com。对于刚开店的中小卖家，我们推荐使用免费的扶植版。

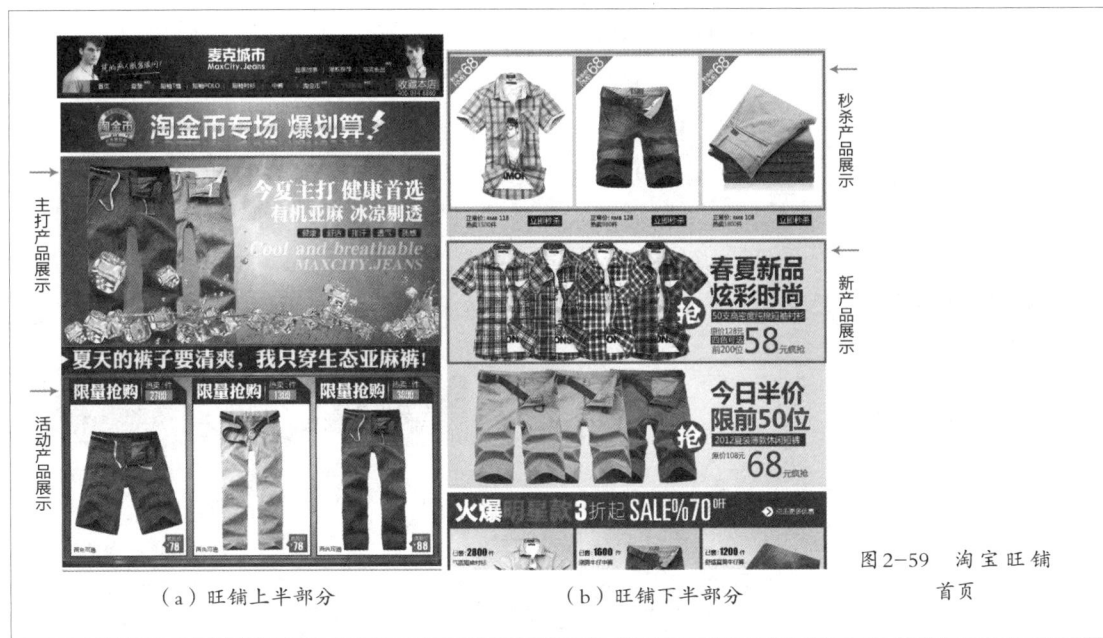

（a）旺铺上半部分　　　　　（b）旺铺下半部分

图 2-59　淘宝旺铺首页

（一）淘宝扶植版旺铺页面组成、布局、风格

淘宝扶植版旺铺（即旺铺扶植版）是面向从未使用过旺铺的新开店卖家提供的店铺装修产品，一钻以下卖家都可免费试用。利用旺铺扶植版可以自定义设计店铺招牌，第一时间传达店铺风格；自定义内容区，打造个性化专属效果；有宝贝排行榜、宝贝推广区、友情链接等功能，让店铺告别单板。

根据客户的浏览轨迹、需求及行为合理布局模块

1. 旺铺扶植版页面组成

利用旺铺扶植版生成的淘宝店铺页面主要包括：首页、信用评价、店铺介绍等，如图2-60所示。一般重点装修的页面是首页。

图2-60　旺铺扶植版页面组成

2. 旺铺扶植版页面布局

不同的旺铺页面可以进行不同的布局设计。下面以旺铺首页为例进行布局设计。首页一般包括以下几个版块：页头、左侧栏、促销区、推荐宝贝、页尾，如图2-61所示。页面模块的添加与调整具体操作如图2-62所示。

3. 旺铺扶植版页面风格

旺铺扶植版系统自带有多种风格，可随心所欲更换，但要宁缺

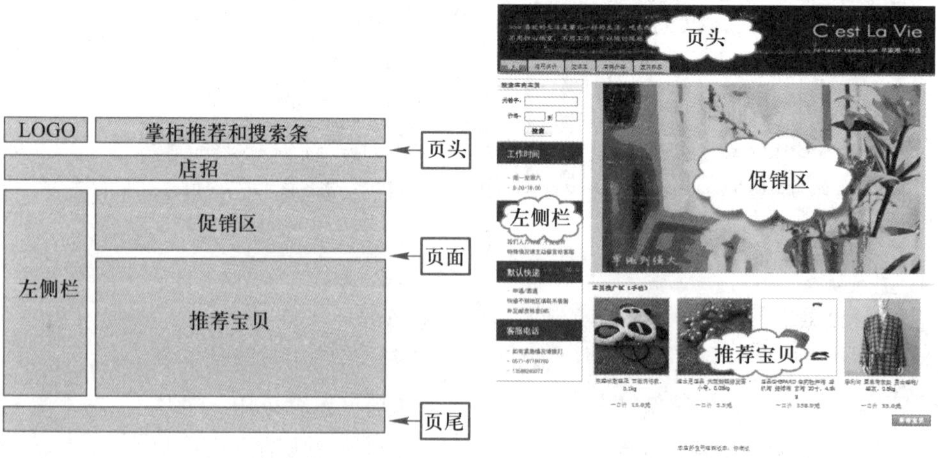

淘宝店铺首页色彩风格设置

（a）旺铺首页结构图　　（b）旺铺首页实例图

图2-61　首页模块展示

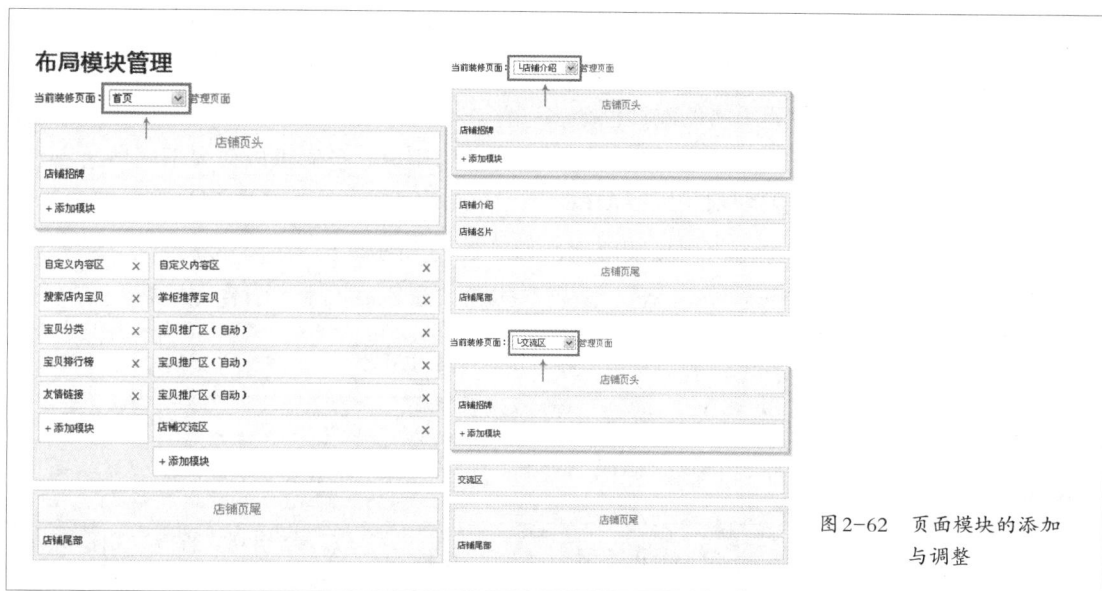

图 2-62 页面模块的添加
与调整

毋滥。店铺页面的装修美化实际就是视觉营销，本质上还是营销。
视觉只是传达信息的工具，最终目的就是要去满足需求，突出卖点，
促成交易。店铺装修思路就是信息传达清楚，根据店铺的定位和产
品特色，以及面向的买家人群特征，装修出店铺独一无二的风格，
如潮牌店铺七格格、韩版店铺韩都衣舍、民族风店铺裂帛等，如图
2-63 所示。

（a）潮牌店铺七格格　　（b）韩版店铺韩都衣舍　　（c）民族风店铺裂帛

图 2-63 不同店铺的
风格

（二）店铺整体色彩把控

颜色是视觉传达中最重要的要素。色彩可以传达丰富的情感意
义，可以影响视觉的层次关系、易读程度，还会让人产生遐想。例
如，卖婴儿产品的店铺，最好不用大红大紫的颜色；红色在中国代
表喜庆，但在国外就代表血腥；在冬天用红色表示温暖，可是火热
的夏天最好避免用这种颜色。还有一些颜色的搭配，如红色、黄色、
白色的搭配；看起来非常喜庆，逢年过节时商城的促销基本都用这
种颜色搭配；蓝色、白色配在一起，看久了不累；红色、黑色、灰

淘宝店铺色彩搭配

113

色、白色搭配在一起，视觉冲击就很强等。色彩搭配还要应季变化，比如春天和夏天用绿色会多一些，秋天用黄色会多一些，冬天用白色或红色会多一些。

色彩是有含义的，会传达给用户。色彩可以代表不同情绪、不同类别、不同层级、主次关系等。以下色彩都有它们常用的信息传达意义及用途，如表2-11所示。但值得一提的是，在使用色彩时，红色、黄色、黑色大家还需慎用，需合理搭配。

表2-11　常用色彩的信息传达及用途

色彩		信息传达	用途
	红色	喜庆、中国的、温暖、感性、生机；暴力、不安	制造紧迫感，用于清仓
	黄色	信心、轻快、希望、光辉；招摇、挑衅	表达乐观、青春，用于橱窗，吸引购物者
	蓝色	舒适、自由、凉爽、真理；距离感、忧郁	常用于3C、数码等，夏季促销
	绿色	生命、酸味的、自然、和平；太过理性、冷淡	常用于眼部放松和店铺装饰
	粉色	温馨、浪漫、温柔、和花相关；幼稚、轻佻	常用于女性促销产品
	紫色	神秘、权威、尊贵、信仰；孤独、沉寂	常用于美妆和抗衰老产品
	橘黄色	活泼、光辉、积极、进取；约束、冲突	常用于唤起行动、订购阅读
	黑色	庄重、个性、气势、神秘；不友好、死寂	常用于奢侈品

小贴士：避免配色中的误区

在配色中避免几个误区：一是不要将所有颜色都用到，尽量控制在3种色彩以内；二是背景和前文的对比要尽量大，绝对不要用花纹繁复的图案做背景，以便突出主题内容。

（三）旺铺首页装修

1. banner（网站页面的店招）设计要点和共性

店招相当于是实体店的招牌，位于店铺页面最上方，是店铺品牌展示的窗口，其主要使命是向用户传达店铺的品牌定位和产品特色。店招是旺铺展现频率较高的图片之一。与其他图片不同的是，店招在旺铺的任何一个页面都会显示。与店铺logo不同的是，店招图片可以定期更换。店招不仅可以展示店铺品牌、主营产品、经营特色等信息，也可以展示一些促销活动的主题信息。

店招替换方式、制作要点

淘宝店铺店招的替换

小案例

好店招的共性

图2-64中的两款店招设计相对简单，让人看一眼就可以记住品牌，但是却无法获知所卖产品是什么，无法更深层地体现店铺的定位和受众，信息量表达较少，很容易让买家遗忘。

（a）店招实例一

（b）店招实例二

图2-64 banner产品信息不明确

图2-65中的三款店招设计简洁，色彩对比鲜明，文字醒目，品牌和产品信息明确，并设计收藏功能，促进二次购买，增加消费黏性，使店招的作用充分地体现。

（a）店招实例一

（b）店招实例二

（c）店招实例三

图2-65 banner品牌、产品信息明确

案例思考：好的店招需要具有哪些共性呢？

通过以上案例分析可以看出，好的店招具有以下共性：

（1）店招上的文字和背景对比色彩鲜明。

（2）店铺名称较多采用粗体字，这点很重要。粗体字给人以安全、厚重、可信赖的感觉，而且可以更加突出。

（3）品牌和产品两个信息的传达都要很明确。让人看后便能记住它的店铺名称，以后想找至少可以通过店名搜索到。

小贴士：推荐的banner字体选择

制作banner常会选择字形醒目、笔画较粗的字体，如图2-66所示。

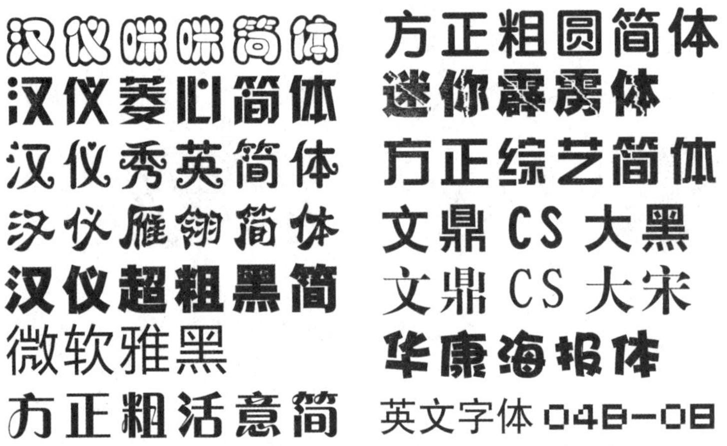

图2-66 常用的经典字体

促销区设计教程、方式

2. 促销图的设计要点

促销图可以用于banner下方，好比线下实体店的橱窗，主要是通过图片的形式传达服务、品质、价格、款式、特殊效果、促销活动等信息。促销图也可以用于钻石展位、淘宝客等各种促销渠道展示。虽然在投放时图片尺寸不同，但是设计要点大致相同，主要包括以下几点：

（1）主题明确。常见的主题形式有互动式、直白式、情感式、逆向思维、趣味性、谐音谐意等。如图2-67所示，是一个情感式主题的促销图，虽在六一儿童节投放，但利用儿童消费主体是家长的特点，用母亲与孩子情感的展现来促进购买。

图2-67 情感式主题促销图

（2）设计美观。设计方面，根据自身产品的特色、促销活动的目的、目标客户群体的定位，每个广告图片应该利用色彩对比、文字对比、形状应用、细节优化来达到图片的美观度。如图2-68所示，鲜明的红色突出了活动主题，用时尚的女性模特准确定位了产品的消费群体。

图2-68　活动目的突出、消费群体定位清晰

（3）风格独特。不同的产品和行业可以选择不同的风格，如表2-12所示。如图2-69所示，是典型的中国风促销图片设计。

表2-12　不同风格适合的行业

风格	适合行业
质感风	3C/数码、家电珠宝、配饰/化妆品
中国风	特色服饰、珠宝配饰、带有中国元素相关的品牌或产品
杂志风	化妆品、欧美服饰
手绘风	生活服务类、创意类
恶搞风	创意类产品
节庆风	店铺品牌周年庆典、传统节庆
美女风	适用所有类目，但要注意美女模特的版权问题
个性风	个性定制，突出强调品牌个性

图2-69　中国风促销图

117

（4）布局合理。促销用的通栏广告的排版比例一般是留白：文字：产品图片为1:2:3或者1:3:2，非通栏广告常用多幅促销图，排版比例为5:5或者3:7。一个页面的内容切忌放得太满，一定要给买家提供视觉上的喘息空间，这样才能让买家在轻松的视觉感受中，自然地点击进去浏览和购买。简言之，布局的基本原则是合理利用黄金分割比例，适当留白，如图2-70所示。

图2-70　淘宝电器城
首页焦点图

（5）色彩鲜明。一个广告需用主要色调来表达感情诉求，但主色最多不能超过三种，同时要按照商品的特点和推广目的需要选择色彩，如图2-71所示。

图2-71　以玫红色、咖啡色、柠黄色为三主色调的儿童节促销图

（6）出奇制胜。仅传递优惠信息的广告，很快将被人们遗忘；设计精美的广告图片，可以存留一段记忆；只有富有创意的设计图片，才会让人回味悠长，形成长期品牌效应。因此，广告设计只有不拘一格方能出奇制胜，如图2-72所示。

图2-72　羊驼拟人化的
旅游促销图

小贴士：促销广告按钮及动画设置

每个促销广告图片上，尽可能安排行动按钮，比如"立即购买"、"马上加入"、"查看更多"、"GO"等，可以提升至少10%的点击量。除了焦点图和首页二屏大图外，其他钻石展位的广告位置也可以使用动画效果，只要保证闪动，频率为大于每帧1秒，按钮闪动频率大于等于每帧0.5秒。

3. 宝贝分类设计要点

宝贝分类的主要功能是购物导航，为便于查找，可以使用图文结合的设计方式。每个分类下都要有商品展示，不要出现无宝贝的分类。如果通过图片方式进行分类设计，图像尺寸大小请参考淘宝不同旺铺版本的页面布局要求，文件一般为GIF或JPG格式。

宝贝分类的设计方法

在具体设计制作时，建议新品、特价分类尽量靠前，分类图片的设计风格要与店铺风格一致，文字要精练，如图2-73所示。

图2-73 合理的宝贝分类设计

注意事项：分类设计要人性化

分类设计要从实用性出发，考虑到分类服务的对象，进行人性化的设置，让买家无障碍地浏览并快速找到商品。分类设计中还可以运用一些小技巧，来提高店铺整体设计效果。同一件商品，可以重复出现在不同的分类中。

商品详情描述页面布局

宝贝描述页面优化

（四）商品详情描述页面装修——三步冲击买家购买防线

网购已经进入互动营销时代，只有了解买家的真实需求，才能做到营销策略上的有的放矢，把流量转化为销量。商品详情描述页面是影响买家下单的最重要页面，其内容布局可遵循二八原则，即80%展示产品信息，20%做产品促销和关联销售，结合买家购物心理，通过视觉设计抓住买家的眼球，从而转化成心理上的认同，最终提高购买转化率。建议可以从以下三个方面冲击买家购买防线，下面以一款罗马鞋为例说明。

1. 突出产品整体特写

消费者购买商品的第一步，就是对产品本身的第一印象，那就是眼缘。图2-74很好地体现了此款鞋的整体风格：简洁明了，且细节与整体都有所展现，突出了特点，抓住了消费者的眼球。在众多的网络商品中，一眼就能被看到整体和特点者便抢占了先机。

图2-74　突出产品整体特写

2. 产品风格的体现

很多富有个性的鞋子，虽深得女性消费者喜欢，但销量很一般，因为那些鞋子在她们看来是不好配衣服的。买家在中意一双鞋子后，要看鞋子适合什么样的风格，是否适合自己，这是买家接下来要考虑的。

卖家推荐的搭配里，服饰、鞋、包一应俱全。仔细看，其实也都是多元化的，透露出这款凉鞋可以随意搭配的信息，每个人都可以穿出自己的风格。如图2-75所示。

图2-75 突出产品风格

3. 注重细节

对于很多女性买家来说，买鞋不仅仅是看眼缘和风格，如果不适合自己的鞋子，再有眼缘，估计也不会购买，这也是买家购物的第三步。所以设计者在第三部分如图2-76所示，标注了宝贝的具体属性和模特试穿参数。每个人的脚型、脚感不同，若买家穿得不舒适，纵然鞋子有再多优点，恐怕也不会下单。模特试穿参数、尺码精准度等，都能为买家提供更具有参考价值的信息。从另一个角度来说，这也是为了提高顾客满意度、减少退货概率。

（a）产品材质细节　　　　　　　　　（b）产品尺寸细节

图2-76 产品细节体现

在细节中，除了产品的参数外，产品的质量也很重要。而在这一部分，卖家给了买家一个选择这款宝贝的理由，多维度细节点展示就主要突出这款凉鞋的风格元素、独特个性化、材质优质、鞋底耐磨等各个方面的优势和亮点，图文并茂，娓娓道来。买家心理诉求的最后一步就是细节，产品质量满足、尺码满足，消费者购买意愿会非常强烈。

小贴士：未来商品存活的必备门槛——细节

在这个电子商务无孔不入的时代，网购是消费者在一个虚拟的情境下购买商品的行为。商品细节的到位展示能延长商品的购买周期，这是店铺长久生存的必要条件。对于在第三方平台上开店的卖家而言，细致入微的展示图片才能使商品脱颖而出，也是平台组织商家活动的必备考量。细节可以体现在样式、用料、工艺、尺寸、物流、售后等细枝末节处，如图2-77所示。

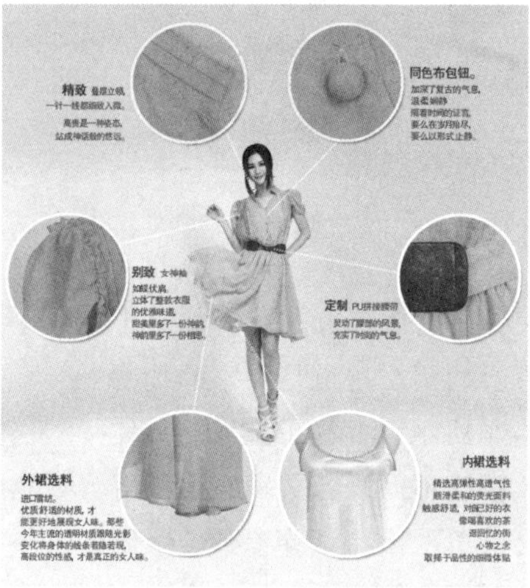

（a）女装类产品细节展示 　　　　（b）家居类产品细节展示

图2-77　不同类目产品细节展示

商品详情页布局

（五）买家购物体验设计

作为卖家，应该站在买家的角度浏览自己的店铺，减少店铺存在的各种各样的浏览障碍。网页作为一个信息的载体不光是给人看的，更是给人用的，所以体验尤为重要。

从买家的角度出发，首页和产品页是买家进入店铺的两个主要入口页面。买家进入店铺的主要操作是：搜索产品、查看分类和点击推荐产品。所以，卖家在做购物体验设计时可考虑以下几点：

1. 实时搜索，条理清晰

一个店铺搜索功能的设置恰当合理，可以增强买家的购买体验，加大购物搜索的便捷性。店铺宝贝分类的合理化以及单品描述的条理清晰度设计到位，不仅可以提升店铺的专业性，也可以激发买家的购买欲。如图2-78所示。

2. 点到即止的店铺氛围营造

营造合适的氛围，会让宝贝更有情感，能让买家产生情感上的

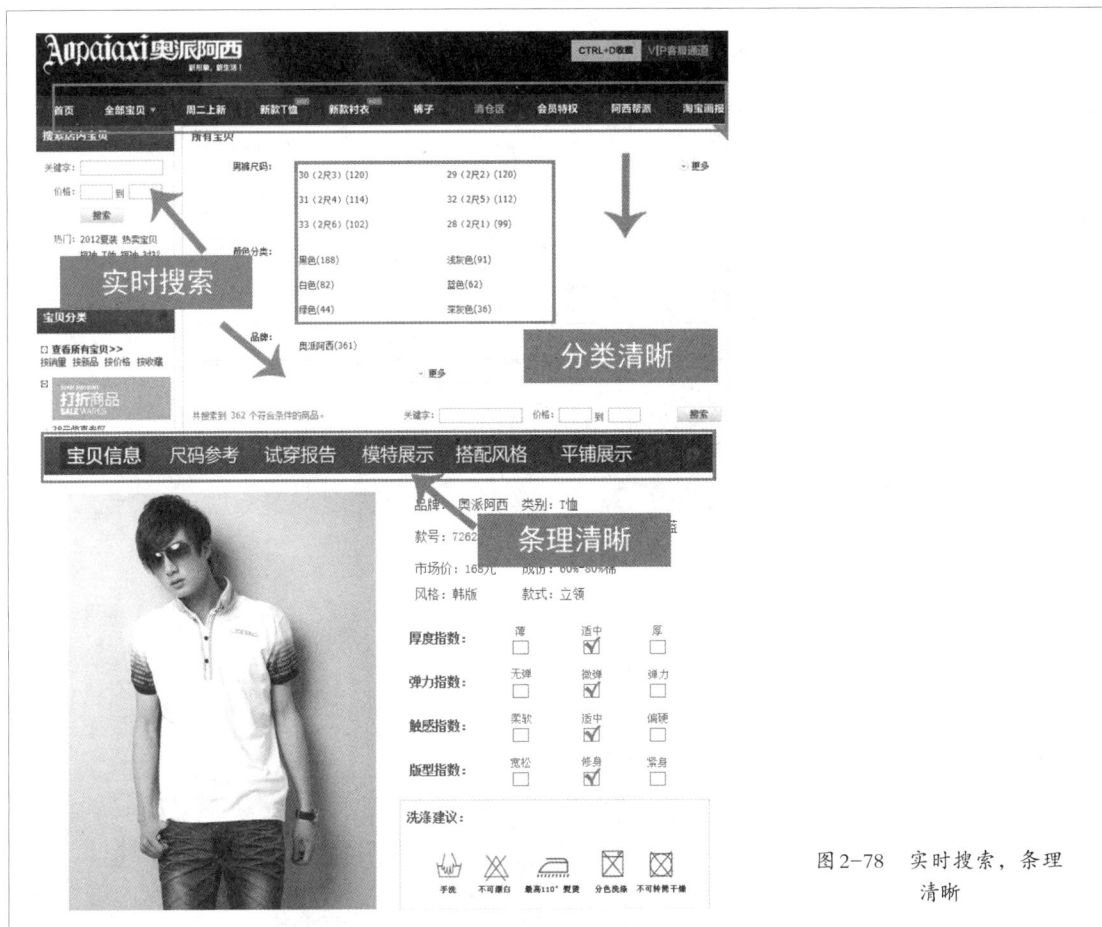

图 2-78 实时搜索，条理
清晰

共鸣。

随着生活质量的提高，线上购物并非只是图便宜，买家更在乎的是品质。越来越多的卖家在制作宝贝详情页面的时候，会注意拍摄场景的布置。而场景布置的选择，则是根据产品的风格和消费者的族群确定的。

例一：此款宝贝在营造氛围上，掌柜选择了一位富有亲和力、温柔可人的女士作为模特，同时选择了没有商业氛围的场景，以免给人以压迫感，这样的场景正好与服装温柔与安静的气质相符合。如图2-79所示。卖家用一招务实的方法、情景在线的模式，让买家产生情感上的共鸣，从而提高了产品的转化率。

例二：这件拼接款的连衣裙，营造了牛仔风情的购物氛围，与周围的牛仔服饰融为一体，很好地体现了宝贝的欧美大牌风格。如图2-80所示。

对服装类目来说，什么样的衣服就应该找什么样的主人，而这

图2-79 甜美系氛围
营造

图2-80 欧美大牌氛围
营造

种情景模式拍摄的产品图不会给买家困扰之感，而会使买家联想到
自己穿着一样的衣服，在相同背景下的场景，很大程度上提升了买
家的购买欲。其他类目的产品同理可证。

店铺想要营造让买家产生购买欲的购物氛围，需要根据自身店
铺产品的特性深层次挖掘来实现。购物氛围的营造是一个长期的、
逐步被买家认可的过程。一旦这样的氛围营造出来，需要这样购物

氛围的买家便可锁定。

3. 视觉感染，放大卖点

店铺的购物氛围营造和具体产品的特性息息相关。这其中就有一个点：放大卖点让买家看到，突出产品图片的视觉冲击力。同样的商品，一张照片拍得赏心悦目、细节特写清楚、产品特性一目了然；一张照片拍得暗淡无光、杂乱无章、无产品特性重点介绍。两者的对比效果显而易见。所以，产品的卖点特性要呈现出来，让买家知道，如图2-81所示。

（a）放大品质卖点

（b）放大设计卖点

（c）放大功能卖点

图2-81 不同产品卖点展现

4. 闭环式购物体验

在买家浏览完一个较长的宝贝详情页时，往往会有信息的遗忘，那么，在整个页面的尾部放置店铺导航、在线客服展示、店铺活动信息等内容，可以使买家的购物体验更为完整。如图2-82所示。

图2-82　闭环式购物体验内容设置

小案例

页面设计、文案不同产生的效果不同

图2-83首页初看比较独特，有违消费者常规的认知。首栏即用醒目的粗黑字体来强调正品、突出品质、保证发货速度等消除买家的购买疑虑，击破了买家消费的心理屏障。品牌展示清晰，让重品牌的买家可以直接点击选购，同时合理的性别大类划分可以让买家迅速找到适合的商品。在醒目位置设置微博链接，在后微博营销时代，把店铺设计拉回到引流的功能。这种新颖的设计，使这个店铺在10个月之内从0信誉做到2皇冠。

图2-84相对是一个比较失败的页面设计模式。上半部分排版可以看出是经营女装，但整体给买家的第一感觉是凌乱，谈不上与

图2-83　首页布局合理

图2-84　首页布局凌乱

众不同。字体不清晰，容易使人产生视觉抵触，降低购物体验。因店铺产品具有一定的品质优势，所以有一定销量。但店铺发展较慢，原因就在于没有让内在的品质优势通过店铺的设计凸显出来。

合理的页面设计和富于创意的文字是一个店铺生命力的支撑，它们就是店铺成长的土壤和水分，只有肥沃的土壤和充足的水分才能孕育出丰硕的果实。

案例思考：为什么要做好店铺的页面设计？如何才能做好？

任务小结

本任务围绕基于第三方交易平台建立网上商店展开，除了要求掌握建店的基本业务流程，更重要的是掌握网店的装修和美化操作。通过页面布局、色彩把控、字体运用等网店美工理论知识的介绍，强调了网店视觉营销的重要性。通过logo设计、banner设计、促销图设计、首页设计、详情页设计等大量设计案例，介绍了网店装修与美化的具体操作。

任务思考

1. 调查国内主流网络零售平台，并选择两个平台进行对比分析。

2. 店铺装修风格主要由哪些要素决定？店铺装修的最终目的是什么？

3. 什么样的色彩不宜大量运用？为什么？

4. banner设计中需包含的信息量和注意点有哪些？

5. 设计商品详情描述页面时，如何冲击买家购物防线？

6. 什么是闭环式购物体验？试通过一个设计样例来展示。

举一反三

根据店铺定位、产品特色及当季促销主题，完成淘宝旺铺装修，具体要求如下：

（1）店铺基本要素齐全，主要包括店标设计、二级域名设计、店铺招牌设计、商品分类设计、促销区设计等。

（2）店铺整体设计色彩把控到位，风格鲜明。

（3）选择一个商品，完成商品详情描述页面设计，要求页面布局合理，细节内容展示充分，卖点突出。

任务 2-4　自营式独立网店建设

任务导读

1. 有哪些现成的建站系统可用于建设独立网店？

2. 独立网店可以在哪里发布运行？发布运行需要有什么基础准备？

3. 独立网店能够实现哪些基本功能？

4. 独立网店如何搭建栏目？如何美化界面？

5. 独立网店如何发布和管理支付与物流信息、商品信息？

任务分解与实施

开发建设自营式独立网店有两种途径：自主开发独立网店、利用自助建站系统开发独立网店。无论采取哪种途径，都是一个较长的系统工程，一般会遵循如图 2-85 所示几个步骤。从图中可看到利用自助建站系统开发独立网店，无须进行繁复的程序开发，制作周期短、制作成本低，能够使企业快速形成自己的网店系统，且日常更新维护方面很便捷。所以，本任务主要针对利用自助建站系统开发独立网店来展开此部分的内容。

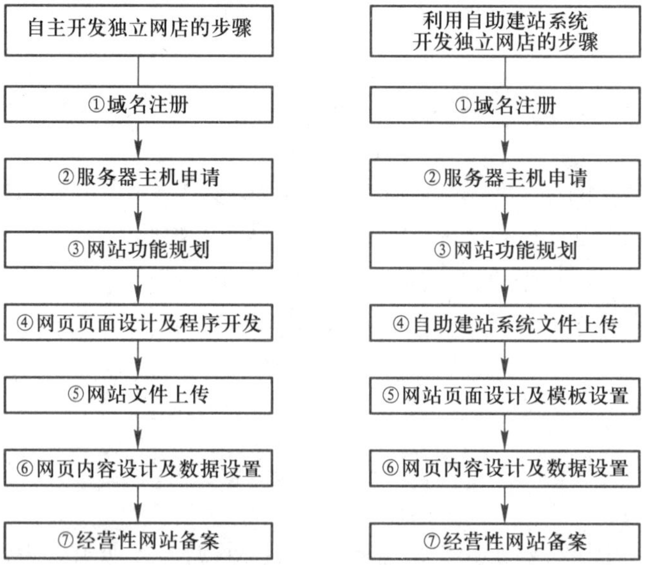

（a）自主开发独立网店的步骤　（b）利用自助建站系统开发独立网店的步骤

图 2-85　开发独立网店的基本步骤

一、独立网店空间准备和功能规划

（一）域名注册

独立网店最基本的要素是拥有独立的一级域名，所以，首先要注册一个属于自己的域名，以便进行网店系统的运作。

1. 域名的含义

在网络通信协议中，每一台计算机或网络系统都必须对应一个IP地址，并可再起一个域名。在互联网应用中，易于记忆的域名如同网店的门牌号码，与网店服务器的IP地址相对应，可以直接链接和访问网店。域名命名的一般规则如下：

（1）域名只能由英文字母、数字、"–"组成，不区分英文字母大小写，不能使用被限使用的单词，例如"china"。

（2）各级域名之间用"."连接，不能超过20个字符。

2. 域名注册的流程

域名的注册遵循"先申请先注册"原则，一般流程如下：

（1）选择域名注册服务提供商。提供域名注册服务的服务商很多，应该选择具备一定经营规模并且能够为网店提供便捷服务的服务商，如中国万网（www.net.cn）。

（2）完成域名注册流程。注册域名之前，需要查询域名是否可以使用，如图2-86所示。若没有冲突，就可以注册了，即填写相关信息、选择年限、缴纳费用。

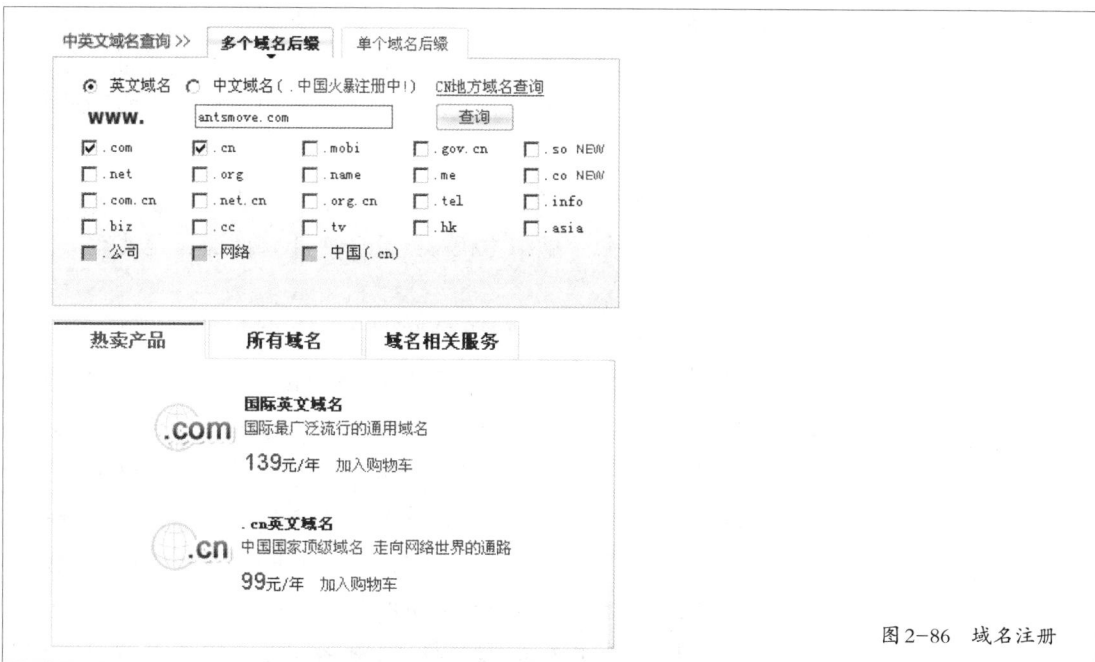

图2-86 域名注册

小贴士：域名级别分类及含义

域名按照所处级别分为顶级域名（如".cn"）、二级域名（如".js.cn"）、三级域名（如".ccit.js.cn"）和四级域名（如"xgx.ccit.js.cn"）。

域名按照代表的含义可分为两类：国别顶级域名和类别顶级域名。① 国别顶级域名共有243个国家和地区的代码，如"cn"代表中国。② 类别顶级域名共有7个，如"com"代表商业性公司，"net"代表网络服务公司，"edu"代表教育机构，"gov"代表政府机关，"org"代表非营利性组织。

（二）服务器主机申请

独立网店系统是由多个数据文件组成的电子系统。为可靠存储和高效运行这些文件，独立网店要拥有自己的服务器空间，并使得其域名与该服务器空间IP地址相对应。

1. 服务器的建设方法

常用的网店服务器建设有两种方法，即专用主机和虚拟主机。

（1）专用主机。购买一台服务器，然后向ISP申请一条专线和一个固定的IP地址，安装相应的软件，将网店文件放入服务器存储单元。其优点是维护方便、存储空间不受限制；缺点是建设和维护成本高、管理技术要求高。一般适用于大型网商。

（2）虚拟主机。租用ISP的服务器硬盘空间，使用特殊的技术，把一台主机服务器分成若干个虚拟主机服务器，每一台虚拟主机都有独立的域名和IP地址，具有完整的互联网服务功能。同一台服务器上的虚拟主机相对独立、互不干扰，可由用户自行管理。对于用户而言，虚拟主机和一台独立主机完全一样。其优点是建设和维护成本低，享受ISP提供的技术保障服务；缺点是不支持大量并发访问，访问速度受限。虚拟主机一般用于中小型网商，尤其适合创业初期的网店。

2. 如何选择一个好的虚拟主机

ISP（互联网服务提供商）是专门从事互联网接入服务和相关技术服务的公司。它通过自身的服务器和专门线路，24小时不间断地与互联网连接，是网店进入互联网空间的桥梁。ISP的选择很重要，直接影响网店运行的成败。在选择ISP时，应考虑以下几个方面：

（1）连线速度的高低。带宽的高低直接影响网店的访问速度，也影响访问者的情绪，应考虑其能否提供稳定、高速的连线服务。

（2）服务器的均衡负载。虚拟主机容量是有限的，当一台虚拟主机上的站点超过128个时，服务器的性能将明显下降，所以一台服务器连接的站点数量决定其站点的运行性能。

（3）技术支持的水平。网店文件和数据在ISP服务器上运行，需要ISP时刻提供全面的服务和安全维护，查清其技术实力能否足以承担此责并满足网店的运作需求。

3. 虚拟主机租用的流程

市场上可提供的虚拟主机非常多，只要订购即可获得。很多ISP还提供给订购方自行管理的系统，一般流程如下：

（1）虚拟主机订购。根据网店的规模、功能及实现技术预测网店的流量情况，选择能够支持技术运行、负载一定流量、容纳一定文件格式和大小的主机，并且考虑租用年限。在选定主机情况下支付完毕，即可获得虚拟主机的使用权，如图2-87所示。

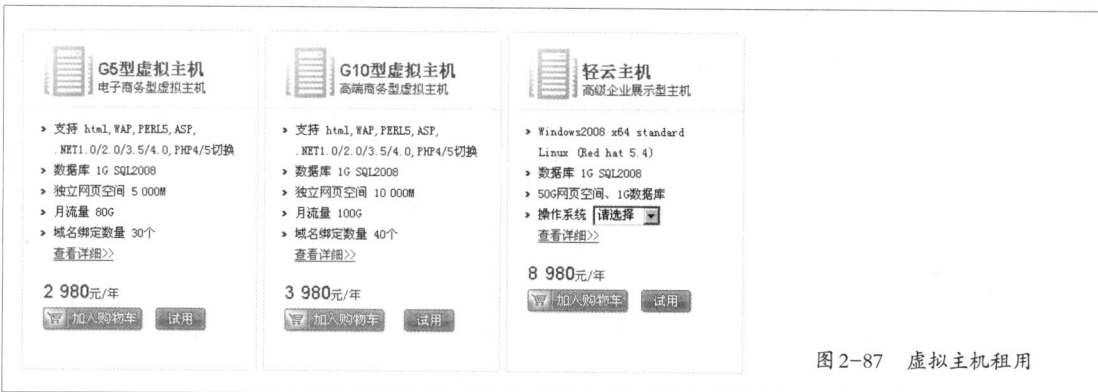

图2-87　虚拟主机租用

注意事项：保管虚拟主机各类账号与密码

勿忘记录虚拟主机订购后得到的账号与密码，因为在系统上传、下载、管理的时候经常用到。

一般包括：域名、IP地址、Web服务器用户名、Web服务器密码、数据库地址、数据库名、数据库用户名、数据库密码。

小贴士：虚拟主机服务器相关技术

无论是采用哪种方式建设服务器，主机的软硬件都是支撑网店运行的基本环境。硬件方面主要考虑机器性能，常见的有Sun服务器和PC服务器。Sun服务器高效、稳定、可靠、价格昂贵。PC服务器相对而言成本只有前者的几分之一，其最大的问题就是内存小，不过即使是Yahoo网站也是使用PC服务器。软件方面主要基于典型的B/S体系结构，涉及如图2-88所示常见的技术。

（2）域名解析。域名是用来表示主机IP地址的一种别称，通常两者需要做一定的绑定才能联系在一起，这个过程即为域名解析。

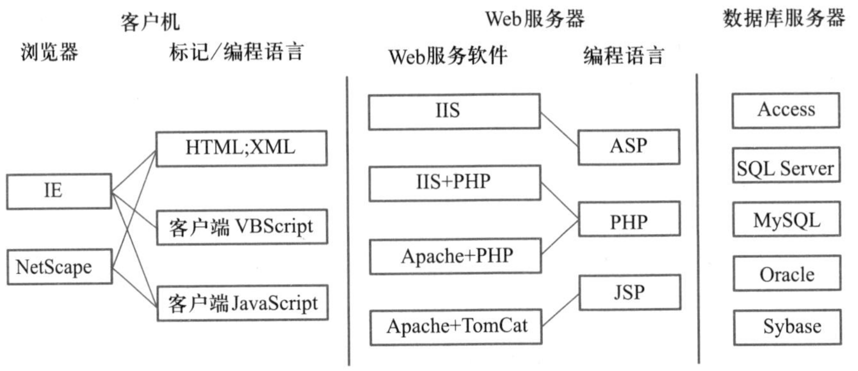

图 2-88 B/S 架构
下的软件技术

倘若网店的域名和主机是在同一个ISP申请获得的，则输入域名，一步到位即可完成解析工作。倘若网店的域名和主机不在同一个ISP申请获得，则先在主机租用所在ISP获得主机的IP地址，后在域名申请所在ISP输入IP地址，完成解析工作。

小贴士：其他服务器技术服务

除以上网店建设最基本的空间租用之外，目前网店企业方还会建设一些个性化的功能，如企业邮箱、企业RSS杂志。支持这些功能运行的基础，也是ISP提供的技术服务和可以租用的空间。例如，企业邮箱以网店域名作为后缀的电子邮件地址，通常提供给企业员工和会员，他们可以在站内自由管理和收发邮件，更高效地完成通信。

（三）经营性网站备案

拥有独立域名的网店，必须具备经营性网站备案许可证（简称ICP许可证），才可以开展销售活动；否则，就属于非法经营。所以，独立网店还要完成经营性网站备案的申请工作。

1. 经营性网站备案的规定

经营性网站是指通过互联网向上网用户有偿提供商品或服务的网站。根据国家《互联网信息服务管理办法》的规定，经营性网站必须办理经营性网站备案许可证（ICP许可证）。经营性网站备案审核通过之后，会得到一个备案号，还可在首页（通常是页底部位）加贴经营性网站备案电子标识。

2. 经营性网站备案的流程

（1）申请备案。网站主办者大多通过ISP代理申请备案经营性网站，这样有助于缩短申请时间、提高工作效率。在申请过程中，需要提供各项资料，如网站的名称、域名、IP地址、企业法人营业执照或个体工商户营业执照、管理负责人身份证与联系办法等相关内容。接下来就是等待各层级的审核，直至审核通过即为备案成功，如图2-89所示。

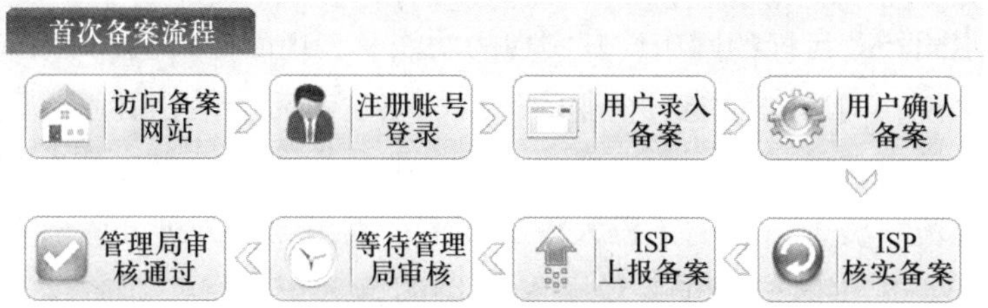

图2-89 经营性网站备案申请流程

（2）认领备案信息。备案申请成功后，在备案里提交的域名对应的网站，即可在互联网上开展经营性活动，网站即可得到一个电子标识。倘若主机和备案是在同一个ISP申请获得，则由该ISP一步到位将域名与备案号绑定。倘若主机和备案不在同一个ISP申请获得，则需要到首次备案所在ISP处认领备案信息，经营性网站备案电子标识才能获得认可。认领方式是网站主办者到首次备案所在ISP的账户系统里提交备案号、有效资料（通常是手机号、电子邮箱、身份证件）且等待审核，审核通过即为认领成功。

小贴士：经营性网站申请备案的两种途径

网站主办者申请备案经营性网站可以有两种途径：直接向企业所在地的工商行政管理机关申请、通过ISP代理申请。其中直接向企业所在地的工商行政管理机关申请时，第一步是网站主办者在企业所在地的通信管理部门申请ICP许可证，第二步是在企业所在地的工商行政管理机关添加互联网信息服务经营范围，然后申请经营性网站备案，提供网站的名称、域名、IP地址、企业法人营业执照或个体工商户营业执照、管理负责人身份证与联系办法、ISP资质证明、服务器所在地等相关内容。

另外，通过ISP代理申请时，以上的ICP许可证申请、ICP许可证、ISP资质证明、服务器所在地等信息直接由ISP代为办理和提供，无须网站主办者操心。

小贴士：ICP许可证的简介

ICP许可证也称互联网信息服务业务经营许可证，由各地通信管理部门核发。经营性ICP许可证经营的内容主要是网上广告、代制作网页、出租服务器内存空间、主机托管，以及有偿提供特定信息内容、电子商务和其他网上应用服务。ICP许可证是网站经营的许可证，根据国家《互联网管理办法》的规定，经营性网站必须办理ICP许可证，否则就属于非法经营。

（四）网站功能规划

1. 独立网店总体功能架构

不同经营目标的网店，其实现的功能及表现的形式也各不相同。一般来说，网店的功能与企业的经营战略、商品特性、财务预算等因素有着直接关系。一个完整的网店系统最核心的功能就是为了解决信息流、资金流、物流三大重要环节。其组成部分可分为前端的商店子系统（即前台子系统）和后端的管理子系统（即后台子系统）。前台子系统用于展示商品和服务、接收订单等操作，后台子系统用于管理业务、发布商品、处理订单等业务，具体如图2-90所示。

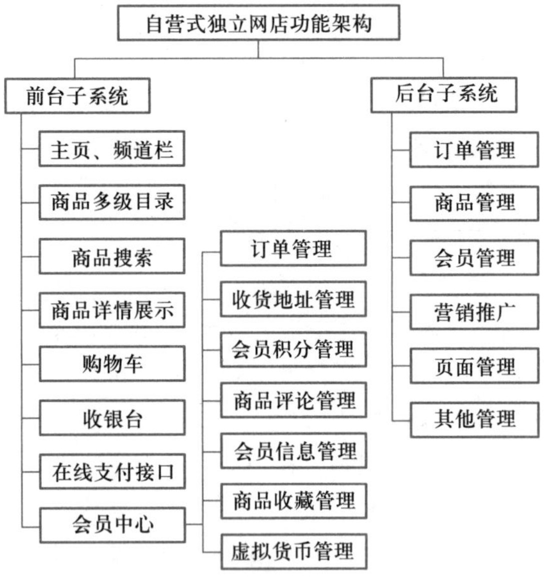

图2-90 独立网店总体功能
架构

2. 独立网店前台功能详细规划

网店前台直接面向客户，是实现销售的重要窗口。它可以展现商家的商品和服务，满足客户个性化购物体验。利用自助建站系统建设网店的时候，后台功能基本已经定型，重在对前台功能进行设计与开发。网店前台功能规划可以从以下常规内容上进行规划，还可在这些基础上，根据网店的经营需要筛选应用，或根据网店的经营特色设计出更有价值的功能栏目。

（1）企业的背景介绍。包括企业背景、发展历史、主要业绩、经营理念、合作对象等。

（2）详细的商品或服务介绍。包括商品分类、商品列表、商品详情等。

（3）营销活动支持。包括促销活动、积分管理、优惠券兑换等。

（4）客户沟通支持。包括留言簿、反馈表、俱乐部、论坛、在线帮助中心等。

（5）订购支持。购物车自助订购、库存查询、个性化定制服务、在线支付等。

（6）增值服务支持。收藏关注、订阅杂志、免费客户主页等。

（7）辅助信息介绍。公告、行业动态、知识库、维修保养常识、帮助中心等。

小 案例

凡客诚品的前台功能规划

凡客诚品（www.vancl.com）是凡客诚品（北京）科技有限公司旗下的服饰家居用品自有品牌，于2007年10月正式启动。凡客诚品将服饰企业产品生产业务和零售企业服饰销售业务这两个角色进行了完美整合：生产业务全部外包，采用垂直营销理念，通过大规模投放广告打开市场，以电子商务商城为销售渠道，配合高效完善的配送系统，为消费者提供高品质的服装产品与服务保障。其前台功能如图2-91所示。

（1）在商品介绍方面的规划。凡客诚品以标准化程度较高的男式衬衫作为切入口，之后逐渐增多产品线，扩大到时尚个性的T恤、裤子、外套等其他男式服装，并于2009年向女装和鞋类市场进军，且推出了家居类产品等很多功能栏目。

（2）在营销活动方面的规划。凡客诚品的服装样式针对城市年轻一族。其广告与中国年轻一族的思维方式和内心情感产生了个人共鸣，开展当下热门的博客营销与微博营销，迅速变身为一种病毒式营销席卷了大江南北。

（3）在顾客沟通方面的规划。凡客诚品开通产品评论功能，使用户对每件产品都可以发表自己的看法，并可以从外观、舒适度、尺寸三个维度对产品直接打分。它还建立了VANCL论坛，其中最具特色的是VANCL拍客，其内容非常具有感染力，打造了良好的用户口碑。

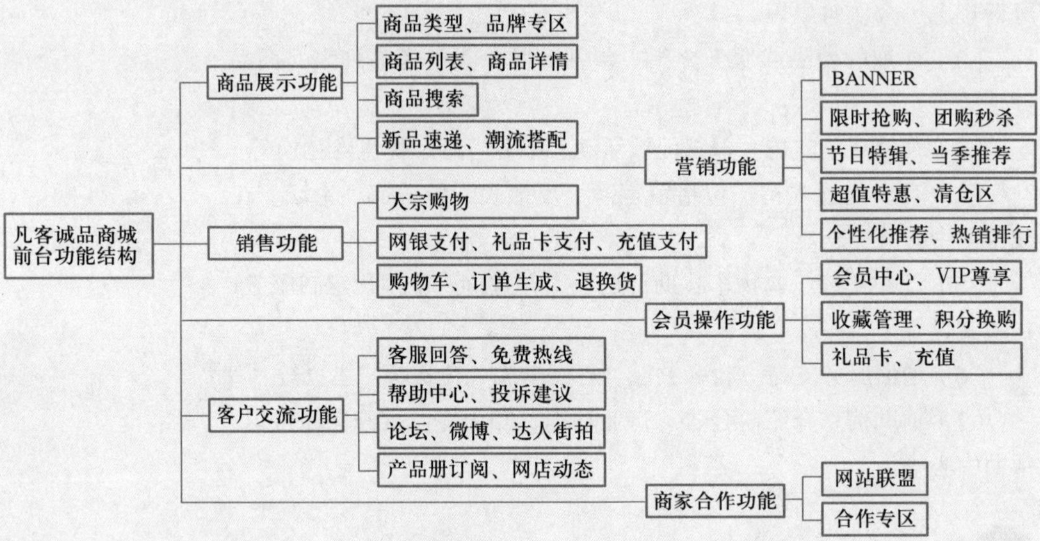

图2-91 凡客诚品的前台功能结构

案例思考：在营销活动过程中，以加强与客户之间的交流互动为目的，凡客诚品目前已经设置了哪些功能？请为凡客诚品设计新的相关功能。

二、自助建站系统的选择及安装

（一）自助建站系统选择

自助建站系统可以使企事业单位快速而有效地以"成本节约、简单易用、维护方便"的方式来建设和实施其电子商务系统，使企业通过有效应用互联网技术来提高运作效率、降低成本、拓展业务，从而实现更大的利润和效益。使用自助建站系统进行企业网站开发建设，能够适应大多数企业对于网站建设的一般需求，其制作周期短、更新维护便捷，是企业建设网站的理想选择。流行的商业网站自助建站系统有DedeCms织梦网站管理系统、PhpCms网站管理系统、ECms帝国网站管理系统、ShopEx、EcShop、万网梦工厂、HbCms宏博企业网站系统等，如表2-13所示。目前大部分自助建站系统都是采用免费开源、性能卓越的Lamp技术架构方式，即Linux+Apache+Mysql+Php。

（二）系统安装

本任务以ShopEx为例对独立网店的建设过程进行介绍。首先，网店建设者在申请虚拟空间的时候，要选择能够支持Mysql+Php的

表 2-13　流行的商业网站自助建站系统

自助建站系统	特点	适用范围	应用情况
DEDECMS 织梦网站管理系统 www.dedecms.com	程序源代码完全开放，为用户提供了方便快捷的用户自定义模型，可以根据自身需求来创建各式各样的站点，包含强大丰富的各类商业模式	适用范围广，包括大型或中小型企业、政府机关、教育机构、媒体机构、行业网站、个人站长、收费网站等	国内第一家开源的内容管理系统，经20万人以上站长级用户群长达4年之久的广泛应用和复杂化环境的检测，在安全性、稳定性、易用性方面具有较高声誉
帝国软件 www.phome.net 帝国网站管理系统 www.phome.net	基于B/S结构，主要特性是有超强的系统模型扩展功能，可实现各种用户自己的子系统，还具有强大的自动信息采集功能	特别适合产品供求、房产等企业网站	国内知名的内容管理系统，已广泛应用在国内数十万家网站，并经过上千家网站的严格检测，被称为国内最稳定的CMS
ShopEx ShopEx www.shopex.cn	与众多业内外知名企业建立战略合作联盟。主要针对网上商店进行构建，有多种免费网商工具配套使用，迅速提升网店综合管理水平，如淘打、淘管、店掌柜与淘宝或天猫的商店快速绑定数据	非常适合建立B2C网上商业模式、分销型商业模式，与淘宝、天猫、阿里巴巴有系统数据往来的网站	国内市场占有率最高的网店软件，获得了23个行业、8种业态、80万名用户的肯定，且已成为国内80%电子商务年营业额过亿元企业的共同选择
ECSHOP EcShop www.ecshop.com	EcShop独立网店系统后台信息管理功能十分强大，具备云服务、手机短信通道、提供插件机制实现虚拟商品管理（如电话卡、游戏点卡）。另外，还有EcMall社区商务系统是允许店铺加盟的多店系统	适合生成建立B2C独立网店，也适合建立垂直型电子商务门户网站	只专注于网上商店软件的开发，已成功为数以万计的企业和个人用户提供完美网上开店解决方案，成为国内最受欢迎网上购物软件之一，已并入ShopEx公司

空间环境，在这些准备工作做好之后，需要将ShopEx自助建站系统进行安装，然后再进行内容设置。具体安装步骤如图2-92所示：

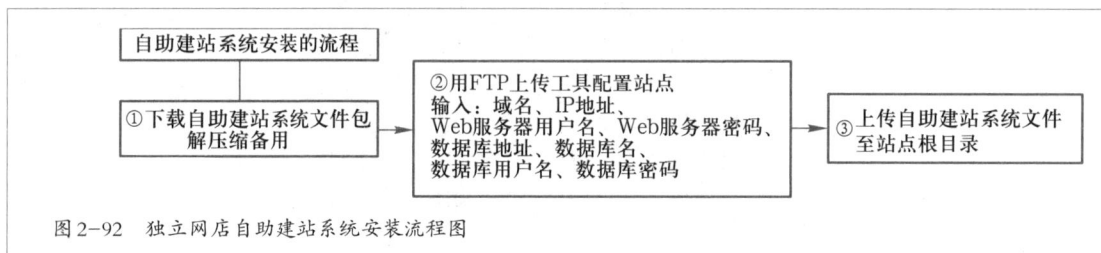

图2-92　独立网店自助建站系统安装流程图

（三）测试运行

采用自助建站系统进行配置独立网店，一般都可以做到"即配即览"——配置网店商业信息，同时预览网店显示效果。这样的测试运行方式，有助于建站者始终站在浏览者的角度进行配置和完善网店，有助于精准地呈现商业信息。

（1）登录独立网店的后台，可进行各种商业信息的设置和处理，如图2-93所示。

图2-93　登录独立网店后台

（2）预览独立网店的前台，可模拟浏览者进行操作测试，如图2-94所示。

小贴士：独立网店开发过程中的测试方式

即配即览的测试运行方式根据网店测试发布的位置，有如下两种途径：

一是在建站者终端进行测试运行。这种方式要求建站者终端形成服务器系统，具备运行网店的环境，如服务器操作系统、Web服务器软件、数据库系统软件等，具体环境视所选建站系统而定。

二是直接在申请或购买的服务器空间测试运行。较之前者，无须自行配置环境。

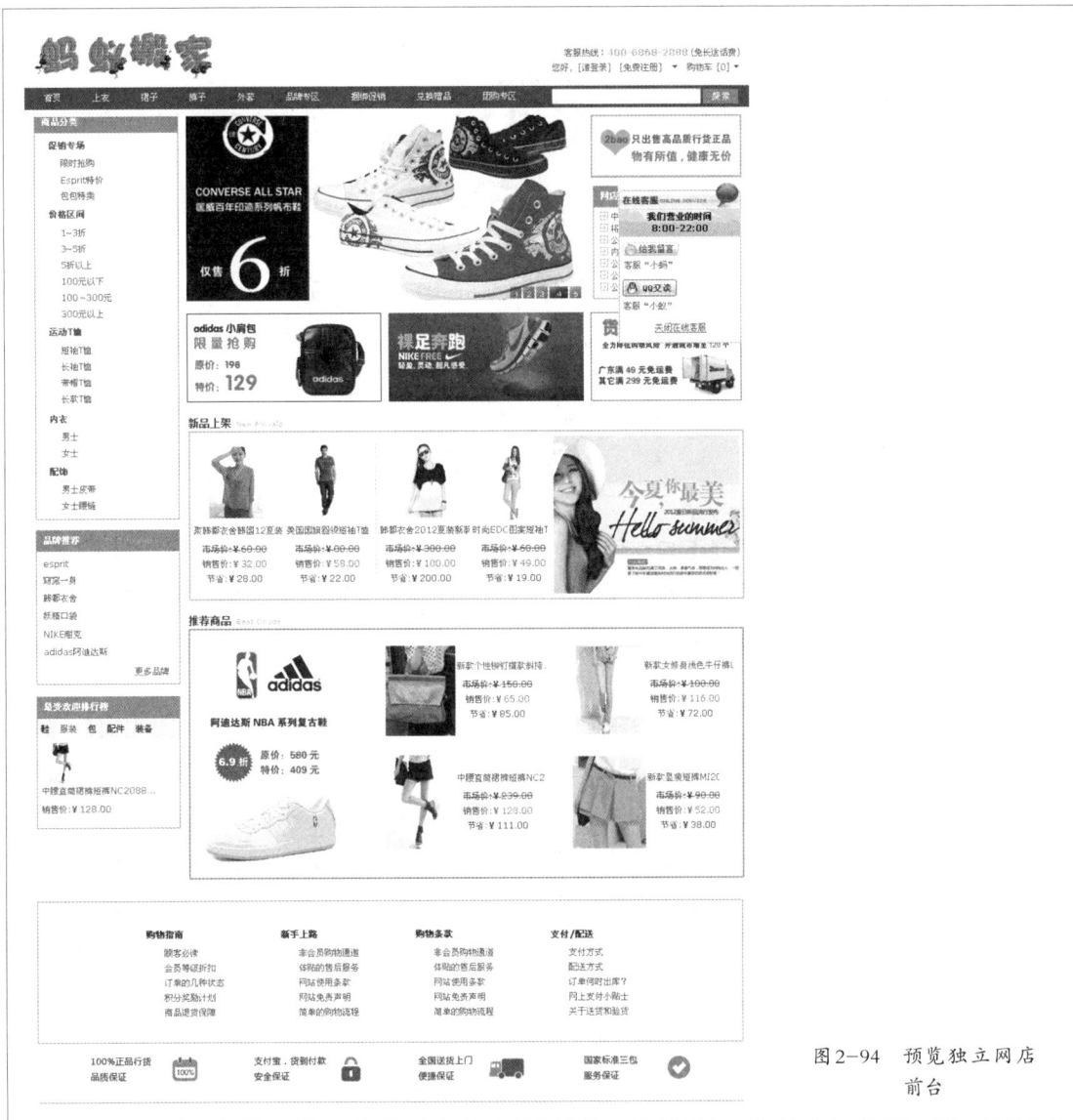

图2-94　预览独立网店前台

三、ShopEx独立网店基本信息配置

（一）店名店址设置

建站首先应明确网店名称、logo图片、URL网址，用以标示网店；经营性网站备案号，用以标示网店是属于合法的经营性网站，如图2-95所示。

1. 网店名称

网店名称是一个网店系统最基本的设置，好的店名可以刺激消费者的听觉器官从而留下印象、产生联想和感触，对品牌的传播起

自营式独立网店基本信息设置方法

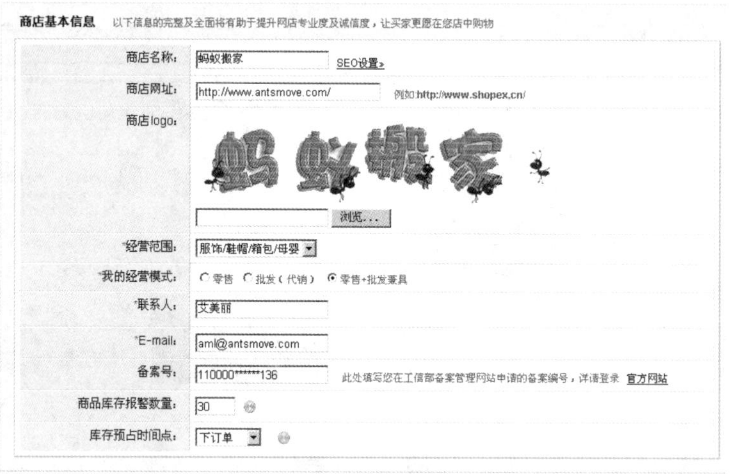

图2-95 独立网店基本
信息设置

到很重要的作用。网店名称在SEO优化中也是一项基本要素，将复
用于商品列表页、商品详细页、文章列表页、文章内容页中的标题
后面。

2. logo图片

logo商品图等页面图片文件的设计与制作，重点关注文件格式、
文件大小、尺寸、色调等，详见任务2-3。另外，自助建站系统通常
允许在已有的网页模板上进行配置网店。不同的模板，有着不同的
色彩搭配和布局，尺寸和色调可根据应用模板的情况而定。

3. URL网址

URL网址以注册的域名为准，尽量不要随意更换。网址必须书
写完整，即前面带上"http://"，后面带上"/"。

（二）购物流程设置

购物流程是网店销售活动的重要实现方式，包含购物过程中各
类信息的呈现方式，如订购的权限、点击订购之后的页面跳转、交
易价格的计算方式等，引导顾客自助完成订购行为，也是电子商务
最直接体现自动化之处，如图2-96所示。

（三）支付方式设置

支付方式是销售活动中重要的环节，通常分为三种：预存款支
付、在线网关支付、线下支付。网店开设的时候需要严谨、清楚地
告知顾客支付说明（通常在页底部位），并设置各类支付通道，如
图2-97所示。

1. 预存款支付

顾客在网店中注册为会员后，就可以在会员信息中设置预存款。

图 2-96 独立网店购物
流程设置

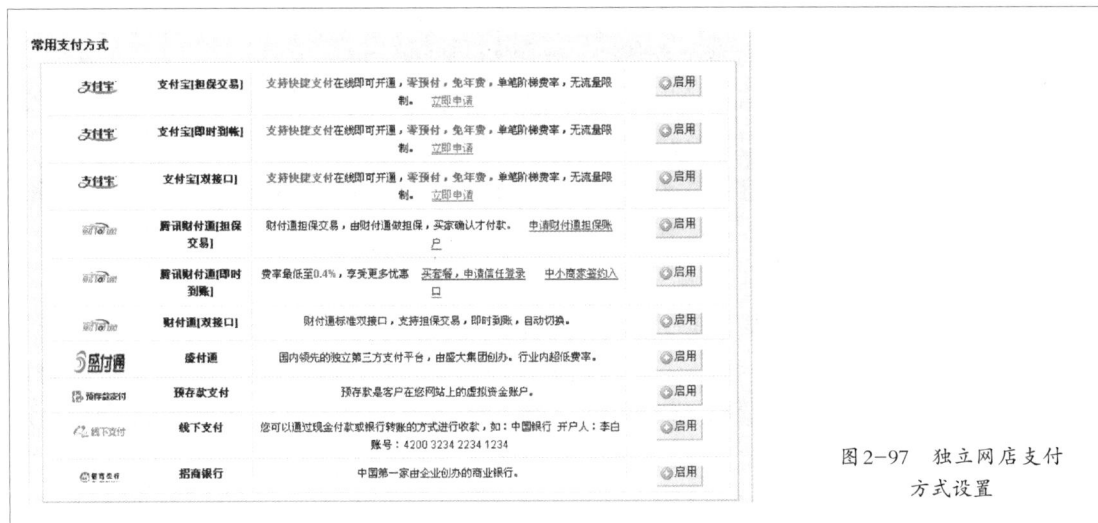

图 2-97 独立网店支付
方式设置

购物时选择此种支付方式，生成订单支付时会自动扣除相应金额。

顾客一般可通过两种方式为自己的账户充入预存款：一是自己汇款给店主，然后店主确认后在会员列表中找到指定会员，手动增加金额；二是会员自助充值，顾客登录至网店的会员中心，进行在线充值即可。

2. 在线网关支付

在线网关也称第三方支付网关，店主预先在第三方支付网关平台上申请和激活账号，并与该平台进行签约合作，审核通过后在自助建站系统后台配置生效。目前常用的第三方支付网关有支付宝、财付通、快钱、paypal等。

以顾客网上银行支付渠道为例，顾客决定购物支付时，由第三方支付网关负责接入银行支付网关，顾客在网页中直接输入银行卡相关信息即可完成在线支付；银行反馈支付结果，并将款项转入网店的第三方支付网关账号；第三方支付网关平台会返回一个状态给网店，然后店主根据状态来进行后续操作。

小贴士：第三方支付网关实施的两种解决方案

目前第三方支付网关推出的商家网上支付解决方案，有即时到账和担保交易两种方式。① 即时到账。顾客购物付款后，款项会通过网关平台立即转到店主的网关平台账户中，对卖家利益有保证。② 担保交易。顾客购物付款后，款项先支付到网关平台，店主看到付款状态后发货；顾客收到货后，点击付款，网关平台把款项转到店主的网关平台账户中。这种方式由第三方支付网关作为第三方信用中介介入交易过程，使交易双方在安全方面更有保障。

3. 线下支付

店主预先开通银行账号，在支付说明里呈现汇款账号。顾客选择通过现金付款或银行转账的方式支付订单金额，支付完毕后，顾客和客服联系。此外，若配送方式中支持货到付款，也默认采用的是线下支付方式。

（四）配送方式设置

物流配送是电子订单处理工作中的重要环节。作为创业起步阶段的网店，会将配送工作外包给专业的物流公司，从而释放精力专注于营销工作，即采用第三方物流模式。网店开设时需要明确采用的物流模式，清楚地告知顾客配送说明（通常在页底部位）、配送公司、配送费用。

1. 物流公司设置

采用第三方物流模式，即将配送工作外包给专业的物流公司完成，店主应预先与一些物流公司进行签约合作，如图2—98所示。当顾客下订单时，物流公司会显示在配送方式中，可提供给顾客自行进行选择，也可由网店相关部门进行选择。同时，物流公司会显示在订单中，供会员查询物流状态。

图2-98　独立网店合作
物流公司设置

小贴士：国内现代快递企业的简介

现代快递兼有邮递功能的门对门物流活动，即指快递公司通过铁路、公路和航空等方面的交通工具，对客户货物进行快速投递。近几年国内快运速递产业发展迅速，目前部分大城市和特大城市已经成为区域性快运速递产业发展中心，而且全国范围内形成了以基本交通运输干线为基础的若干快运速递通道。我国现代快递企业分为四类，如表2-14所示。

表2-14　国内现代快递企业

企业类型	企业代表	特点
外资快递企业	联邦快递（FedEx）、敦豪（DHL）、天地快运（TNT）、联合包裹（UPS）	丰富的经验、雄厚的资金以及发达的全球网络
国有快递企业	中国邮政（EMS）、民航快递（CAE）、中铁快运（CRE）	背景优势、完善的国内网络
大型民营快递企业	顺丰速运、宅急送、申通快递、韵达快递	在局部市场站稳脚跟后，已逐步向全国扩张
小型民营快递企业	亚风快递、小红马、天天快递、大田快运、圆通速递	企业规模小、经营灵活但管理比较混乱，主要经营特定区域的同城快递和省内快递业务

2. 配送方式设置

网店可以清楚地告知顾客配送方式、配送公司、配送费用。在预先设置之后，顾客可以根据自身需要进行选择。常用的配送方式有上门自取、平邮、EMS、快递公司，如图2-99所示。对于每种配送方式，还可以设置是否支持货到付款（COD）。若采用货到付款，款项的收取则在配送的同时完成。

小贴士：配送运费公式的计算方法

每项配送方式都可以设置运费公式。配送运费公式可用于订单

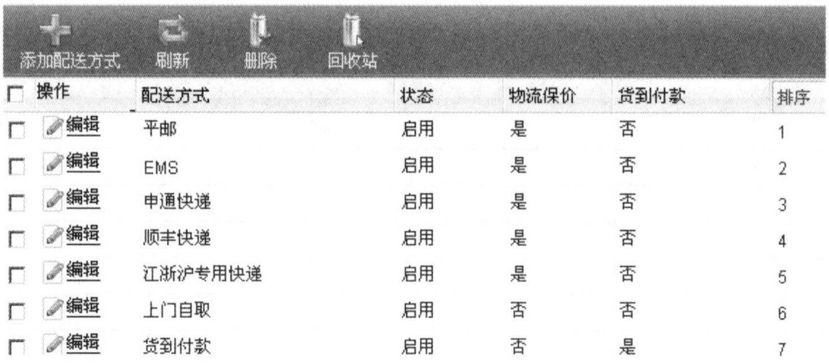

图2-99 独立网店配送
方式设置

总金额计算过程中，一般参考订单中的商品总价格、商品总重量，并按照一定的公式进行运费计算。店主预先设置好公式之后，系统将自动计算。运费根据不同的计算方法有不同的公式，常用计算方法有全国统一运费、不同城市不同运费、相近城市专用运费。

四、ShopEx独立网店界面栏目配置

（一）界面模板设置

自营式独立网店页面设置方法

设计师做好的页面文件经过相应处理便可成为模板。模板可以改变网页所有内容布局、颜色、风格等，可随时在后台进行切换。模板提供的页面文件，一般包含常用的页面，如首页、商品列表页、商品详细页、购物车页、注册/登录页、会员中心页等，使店主可以在已有的页面基础上进行快速编辑，如图2-100所示。

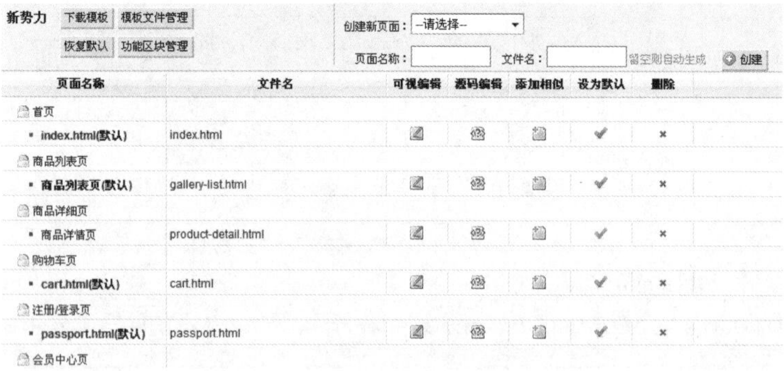

图2-100 独立网店模
板页面设置

如果要修改当前模板页面中的内容，或重新调整板块，就需要对模板进行重新编辑，可以从增删板块、修饰图片替换、CSS样式修改等方面进行编辑。页面编辑的方法有两种，即可视编辑和源码编辑。可视编辑，所见即所得，编辑后可立即看到编辑效果；源码编辑，即利用编辑网站的源代码来进行编辑。

（二）导航栏目设置

网站导航是有效创建网站信息架构的基础，是各个栏目内容的
导入链接。其中主导航一般放在网站最上方，是网站主体结构的表
现，是指引用户访问网站最基本的路线。网站导航栏目设置有三种
方式：

（1）栏目频道式。将网店的主要栏目结构表现出来，顾客可
以明确地了解网站整体结构和功能，如"企业介绍"、"商品介绍"、
"帮助中心"。

（2）商品分类式。将网店的主要商品分类显示出来，引导顾客
直接进入商品分类中进行购物，如"上装"、"下装"、"配饰"。

（3）混合式。把上面提到的两种呈现结构都表现出来，如
图2–101所示。

图2–101　独立网店主导航
设置

小贴士：网站导航的类型

网站导航根据位置和作用，可同时设置四种类型：① 主导航。
网站主体结构的表现，指引用户访问网站最基本的路线，是网站整
体结构的灵魂。② 辅助导航。导航重要组成部分，展示网站的重要
功能点或者提示浏览者的重要信息点，如"购物车"、"登录注册"、
"联系我们"。③ 面包屑导航。标示着浏览者当前浏览的页面与网站
主框架的结构关系，可以让浏览者明确了解当前所浏览页面处于整
个网站的位置。④ 网站地图。指明一个网站结构、栏目和内容说明
等基本信息的网页，可以让浏览者对网站整体框架快速了解，也可
以让浏览者通过网站地图中各个栏目的链接直接进入相应栏目。

五、ShopEx独立网店商品发布

（一）商品规格设置

本系统中的商品规格是指依据顾客的购买习惯而独立出来的商品属性，如尺码、颜色等。店主可事先设置商品规格且绑定商品类型，如图2-102所示。在设置好商品规格后，在商品分类页与商品详细页面，顾客可使用规格对商品进行筛选。

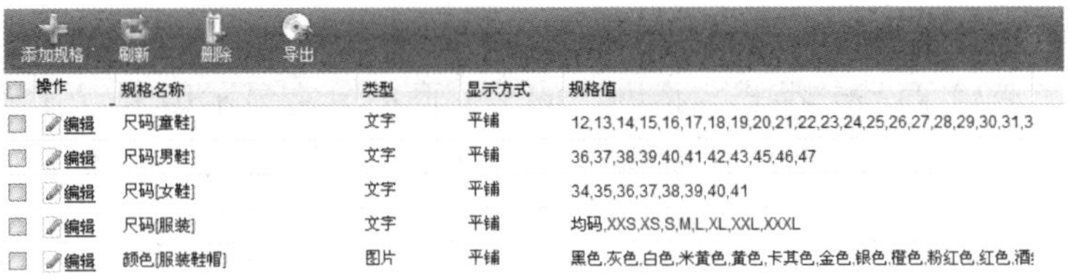

图2-102 独立网店商品规格设置

（二）商品类型设置

本系统中的商品类型是指依据某一类商品的相同属性归纳成的属性集合，如图2-103所示。例如，服装类商品有季节、面料、尺码等共同的属性；手机类商品有屏幕尺寸、铃声、网络制式等共同的属性。商品类型包括基本属性、扩展属性、参数、规格等部分，具体如下：

图2-103 独立网店商品类型设置

（1）基本属性。是大多数商品共有的一些内容，如货号、重量等基本内容。

图标旁：自营式独立网店商品管理方法

（2）扩展属性。是某类商品独有的内容，不同商品内容有所区别。

（3）参数。其配合扩展属性基本可以把商品的所有内容展示出来。

（4）规格。依据顾客的购买习惯而独立出来的一种商品的特殊属性。

（三）商品虚拟分类设置

本系统中的商品虚拟分类是指网店前台使用的商品分类导航，是基于商品品牌、属性、类型、价格、关键词和标签等形成的分类方式，以便于顾客利用不同的检索条件快速找到需要的商品。店主可根据商品的特点和营销方式灵活设置商品虚拟分类，只需符合顾客购买需求即可，如图2-104所示。

图2-104　独立网店
商品虚拟分类设置

小贴士：商品虚拟分类划分的常用方式

常用方式有：① 按商品功能分类。如"运动T恤"、"上班套装"。② 按适合人群类型分类。即根据市场上商品购买或应用的对象划分，如"适合上班族"、"适合情侣"。③ 按价格分类。如"5折区"、"3折区"。④ 按营销活动分类。如"限时抢购"、"促销专场"。

（四）商品详情编辑

商品详细描述一般包含（但不限于）八大方面的内容，如图2-105所示。

（1）商品类型。一件商品必须属于一个类型，便于后台管理和前台搜索，所以添加分类往往是第一步的。

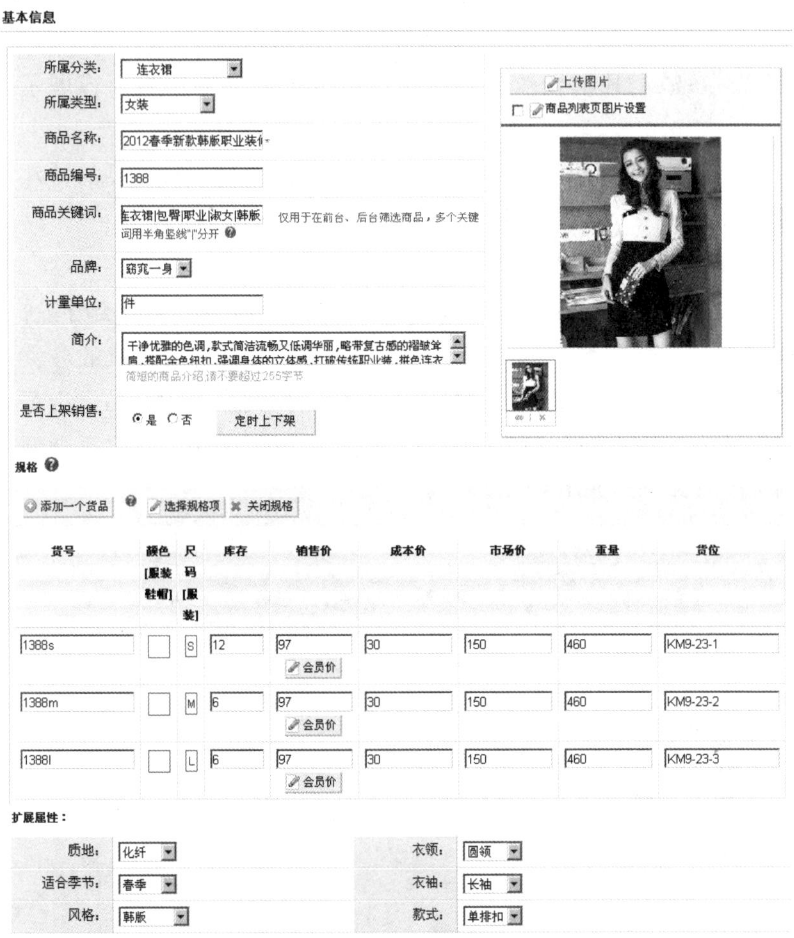

图2-105 独立网店商品基本信息设置

（2）商品名称。考虑到吸引顾客眼球，商品名称中可以带有热门的关键词。

（3）商品编号，即货号。一件商品只能有一个货号，为了便于管理，尤其是商品很多的时候，货号的编排方式也应该有一定的规则。

（4）商品关键词。便于对应顾客的搜索，体现商品的特色，一般采用多个简短的热门词汇表述。

（5）商品图片。至少要有一张图片呈现商品的样貌。只有精美的图片，才能让买家对你的商品产生足够的兴趣。

（6）商品价格。要出售商品，当然也必须给这个商品指定一个价格，通常可以显示"市场价"、"销售价"、"成本价"，以示对比。

（7）计量单位。商品计数方式。

（8）详细介绍。由店主自由发挥，用图文结合的方式充分地展现商品的样貌、特性、配件等，如图2-106所示。

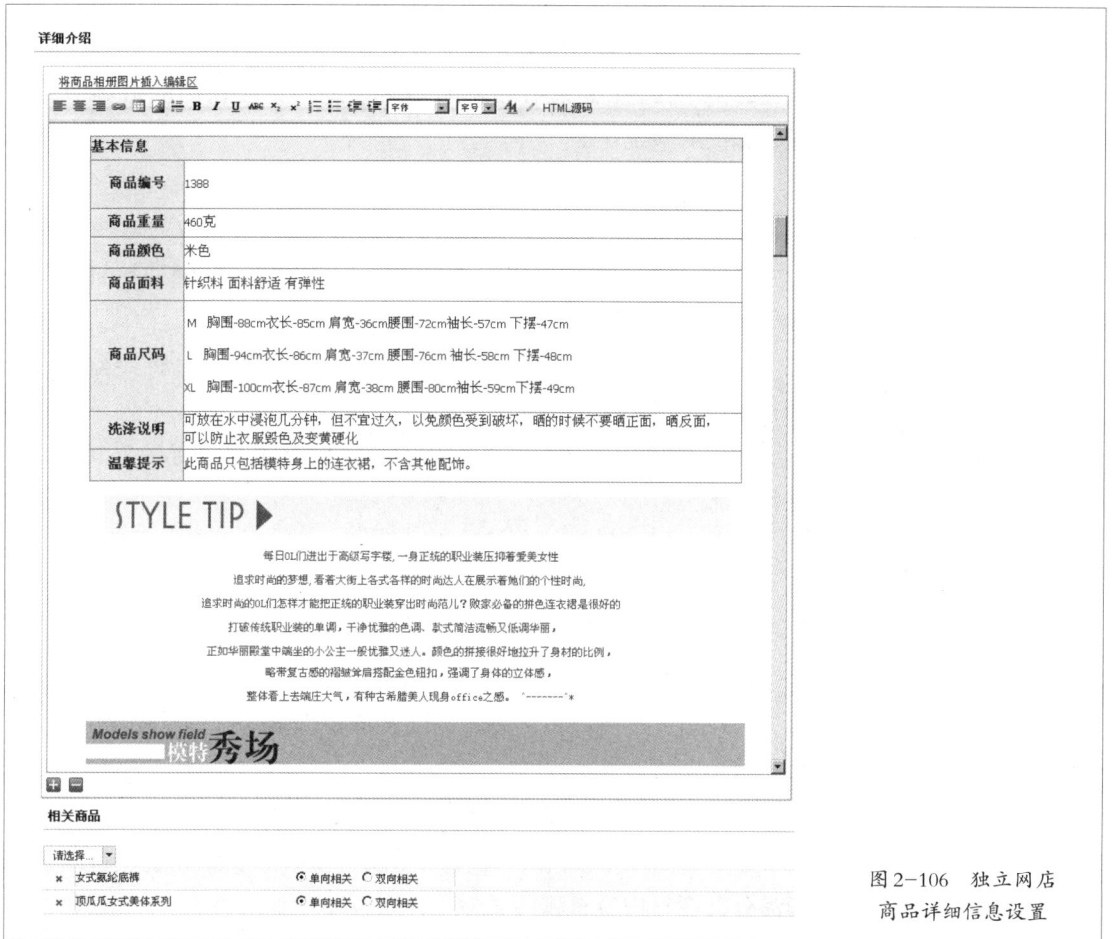

图2-106　独立网店
商品详细信息设置

任务小结

本任务围绕一个目标，即利用成熟的自助建站系统开发自营式独立网店，遵循常规流程进行详细介绍。首先，做好建站准备，包括域名注册、服务器主机申请、经营性网站备案以及网站功能规划；其次，选择合适的自助建站系统，并安装调试，在本任务中以目前主流的ShopEx系统为例进行具体操作介绍；再次，利用自助建站系统完成网店前台涉及的相关配置，包括店名店址、购物流程、支付方式、配送方式、界面模板、导航栏目、商品类型及规格、商品详情编辑、商品虚拟分类等方面的具体配置方法；最后，形成如图2-94所示自营式独立网店前台。除此之外，成熟的自助建站系统还提供丰富的网店运营管理功能，如利用ShopEx系统可实现SEO的优化、各类营销活动的设置、经营数据的统计、各类单据的打印等功能。

任务思考

1. 独立网店面向顾客公开的店铺信息中，除了店名、店址、备案号之外，还有哪些信息？各有什么作用？

2. 广泛调查多家知名自助建站系统，比较它们的市场应用情况、提供的系统功能。

3. 广泛调查多家知名独立销售网店，如凡客诚品、麦包包等，比较配送运费计算方式，归纳常用的配送方式及对应的运费公式。

4. 主导航一般设置多少项栏目，有哪些内容？辅助导航一般设置什么栏目及内容？

5. 数码方面的商品有哪些细分类型？挑选其中一种类型，分析其有哪些规格和扩展属性。

6. 从营销角度而言，在网店前台提供给顾客的商品虚拟分类有哪些常见栏目？

举一反三

以建设一家经营母婴用品的独立网店为目标，请尝试规划其前台子系统的功能结构，并利用ShopEx系统建立主导航栏目、商品虚拟分类栏目。参见以下的思考问题及操作步骤：

（1）调查观摩。

广泛调查多家知名母婴用品独立网店，如红孩子（www.redbaby.com.cn），观摩提供给客户操作的功能有哪些，观摩导航栏目内容和商品分类栏目内容有哪些。

（2）功能设计。

① 创新设计自己的母婴用品独立网店的前台子系统功能，客户可以通过什么操作获取商品信息？客户订购商品的流程是怎样的？客户如何了解促销信息和新商品信息？客户如何参与促销活动？客户怎样与本店工作人员交流？如何获取客户对商品的意见和建议？

② 根据以上设计思路，归纳功能名称，绘制功能层次结构图。

（3）主导航设计和建立。

① 根据功能设计、商品特点、销售和客服方式，创新设计网店主页的主导航栏目内容，要求不超过6项，注意名称要简明、富有个性。

② 根据以上设计，利用ShopEx系统设置主导航栏目。

（4）商品虚拟分类设计和建立。

① 根据商品特点、销售方式，创新设计网店主页的商品分类栏

目内容，一级或二级即可，注意名称要简明、有规律、归属准确。

② 根据以上设计，利用ShopEx系统设置商品虚拟分类栏目。

项目综合训练 <<<<<<<<<<<<<<<<<<<<<<<<<<<<<<<<<<<<<<<<<<<<<<<<<<<<<<<<<<<<

1. 项目背景

淘宝网作为亚洲最大的网络零售交易平台，是每一名电子商务从业人员必须熟悉并能熟练操作的网络销售平台，请在1个月之内基于淘宝网完成商品发布及个人网店创建。

2. 环境要求

（1）网络环境：Internet畅通。

（2）软件环境：PhotoShop、Dreamwaver、IE6.0以上。

3. 操作步骤

（1）注册淘宝会员ID，并将其与通过实名认证的支付宝账号绑定；

（2）熟悉淘宝交易规则，并通过开店考试；

（3）发布10件以上商品；

（4）完成店铺创建和装修；

（5）进行店铺日常经营和管理。

项目实施总结 <<<<<<<<<<<<<<<<<<<<<<<<<<<<<<<<<<<<<<<<<<<<<<<<<<<<<<<<<<<<

在师兄甄有才的指导下，再加上自己的勤奋好学，经过一个多月的时间，艾美丽的网上小店终于开张了。网店以在校大学生和年轻白领为主要顾客群，以休闲服饰类产品为主营产品，网店取名为"蚂蚁搬家"，其淘宝C店首页部分内容如图2-107所示。艾美丽还将本项目在实施过程中涉及的关键要点进行了总结，如图2-108所示。

图2-107　蚂蚁搬家淘宝
C店首页

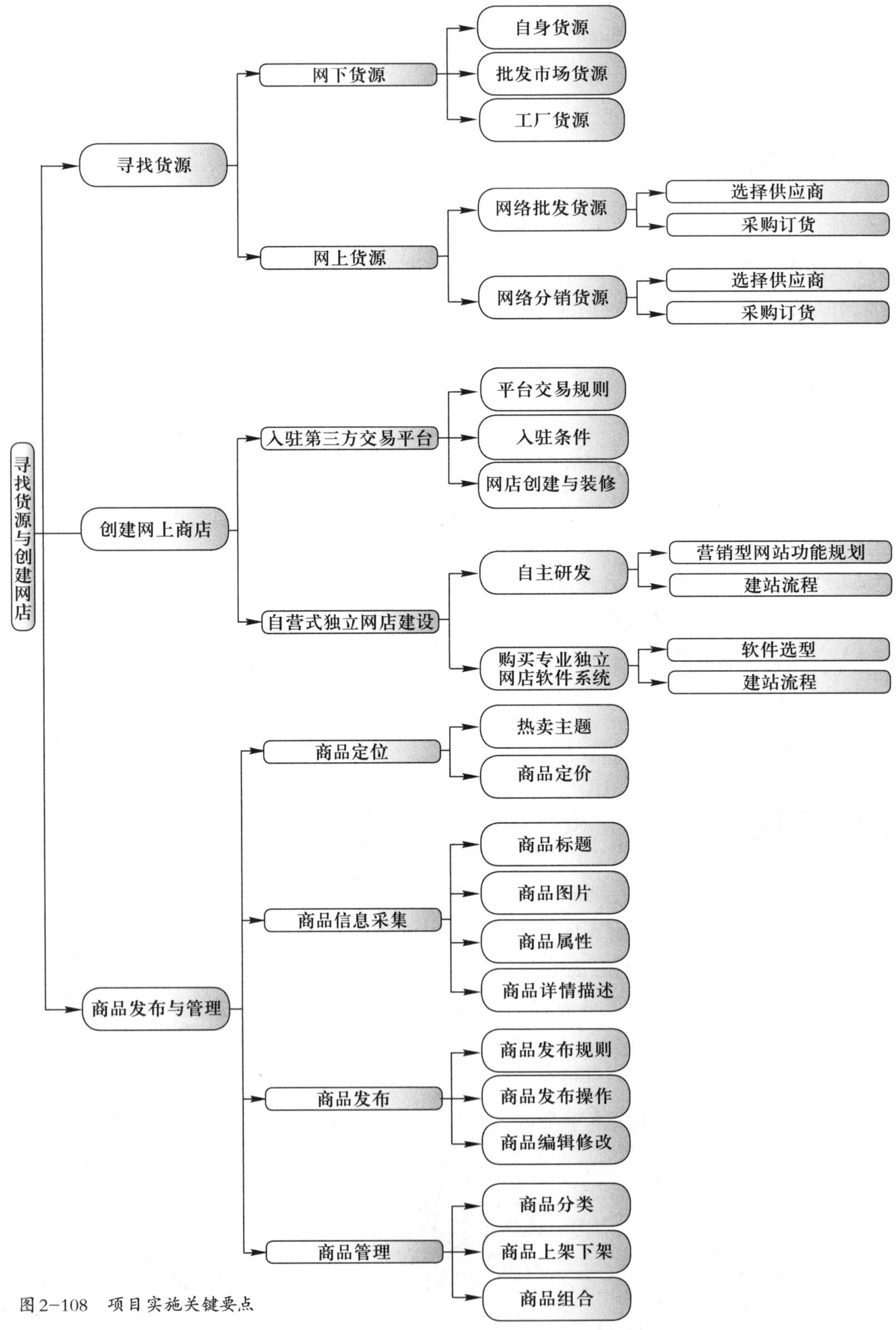

```
寻找货源与创建网店
│
├─ 寻找货源
│   ├─ 网下货源
│   │   ├─ 自身货源
│   │   ├─ 批发市场货源
│   │   └─ 工厂货源
│   └─ 网上货源
│       ├─ 网络批发货源
│       │   ├─ 选择供应商
│       │   └─ 采购订货
│       └─ 网络分销货源
│           ├─ 选择供应商
│           └─ 采购订货
│
├─ 创建网上商店
│   ├─ 入驻第三方交易平台
│   │   ├─ 平台交易规则
│   │   ├─ 入驻条件
│   │   └─ 网店创建与装修
│   └─ 自营式独立网店建设
│       ├─ 自主研发
│       │   ├─ 营销型网站功能规划
│       │   └─ 建站流程
│       └─ 购买专业独立网店软件系统
│           ├─ 软件选型
│           └─ 建站流程
│
└─ 商品发布与管理
    ├─ 商品定位
    │   ├─ 热卖主题
    │   └─ 商品定价
    ├─ 商品信息采集
    │   ├─ 商品标题
    │   ├─ 商品图片
    │   ├─ 商品属性
    │   └─ 商品详情描述
    ├─ 商品发布
    │   ├─ 商品发布规则
    │   ├─ 商品发布操作
    │   └─ 商品编辑修改
    └─ 商品管理
        ├─ 商品分类
        ├─ 商品上架下架
        └─ 商品组合
```

图 2-108　项目实施关键要点

附表2-1 职业能力测评表

	能/否	职业能力
通过学习本项目，你能否掌握右边列出的职业能力？		能够熟悉几种基本的进货渠道
		能够进行供应商的甄别与选择
		能够在网络分销平台及网络批发平台采购进货
		能够进行产品规划与定价
		能够熟悉第三方交易平台的入驻方法及交易规则
		能够基于网络零售的要求完成商品信息的采集与发布
		能够基于第三方网络零售交易平台建立网上商店
		能够基于独立建站工具建立网上商店
		能够完成网上商店的装修与美化
通过学习本项目，你还掌握了哪些职业能力？		
自评人（签名）： 　　年　　月　　日	教师（签名）： 　　年　　月　　日	

注："能/否"栏填"能"或"否"。

附表2-2 职业素养测评表

	职业素养	是否提高
通过学习本项目，你能否提升右边列出的职业素养？	信息获取能力	
	自我学习能力	
	商业规则意识	
	沟通表达能力	
	解决问题能力	
	团队合作精神	
通过学习本项目，你还提升了哪些职业素养？		
自评人（签名）： 　　年　　月　　日	教师（签名）： 　　年　　月　　日	

注："是否提高"一栏可填写"明显提高"、"有所提高"、"没有提高"。

项目3　网店流量引入与转化

【项目描述与分析】

经过一段时间的忙碌，艾美丽的淘宝小店终于建好了。可才高兴了几天，艾美丽又开始发愁了，她发现每天光顾网店的人很少，成交就更不用说了。怎样才能把淘宝网上的流量引到自己的小店里来呢？还是师兄甄有才有办法，他帮艾美丽分析了淘宝网上流量的主要入口，还把这些流量入口分成了四部分，包括用户搜索带来的基础流量、付费广告的流量、参加促销活动的流量和开展会员管理的流量。对于一个新店而言，只有多管齐下，才能稳步地提升网店的流量。

项目引入

【项目知识点】

流量和流量统计指标含义，网店流量的来源，网店引流的常用方法，影响基础自然流量的主要因素，提高基础自然流量的策略，网络广告的主要类型，网络广告策划与投放的一般流程，网络促销活动策划的一般流程，会员价值，客户的购买过程和重复购买影响因素，会员关系管理的步骤，会员数据收集方式，会员等级设置，会员关系管理工具。

【项目技能点】

熟悉网站流量统计指标，使用流量统计工具查看、分析网站流量数据；有针对性地进行网店基础优化工作；熟悉各种网络广告形式和网络广告策划的一般流程，进行网络广告投放的操作；熟悉网店活动流程，根据网站实际合理选择活动主题，进行活动策划；进行会员分级管理，合理运用各种会员管理工具开展会员关怀与营销。

任务 3-1　网店基础自然流量引入

任务导读

1. 什么是流量？流量的主要统计指标有哪些？

2. 网店流量有哪些具体的来源渠道？

3. 网店流量引入有哪些手段和方法？

4. 影响商品搜索排序的因素有哪些？

5. 采取什么策略能够提高网店的基础自然流量？

任务分解与实施

一、流量的基本概念

就像实体店铺一样，网店建好之后首先要有人光顾，我们将网络上的人流称为流量。没有流量，就意味着新建网店被淹没在了茫茫"店"海中，无人问津；没有流量，就没有浏览量，更不可能有成交量。淘宝平台各类卖家不计其数，竞争非常激烈，如何引入流量是每个新手卖家面临的严峻考验。那么，让我们先从流量的基本概念开始了解吧。

（一）什么是流量

通俗地说，流量就是指网站的访问量，是用来描述访问一个网站的用户数量以及用户所浏览网页数量的指标。与传统的实体店铺不同，网上商店可以利用一些工具非常方便地掌握用户访问的数据，如每天有多少人来到店铺、用户什么时间从哪里来、用户浏览了哪些商品等。有了这些流量数据，可以帮助卖家进一步了解市场、了解用户，有针对性地开展营销活动。

小贴士：常用的流量统计工具

我要啦统计：http://www.51.la；

Yahoo统计：http://tongji.cn.yahoo.com；

Google Analytics：http://www.google.cn/analytics；

量子恒道统计：http://lz.taobao.com/。

其中，量子恒道统计是为淘宝网上店铺量身打造的专业店铺数据统计系统。开通该服务后，通过统计访问使用者店铺的用户行为和特点，帮助使用者更好地了解用户喜好，为店铺推广和商品展示提供充分的数据依据。

（二）流量统计的常用指标

反映网站流量最主要的指标是PV值和UV值，也就是网站的页面浏览量和访客数。除此之外，还有平均访问深度、用户在页面的平均停留时间等。各指标的含义和指标解读如表3-1所示。

表3-1　常用流量统计指标

指标名称	指标定义	指标解读
浏览量 page views（PV）	一定时间内，店铺各页面被查看的次数	反映用户在店铺查看的页面数量，该指标越高，说明店铺页面越受买家喜欢。一个用户多次点击或刷新同一个页面，会被计为多次浏览（PV）
访客数 unique visitors（UV）	一定时间内，全店各页面的访问人数	反映一定时间内，如一天内进入店铺的人数，该指标越高，说明店铺用户的规模越大。一个用户（以用户ID作为唯一标志）在一天内多次访问被计为一个访客
平均访问深度	访问深度是指用户一次连续访问的店铺页面数（即每次会话浏览的页面数），平均访问深度即用户平均每次连续访问浏览的店铺页面数	反映店铺中访客的浏览情况，数值越高，说明该店铺越受欢迎，点击率越高
页面平均停留时间	用户平均浏览店铺单个页面花费的时间	反映页面受欢迎程度、产品吸引力，停留时间越长越好，通常以秒为单位计量
人均店内停留时间	平均每个用户连续访问店铺的时间（即平均每次会话持续的时间），以用户为基准统计	反映用户在店铺停留的时间长短，说明用户对店铺的忠诚度、喜爱度。该指标越高越好，通常以秒为单位计量
回访客比例	回访客占所有访客数的比例	反映了回访客在访客数中的比例，是衡量用户忠诚度和黏性的指标

小贴士：量子恒道统计的功能及应用

作为淘宝网上专业的店铺数据统计分析工具，量子恒道统计具有强大的统计与分析功能，包括流量分析、销售分析、推广效果分析、访客地区分析等。其中，流量分析是其最基本的功能，它不仅

量子恒道统计功能介绍

提供网店总体的流量概况，还提供更详细的流量数据，比如可以按照不同时段进行查看和比较等。

如图3-1所示是一家网店于2012年6月按天查看的流量图，图中列出的就是这个月店铺的浏览量（PV）和访客数（UV）两大统计数据。

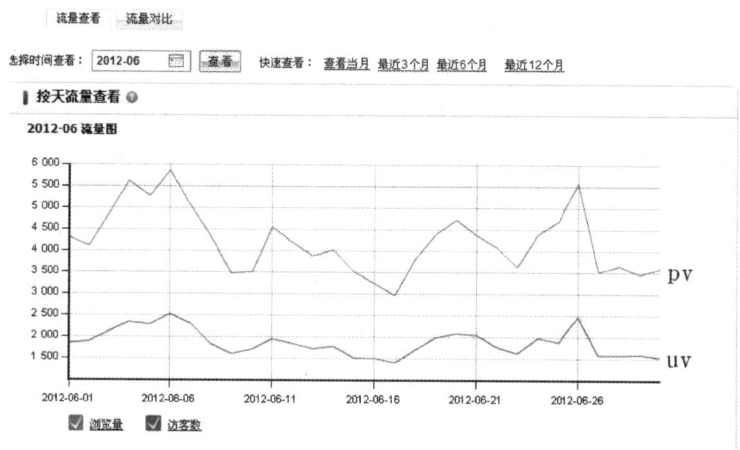

图3-1　网店后台流量图

思考：为什么PV线在UV线之上？

二、网店流量来源构成

网店流量的来源一般包括基础自然流量（以搜索带来的流量为主）、付费流量、活动流量和会员流量四方面。另外，也可以根据是否付费，分为免费流量和付费流量；根据流量来源入口，分为搜索引擎、外链导入、直接输入网址访问等。对于网店来讲，只有清楚流量从哪里来，才能有的放矢地开展引流工作。

（一）基础自然流量

客户使用关键词进行搜索，在搜索结果的页面中点击进入店铺，由此带来的流量称为基础自然流量。对于新开的店铺来说，自然流量非常有限，但因为是客户主动找上门的，带来的都是有一定购买意向的客户，比较精准，这是店铺流量的基础。因为基础自然流量主要是用户进行商品搜索带来的，也可称作搜索流量。一般网站可以采用标题优化、商品图片优化、商品上架时间优化等优化策略，来增加自然搜索流量。任务3-1是围绕基础自然流量介绍淘宝网上引流的基本策略。

（二）付费流量

通过购买网络广告等付费推广方式带来的流量，称为付费流量。网上付费推广方式很多，如淘宝平台上就有直通车、钻石展位、淘宝客等网络广告形式。选择合适的付费推广，会在短期给店铺带来比较明显的流量提升。具体如何进行付费流量的引入见本项目任务3–2。

（三）活动流量

通过开展各种促销活动给店铺带来的流量，称为活动流量。如在淘宝平台上，可利用一些店内营销工具，如满就送、搭配套餐、限时打折，或结合店外的一些活动，如聚划算、淘金币、天天特价等开展促销活动，获得活动流量，从而取得进一步的销量提升。具体内容及操作流程见本项目任务3–3。

（四）会员流量

随着不断成长，店铺会积累自己的客户资源。在此基础上，做好会员关系管理，赢得回头客，提高重复购买率，会获得店铺长期、稳定的流量，这部分流量就称为会员流量。具体内容及操作流程见本项目任务3–4。

实施上述各种引流方法，会不断提升网店在搜索引擎中被搜索到的概率，店铺就可以取得提高其自然排名的权重，逐步进入流量自然增长的良性通道。综上，对四种主要流量来源的流量特征和常用引流方法进行比较，如表3–2所示。

表3–2　不同流量来源的比较

序号	来源	流量特征	常用方法
1	基础自然流量	由客户主动搜索带来的流量，与商品在搜索引擎中的排序密切相关，流量比较稳定	采用标题优化、商品图片优化、商品上架时间优化等优化策略
2	付费流量	与网络广告的投放密切相关的流量。资金投入较大，短期内会有较大的流量提升，但不够稳定	利用直通车、钻石展位、淘宝客等网络广告方式
3	活动流量	与促销活动的开展密切相关的流量，大多数活动需要一定的资金投入，在活动期内会有较大的流量提升，稳定性一般	使用淘宝店内营销工具，及参与淘宝店外活动，如聚划算、淘金币、天天特价等
4	会员流量	通过对老客户的维护获得，流量比较稳定	使用即时通信工具、论坛、微博、EDM和专业的CRM软件等会员管理工具

小 案例

应用量子恒道分析网店流量的来源

在日常经营过程中，网店流量是每个店主关注的一个重点内容。但同时，应该关注的是流量来源构成。通过流量来源构成，可以更清楚地知道：网站的基础优化工作是否到位，网店实施的推广活动是否有效，还要在哪些方面继续努力等。

利用量子恒道统计，可以查看到如图3-2所示流量来源构成报表，从中可以看出除了少数流量来自站外主流搜索引擎，如百度、搜狗、谷歌等，大部分都是淘宝站内流量。很明显，淘宝站内的流量是淘宝网店主要的流量来源，也是店主关注的重点。

淘宝站内流量入口很多，构成也比较复杂。本案中参加聚划算流量占比最大，这是促销活动带来的流量，即活动流量；淘宝搜索、淘宝类目、淘宝社区等都属于基础自然流量；淘宝收藏大多是来自老客户的流量。熟悉这些站内流量入口，是淘宝网店引流中的重要工作内容。

选择时间段： 2012-05-01 到 2012-05-31 查看 快速选择：今天 昨天 前天 最近7天 最近30天 本周 上周 本月 上

2012-05-01到2012-05-31来源构成报表 🖫下载 🖨打印

来源	详细		到达页浏览量	百分比
搜索引擎	搜狗	~	60	0.01%
	谷歌	~	44	0.01%
	百度	~	27	0.01%
	搜搜	~	14	0.00%
	必应	~	4	0.00%
	有道	~	2	0.00%
	合计		151	0.03%
淘宝站内	聚划算	~	179,63	38.72%
	淘宝管理后台	~	29,40	6.34%
	淘宝站内其他	~	21,05	4.54%
	淘宝搜索	~	20,52	4.42%
	淘宝收藏	~	8,05	1.74%
	淘宝类目	~	6,25	1.35%
	阿里旺旺非广告	~	5,17	1.12%
	淘宝其他店铺	~	2,24	0.48%
	淘宝店铺搜索	~	70	0.15%
	店铺街	~	659	0.14%
	淘宝信用评价	~	539	0.12%
	宝贝分享	~	389	0.08%
	店铺动态	~	300	0.06%
	淘宝专题	~	75	0.02%
	淘江湖	~	69	0.01%
	淘宝首页	~	65	0.01%
	淘宝社区	~	33	0.01%
	淘金币	~	32	0.01%
	淘宝帮派	~	22	0.00%

图3-2 流量来源构成报表

案例思考：一个网站中各种类型的流量占比为多少比较合理？

三、流量引入的常用方法

网站流量引入的方法非常多，比如搜索引擎营销、网络广告、论坛营销、博客营销、IM营销、加入流量联盟等。

（一）搜索引擎营销

搜索引擎在进行网站推广、引入流量方面是最行之有效的。它是根据客户搜索习惯，利用客户搜索的机会将商品信息传递给目标用户，从而引入流量的一种营销活动。通过搜索引擎营销引入流量，主要方式有免费向各大搜索引擎网站提交网址、搜索引擎优化（SEO）和搜索引擎竞价广告等。其中，搜索引擎优化（SEO）因其资金投入较少、引流质量较高、效果稳定等特点，尤其受到中小企业的青睐。

（二）网络广告

随着网络媒体的出现，近十几年来，网络广告以其独特的形式吸引了人们的注意。网络广告发展速度较快、形式多样。根据信息表现形式不同，网络广告可分为品牌图形广告、关键词广告、文字链广告、视频广告、富媒体广告等。网络广告通常会被链接到相关的产品页面或网站首页，用户对网络广告的每次点击都意味着为网站带来了访问量的增加。知名的IT企业，如IBM、联想集团等都花费大量资金在门户网站投放广告，进行品牌宣传，吸引用户的访问。

（三）论坛营销

论坛具有针对性强、黏性高和互动性强等特点，选择目标客户聚集的论坛，在论坛中发帖、跟帖，尤其是发一些分享经验之类的帖子，可以帮助网站增加流量，让产品热起来。如果能发精华帖，跟精华帖就会使流量增加的效果更明显。

（四）博客营销

博客可以与消费者实现双向、互动的交流，增强消费者对网店的信任和关注。随着博客或微博应用的广泛，其媒体影响力在不断扩大，可以利用博客或微博发布一些软文传递网站动态、商品信息，来达到提高流量的目的。

（五）IM营销

IM（instant messaging）营销又叫即时通信营销。常用的即时通信工具包括QQ、阿里旺旺、MSN等。据调查在2.53亿名中国网民中有90%的人使用过即时通信工具，所以通过即时通信工具帮助网站进行推广，引入流量，也成为一个重要的方式。

（六）加入流量联盟

流量联盟，又名流量交换联盟、交换链。它就是指多个网站之间结为一个网站群，网站群的每一个成员都在自己的站点上链接其他成员站的链接，使访问本站的访客能通过链接访问到网站群的其他成员，达到相互之间交换流量的目的。

小 案例

凡客诚品多渠道网站推广

VANCL是互联网成就的服饰家居时尚用品品牌。其坚持国际一线品质、中产阶级合理价位，提倡简单得体的生活方式，赢得了国内白领一族的青睐。

VANCL充分利用了互联网平台，将现代电子商务模式与传统零售业进行创新性融合，广泛利用了门户网络广告、搜索引擎、电子邮件、博客、网络媒体、网络广告联盟等营销推广渠道，迅速成为行业的黑马。

另外值得一提的是通过网站加盟、网店加盟、博客加盟等方式，VANCL可以让它的客户资源通过网络延伸到任何地方。VANCL会返还一部分提成给加盟商家，这样VANCL就可以花费少量管理成本，通过有效的激励方式进行大范围内的网络推广。

VANCL在媒体选择上不仅注重其带来的流量，更注重广告与销售的投入产出比。凡客诚品发展出一套以ROI为考核标准，对门户、社区、CPS联盟等进行优胜劣汰，量身定做出一套完全符合 VANCL 的整体营销策略，保证了凡客诚品的平稳快速成长。

案例思考：凡客诚品的网络推广对传统企业的网络推广有什么启发？

四、影响基础自然流量的主要因素

研究影响基础自然流量的因素，要从了解搜索的规则出发。不同的搜索引擎都有自己的一套搜索排名规则和算法，所以在研究针对某个搜索引擎的基础自然流量时，首先必须研究其主要的排名规则。下面以淘宝站内搜索引擎为例，分析影响淘宝自然搜索流量的主要因素。

淘宝网比较大的搜索有商品搜索、店铺搜索、商城搜索三种。淘宝首页默认指向商品搜索，其流量比重最大。商品搜索排序通常与搜索相关性、橱窗推荐、商品剩余下架时间、店铺的综合评价、商品图片、降权等诸多因素相关。根据规则和算法，不同的因素占有不同的权重，影响程度不一。

（一）搜索相关性

这是淘宝搜索排名的第一规则。简单地说，搜索相关性就是客户搜索时所用关键词和宝贝标题、所属类目的相关性，只有搜索的关键词与标题中的关键词、宝贝所属类目有关联性，宝贝才能展示。主要包括标题相关性和类目相关性两种。

1. 标题相关性

标题相关性指的是商品标题里含有的关键词与用户搜索需求相匹配，所以商品能否被搜索到，取决于商品的标题里是否含有关键词。在其他同等条件下，相关度越高，排名越靠前。例如，用"韩版女装夏装"关键词进行搜索，如图3-3所示，搜索结果中所有标题里均含有这个词组。

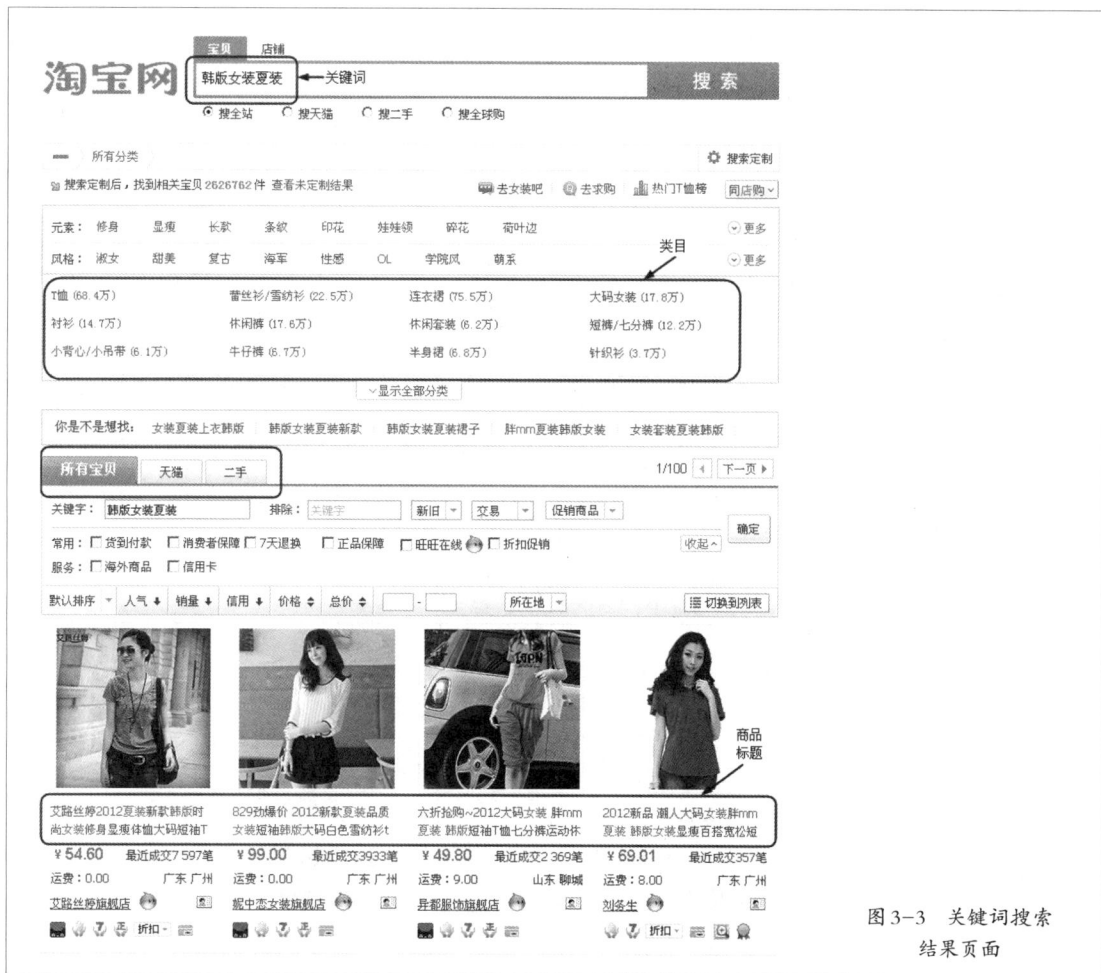

图3-3　关键词搜索结果页面

2. 类目相关性

淘宝的商品搜索环境与普通网页搜索不同,其每个商品都有一个固定的类目存放路径,这样可方便商家管理自己的商品。因此在依据关键词对标题进行检索后,系统会再按照主要类目对宝贝进行优先排列。与关键词相关的主要分类下的宝贝排名更靠前。比如图3-3上方显示了T恤、蕾丝衫/雪纺衫、连衣裙等类目,放在"T恤"类目下的宝贝就会比其他类目优先展示。

(二)橱窗推荐

橱窗推荐,又名卖家热推,是淘宝推出的一种宝贝展示工具。比如,店铺里有100个宝贝,分配了15个橱窗推荐位,客户进行搜索时,橱窗推荐的宝贝比普通宝贝有更优先的展示机会,从而获得更多的浏览量及点击率。

小贴士:橱窗推荐和店铺推荐的区别

橱窗推荐:当买家选择搜索或者点击"我要买"根据类目来搜索时,橱窗推荐宝贝会优先排在前面。橱窗推荐位是通过搜索的方法让宝贝能有更多的浏览量及点击率。橱窗推荐位的数目是根据宝贝数、开店时间、信用度(卖家信用度+买家信用度的一半)及交易额度而定的。

店铺推荐:即掌柜推荐,店铺推荐的展示位置是在店铺首页最中间的推荐位和每个宝贝页面的底部。店铺推荐宝贝数量有6件(旺铺有16件)。

(三)商品剩余下架时间

淘宝为了让卖家发布的商品都有机会得到展示,在搜索引擎中设置了这样的规则:根据商品离下架时间的长短,轮流获得排名靠前的机会。依照此规则,可以通过安排商品的上架时间来获得好的排名。淘宝目前商品的上架周期是7天,现在选择某个时间上架商品,就意味着7天后这个时间商品也将下架,此时排名会比较靠前,如果这时有很多客户搜索的话,则无疑会获得更多的流量。

(四)店铺的综合评价

店铺为客户提供优良的服务,会提高客户的购物体验,这样的店铺在搜索中排名也将有所提升。淘宝网的店铺评分系统DSR(description、service、rate),从宝贝与描述相符、卖家的服务态度、卖家发货的速度等方面对店铺进行评分,这是检验商家服务质量的重要标准。该评分体系以五星制为标准,一颗星为最低评级,五颗星则为最高评级,因而分值也相应地为1 ~ 5。DSR各项评分的平均值,可

图 3-4 店铺 DSR
动态评分

在店铺信用评价档案内查看到，如图3-4所示。按照淘宝搜索结果的
展示规则，排在前几个页面的商家的DSR均高于行业的平均水平。

（五）商品图片

在店铺整体视觉优化的基础上，展示宝贝的图片也相当重要。
如果忽视对宝贝图片的优化，也会流失很多流量。2012年2月开始，
为了更好地提升买家搜索购物体验，淘宝搜索对搜索结果页的质量
较差主图进行流量限制，这正说明了主体突出、美观清晰的商品图
片对搜索排名的重要性。

（六）降权

降权，即降低商品在默认搜索结果中的排名。基本上，所有不
规范的操作都会被降权，如炒作信用、刷销量、故意堆砌关键词、
广告商品、价格作弊、重复铺货、邮费虚假等。对于不同的不规范
操作，惩罚力度也不一样，目前最长时间的惩罚是从最后一次不规
范的操作开始计算，30天左右结束。被降权还有一种是连带惩罚，
如果个别店铺中被识别为作弊的商品过多，那么对整个店铺的商品
都有影响，基本上所有商品都会被降权，如炒作信用严重者。

除了以上影响基础自然流量的主要因素外，还有其他一些比较
重要的因素，如加入消费者保障服务、成交量、退货率、回头率等。
卖家发布的宝贝要在淘宝网上获得良好的排名，就要全面考虑，做
好各方面工作。影响搜索排序的因素也不是一成不变的，淘宝网非
常重视用户的搜索体验，根据这个原则，会对搜索排序不定期调整，
建议卖家要经常关注淘宝搜索官方帮派和淘宝论坛等，了解搜索排
名规则的变化，以做出相应调整。

小贴士：所有宝贝的排序规则

在图3-3商品搜索结果中，有所有宝贝、天猫、二手三种排
序方式。其中，默认的排序方式是所有宝贝，它占到搜索结果总
量80%~90%，也是我们研究搜索排序的主要对象。所有宝贝的排序
综合了上文提到的诸多影响因素，不同的因素影响程度不一。在图
3-5中可以看到，要获得好的排名首先是相关性好，使用橱窗推荐，

还要保证宝贝不违规、不降权、不屏蔽，在此基础上会按照产品剩余下架时间来排序，而店铺的权重高（即店铺动态评分、好评率、退款速度）会让宝贝有机会出现在首页展示，店铺的权重越高，在排序中越具优势、越加稳定。

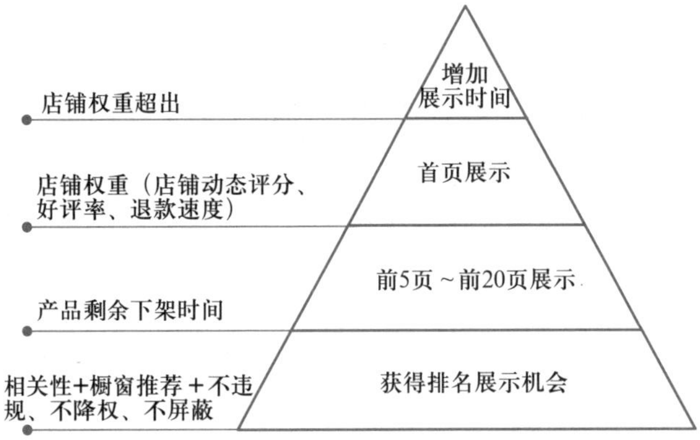

图 3-5　所有宝贝的排序规则

五、提高基础自然流量的策略

分析了淘宝网中影响搜索排序的主要因素后，可以从商品标题优化、商品发布时间调整、卖家服务质量、商品图片、无作弊降权等方面着手，采取相应措施以提高自然搜索流量。其中，卖家服务质量需要长期的积累，无作弊降权是发布商品信息的基础规范，这里不再赘述。下面主要分析商品标题、商品图片、商品上架时间三个方面的优化策略。

（一）商品标题优化

商品标题的优化是引流工作的重中之重。基本思路是为了提高商品被自然搜索的概率，充分利用标题有限的信息容量空间，挖掘与商品相关的词汇，并且进行合理的排序和组合，从而让优良的商品标题为卖家带来更多、更精确的流量来源。

1. 标题优化的基本策略

（1）充分利用标题的 30 个汉字。淘宝网发布的商品的标题限制在 30 个汉字内，即 60 个字节内。为了获得更多的展示机会，更大程度地参与到排名中，卖家就要使商品标题包含更多的关键词。过短的标题，或写一些无关的、不能帮助提高点击率的词实际上是浪费资源。一般商品标题可包括属性词、评价关键词、促销关键词、品牌关键词等，此部分内容可详见任务 2-2 商品信息采集部分。

标题优化

（2）添加热搜词，方便客户快速找到商品。对于卖家而言，设计商品标题，熟悉自己的商品特性是基本，但也要了解顾客的搜索习惯。所谓热搜词，就是近阶段买家关注度高、搜索频率高的词。在标题中恰当地添加网络上的热搜关键词。可以借助淘宝网海量的搜索机会更多地引入流量。当然，热搜词并不固定，会根据买家搜索量的变化而发生改变。

小贴士：获取用户热搜关键词的途径

淘宝主搜索常用关键词

淘宝首页类目关键词

淘宝二级类目属性词

数据魔方（data.taobao.com）热销商品特征关键词

淘宝热卖排行榜（top.taobao.com）关键词

淘宝营销中心（pro.taobao.com）每周更新的 Top5 万热门关键词

店铺后台量子恒道统计显示店铺内部热门搜索关键词 TOP10

（3）利用标题传递产品的卖点和店铺的优势，吸引客户眼球。好的标题不仅要被买家搜到，还要进一步激发买家来点击。在标题中，要突出产品的卖点如正品行货、特价、超薄、透气；店铺的优势，如双皇冠，这样可以在同时展示的众多产品标题中脱颖而出，获得客户的点击。

（4）结合销量，打出组合拳。销量高的商品在搜索排名中具有一定优势，客户在搜索结果页面，可以按销量进行重新排序，而且相对于滞销商品，销量高的商品排名更稳定，所以标题优化加上有一定销量的商品，组合起来能达到更佳的排名效果。

（5）标题优化注重细节。关键词的位置排列是影响搜索排名的一个因素，通常排在前面的关键词的权重略高，因此，核心的关键词和品牌关键词尽量排在前面。标题设置要符合用户阅读习惯，如适当使用空格可以提高用户体验等。

注意事项：标题优化中的规范

（1）不要过度堆砌关键词：比如卖靴子者，在一个宝贝标题中放上好几个同类的关键词，有雪地靴、长筒靴、高筒靴、长靴、平跟靴、平底靴，这就属于关键词堆砌。

（2）不要滥用符号：关键词用符号括起来会导致宝贝在淘宝的搜索结果中权重下降。

（3）不要重复标题：新开店铺里同质商品比较多，几十个宝贝标题都一样，有的卖家标题直接就是复制粘贴而成，这样对标题优化是不利的。

（4）不要触犯淘宝高压线：指的是标题中不要出现山寨、高仿以及其他禁用词语。

（5）不要滥用品牌词：宝贝卖的不是耐克、阿迪达斯，标题中不可出现耐克、阿迪达斯。

（6）注意敏感词：不要混淆著名品牌，比如：做女装的标题里加一句"类同七格格"。

2. 针对不同产品生命周期的优化策略

典型的产品生命周期一般可分为四个阶段，即引入期（新品上市）、成长期、成熟期和衰退期。不同阶段的产品在选择关键词时的标准应有所侧重。

（1）处于引入期的商品，特点是没销量、没评价。如果选择热门词，则因搜索量太大，而新品没有销量和评价的支撑，即使高价竞争排在靠前，也不一定获得点击。所以，选词一般以转化率优先为衡量指标，应选择有一定搜索量但竞争不大的精准关键词，再加类目词。

（2）处于成长期的商品，特点是有一定销量和评价，但人气不高，排名较低。这时以点击率优先为衡量指标，采用精准关键词和热搜词相结合，热搜词的比例可占到40%～50%。

（3）处于成熟期的商品，其特点是高销量、高人气、高排名，选词就是找搜索量最高的热词，冲流量冲销量，同时要注意标题的规范性，提升客户体验。

（4）处于衰退期的商品，不需要花费更多精力进行优化了，可以尝试选择一些促销关键词，吸引一些对促销商品感兴趣的客户，促进此类商品的销售。

小案例

给引入期宝贝起名

一家网店要上架一款雪纺上衣，因为销量一般，无法去竞争"雪纺上衣"这样的热词。如何给这样的宝贝起名呢？先来看看宝贝的特点：蕾丝，雪纺，赫本风，袖口是花边娃娃衫，那么"赫本风蕾丝上衣"、"蝴蝶结蕾丝衫"较之"雪纺上衣"就是精准词。

店主经过思考，给这款衣服设的标题是"复古赫本风 蕾丝上衣雪纺缎带蝴蝶结蕾丝衫　袖口花边娃娃衫",利用这些有一定搜索量的精准词,获得了更精准的流量。

案例思考:为不同商品选择关键词的技巧有哪些?

3. 标题优化的实例

下面以某女装为例,结合商品标题优化的一些策略,进行商品标题优化操作。

步骤一:商品标题躯干优化。首先卖家必须对商品非常熟悉,在此基础上列出商品的各个维度,如年、季、品牌、风格、工艺、材质、系列、货号、款式、用途、特色、等级、新旧等。某女装商品标题优化如图3-6所示。由此,得到商品标题的躯干。

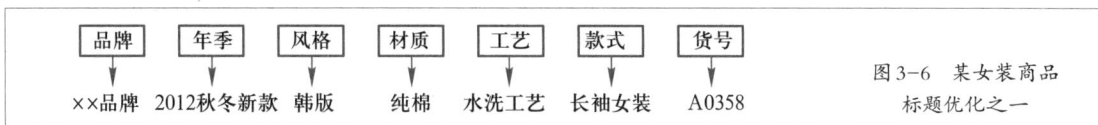

图3-6　某女装商品标题优化之一

步骤二:搜索框优化。即利用淘宝主搜索观察近期女装的热销特征,如发现"冬装"、"外套"是近期的热点词,优化得到新的商品标题,如图3-7所示。

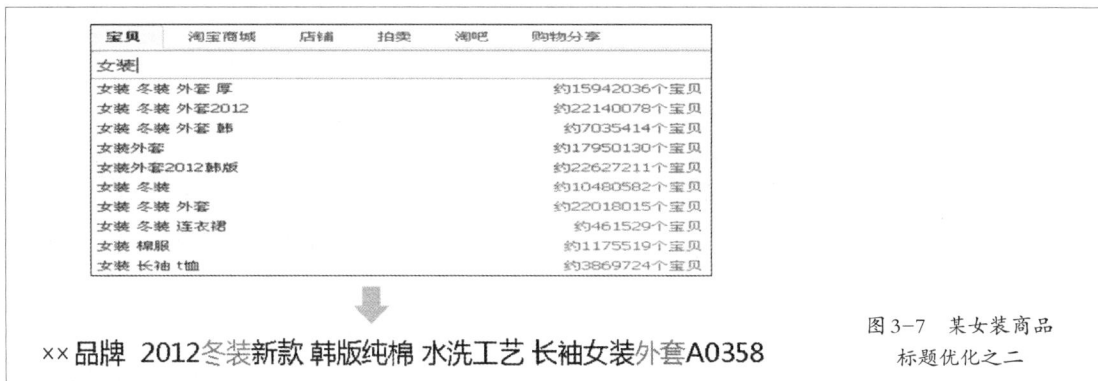

图3-7　某女装商品标题优化之二

步骤三:list优化。类目并不是一成不变的,通过观察女装类目变化,也可以发现近期顾客的搜索热点。如发现女装类目近期"5折包邮"很热,优化得到新的商品标题,如图3-8所示。一定要注意的是,目前店铺中的商品正在做"5折包邮"活动才能加这个关键词;否则,就会违反淘宝规则,受到相应处罚。

此外,可以利用更多方法对商品标题进行优化,因篇幅有限,不再一一列举。标题优化是个循环往复的过程,也没有一个单一、固定的模式,要持续不断地进行。可以利用一些工具,如量子恒道、数据魔方等对优化后的效果进行监控,查看有无流量、点击量、点

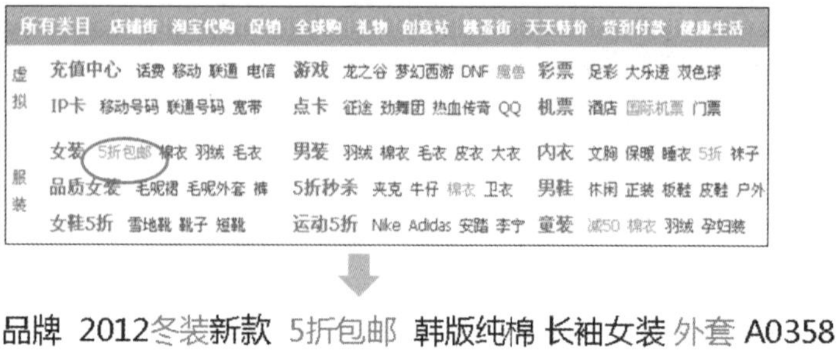

图 3-8　某女装商品
　　标题优化之三

击率的提升。另外，还要根据搜索热点的改变、搜索规则的调整进行持续优化工作。

（二）商品图片优化

客户通过搜索关键词进入搜索结果（即商品）页面时，是否会点击取决于商品是否配有一张吸引眼球的商品图片。商品图片包括主图、促销图和细节图，其中主图是客户搜索后第一眼就能看到的。好的图片会让店铺的商品脱颖而出，也对自然搜索流量有着重要的影响，不仅会带来客户的点击量还会影响其购买决策。这里介绍的图片优化工作，不涉及图片美化软件的操作，主要是明确图片优化的一些要求。

1. 图片要清晰、美观

清晰、美观是对商品图片最基本的要求。网上购买产品，不能试用或品尝，所以一幅清晰、美观的图片就显得十分重要，图片美观才能引起浏览者的兴趣。下面列出的两张图，图 3-9 明显不清晰，背景也较杂乱，并且略有变形；图 3-10 背景色简单，图片清晰、能显示出服装光泽，图左上角清楚的品牌信息能激发客户点击的欲望。

图 3-9　商品图片
　　实例一（左）
图 3-10　商品图片
　　实例二（右）

2. 图片要主题鲜明，突出卖点

买家搜寻、浏览商品的速度非常快，要想让顾客过目不忘，图片就要主题鲜明，突出商品的卖点。被卖点吸引来的买家，自然会关注这个宝贝，并点击进去了解详情。

在图3-11中，能看出所卖商品是什么吗？是衣服、皮包还是家具？其实商品是衣服，但客户的眼光会在稍作犹豫后很快移开，没有明确主题的图片是无法留住客户的。图3-12卖的是一款鞋，背景虽然没有采用白底，但是图片整体感觉非常干净、清晰，同时该图片非常有创意地突出了鞋子透气性的卖点。

图3-11　商品图片
实例三（左）
图3-12　商品图片
实例四（右）

3. 图片要简单易懂，适当运用文字

很多图片中会加入文字作为标题的补充，通常是促销打折方面的信息，以期更加吸引买家的眼球。但如果文字过多、内容复杂，反而起不到好的效果。如图3-13所示，其文字太多，又加入了一些商品详情信息，而且表述不够清楚；图3-14中文字虽少，却简单明了，限时折扣制造了购买的紧迫感。

图3-13　商品图片
实例五（左）
图3-14　商品图片
实例六（右）

小案例

根据图片美化要求，评价下面的图片（见图3-15）

图3-15　一组商品图片实例

图片1的问题：太多小图，没有突出主题，而且边框很粗。

图片2的问题：图片变形，缺少美感。

图片3的问题：文字过多，宝贝图片太小，淘宝ID、店铺网址和右边的文字都没有必要出现。

图片4的问题：图片视觉效果还不错，但图片主题不明确、不突出。其实宝贝是戒指，但是主图给人感觉像卖衣服。

案例思考：谈谈宝贝图片优化的方法有哪些，结合实例进行分析。

小贴士：商品图片优化的一个小窍门

图片优化工作不是一蹴而就的。吸引顾客眼球的一个小窍门是每天跟踪监测主图在搜索结果中的排名，根据前后"邻居"的主色调调整图片背景色，使其在色彩上与众不同，以抢占用户的眼球，并在此基础上做好其他优化工作，吸引用户点击。

（三）商品上架时间优化

商品上架时间对搜索排序也很关键，优化的内容包括上架时间选择和分时上架策略两个方面。

1. 上架时间选择

要选择人流量大的时间上架，因为在人流量比较大的时间上架，那么快到下架的时候也会是人流量比较大的时间点，这时搜索总量相对较大，被搜索到的概率较高。据统计，淘宝网上每日的交易高峰时段有三个，即早上10：00—12：00，下午15：00—17：00，晚上20：00—22：00，而每周当中，周一至周五的流量高于周六、周日。不过，不同类目的产品热门时间段并不完全一致，所以要利用一些数据统计工具（比如数据魔方），找到对应类目产品的热门时间段，安排商品上下架时间。

2. 分时上架策略

分时上架策略，就是把宝贝分成若干批，在不同时间分别上架的策略。这种策略能够保持每天都有不同的宝贝接近下架，从而被客户最大程度地搜索到，而不会出现所有商品同时间段发布，又同时间段一起下架的情况。分时上架策略的前提条件是店铺内商品数量比较多，这样就便于安排不同的宝贝选择不同的时间上架，再结合交易高峰时段，合理地安排宝贝的发布时间。

小案例

商品分时上架做法

如何做好分时上架，保证每天每个时段都有接近下架的商品，让众多宝贝被搜索到？看这家内衣网店怎么做。首先是根据近期流量统计情况，掌握每日的流量分布情况，如图3-16所示，10：00—11：00最高，22：00—23：00次之，由高到低排列。还要了解周一至周日的流量分布情况，所图3-17所示，周日最高，周三次之，也由高到低排列。那么从周日开始，对应各个时段，就可以把宝贝分批上架了，再安排周三的，以此类推，如图3-18所示。高峰时段，上架的商品多安排，低峰时段少安排。

当然，流量统计数据不是一成不变的，可以进一步观察以作调整。

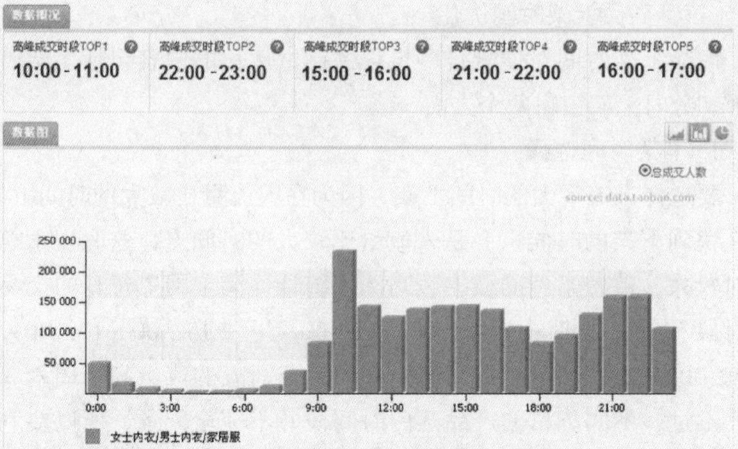

说明：按国家标准，10:00-11:00应为10:00-11:00。

图3-16 日购买时段高峰查询

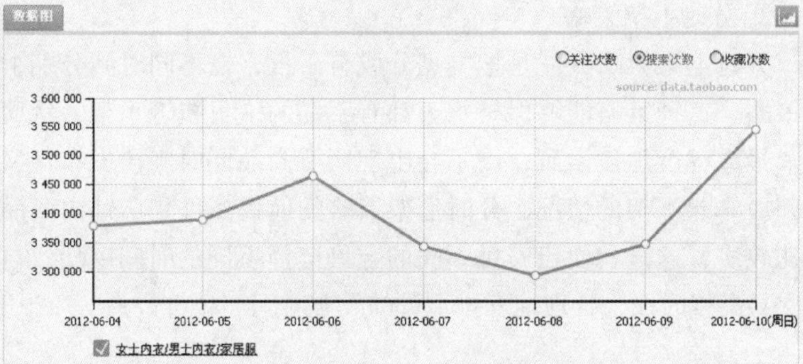

图3-17 周流量高峰查询

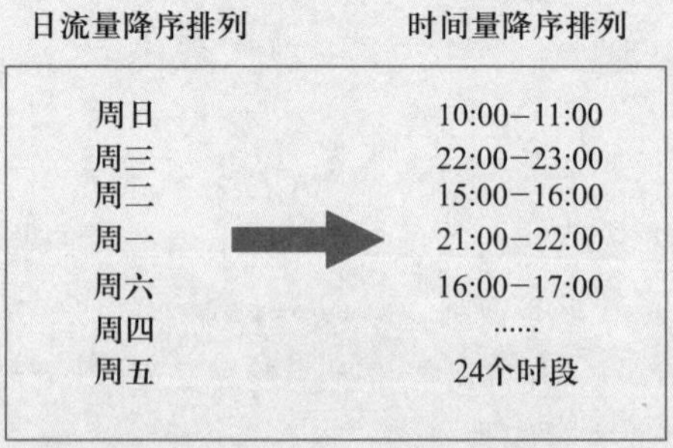

日流量降序排列	时间量降序排列
周日	10:00-11:00
周三	22:00-23:00
周二	15:00-16:00
周一	21:00-22:00
周六	16:00-17:00
周四	……
周五	24个时段

图3-18 商品分时上架时间安排

案例思考：如何高效地做好商品分时上架的操作？

小贴士：上架时间与橱窗推荐结合使用

橱窗推荐的宝贝比普通宝贝有更优先的展示机会。但每个淘宝网店的橱窗推荐位都有限制数量，所以只有合理地利用好它，才能对自然流量产生良好的影响。

建议橱窗推荐选择快要下架的宝贝，这样就能同时发挥影响排序的橱窗推荐和上架时间两个因素的作用，能使宝贝的排名有更多的靠前机会，大大提高买家进入店铺的概率。

任务小结

网店流量来源主要包括基础自然流量、付费流量、活动流量和会员流量四方面。不同的流量来源具有不同的流量特征，使用的引流方法也各不相同。

基础自然流量作为店铺流量的基础，指的是搜索带来的流量，受到搜索引擎排名规则和算法的影响。针对淘宝站内搜索引擎，网店要做好商品标题优化、商品图片优化、商品上下架时间优化等各方面优化工作，这样才能更好地提高基础自然流量。

任务思考

1. 网店的主要流量指标有哪些？各指标的营销意义是什么？

2. 如何从不同角度对网站的流量来源进行分类？

3. 结合淘宝上的店铺，谈谈流量引入的方法有哪些。

4. 如何理解搜索相关性？搜索相关性具体包括哪些内容？

5. 比较淘宝的搜索优化与普通网站的 SEO 的异同。

6. 请结合自己经营的网店，谈谈从哪几方面做好基础的优化工作。

举一反三

结合所经营网店中的一款商品，进行基础优化操作：

（1）上网获取一些热搜词，对商品标题进行优化，并利用量子恒道统计对优化后的效果进行监测。

（2）对比同类型商品，对图片进行优化，并利用量子恒道统计对优化后的效果进行监测。

（3）根据网店近期流量统计的情况，对商品进行分时上架的操作。

任务 3-2 网店付费流量引入

任务导读

1. 对于一个新店铺，基础自然流量一直很少，怎么办呢？

2. 如何通过付费方式为网上商店引入有效流量？

3. 对于不同规模、不同类目、不同目标用户群的网上商店，其付费流量入口有差异吗？

4. 淘宝网上有哪些常用的付费流量？适合什么样的店铺使用？

5. 如何监测和评估付费流量的质量？

任务分解与实施

一、网店付费流量概述

一方面，随着网上商店越来越多，店铺之间的竞争也越来越激烈，尤其是随着大量传统品牌企业入驻第三方交易平台，使得基于第三方交易平台的营销推广成本水涨船高；另一方面，第三方交易平台为了提高其赢利能力，增加网络广告收入与交易佣金收入，分配给店铺的免费流量将越来越少，特别是对于新开店铺或中小型店铺，由于其知名度低，交易量小，对第三方交易平台的利润贡献有限，使得这些店铺在第三方交易平台获得自然搜索曝光的机会极少。因此，新开店铺需要通过付费推广的方式及时引入流量。通过付费方式引入的流量就是付费流量。

付费流量是相对于免费流量而言的。一般通过论坛、微博、博客、电子邮件、IM工具、搜索引擎优化（SEO）等方式引入的流量都是免费流量，付费流量主要是通过购买并投放各类网络广告引入流量。除此以外，网络公共关系营销、网络专题促销活动等也是不同形式的付费引流方法。

本任务主要针对淘宝店铺，重点介绍通过投放不同形式的淘宝网络广告实现付费引流的目的。

注意事项：付费流量的把控

一方面没有流量对于卖家来说是可怕的，另一方面流量的大小和精准度会直接影响店铺的转化率和销售额。因此，单纯地追求流量会给店铺带来沉重的开支负担，也是对资源的一种浪费。要记住：再有钱的卖家也要注意流量的质量！对于付费流量，建议一定要通过数据分析工具详细跟踪其质量和效果。例如，在淘宝平台，可以利用量子恒道工具，详细跟踪每个流量来源、入店访问深度、新访客数、入店跳失率、成交转化率等，通过这些数据指标来科学评估不同付费流量的质量和效果，为后续的付费推广提供参考依据。

二、淘宝上的各种付费流量

下面以淘宝平台为例，了解淘宝店铺各类付费流量入口。如图3-19

所示流量入口都是付费的，它们在店铺总流量中的占比越大，就意味着卖家的营销成本越高。因此，在使用这些流量之前，一定要有明确的引流目的，做好推广策略和访客价值的估算。一般来说，在店铺的初级阶段，直通车和淘宝客这两种付费推广方式要利用好，它们就像是店铺这棵大树的根，要深深扎进泥土里。随着店铺的成长，卖家可以选择钻石展位、硬广等工具来配合大型活动进行大流量的引入，适当时候还可以进行站外引流，让自己的品牌更好地出现在整个互联网上。表3-3列出了淘宝上常用的几种付费流量对应的推广手段及适合店铺。

来源	访客数（UV）	新访客数	新访客占比	入店访问深度	入店跳失率
□ 淘宝付费流量	4 932	4 795	97.22%	1.52	77.73%
钻石展位	2 385	2 337	97.99%	1.27	89.19%
直通车	1 507	1 442	95.69%	1.87	67.20%
淘宝客	1 056	1 029	97.44%	1.58	67.74%

图3-19 付费流量来源详情

表3-3 淘宝店铺常用付费流量类型

推广手段	适用店铺	资金需求	人力需求	流量大小
淘宝客	所有店铺	可控	运营管理能力	受店铺本身影响
直通车	所有店铺	可控	投放经验	卖家可控
钻石展位	品牌商	高	美工和活动策划能力	大

注意事项：要根据顾客的购买行为习惯正确选择付费流量入口

值得注意的是，卖家在选择付费流量类型的时候，除了要考虑店铺规模、资金需求、人力需求、流量大小之外，还必须结合店铺所在类目的产品特征和目标顾客特征，调查清楚目标顾客的购买行为习惯，正确选择付费流量入口。例如，对于服装、食品、玩具等类目的店铺，由于目标顾客刚性需求大，顾客的购买习惯一般是通过主动搜索查找感兴趣的商品，这时针对搜索引擎排名的直通车推广就是比较有效的付费流量入口。但是，对于一些特殊类目的店铺，如塑身内衣，顾客刚性需求小，主动搜索行为少，这时就需要通过钻石展位等banner广告形式配合各类促销活动，激发顾客的购买需求和购买行为。

小贴士：关于淘宝硬广的说明

淘宝上的硬广主要指CPT（cost per time，按时间付费）报价模式的banner图形广告。在广告投放操作时，硬广与钻石展位是同一个功能入口。除了报价方式不同，两者并没有其他区别。

三、网络广告策划与投放的一般流程

（一）网络广告及其类型

付费流量主要是通过购买网络广告资源位达到引流目的，如淘宝上的直通车、钻石展位等都是不同类型的网络广告形式。根据网络广告依附的信息载体不同，网络广告可以分为Web广告和非Web广告两大类。其中，Web广告是指以banner为代表的品牌图形广告、富媒体广告、视频广告、文字链接广告等；非Web广告根据选择的网络工具不同，可以分为搜索引擎广告、E-mail广告、IM广告、软文广告（博客、论坛）、植入广告等。

（二）网络广告的策划与投放

网络媒体的特点决定了网络广告策划与投放的特定要求。如网络的高度互动性使网络广告不再只是单纯的创意表现与信息发布，广告主对广告回应度的要求会更高。网络的时效性决定了网络广告的制作时间短，上线时间快，受众回应也快，广告效果的评估与广告策略的调整也都必须是即时的。因此，网络广告的策划与投放和传统广告有较大区别，其一般过程如下：

1. 确定网络广告的目标

网络广告的目标必须与营销目标相吻合。在企业的不同发展时期及产品的不同生命周期，均有不同的网络广告目标。例如，在导入期，重在介绍产品功能特点，让消费者了解产品，引起兴趣；在成长期，重在刺激消费者的购买欲望，从而产生购买行为；在成熟期，应强化品牌的宣传，培育对品牌的忠诚，从而产生重复的购买；在衰退期，应注意与消费者情感沟通以及新产品的导入。

2. 确定网络广告的目标受众群体

这是指通过市场调查的方法，对产品的目标客户有清晰的认识。锁定目标受众群体，要求广告主先了解自己的产品是面向哪一类客户，了解这类客户的购买行为特征及流量来源入口，以便因地制宜地选择合适的网络媒体与广告形式。

3. 选择网络广告投放媒体

网络广告投放媒体的选择一般考虑以下几个因素：

（1）**目标受众**。网站用户与广告目标受众的重合度及到达率，是选择投放网站的重要指标，若运用新的用户特征可定向技术，则更能提升目标受众到达的准确度，节约推广成本。

（2）**内容配合**。网络媒体在整合营销中的特色之一，便是与网站的内容结合。产品与网站栏目内容密切融合，可以大大提升网民对产品的认知，以软性推广的方式有效避免用户对广告的排斥。

（3）**绿色环境**。目前，网络广告的环境仍有待完善，强行推送的流氓广告只会引起用户的反感和抵触。广告主，尤其是品牌广告主，一定要注意选择绿色的网络传播媒体。

（4）**技术力量**。网站的技术背景决定了服务器的稳定性、大流量的承载性能、数据处理速度、广告播放流畅度、广告效果数据监测的精准度等。

广告主在选择网络广告投放媒体时，除了综合考虑上述因素外，还要考虑企业自身实力、广告成本、广告目标等诸多因素。对于知名企业来说，资金实力雄厚，网络广告的主要目的是提高品牌影响力，综合门户网站是较理想的选择。如可口可乐、联想、美的、京东商城、淘宝等都是综合门户网站的常客。中小企业广告投入预算有限，所以要求投放的广告必须精准有效，进行搜索引擎网站推广、联盟广告推广、行业垂直网站推广、区域地方网站推广是最常见的形式。国内主流网络媒体如表3-4所示。

表3-4　国内主流网络媒体

网络媒体类型	网络媒体代表
综合门户网站	新浪、网易、搜狐、腾讯等
第三方交易平台网站	淘宝网、拍拍网、当当网、京东商城等
行业垂直网站	IT网站、汽车网站、房产网站、财经网站、医药保健网站、婚恋网站等
区域地方网站	淘常州、化龙巷等
社交网站	开心网、人人网、天涯社区、西祠胡同、蘑菇街、美丽说等
搜索引擎网站	百度、谷歌中国等
视频娱乐网站	优酷网、土豆网、乐视网等
网络广告联盟网站	阿里妈妈、好耶等
客户端软件植入	QQ、阿里旺旺、迅雷、奇虎360等

4. 网络广告创意设计与制作

用户对创意只是简单到是否喜欢，因此在追求创意表现时，一定要考虑到用户的良好体验，提供巧妙的创意空间，从而增加广告的点击率。网络广告的创意原则一般包括：

（1）目标性原则。创意的最终目的是促进营销目标的实现。任何广告创意都必须考虑：广告创意要达到什么目的、起到什么效果。

（2）关注性原则。网络广告必须吸引消费者的注意力，美国广告大师大卫·奥格威说："要吸引消费者的注意力，同时让他们来买你的产品，非要有很好的点子不可。除非你的广告有很好的点子，不然它就像快被黑暗吞噬的船只。"

（3）简洁性原则。广告创意必须简单明了，切中主题，这样才能使人读懂广告创意传达的信息。

（4）互动性原则。运用网络媒体互动性的优势，设计能与目标受众互动的广告，以调动他们的兴趣，使其主动参与到广告活动中来。

（5）精确性原则。通过对目标受众的精确定位，把合适的信息传达给合适的人，这是网络广告发展的未来趋势之一。

小 案例

网络广告创意案例对比

下面一组图展示了同一款产品的两个不同广告创意设计。很明显，图3-20（a）促销主题不明确，文字的编排和色调不够抢眼出众，版式布局太繁杂，色彩运用过多。图3-20（b）则醒目地突出了5折包邮的促销主题，版式布局简洁明了，风格淡雅清新。

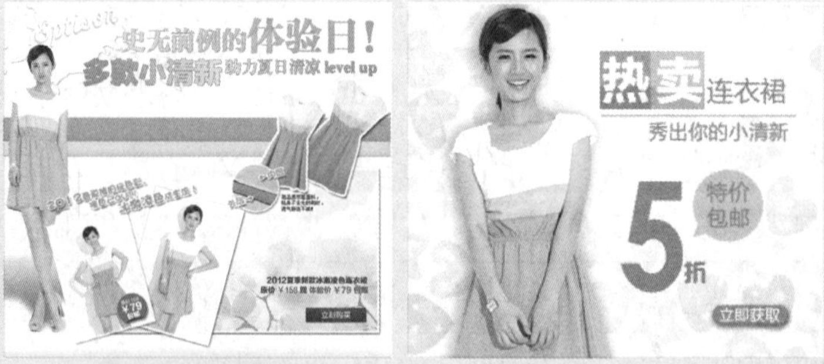

（a）广告创意设计一　　　　（b）广告创意设计二

图3-20　广告创意对比分析

案例思考：你认为应该如何评价一则网络广告创意的优劣？

5. 网络广告费用预算

影响网络广告价格的因素有多方面，具体包括：网络媒体知名度、网站流量、广告点击次数、广告转化率、广告表现形式、广告大小、广告占用资源位、广告投放时长等。企业在投放网络广告之前，必须先详细了解不同媒体的网络广告报价，然后才能在此基础上合理进行费用预算与控制。如图3-21所示为淘宝网2012年第二季度部分资源位的网络广告媒体刊例价。

频道	名称	系统命名	全国可售总量	散单		Q2单价	宽（像素）	高（像素）	文件格式	规格	投放备注
			Q2	起售	限售						
				Q2	Q2						
首页	第2轮播焦点图	定价CPM淘宝首页第2轮播焦点图	非周末70000，周末60000	2500	5000	16.00	490	170	jpg/gif	33k	5轮播，销售3轮播。该广告位右下角120×30区域有轮播号，请注意广告信息不要被遮挡。
	第3轮播焦点图	定价CPM淘宝首页第3轮播焦点图	非周末70000，周末60000	2500	5000	15.50	490	170	jpg/gif	33k	
	第4轮播焦点图	定价CPM淘宝首页第4轮播焦点图	非周末70000，周末60000	2500	5000	15.00	490	170	jpg/gif	33k	
品牌商城首页	第2轮播焦点图	定价CPM品牌商城首页第2轮播焦点图	7000	1000	2000	15.00	560	420	jpg/gif	92k	商城资源框架客户可以预定2 000、3 000、4 000CPM，商城广告不可以链接到C店或者其他商城以外的链接地址。该广告位左下角208×39区域有轮播号，请注意广告信息不要被遮挡。
	第4轮播焦点图	定价CPM品牌商城首页第4轮播焦点图	7000	1000	2000	14.00	560	420	jpg/gif	92k	
	1屏通栏	定价CPM品牌商城首页1屏通栏	7000	1000	2000	6.00	970	90	jpg/gif	34k	
	2屏通栏	定价CPM品牌商城首页2屏通栏	1000	500	不限	4.00	970	90	jpg/gif	34k	
	3屏通栏	定价CPM品牌商城首页3屏通栏	700	350	不限	4.00	970	90	jpg/gif	34k	

说明：按国家标准，70000应表示为70 000，"*"应表示为"×"。

资料来源：pro.taobao.com（淘宝营销中心）。

图3-21　淘宝网2012年第二季度部分资源位的网络广告媒体刊例价

小贴士：常见网络广告报价模式

（1）千人印象成本CPM（cost per one-thousand impressions）。以广告图形被载入（即载有广告画面的网页在计算机上显示）1000次为基准的网络广告报价模式。

（2）每次点击成本CPC（cost per click-through）。以广告图形被点击并连接到相关网址或详细内容页面1次为基准确定的网络广告报价模式。

（3）每行动成本CPA（cost per action）。即根据每个访问者对网络广告采取的行动收费。如形成一次交易、获得一个注册用户、回应的有效问卷等。

（4）时间购买模式CPT（cost per time）。包括每小时投放成本收费、每日投放成本收费、每周投放成本收费等报价模式。

6. 网络广告效果评测

网络广告投放后，就要进行访问统计和效果监控。目前基本所有广告平台都有自己的监控系统，如淘宝网就为广告主提供了量子恒道作为其网络广告效果监测的工具。即便如此，作为广告主，企业最好能有自己的推荐系统。目前网络上出现了不少主流的第三方统计器，如CNZZ数据专家、我要统计、站长统计、Yahoo统计、Google Analytics等，这些统计器都可以精确到量，精确到用户的来路、回访、出入口、停留时间甚至用户的操作及行为。图3-22所示为CNZZ网站访问实时数据监测示例。企业通过对投放的广告效果进行实时监测，不仅可以获得第一手的用户访问数据，而且可以及时发现广告文案是否符合目标市场需求，并在此基础上及时修正和调整。

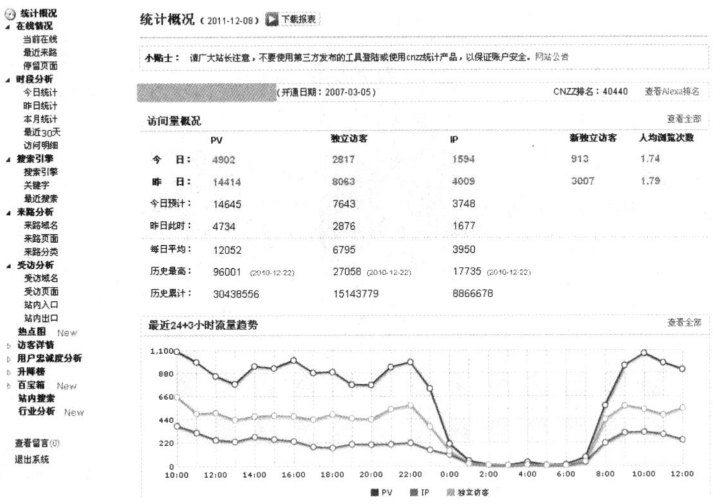

图3-22　CNZZ网站访问实时数据监测示例

四、基于淘宝网的网络广告投放

了解了网络广告策划与投放的一般流程之后，就可以举一反三应用到不同的企业和不同的网络媒体环境中了。下面以淘宝卖家在淘宝网上投放各类网络广告，购买付费流量为例，介绍几类典型的网络广告投放的具体操作。

（一）淘宝直通车推广

1. 什么是淘宝直通车

淘宝直通车是通过关键词竞价，按照CPC点击付费，进行商品精准推广的服务。淘宝直通车的广告位主要体现在淘宝搜索结果页面右侧8个"掌柜热卖"展示位和搜索结果页面下方5个"掌柜热卖"展示位，如图3-23（a）、图3-23（b）所示，一般每页有13个广告展示位。

淘宝直通车推广操作交互动画

淘宝直通车宝典

2. 淘宝直通车广告投放

淘宝直通车功能入口是登录淘宝卖家中心，选择"我要推广"下的"淘宝直通车"，推广基本流程如图3-24所示，主要包括新建推广计划、选择推广商品、编辑推广内容、选择关键词、关键词出价几个步骤。下面以某品牌塑身内衣网上商店在淘宝网上投放直通车广告为例，简要说明其主要操作步骤。

（1）新建推广计划。一个店铺可以创建多个淘宝直通车推广计划，针对每个推广计划，可以设置日限额、投放地域、投放时间、投放平台、投放人群等，如图3-25所示。

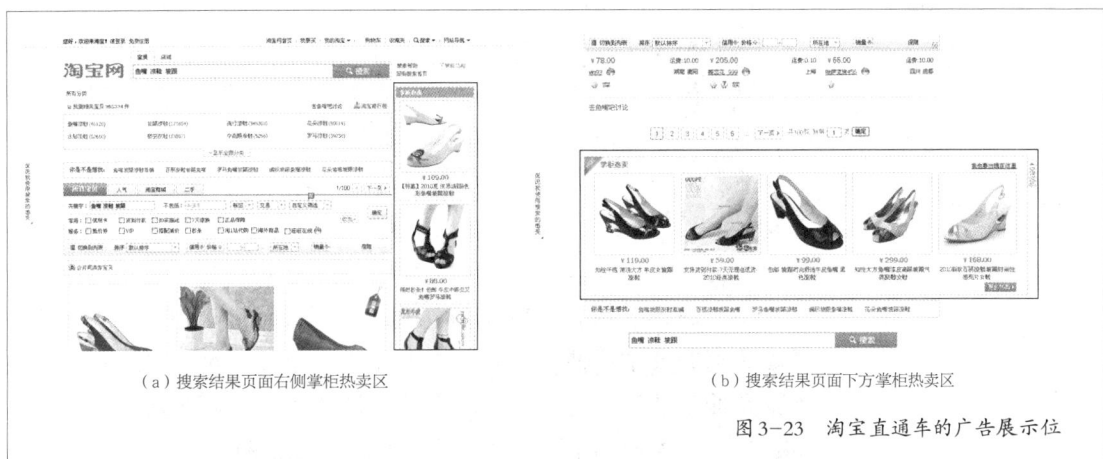

（a）搜索结果页面右侧掌柜热卖区　　　　　　　　　（b）搜索结果页面下方掌柜热卖区

图3-23　淘宝直通车的广告展示位

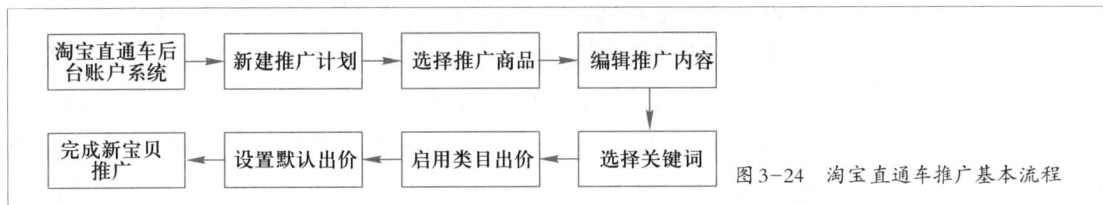

图3-24　淘宝直通车推广基本流程

图3-25　新建淘宝直通车推广计划

（2）选择推广商品。每个推广计划中可以选择多个要推广的商品。**推广商品的选择主要考虑三点：一是推广的商品必须具有高性**

价比；二是要有一定量的销售记录，让买家产生从众心理，方便推广；三是有足够的库存，以确保能及时发货。

（3）编辑推广内容。淘宝直通车广告位展示的内容主要是商品的推广图片和推广标题，如图3-26所示。推广图片可以在商品主图的基础上进行修改，推广图片必须要清晰，突出商品的特征，最好与旁边的广告图片有所差异，以醒目的图片吸引顾客，增加页面到达率。推广标题只有突出亮点，有创意，才能引人注目，如可以在标题中添加特价、秒杀、包邮、折扣、正品等吸引眼球的词汇。

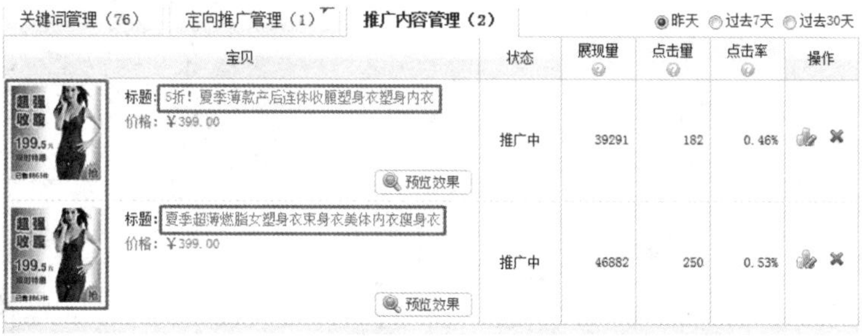

图3-26　编辑直通车
推广内容

（4）选择关键词。在选择淘宝直通车推广关键词时，一定要考虑买家的搜索习惯。例如，买家在搜索塑身内衣这件商品时，并不都是搜索"塑身内衣"这一个关键词，还有可能搜索"美体衣"、"束身衣"、"连体内衣"、"产后束身衣"、"超薄塑身衣"等多种关键词。所以，针对一个推广商品，卖家要尽可能地把买家可能搜索的关键词全部添加上去。那么，如何才能知道买家习惯使用哪些关键词来搜索这款商品呢？我们可以参考淘宝直通车系统推荐关键词，如图3-27所示，也可以用相关词查询，还可以使用任务3-1中介绍的各种选择关键词的方法。

（5）关键词出价。首先建议启用类目出价，因为淘宝近半数成交来自类目搜索，启用类目出价可以让更多买家看到推广的商品，增加点击量。接下来是设置默认出价，默认出价是对已设置的关键词和类目统一出价，在推广完成后可单独修改每个关键词和类目的出价，如图3-28所示。

3. 淘宝直通车广告投放效果评估

淘宝直通车广告投放效果可以利用直通车后台管理提供的实时报表数据监测和跟踪。主要包括：关键词监测，即不同关键词所带来广告位的展现量、点击量、点击率、平均点击花费、平均展现排名，如图3-29所示；淘宝直通车转化数据监测，即从用户点击淘宝直通车链接开始，跟踪

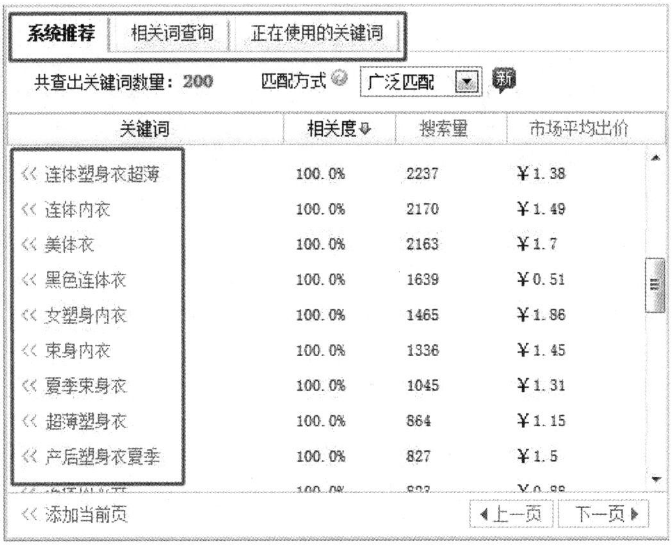

图 3-27　选择关键词

图 3-28　设置默认出价

序号	宝贝	推广计划	展现量	点击量	点击率	花费	平均点击花费	平均展现排名	当前出价	查看
		LT108-商城镇店之宝！	86,173	432	0.50%	¥ 1,144.02	¥ 2.65	29		趋势
	瘦身衣	LT108-商城镇店之宝！	15,382	108	0.70%	¥ 110.36	¥ 1.02	5	¥ 2.9	趋势
	类目搜索	LT108-商城镇店之宝！	39,669	67	0.17%	¥ 249.38	¥ 3.72	47	-	趋势
1	塑身衣	LT108-商城镇店之宝！	7,147	55	0.77%	¥ 171.90	¥ 3.13	19	¥ 5.41	趋势
	产后塑身衣	LT108-商城镇店之宝！	1,092	38	3.48%	¥ 157.26	¥ 4.14	2	¥ 6.8	趋势
	塑身衣连体	LT108-商城镇店之宝！	10,565	20	0.19%	¥ 76.00	¥ 3.80	15	¥ 5.45	趋势

图 3-29　淘宝直通车广告投放
效果监测——关键词监测

说明：按国家标准，86,173 应表示为 86 173。

并统计该用户的浏览、购买、收藏等点击后续行为，如图3-30所示。

序号	关键词		当前出价	花费	点击量	三天成交金额	三天收藏量	三天点击转化率
1	塑身衣		￥5.41	￥1,508.48	480	￥4,764.20	18	5.00%
2	类目搜索		-	￥1,498.96	423	￥2,630.00	16	2.84%
3	产后塑身衣		￥6.80	￥964.95	216	￥1,457.29	9	3.70%
4	塑身内衣		￥6.51	￥504.71	196	￥1,356.00	16	3.57%
5	塑身衣连体		￥5.45	￥484.06	148	￥1,160.10	10	4.73%
6	燃脂塑身衣		￥4.00	￥285.28	101	￥1,100.80	2	5.94%
7	塑身衣 薄 无...		￥5.66	￥63.19	14	￥871.00	1	28.57%
8	塑身衣薄无痕		￥5.00	￥278.45	92	￥776.50	9	4.35%
9	束身衣塑身衣薄		￥5.00	￥104.91	30	￥707.00	0	13.33%
10	塑身衣		￥10.00	￥97.26	24	￥699.50	3	12.50%
11	瘦身衣		￥2.90	￥514.71	530	￥598.50	2	0.57%
12	婷美连体塑身衣		￥4.00	￥39.92	18	￥474.50	0	16.67%
13	收腰塑身衣		￥1.89	￥16.50	10	￥346.50	2	30.00%
14	美体内衣		￥5.31	￥35.79	10	￥296.60	0	20.00%
15	大码塑身衣		￥5.80	￥43.31	11	￥288.60	0	18.18%

图3-30 淘宝直通车广告投放效果监测——转化数据监测

注意事项：淘宝直通车推广计划的维护

在淘宝直通车广告效果监测的几个指标中，决定展现量的因素主要包括：关键词出价、关键词质量得分；决定点击率的因素主要包括：淘宝直通车推广标题、淘宝直通车推广图片；决定收藏量的因素主要包括：收藏按钮的位置、收藏活动的设置；决定转化率的因素主要包括：宝贝详情页面设计、关联销售搭配。

所以，淘宝直通车推广计划完成后，并不是一劳永逸的，必须根据广告投放效果监测数据，不断调整相关影响因素，优化广告投放效果。

（二）淘宝钻石展位推广

1. 什么是淘宝钻石展位

淘宝钻石展位精选了淘宝最优质的展示位置，通过竞价排序，按照CPM展现计费，更适合于店铺、品牌的推广。

2. 淘宝钻石展位广告投放

淘宝钻石展位功能入口是登录淘宝卖家中心，选择"我要推广"下的"钻石展位"，推广基本流程如图3-31所示，主要包括创建素材、选择展位、选择投放素材、设置投放计划并完成投放等几个步骤。下面以某品牌塑身内衣网上商店在淘宝网上投放钻石展位广告为例，简要说明其操作流程。

（1）创建素材。影响钻石展位素材点击的因素有很多，如广告创

意、色彩、版式布局、图片、文字、主题及品牌等。以下两个对比
实例就很好地说明了同样的类目产品、同样的展示资源位、同样的
CPM出价、同样的投放时段与不同的广告创意设计带来的不同广告
推广效果。如图3-32所示实例一，由于缺少明确的促销主题，广
告点击次数仅为550，单次点击成本高达0.9元；如图3-33所示实例

图3-31　钻石展位广告投放流程

图3-32　同年同日同时同出价广告创意测试对比实例一

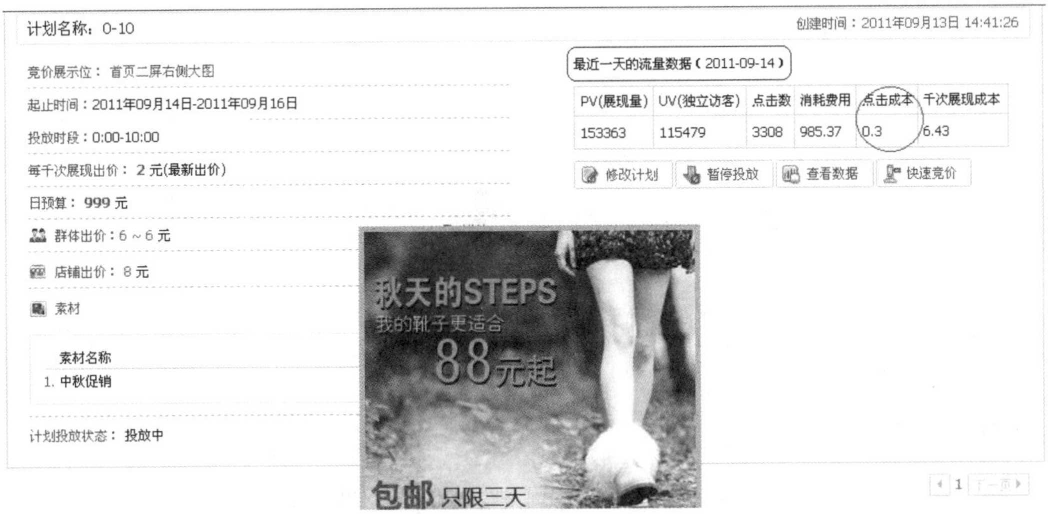

图3-33　同年同日同时同出价广告创意测试对比实例二

二，促销主题鲜明，广告点击次数高达3 308，单次点击成本仅为0.3元。

（2）选择展位。广告主可以根据类目相关性、展位流量、展位类型等筛选条件进行展位的筛选，选择展位的位置和尺寸并点击"参加出价"，如图3-34所示。

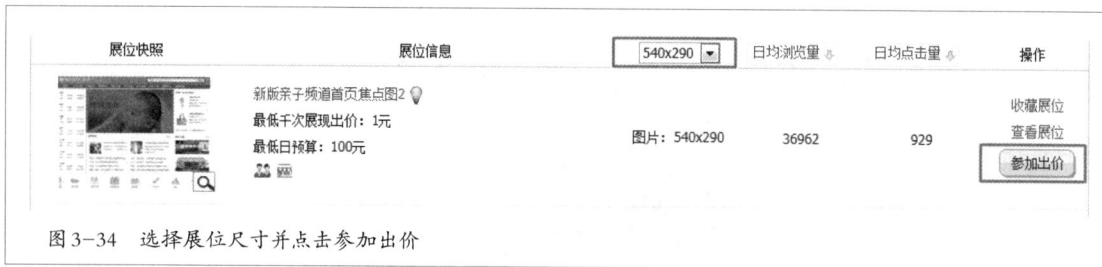

图3-34 选择展位尺寸并点击参加出价

（3）选择投放素材。根据展位当前竞价情况参加出价后，即可根据选定的展位尺寸和文件格式要求，将事先制作好的广告素材进行投放，如图3-35所示。

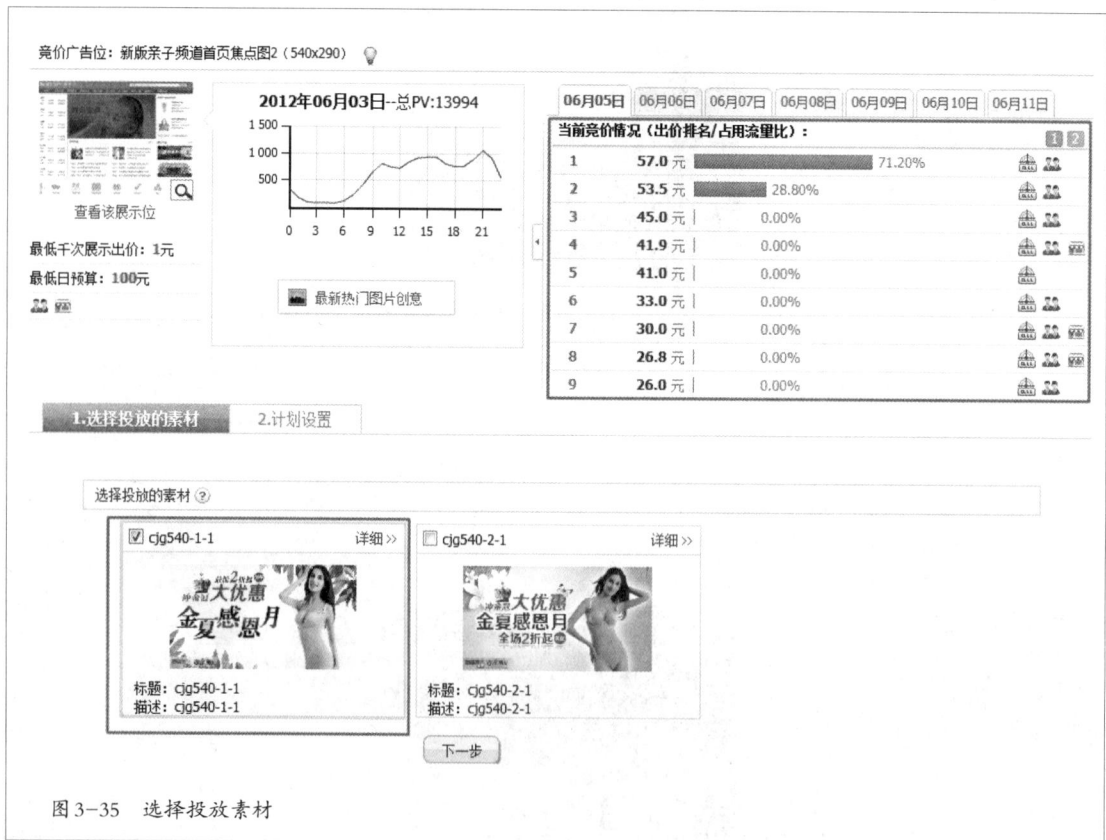

图3-35 选择投放素材

（4）设置投放计划并完成投放。投放计划的设置内容主要包括投放时段、CPM出价、日预算等，如图3-36所示。

图 3-36　设置钻石展位投放计划

注意事项：钻石展位广告费用支付

必须确保钻石展位消费账户有足够的资金，这样才能正常投放钻石展位广告。消费账户的充值只能使用淘宝账户绑定的支付宝账户。

3. 淘宝钻石展位广告投放效果评估

利用钻石展位产品系统自带的"用户诊断"功能，可以评估钻石展位广告整体投放效果，主要监测的指标包括：PV、UV、点击数、平均点击率、每千次展现出价、每次点击价格、消耗等，如图3-37所示。

（三）淘宝客推广

1. 什么是淘宝客

淘宝客是指帮助淘宝卖家推广商品，成交后获得一定佣金的人。淘宝客分为两类：个人（博客主、论坛会员、聊天工具使用者、个人站长等）和网站（博客、门户、资讯、购物比价、购物搜索等各种类型的网站）。

淘宝客推广实战

日期	PV(展现量)	UV(独立访客)	点击数	平均点击率	每千次展现出价(元)	每次点击价格(元)	消耗(元)
2012年06月03日	54885	45976	1310	2.39%	32.08	1.34	1760.91
2012年06月02日	7221	5933	248	3.43%	36.65	1.07	264.66
2012年06月01日	33390	29045	966	2.89%	34.92	1.21	1165.94
2012年05月31日	23771	20227	686	2.89%	41.81	1.45	993.91
2012年05月30日	23822	20887	759	3.19%	41.64	1.31	991.91
2012年05月29日	36772	27585	906	2.46%	27.00	1.10	992.93
2012年05月28日	71709	60435	1107	1.54%	20.64	1.34	1480.43
2012年05月27日	24446	19048	677	2.77%	30.03	1.08	734.11

图 3–37 钻石展位广告投放效果评估

淘宝客推广是一种按成交计费的推广模式。淘宝卖家把需要推广的商品链接发布到淘宝联盟网站上，淘宝客通过淘宝联盟网站获得商家推广商品的链接，在整个互联网进行推广，买家通过推广链接进入完成交易后，淘宝客获得与卖家约定比例的交易佣金。淘宝客推广方式将淘宝站外流量资源有效导入淘宝网，让所有互联网用户都可以轻松成为淘宝无底薪的推销员。

2. 淘宝客广告投放

淘宝客功能入口是登录淘宝卖家中心，选择“我要推广”下的“淘宝客推广”，进入淘宝联盟网站（www.alimama.com），以广告主身份进入“我的联盟”会员中心，创建推广计划，挑选要推广的商品并设置交易佣金，如图3–38所示。

当前位置：求推广 > 推广计划管理

推广计划管理

+ 新建定向推广计划

状态	推广计划名称	是否公开	是否需要审核	平均佣金	计划类型	操作
●	姿彦丽儿VIP计划	公开	需要审核	10.48 %	定向推广计划	修改 | 报表 | 设置商品佣金 | 退出淘客群 | 删除
●	新品预热	公开	无需审核	5.25 %	定向推广计划	修改 | 报表 | 设置商品佣金 | 加入淘客群 | 删除
●	塑身爆款推广	公开	无需审核	7.27 %	定向推广计划	修改 | 报表 | 设置商品佣金 | 加入淘客群 | 删除
●	通用推广计划	公开	无需审核	7.36 %	通用推广计划	修改 | 报表 | 设置商品佣金 | 加入淘客群 | 删除

状态说明：● 待执行 ● 执行中 ● 已过期/无效 ● 已停止　　首页 ‹上一页 1 下一页› 末页

图 3–38 淘宝客广告投放

3. 淘宝客广告投放效果评估

由于淘宝客是一种按照成交付费的推广方式，商品卖出之后才需要支付佣金，所以其广告投放效果评估也相对简单。在“我的联盟”会员中心即可直接查看总体投放效果，包括淘宝客带来的总成交额、店铺和商品收藏、佣金支出总金额等，具体如图3–39所示。

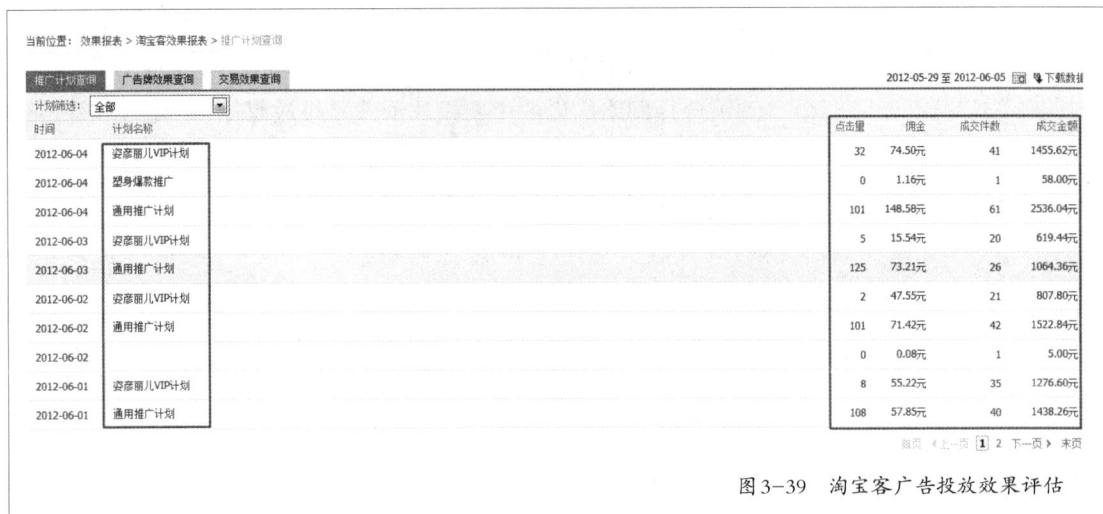

图3-39 淘宝客广告投放效果评估

任务小结

淘宝直通车、淘宝钻石展位、淘宝客是淘宝上最常用的三种付费引流方式。直通车按关键词点击付费，钻石展位按banner广告图形展现计费，淘宝客按成交计费。这也是三种不同类型的网络广告的典型代表。其实，结合网络广告的一般策划和投放方法，无论是什么类型的网络广告，其操作流程都是大同小异的，希望读者能够举一反三，灵活运用。

任务思考

1. 查询最新淘宝媒体刊例价，了解淘宝网不同的广告资源位及其报价方式。

2. 讨论适合某一网上商店采用的付费推广方式主要与哪些因素相关。

3. 简述网络广告策划与投放的一般过程。

4. 如何选择合适的网络广告投放媒体？常见网络广告投放媒体有哪些？

5. 你认为对于一个健康运营的淘宝店铺，通过付费广告引入的流量在全店流量中的合理比例是多少？为什么？

6. 淘宝直通车、淘宝钻石展位、淘宝客这三种付费推广分别采用何种计价方式？

举一反三

结合经营的网上商店及产品，完成一则网络广告的策划方案，要求如下：

（1）设定明确的网络广告目标；

（2）完成网络广告素材制作，包括创意表现、色彩搭配、版式布局、图片、文字等；

（3）选择网络广告的主要投放形式及投放媒体；

（4）完成网络广告投放费用预算；

（5）完成网络广告投放效果监测。

任务 3-3　网店活动流量引入

任务导读

1. 网店活动的整体策划包括哪些内容？

2. 活动前要做好哪些准备工作？

3. 活动中如何做好活动的执行和推进？

4. 活动后如何进行活动效果评估？

任务分解与实施

除了通过广告来获取流量外，促销活动也是提升网店流量的常用方法。有效的促销活动以及营销推广不仅能获得流量，还能获得较高的转化率，提高店铺的成交额。

开展网络促销需要进行周密的策划，确定活动的目标、活动平台、活动方式和时间；准备参与活动的人、财、物；实施并推进活动顺利地开展；最终对活动的效果进行综合性的总结和评价。下面以参加淘宝平台的促销活动为例，介绍网络促销活动的策划与实施过程。

一、活动策划

活动策划也就是活动规划，明确为什么要开展活动、以何种形式开展、在什么时间开展、开展何种内容的活动等问题，主要包含确定活动目标和主题、选择活动类型和活动时机等内容。

小 案例

蚂蚁搬家夏季促销活动文案

为了能更好地提升网店流量和销售量，蚂蚁搬家的店主艾美丽决定开展网店促销活动。她设计的促销活动文案如下：

活动目标：① 提升网店UV量，达到月UV总量10 000
　　　　　② 网店月销售额达到17 000元

活动名称：毕业狂"享"季

活动时间：2012.5.10—2012.6.10

活动参与对象：18～25岁的年轻人（以大学毕业生为主）

活动形式：采用单级优惠形式（店内促销活动）
　　　　　① 全场买满150元减30元，上不封顶
　　　　　② 减后满150元，包邮

活动准备：① 准备充足的货品
　　　　　② 活动预热
　　　　　③ 店铺装修，营造良好的促销氛围
　　　　　④ 人员培训（客服人员产品知识、快捷短语培训）
　　　　　⑤ 网店后台活动规则设置

活动实施：略

活动效果评估：根据流量的提升和销量的增加对活动进行评价

案例思考：完整的促销活动方案包括哪些内容？

（一）确定活动目标

策划一项活动，首先要有明确的目标。不同的目标，采取的策略和手段不同，工作的侧重点也有所不同，所以只有把握主要的目的来设计整个活动的细节，才能达到活动的效果。

一般来说，开展网店促销活动的目标主要是引入流量、提升销售额、提升品牌知名度以及获得更多的客户这几方面。

1. 引入流量

这是开展活动的重要目标之一。通过活动的开展，能在短期内引入大量的流量。尤其是参加淘宝平台上的一些活动，如双十一大促、年中大促、聚划算、淘金币、天天特价、超优汇等等，活动当日可引入成千上万个进店UV，如果能做好后续的二次营销，活动效果还将不断提升。

2. 提升销售额

通过开展活动增加网店销售额，是任何促销活动的最终目的。销售额的提升既能通过推出新产品、热销产品吸引消费者的注意，也能通过价格的优惠促进顾客的大量购买。

2009年，原淘宝商城首次推出双十一大促活动，当年单日交易额就达5 000万元，2010年为9.36亿元，2011年更创下了33.6亿元的纪录，有几百家店铺当日创造了成交过百万元甚至过千万元的销售纪录。

疯狂的山核桃

聚划算作为淘宝网覆盖全站的团购平台，已经成为国内第一的团购品牌。其通过单品销售打造爆款的方式有效地提升网店的人气，从而带动整个店铺的销量。

2010年8月13日，三百亩旗舰店参与聚划算，举行手剥山核桃单品团购，一天的销售数量达到了13 015件，打破了当时的全网单品纪录，同时创造了当时食品类目单日单品最高销售纪录，活动的人气还带动店内其他宝贝交易笔数达到17 517件，单店总单数超过3万，总销售额超过32万元。通过聚划算活动，三百亩旗舰店成功地实现了引入流量和提升销售额的目标。

案例思考： 该网店参加聚划算活动的目标是什么？其活动目标属于短期目标还是长期目标？

小贴士：淘宝活动的量化目标

在制定活动目标时应尽量量化指标，如提升销售额几个百分点、增加流量多少等。通过量化指标，一方面能更有效地根据目标开展具体的活动策划；另一方面，在活动结束后能更好地评价活动，分析活动是否成功和需要改进提升的内容，以便于决定是否再次开展该项活动。

3. 提升品牌知名度

当网店逐渐发展起来，积累了一定的信用和客户后，开展有效的促销活动则不仅仅能增加销量，还能进一步提升网店品牌知名度，提高消费者的品牌忠诚度。我们熟知的七格格、麦包包、裂帛等一些知名淘品牌就是通过参加各种活动慢慢成长起来的。品牌的建立是企业长期发展、做大做强的有效保证。

4. 获得更多的客户

客户资源是网店发展的宝贵财富。网店开展有效的促销活动，往往能吸引客户的关注。一方面，能巩固与已有客户的联系，争取回头客；另一方面，能获得新客户，为网店的发展奠定良好的基础。

小案例

利用促销活动，唤醒老客户

淘宝网有一家销售塑身衣的网店，因为商品的特殊性，网店自然流量占比并不高，流量的引入主要通过参加淘宝平台的各种活动来获取。可是成功参加过几次聚划算活动之后，该网店却发现了另外一个问题，即每次活动结束后会有很多客户流失。如何让这些客户重复购买呢？

今年3月份适逢公司又有一款新品上市，店铺策划了以唤醒1 000名老客户为整体目标的促销活动，确定的目标数据有唤醒转化率为2%，平均客件数预计1.35、客单价为99元，预计总销售额105 000元。

活动前店铺对两次聚划算期间的江浙沪、广东、山东地区的39 600名老客户，进行了信息梳理，然后分阶段利用短信发出活动信息，同期采用淘宝直通车、钻石展位、淘宝客等进行推广。每阶段信息发出后再进行效果分析，看是否达到2%的转化率。活动进行中，还进行了老客户回访，第一批是前100名客户，重点围绕客服、快递等购买收货环节进行调查。销售满600件后再回访第二批客户（在客户收货一周以后开展），重点回访产品质量、功能等问题。

经过此次活动，达到唤醒记忆、爆款打造的目的，来自老客户的购买量有1 300多件，同时吸引来一些新客户，扩大了网店在客户中的影响力。

案例思考： 该家网店开展的唤醒老客户活动主要针对哪些客户？从活动对象和活动目的上分析开展这类活动与参与聚划算活动有何区别。

刚开始经营网店时流量较小，因此，引入流量是网店开展活动的主要目的。当有了稳定流量后，如何将流量转化为销售额又会成为促销活动的主要目标。随着网店业务逐步扩大，维持客户成为促销活动的主要目标。所以在不同阶段活动目标的侧重不同，网店需要结合自身情况，选定合适的促销活动目标。

（二）确定活动主题

活动主题是传递给顾客的活动意义和活动目的，它贯穿于整个活动的全过程，为整体策划做铺垫，就像活动请柬，关系到能否吸引顾客参与。通常可采用借势的方法，结合节日、当下热门话题及市场大环境的销售热点来制定活动主题，如七夕、开学季、中秋节、国庆、结婚季、双十一大促等。

小 案例

情人节活动主题——寻找一封情书

快到情人节了，一家经营女性内衣的网店举行了一次有意思的促销活动，活动的主题是"寻找'一封情书'得精美礼品"，如图3-40所示。

店主从400件商品中随机挑选出2件商品，在商品描述页面的最下方各放入一张设计成情书样式的图片。图片上有两条信息：一是祝贺短语；二是暗语。如图3-41所示。然后通过公告栏告知顾客，只要寻找到这2件商品并获知这个暗语，就可以获赠店铺里的任意一件宝贝。

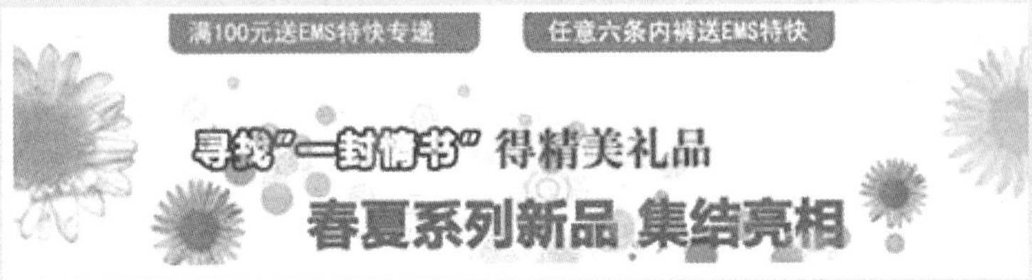

图3-40　活动主题公告

图3-41　商品描述页面中活动

很多顾客知道了这个信息后，为了得到赠送的商品，疯狂地在店铺中寻找这两张图片。而这张促销图片被放在了相关商品描述页面的最下方，如果顾客想找到图片，就必须把每个商品浏览一遍，这样在很短时间内，店铺的PV值得到了快速提升。这还不算，顾客在寻找中还会不经意间发现自己喜欢的商品，甚至还会动员其他朋友一起寻找，从而把促销信息告知给了周围的朋友。

"寻找'一封情书'得精美礼品"的活动主题看似简单，但活动最终大大提升了浏览量、收藏量和成交量。

案例思考：根据活动目的的分类，分析该活动的主要目的是什么。

（三）选择活动类型

淘宝网每天都会推出不同类型的促销活动，参加哪一个活动，要根据促销的目标、店铺自身的条件以及活动本身的要求进行选择。参加一个好的活动，可以在非常短的时间内给店铺带来爆发性的流量。

1. 活动类型

网店可以选择开展的促销活动主要有淘宝店外活动、淘宝店内活动两大类。淘宝店外活动是淘宝网开展的促销活动，分为类目活动、平台活动、全站式活动三种。淘宝店内活动是卖家通过订购淘宝提供的促销工具在自己店铺内开展的活动，往往适合于很多处于起步阶段的中小卖家。这些简单的促销工具有满就送、限时打折、搭配套餐和店铺优惠券。淘宝店铺促销活动类型如表3-5所示，下面分别进行介绍。

表3-5 淘宝店铺促销活动类型

活动类型	活动类别	具体形式	适用条件
淘宝店外活动	类目活动	根据经营产品的不同类目参与活动，女装类目、男鞋类目等	只有经申请、报名至审核通过，才能开展活动
	平台活动	聚划算、淘金币、天天特价等	
	全站式活动	双十一大促、"618"年中大促、年终大促等	
淘宝店内活动	满就送	满就减、满就送礼、满就送积分、满就免邮费等	任何店铺只要订购店内活动促销工具，即可开展
	限时打折	一定产品在一定时间内以低于市场价促销	
	搭配套餐	将几款产品搭配一起销售	
	店铺优惠券	通过发放电子优惠券促进再次购买	

（1）淘宝店外活动。

第一，类目活动。类目活动是淘宝网定期组织的、按类目开展的促销活动，如女装类目、内衣类目、箱包类目等。如图3-42所示为类目活动列表，列表中是可参加的各个类目的活动，可点击进入查看活动详情。

图 3-42　类目活动列表

小贴士：通过各类目的官方帮派参加类目活动

淘宝网上各大类目都有自己的官方帮派，组织各种官方活动的淘宝店小二通常在这里发布最新行业信息，挑选优质商家。为了方便网店参加类目活动，各网店可以加入自己所属行业的官方帮派，这样就能及时掌握类目活动信息并报名参加了。

第二，平台活动。平台活动是淘宝网促销平台上的活动，其有固定频道入口的二级域名，包括聚划算（ju.taobao.com）、淘金币（taojinbi.taobao.com）、天天特价（tejia.taobao.com）等。图3-43即为淘金币首页。

图 3-43　淘金币首页

第三，全站式活动。全站式活动是由淘宝官方举办的活动。这类活动一般资源较为稀缺，但其影响面大，能够为店铺带来巨大的流量与销售，只有少数店铺才有资格报名，如双十二大促、"618"年中大促、年终大促等。图3-44是2012年淘宝双十二大促的入口图。

图3-44 双十二大促
的入口图

小贴士：淘宝活动资源的日常积累

淘宝网大大小小的活动有几百种，不能到报名时再去寻找，需要平时注意收集，制作成如表3-6所示表格，对活动资源进行整理，以方便以后有序地选择和操作。

表3-6 淘宝活动资源列表

活动名称	活动流量入口	报名链接	报名要求
钱庄	淘江湖 qz.taobao.com	http://www.taobao.com/go/act/sale/qzzs.html	赞助单品总数超过1 500件
会员俱乐部	首页— Vip.taobao.com	http://bangpai.taobao.com/group/193845.com	应季热销商品，或者市场需求大的商品，要求折扣力度大
门户—画报	首页— Huabao.taobao.com	http://bangpai.taobao.com/group/thread/514368-11415137.htm	引导买家根据淘分享的主题去写一些分享内容。要求淘分享内容真诚、丰富
时尚周—试衣间	首页— Shiyi.taobao.com	http://bangpai.taobao.com/group/58825.htm	有固定的接口人，美工基础好

（2）淘宝店内活动。作为中小卖家，还可以进入淘宝卖家后台，在营销中心的促销管理中直接订购以下四种促销工具，开展店内的营销活动：

第一种，满就送。满就送指的是客户在店铺内一次性购买指定范围内的商品后，卖家给予的返还现金、赠送礼品等优惠，具体包括满就减、满就送礼、满就送积分、满就免邮费四种形式。

　　　　　　设置满就送活动后，客户可以在商品详情页面中看到活动内容。其功能在于提升店铺流量，提高店铺购买转化率，从而提高店铺整体交易额，因而被称为提高店铺客单价的利器。

　　　　　　满就送设置的方法是登录"我的淘宝"，在"我是卖家—营销中心—促销管理"中进入"满就送"，如图3-45所示。在这里，可以根据每次促销活动方案完成活动规则设置，活动规则填写完毕后，点击"完成设置"按钮即可。图3-46所示是满就送活动预览页面。

图3-45　满就送活动规则设置

满就送活动的设置

　　　　　　小贴士：满就送活动设置

　　　　（1）满就送设置的优惠方式有普通优惠和多级优惠之分。普通优惠，一次只能设置一个活动；多级优惠，最多可同时设置5个不同的主题活动，促销方式多样化。不过，只有订购标准版才会有多级优惠选项。

　　　　（2）满就送积分只限天猫的商家使用，满就减、满就送礼、满就免邮费在商家设置时可以多选。

图3-46　满就送活动预览页面

注意事项：满就送设置中的注意事项

（1）活动设置开始时间不能晚于结束时间，否则不能设置。

（2）当显示活动已到期时，可以根据需要延长活动时间。只要点击图3-46中的"更改设置"按钮，延长满就送的活动时间即可。

（3）设置活动后，只有在活动时间内才会显示"满就送"标志，如设置的活动时间未到，商品详情页中就不会有"满就送"标志。

第二种，限时打折。限时打折也是淘宝提供给卖家的一种店铺促销工具，订购了此工具的卖家可以在自己店铺中选择一定数量的商品在一定时间内以低于市场价进行促销活动，从而带动整体推广销售。

活动期间，买家可以在商品搜索页面根据"限时打折"这个筛选条件找到所有正在打折的商品。其功能在于超低折扣吸引流量，限时限量刺激购买行动力。

限时打折设置的方法是登录"我的淘宝"，在"我是卖家—营销中心—促销管理"中进入"限时打折"，然后根据提示完成三个步骤即可：设置活动名称和促销时段、选择宝贝、设置限时打折，如图3-47所示。具体操作，读者可根据实际需要进行，此处不再赘述。

图3-47　限时打折的设置

注意事项：限时打折的设置

（1）为了控制疲劳度，每个卖家每个月的总活动时间是480个小时（扶植版为100个小时），创建活动的次数是50次。1个月的概念是按照卖家订购之日起往后推30天。

（2）每次活动时间不能少于1个小时。单个活动因库存销售提前结束，未用完的时间还是会从总可用时间中扣除。

（3）每个活动最多添加的商品数是20个。一个宝贝只能出现在一个活动中。

（4）在活动中添加的宝贝，上架时间必须早于活动开始时间，下架时间必须迟于活动结束时间。

（5）商品的折扣度不能低于0.1折，折后价格不能低于1.00元。限时打折的折扣度，必须比淘宝VIP的折扣度低。

（6）活动开始前，卖家可以修改活动所有参数。开始后，活动时间不能修改，其他参数还可以修改。

（7）限时打折活动，如要设置多个活动时，则活动与活动之间时间不能有重叠。且卖家可以设置多个限时打折活动，但是同时只能有1个活动正在进行当中。

（8）此工具目前不支持虚拟类商品。

第三种，搭配套餐。搭配套餐是将两个或者两个以上的商品以搭配的形式组合销售，这种营销方式很大程度上提高了卖家促销的自主性，同时为买家提供了更多的便利和选择权。其特点是多买多便宜，增加了关联销售。当然，只有选择有关联性的产品来做搭配套餐的活动，才能达到事半功倍的效果。

小贴士：搭配销售的多种方式

（1）价格高低搭配。高价产品搭配低价款，同时搭配折扣，会满足顾客"占便宜"的心理。

（2）同色系巧搭配。渐变色的流行为这种搭配提供了一次契机。同色系的深浅色可以搭配出很独特的风格。这种搭配的选款和作图要求较高。

（3）异色同类搭配。不同色系也有许多同类，比如荧光系、浅粉系等，不同的颜色刚好满足更多需求。

（4）风格推荐搭配。这是最流行的搭配方式。消费者通常会钟情于某种风格，这类风格的商品很容易刺激其购买欲使消费者看中一件商品后又看中同种风格商品的可能性较大。

"搭配套餐"活动的设置

搭配套餐设置的方法是登录"我的淘宝"，在"我是卖家—营销中心—促销管理"中点击"搭配套餐"就可以进行创建。创建的内容包括设置套餐标题、选择并添加搭配销售的商品、设定套餐的价格、挑选好套餐图片等。具体操作，此处不再赘述。

注意事项：搭配套餐的设置

（1）最多可以设置25个搭配促销套餐。

（2）搭配套餐的总价要低于单个宝贝原价总和。如果搭配总价高于单个宝贝原价总和时，系统就将自动按原价总和购买。

（3）搭配套餐最多可以同时搭配5个商品，新搭配套餐里的商品都可以减库存，每个套餐商品都可以由买家评价。

（4）此工具目前不支持虚拟类商品。

第四种，店铺优惠券。店铺优惠券是一种虚拟电子现金券，卖家可以在不用充值现金的前提下针对新客户或者不同等级会员发放不同面额的店铺优惠券。其作用在于提高会员再次购买的概率，拓展销售方式，提高店铺流量。

店铺优惠券的应用主要体现在两个方面：一是通过满就送活动、会员关系管理维护老客户；二是通过创建店铺优惠券买家领取功能主动吸引新客户。

小贴士：电子优惠券设计要点

（1）优惠幅度必须适度，从而达到增加销售的目的。也就是说，优惠幅度只有足够大才能吸引消费者，但也不可过分打折而损害总体销售利润。最佳的优惠方案应是在单位数量的货品或服务上提供优惠，但销售总利润至少应该不减少。

（2）优惠券只供短期使用。优惠券的使用并非降价，并不是永久让利。超过优惠券的使用期限后即不能享受优惠，否则不能体现出优惠券的效果。

（3）优惠券的真实性。所有在优惠券中标注的优惠信息都必须真实，这样才能达成消费者对产品的购买欲望和购买力度；否则，会影响未来类似活动效果，甚至影响消费者对店铺的诚信评价。

2. 活动类型选择策略

淘宝网上的活动资源对卖家的信誉级别、交易情况有很多条件限制，中小卖家需要选择适合自己店铺的活动类型。

（1）根据活动目标不同，选择活动类型。根据前期在活动策划中确定的活动目标选择最切合目标的活动类型，比如在新产品推广时，可以选择新品中心、付邮试用、试用中心等活动，如图3-48所示即为淘宝试用中心；以提高销售额为目标时，可以选择类目活动、聚划算、主题大促等活动；以提升品牌知名度为目标时，可选择全球购、名品街等活动。

（2）根据宝贝类型不同，选择活动类型。依照宝贝的销售业绩划分宝贝，并以此选择参加活动类型。首先按照累积销售数据及最近30天的销售数据将店铺宝贝分为以下五类：新品、爆款、热销宝贝、一般宝贝和滞销型宝贝。对于新品可以尝试参与新品中心、试用中心等这类规模较小，对折扣、评分要求不高的活动；热销宝贝与一般宝贝可以尝试参加聚划算、淘金币等活动，从而将一般的宝贝转化为爆款或者热销宝贝；爆款一般是靠活动累积起来的，且有稳定的自然流量进入，所以一般不用参加大型活动，以当前的售价参加一些类目活动

图 3-48　淘宝试用中心

（超级周末惠、类目招商）即可；滞销型宝贝不适合单独参加活动，可作为关联营销产品进行销售，以提升其销售量。

小案例

淘宝活动类型分级

　　某公司在对淘宝网上各种活动类型进行调研后，结合销售目标制定了活动分级标准。分级标准主要为活动的影响力、操作难度以及其他种种因素。具体分级方法即将上述各种因素综合考量，由高至低分为S级、A级、B级和C级。其中，S级活动销售量为1000件以上，A级活动销售量为500~999件，B级活动销售量为200~499件，C级活动销售量为100~199件。如表3-7所示。

表3-7　淘宝活动类型分级表

活动级别	活动名称	备注
S	聚划算、天天特价、淘乐汇、联邦超市、淘满意	活动销售量为1000件以上
A	新人专享、淘金币、淘团购	活动销售量为500 ~ 999件
B	手机天天特价、淘宝VIP专区、淘画报、试用中心	活动销售量为200 ~ 499件
C	我爱淘折、淘上瘾、淘宝V特惠频道	活动销售量为100 ~ 199件

案例思考：在选择参与活动类型时，除了活动销售量指标外，还有哪些其他的考虑因素？

（四）选择活动时机

选择活动的时机需要结合活动类型来确定。如果参加淘宝店外活动，一般就可根据淘宝官方推出的活动时机开展活动；如果开展淘宝店内活动，则可以根据活动主题和目标来选择恰当的时机。

小贴士：活动时机选定

淘宝官方活动资源非常丰富，店铺可根据自身经营情况自主选择参加活动的时间。但是有些活动有严格的开展时间段限定，例如双十一活动、"618大促"活动等基本确定了活动的时机。活动时机选定最自由的是店内促销活动，活动开展的时间、持续时间等都由网店店主决定。常见的活动时机如下：

（1）结合季节开展活动。例如，春日踏青、夏日清凉等。

（2）结合节日开展活动。例如，元旦、春节、中秋、国庆等传统节日，也可以选择情人节、七夕节、父亲节、母亲节等非传统节日策划活动。

（3）配合近期的热门话题。例如，2012年5月播出的纪录片《舌尖上的中国》很受欢迎，很多店主都围绕该主题来策划活动。

（4）网店自身纪念日。例如，网店成立纪念日、年中庆等。

不管采用何种形式的活动契机，最重要的是合情合理。

二、活动准备

在整个促销活动过程中，明确了活动的整体目标，完成了整个活动主题、活动类型、活动时机的选择，接下来就要做好活动前的准备工作。活动前的准备工作包括选品、活动报名、预热、货物准备、人员准备、页面设计和应急预案等。

（一）选品

商品是活动的主角。选择参加活动的商品，主要可以从热卖商品、折高商品、价优商品、应季商品几个方面进行考虑。

1. 热卖商品

根据顾客的喜好选择商品，热卖的标准一是要有较高的累计销售额；二是近期要有较高的成交。销量好的商品说明本身具有一定优势，被买家所认可，这类商品报名成功的概率相对较高。对于一些较稀缺的活动资源，为提高活动效果最好不要利用活动处理一些店内滞销品；否则，会浪费参加活动的机会。

2. 折高商品

目前活动的申请条件基本上都在五折以下。对于商家来说，不同单品的毛利是不一样的，应选择高毛利的单品参加活动，这样才会有充足的打折空间。

3. 价优商品

价优商品是指与同行相比具有价格优势的商品，如参加淘宝官方活动对报名商品的价格要求较高，通常要求商品的报名价格是最近两个月或者三个月的最低售价。

4. 应季商品

应季商品是具有明显季节特点的产品，也是活动选品中重点关注的对象。应季产品有广阔的顾客群体，会有好的预计销售额。比如端午粽子、中秋月饼、秋季的大闸蟹、冬季的长款羽绒服等。

除了以上这些选择因素外，选品过程中还应考虑是否符合店铺的发展计划，以及选品对本次活动盈亏平衡点的影响。

小贴士：促销活动中如何做好关联销售？

在网店活动准备时就要考虑关联销售的问题，利用活动商品带动店铺其他商品的销售，提升流量的利用率。关联营销是提高客单价、提升销量的有力武器。

关联销售中货品的选择可在功能、性能等关联性上考虑。如图3-49所示，销售手机时可将存储卡、原装电池等进行关联销售。但销售手表，把其他同类手表进行关联就不恰当了。

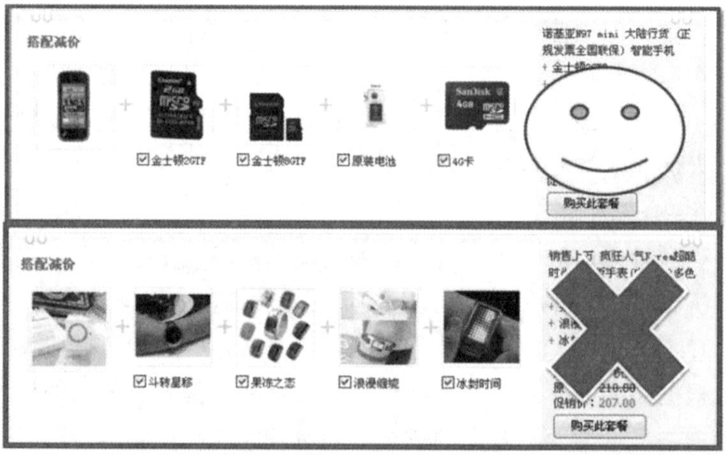

图3-49 关联销售案例

（二）活动报名

确定参加某个活动后，就要找到不同的活动报名入口，详细了解报名的流程。这里我们以参加淘金币为例，介绍一下报名的一般流程。淘金币是淘宝全网的虚拟货币，买家可用淘金币参加抽奖，更能买到商家提供的打折产品，这也是商家的一个促销渠道。报名活动分以下两个主要步骤。

步骤一：商家资质审核。初次参加该活动的商家，只有通过商家资质审核，才能参加活动，如图3-50所示。

图3-50　商家资质审核流程

小贴士：参加淘金币活动的店铺要求

集市店：卖家信用≥3钻、好评率≥98%，开通旺铺并加入消保，化妆品和运动服饰加入假一赔三，女装细节实拍优先；

集市、商城、良品：非虚拟交易近半年的动态评分三项指标≥4.6分；本年度全店无侵权记录；一般违规（A类）扣分满12分或12分的倍数，自最近一次处罚起，3个月内不能报名；B类扣分，一个自然年内不能报名；炒作信用，黑名单卖家永久禁止报名。

动态评分大于50个，实物交易占比80%以上。

淘宝活动报名的条件经常会进行微调，实际操作时还要进入活动平台了解最新要求。

步骤二：商品审核及报名流程。包括自主设置淘金币价格，系统打分审核筛选优质商品，系统反馈成功通过审核结果，如图3-51所示。

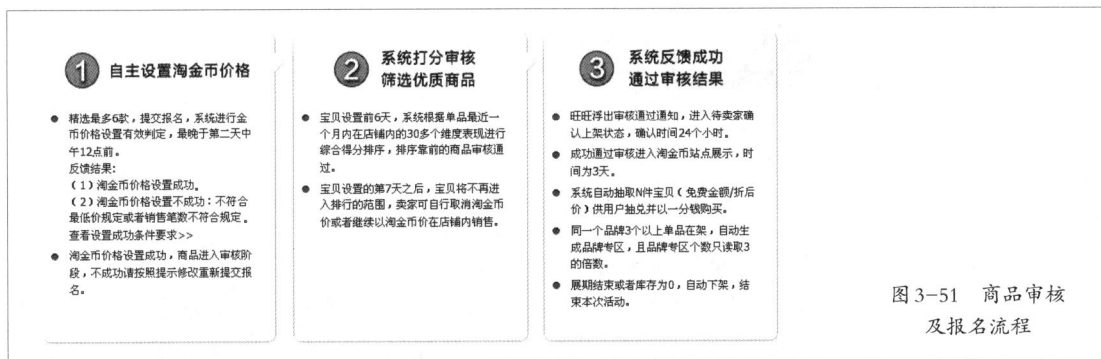

图3-51　商品审核及报名流程

注意事项：不同活动的报名入口和报名流程也不同

淘宝网上的活动不下几百种，不同的活动报名入口是不一样的。

有的是跟帖报名，有的是群内报名，有的是邮件报名，有的是淘宝后台报名。不同活动报名流程也不完全不同，活动报名前要具体了解相关信息。

（三）预热

活动预热的重点是将活动的信息提前传递给目标客户，预热工作做得越充分，就会有越多人知道并期待活动的来临，从而使网店的促销活动能达到预期的目标。

预热工作可针对不同顾客采取不同的方式。对于老顾客可利用QQ、E-mail、微博、帮派以及短信等方式进行通知；顾客进店时，客服人员要主动推广，告知活动详情。为吸引更多新顾客的注意，可同期在淘宝网打出宣传广告，比如购买钻石展位、硬广等。

为配合对外宣传，店铺内可对商品主图进行重新设计、悬挂活动预热图等，营造活动气氛，提升客户的购买欲望。如图3-52中所示即网店蚂蚁搬家为配合促销活动的开展设计的活动预热图。

图3-52 网店活动预热图

小案例

百雀羚充分预热，成功参加试用中心活动

百雀羚，是一个始于1931年的老品牌。但对于不少网购主力人群来说，这也是一个新品牌。

2011年8月，淘宝试用中心向各卖家发起了一个挑战：一口气推出10万件试用的套装。9月26日，在淘宝试用中心，百雀羚3个小时内10万件套装一抢而空，全店售出12万件，创了在线下不可能实现的业绩。而在天猫的百雀羚旗舰店，在活动当天，总营业额突破83万元，除了10万份付邮试用活动之外，百雀羚另一个主打产品，即经典蓝色小铁盒的单日销量也破万件！店铺当天转化率超过30%！

这个世界上没有无缘无故的爱，也没有无缘无故的恨。在网商的世界也是一样，每次成功的活动背后必然有充分的预热工作。这次也没有例外，为了使百雀羚这个品牌打入网购市场，不足一个月的时间里，百雀羚店铺全力开动了其宣传机器，大力发动微博、品牌微博以及合作达人和其他店铺微博的转发。其中，9月25日活动预热，累计发出近20 000条预热短信，同步通过钻石展位、直通车等推广渠道引流至店铺首页，并在店铺首页进行了试用活动的预热。在预热当天，共有超过5万名用户进店，而在早上9点最高峰的时候，更是有近9 000人次进店。截至下午3点，UV超过18万，PV超过82万，店铺回头率高达9.49%，说明大量用户在预热期关注到活动。

可以说，充分的预热活动，是百雀羚抓住机会，成功推进活动的重要一环。

案例思考：在活动开始之前的预热活动主要目的是什么？

（四）货物准备

在明确了促销活动商品以及活动方式后，就需要为促销活动准备充足的货品。促销活动期间，促销货品销售速度会比平时快，充足的备货就是保障。如果在活动期间发生缺货现象，则不仅会影响销售，也会影响买家对网店的印象与好评。在货物准备中，需要做好以下几个方面：

1. 联系供应商

在活动开展期间，促销商品销售量相较于平时会有显著提升。为了保证活动正常有序的开展，要及时联系供货商，确认参与活动商品的供货保证，确保有充足的货品参与促销活动。

注意事项：是否进行供货准备需要结合活动的目的来确定

如果活动目的是提升滞销商品销量，提高资金周转率，则不需要单独进行供货准备。在大多数的情况下，促销商品会有一定的存货，只需要与供货商联系补足货品即可。

除了对促销商品进行供货准备外，如果设计关联营销活动，以及赠送礼品等，也需要储备关联营销商品和赠品。商品包装袋、物流配送袋等也需要做好供货准备。

2. 保证货物数量与质量

由于促销活动期间商品的销售速度是平时的几倍甚至几十倍，因此，在货源储备上一定要有余量以备不时之需。但余量不应该过多，万一销售效果不理想，很可能造成货物积压，对卖家带来资金压力。一般而言，以活动期间商品投放总量的10%~20%来准备余量较为合适。

3. 货物的放置与包装

对促销活动的商品需要集中、分类放置，以便于查找。搭配的赠品也需要有固定的区域，进行合理放置。同时，为了应对活动客流高峰期的包装压力，可以提前对商品进行简易包装，缩短活动期间的包装时间，提高发货速度。

（五）人员准备

1. 人员安排

如果策划参加的是比较大型的活动，就要充分做好人员方面的准备。参与活动的人员涉及商品部、市场部、企划部、客服部和物流部等多个部门。活动前要对各部门分配任务，明确职责，保证活动的顺利执行。

表3-8列示了活动中各部门分工及岗位职责。

表3-8　大型促销活动中各部门分工及岗位职责

部门	岗位职责
商品部	提前备货，确保活动款商品库存充足、品质合格
市场部	进行活动主题策划，积极争取资源，安排店铺促销，跟进各部门工作完成进度；总结分析活动效果
企划部	店铺整体页面设计、宝贝单品页面设计、活动产品首图设计、各资源位入口设计
客服部	活动前利用QQ、短信通知老客户，活动中在线回复顾客咨询，接单，处理售后的退换货等问题
物流部	根据订单配货、包装、联系快递发货

2. 人员培训

在大型活动开展前，比如双十一大促销需要对所有人员进行培训，重点是提高客户服务水平、提升客户购物体验。对客服人员培训内容包括：活动前期动员，强调良好的服务态度；活动的具体流程和活动的内容，要求客服人员能向客户清楚地解释活动的相关事宜；设计快捷回复短语，这样避免因为询单人数过多而导致客服应接不暇。

（六）页面设计

在活动开展过程中，需要结合活动的主题重新进行页面设计。页面设计包括首页设计、活动入口设计、活动商品详情页面设计等。好的页面设计往往能更好地提升活动效果，这里主要从首页设计和活动商品详情页面设计两方面简单介绍设计中的一些要点。

在首页中，要着力对本次活动的主题进行宣传推广，设计要主题鲜明，营造良好的活动氛围，以更好地引导客户。如图3-53所示为一家店铺参加聚划算活动时的首页设计。

活动商品详情页面的设计，除了要符合活动相关要求，还应该做好以下几点：①突出展示宝贝的卖点和亮点，优化宝贝，做到视觉营销，从而吸引客户眼球；②进一步丰富宝贝的内容展示，突出品牌概念，提升品牌形象，做到一定的品牌推广；③做好关联销售，增加客户的购买欲望，促进更大的销售。如图3-54所示为一家店铺参加聚划算时的活动商品详情页面设计。

小贴士：页面设计后的几点要求

（1）活动页面做好后，需要对活动页面的商品链接进行测试，点击商品图片，看有无相对应的宝贝页面或活动页面弹出；

（2）活动之后的页面优化，即活动结束的当天针对之前活动的页面图片进行更换，作为二次营销关联销售进行修改。

图3-53 活动店铺的首页设计

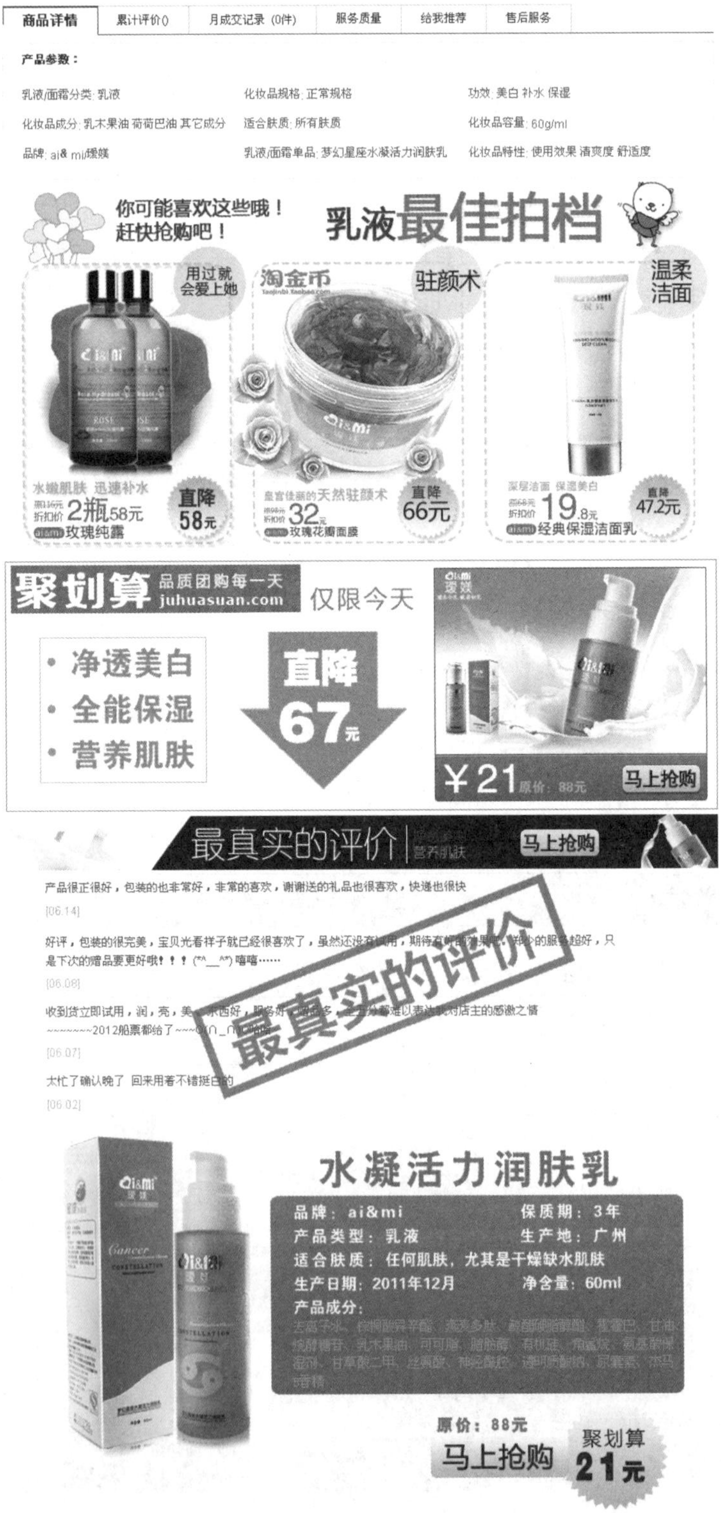

图 3-54 活动商品详情
页面设计

注意事项：页面设计比较

在实施聚划算等站内平台活动时，往往是很多商品集中在同一页面进行展示的，消费者在浏览页面时，可能同时看到10～20个商品的展示页面，若能做到让消费者在这些商品中关注到本店的商品，则将会大大影响活动的效果。因此，在进行此类商品的页面设计时，不仅要考虑以上提及的一些页面设计因素，还需要考虑其他同页面商品的页面设计来调整本商品的页面。例如，大部分的商品选用深色背景，那么如果本网店采用浅色背景则能更有效地在消费者浏览页面时吸引他们的目光。

（七）应急预案

任何活动的开展都有可能出现意想不到的情况，对于可能出现的突发事件，在活动策划时需要提出应急预案。对于网店促销活动而言，对活动影响较大的突发事件有：大流量带来的爆发式售后服务、网络不稳定或网络堵塞、停电等状况。对于大流量带来的爆发式售后服务，可通过增加后援、描述优化和归纳问题进行防范；对于网络不稳定或网络堵塞，可通过检查设备、计算机和网络来防范；对于停电，可以通过购买发电机、查询供电局信息等手段做好应急处理。

小案例

辰辰药妆应急处理

双十二大促活动期间，每分钟的交易额都很惊人，如果这时候突然遭遇停电，那么这会是多悲惨的事件！但是这样的小概率事件也让上海卖家辰辰药妆碰上了。在离活动开始不到24小时，卖家所在办公区停电。为了能正常参加活动，掌柜找了两台柴油发电机外加2桶柴油，还以2 000元日薪的高价临时招来电工帮忙发电。据了解，双十二大促活动中，淘宝的前20名家纺商家全部预备了发电机。

案例思考：除了停电外，还可能出现哪些突发情况？如何应对这些突发事件？

三、活动执行与推进

活动开展过程中涉及的内容多而繁杂，为了保证活动的正常进行，建议建立活动进程表，如图3-55所示，将活动中涉及的事项按照活动进程列明，并明确责任人以及具体的执行时间。在活动开始后，可参照此表对活动的开展进行监控。

淘宝活动策划整进表			毕业狂"享"季																														
营销策划	工作内容	内容描述	责任人	22	23	24	25	26	27	28	29	30	1	2	3	4	5	6	7	8	9	10	11	12	13	14	15	16	17	18	19	20	21	22	23
营销规划	推广主题	确定本次营销主题	XXX																																
	确定产品、文案、创意、促销方式、推广资源	产品：定价策略和产品策略	XXX																																
		文案：文字打动消费者	XXX																																
		促销方式：消费驱动怎	XXX																																
		主题活动策划案	XXX																																
		本次活动页面调整方案	XXX																																
		品牌故事策划案	XXX																																
		重点产品详情页文案	XXX																																
		活动后调整页面	XXX																																
		推广资源：包括软性硬性的	XXX																																
	效果预估	对流量、转化率、全天销售高低峰、指导团队筹备	XXX																																
设计实现	设计创意	构思设计：吸引眼球并可实现	XXX																																
	活动相关素材设计	1、根据资源设计好素材	XXX																																
		2、设计活动专题页	XXX																																
		3、本次主题活动	XXX																																
		4、本次主题活动页面调整	XXX																																
		5、预热活动	XXX																																
		6、官方微博、策柜设	XXX																																
		7、品牌故事	XXX																																
		8、重点产品详情页	XXX																																
		9、活动后调整页面	XXX																																
	老客户	短信提醒	XXX																																
		旺旺群发、签名修改	XXX																																
广告资源	确定资源	与淘宝小二确定推广资源	XXX																																
	付临广告费	财务付款跟进	XXX																																
	提交素材	素材提交给淘宝小二	XXX																																
	确认素材	若有修改确定最终素材	XXX																																
活动上线	运营	更换页面内容	XXX																																
活动下线	运营	去除页面活动内容	XXX																																
	预热活动	统计中奖客户发送红包	XXX																																
	调整页面	活动后主题页面整检	XXX																																
	数据统计	活动这一周内数据统计分析	XXX																																

图3-55 促销活动进程表

注意事项：促销活动执行中调整工作

促销活动开展期间，可能出现井喷式浏览、咨询和下单，客服人员和物流人员的工作量、工作压力会不断增大。因此，在活动开展过程中，需要做好人员的调配，通过增加人手、储备后备人员、调整工作人员的工作时间、细化工作任务、团队激励等方式保证活动的正常开展，确保不会因为人的原因而影响最终活动效果。

四、活动效果评估

任何一项促销活动都不可能事先就知道会有理想的效果，因此在促销活动进行到一定阶段后就需要对活动效果进行评估。如果促销评估的效果与预期目标有所偏离，则需要查找原因，查找出现问题的环节，并根据出现的问题制定新的促销策略进行修正与完善。

活动效果评估常用的指标如图3-56所示。

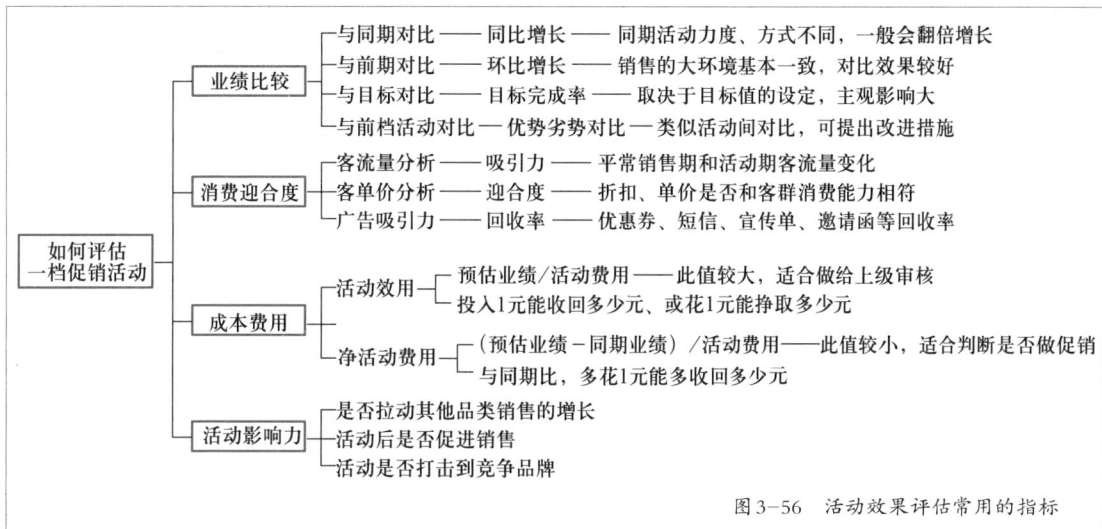

图3-56 活动效果评估常用的指标

（一）活动效果评价

活动效果评价一般通过分析店铺经营的关键指标来进行。这些经营指标有的可直接在店铺后台中找到。

1. 业绩比较

评估活动效果的最常用指标即为活动业绩。对于网店活动来说，最主要的业绩指标是网店的活动流量以及活动期间的销售额。

（1）活动流量。活动流量是对活动效果评价的最简单、最直观也是最有效的评价指标。在活动期间，店铺的流量会极速提升，活动结束后的流量会有所回落。但活动前后的流量会有较大幅度的提升。如图3-57所示，某店铺在活动中流量有极速的提升，活动结束后虽然流量回跌但仍高于活动前的流量水平。

（2）销售额。一个好的促销活动往往会催生大量订单，提升转化率，迅速提高店铺的销售额。店铺促销活动的最终目的是提升网店的销售额并增加利润：一方面，在活动开展期间销售额得到提升，如图3-58所示，某网店在活动期间的销售情况是促销活动短期效果的体现；另一方面，活动结束后销售额相对于活动开展前销售额仍有提升，这是活动长期效果的体现。

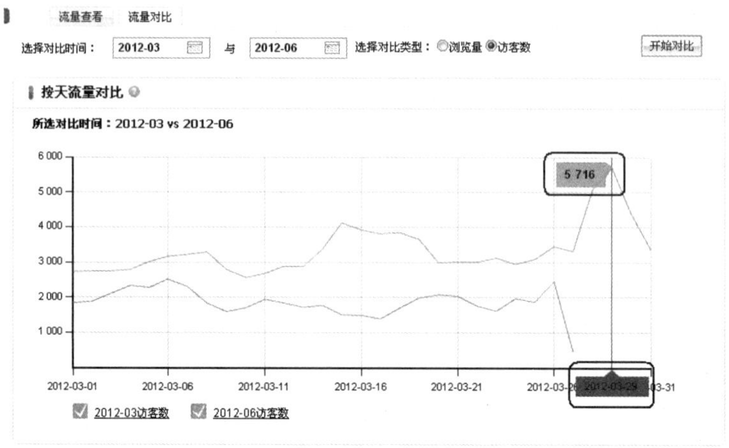

图 3–57　活动期间流量图

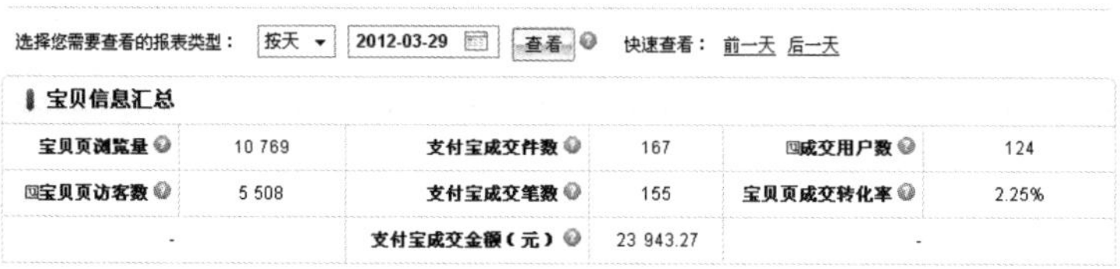

宝贝页浏览量	10 769	支付宝成交件数	167	成交用户数	124
宝贝页访客数	5 508	支付宝成交笔数	155	宝贝页成交转化率	2.25%
-		支付宝成交金额（元）	23 943.27	-	

图 3–58　活动期间销售额统计

小贴士：业绩比较的方法

对于业绩比较，有多种比较方法，最常用的方法是与活动计划进行比较。此外，也可与未开展活动期比较，或可以选择与以往年度同期比较。

2. 消费迎合度

消费迎合度就是指消费者对活动的认可度，体现在活动期间客流量变化（活动对于消费者的吸引力）、客单价变化（消费者对于活动的参与度）和广告吸引力。

3. 成本费用

在评价活动效果时，不能忽略对成本费用的考评。其实这项内容在活动策划阶段就需要关注，缺乏成本控制的活动很难形成最佳的活动效果。活动效用指标或者净活动效用指标是比较好的选择。选用这两个指标来评价活动效果，能充分考虑活动成本和活动效益之间的关系。

4. 活动影响力

除了以上一些指标外，还可以利用活动连锁效应、活动效果持续性、对竞争对手产生的影响等指标评价活动效果的广度和深度。

（二）活动分析与改进

根据活动效果的评价结果，进行活动分析、总结并提出改进意见。

1. 活动分析

网店活动的分析主要是将活动的效果与活动目标进行对比，查看活动效果是否达到预设目标，可以通过制作如表3-9所示表格对促销活动进行全方位的总结。

表3-9　活动效果分析表

方案名称	预计	实际	实际完成率	原因	非预见性问题	处理方案
流量						
销量						
新客户引入						
老客户唤醒						
品牌增长估计						

表3-9的填写情况，可以准确地反映出活动的实际效果。进行活动的前后比较会出现以下三种情况：

（1）活动成功。主要在于促销期间的活动使消费者对网店形成了良好的印象，网店的浏览量、销售量、知名度和美誉度均有所提高，故在活动结束后该网店的销售量有所增长。

（2）活动不理想。活动的开展对网店的经营、营业额的提升没有任何帮助，而且浪费了活动费用，显然是得不偿失的。

（3）活动失败。促销活动结束后，网店的销售额不升反降。可能是由于促销活动过程中管理混乱、设计不当、某些事情处理不当，或是出现了一些意外情况等原因，损伤了网店自身的美誉度。

注意事项：并非所有活动都会产生理想的效果

在开展活动前是无法预测活动结果的。因此，不是所有活动都会产生较好的效果。对于首次参与活动或者在活动策划不够全面的情况下，很容易出现得不偿失或者适得其反的结果。

2. 活动总结

根据活动结果需要对活动进行总结并提出改进意见。如果活动结果达到或超过活动预期，则总结活动实施的成功经验可用于以后开展的活动；如果活动结果不理想，也需要对活动过程中出现的问题进行归纳总结，吸取教训，避免在以后的活动中出现类似的情况。

小贴士：网店活动失败的常见四大原因

（1）活动方案本身有问题。

评估一套好的促销活动应该是多方面的，它与网店的人力、物力、财力相辅相成，缺一不可。促销活动不但要有足够的人力资源来保证实施，而且要有足够的物力成本让其实施，更要有相应的财务成本支持实施。

（2）仓促计划，准备不周。

有些网店看到竞争对手正在敲锣打鼓宣传着促销，于是不甘落后，也匆匆展开了促销架势。可是，整个计划没有经过精心的策划和布局。这没有做好完全的准备就参与的促销活动，结果可想而知：既没有赚得人流，也没有取得业绩，只能是得不偿失。

（3）没有预热，活动脱节。

俗语说得好：酒香也怕巷子深。预热就是通过热烈的场面、有效的利益诉求来积攒人气，它可以营造出有利于传达品牌信息和活动信息的环境，通过旺盛的人气引发消费者的从众购买心理。所以，活动前必要的预热是能提升活动的最终效果的。

（4）控制不力，执行不到位。

一个网店活动，执行力占首要位置。如果执行不完善，不能把整个方案的优势尽情体现，则将导致活动效果大打折扣，甚至得不偿失。此外，客服人员的服务态度、反应速度、耐心程度等都会影响网店活动的执行效果。

任务小结

网店活动流量引入是一个复杂的过程，每个环节都有可能出现问题导致活动失败。因此，只有全面的、细致的、有针对性的活动方案才能保证活动出现较理想的效果。

任务思考

1. 在进行网店活动策划时，需要考虑哪几方面的工作？

2. 列举淘宝网上的促销活动类型。对于一个新建的淘宝店铺，如何选择适合自己参加的促销活动？

3. 活动的准备工作包括哪几方面内容？结合实际，谈谈如何在活动中做好人员和组织上的准备工作。

4. 阐述如何对活动效果进行全面评估，并列举活动效果评估的主要指标。

举一反三

结合经营的网上商店及产品，完成以下要求：

（1）策划一个淘宝店外促销活动，包括活动目标、活动主题、活动时间、活动形式以及活动效果评估指标。

（2）策划并实施一个淘宝店内促销活动，并记录活动前后数据，评估活动效果并分析原因。

任务3-4 网店会员流量引入

任务导读

1. 会员流量引入与会员关系管理是何关系？

2. 什么是会员关系管理？老客户和新客户购买行为有什么区别？

3. 会员流量引入有哪些内容？

4. 如何设定会员等级和等级标准？

5. 会员关怀与营销可以运用哪些工具？

任务分解与实施

会员是指在某个店铺中有过购买经历的客户。会员流量引入是通过对客户分类管理，针对不同级别的客户采用不同的方式，唤醒会员，提升会员的光顾频率和购买频率。会员流量引入是在会员关系管理的基础上开展的。

一、会员关系管理

经过网店装修、商品展示、广告活动、开展促销等吸引潜在客户的访问，再通过网店客服的咨询服务，将潜在客户最终转化成正式的购买客户，即会员客户。每个会员客户的形成，都要耗费大量的时间成本、人力成本与广告成本。一旦客户在初次购买的过程中获得了较好的购物体验，就有可能再次光顾网店，重复购买，最终形成网店的忠实客户，如图3-59所示。

相对于开发新客户花费的大量成本，将老客户维持住并充分挖掘老客户需求，所花费成本要有限得多。有资料显示，发展一个新客户的成本是维持一个老客户的5倍。如何让老客户带来持续的价值就是会员关系管理的重要内容。

会员关系管理是指对有过在本网店购买经历的老客户的管理。

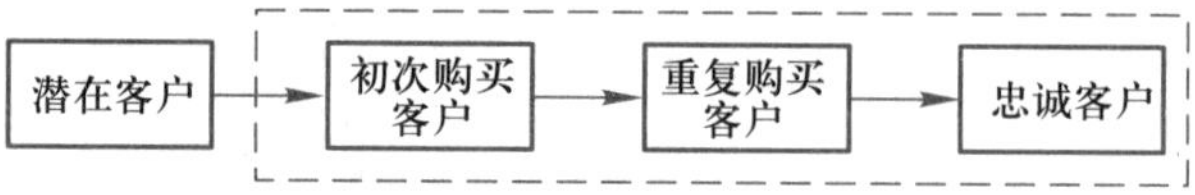

图 3-59　客户的发展过程

通过对这些客户的分析，推出不同的营销策略，提高客户忠诚度和满意度，实现客户价值的持续贡献，从而全面提升网店的盈利能力。

（一）会员关系管理的价值

对网店经营者来说，通过搜索获得的流量周期长、见效慢，通过广告推广获取流量成本高、转化低，通过活动获取流量消耗大、黏性弱，而会员流量则具有精准化、低成本和高效率的特点。会员客户不仅重复购买的开发成本更低，而且他们对网店的品牌和产品更加认同。很多会员单次购买量很大，购买的过程更为简单、快捷，购后的满意度非常高，甚至能带来较好的口碑传播效果。

小贴士：会员的价值

发展会员关系能给企业带来如下好处：

（1）发展一位新客户成本是挽留一位老客户成本的3～10倍；

（2）在相同的营销成本下，老客户比新客户的客户忠诚度要高出5%，相应地为企业带来的利润要比新客户高出25%；

（3）向新客户推销产品的成功率是15%，向老客户推销产品的成功率是50%；

（4）如果将每年的老客户保持率增加5%，则利润增幅将达25%～85%；

（5）60%的新客户来自老客户推荐；

（6）20%的客户带来80%的利润。

寻找新客户是企业发展的必要途径，但是能维持好老客户却是企业做大做强的关键，任何一家企业都不应该忽略老客户这个重要的资源。

（二）新老客户购买过程比较

众所周知，客户从选购到最终购买需要经历一个复杂的过程，整个过程会受到多种因素的影响。一般在网络购物中，新客户大多通过搜索或广告进入网店。在首次购买商品的过程中，新客户的顾虑都比较多，需要查看产品的样式、介绍，看网店的信用级别，看以往的销售记录、比较商品的价格，看其他客户的评价。此外，还要经过咨询、砍价等环节后，才有可能最终成交。

老客户即会员客户一般都通过网址或收藏直接进入网店，由于在网店有过购物经历，会员客户更关注商品的选择与店铺中的活动。

在选定商品后，经过简单的询问或者不询问，便直接将商品拍下付款。在与客服的沟通中，会员客户更注重对商品本身属性或使用效果的询问而不是商品价格，收货后出现纠纷的情况比较少。相对于初次购物的新客户，会员客户的满意度更高。

如图3-60所示，新客户的购买过程中不仅环节较多，而且转化率较低。新客户易受到各种因素的影响，购买的过程复杂且不稳定。而相对于新客户，会员客户购物过程较为简单，一般仅需考虑货品样式和价格，服务成本也较低。表3-10对不同客户的购买活动和购后活动进行了详细对比。

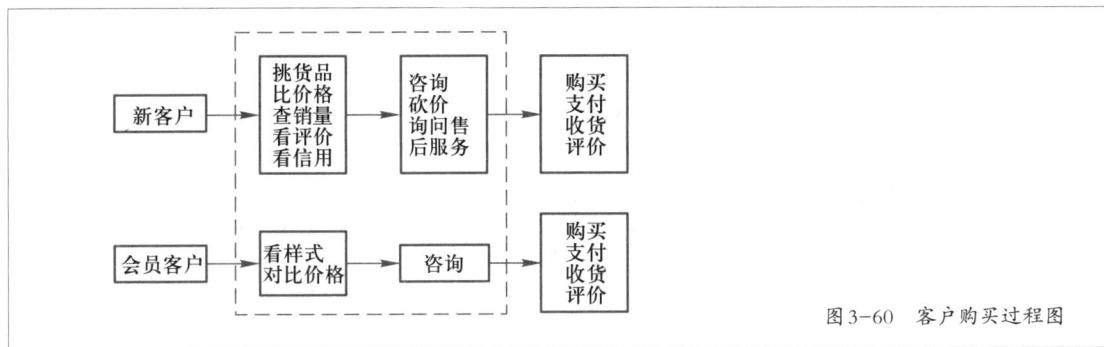

图3-60　客户购买过程图

表3-10　新客户与会员客户购买过程对比

客户类型	购买活动	购后活动
新客户	① 购买环节较多 ② 销售转化率低 ③ 更看重价格因素 ④ 选购时间一般较长	① 购后纠纷较多、易出现差评 ② 满意度不高
会员客户	① 购买环节少且选购时间短 ② 较高的销售转化率 ③ 更注重产品的款式、性能等基本属性	① 购后满意度高 ② 购后纠纷较少，能容忍商家微小的失误或过错

（三）影响会员客户重复购买的因素

会员客户相对于新客户有着多重优势，但是单次的购买经历并不能为网店带来更多的利益，只有多次的重复购买才能更充分地体现出会员客户的价值，才有可能转变成为网店的忠诚客户。影响会员客户重复购买的因素主要有如图3-61所示几方面。

1. 产品

产品的品质和性价比是客户重复购买的重要因素。此外，不断推出的新品、新款和创新的服务也能吸引客户的再次光临。当然，

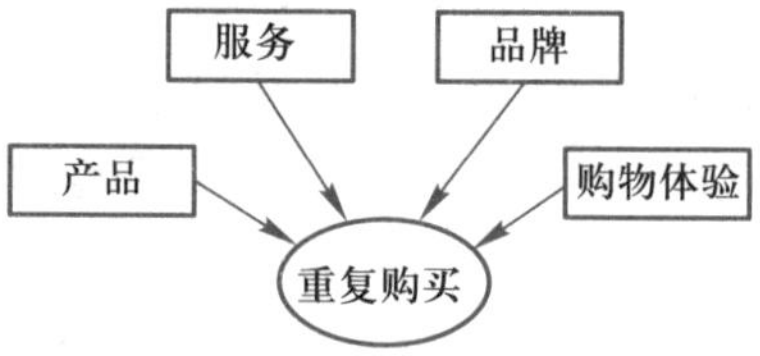

图 3-61　影响会员客户
　　重复购买的因素

不断变化的促销活动也能有效地刺激客户不断地重复购买。

2. 服务

购买过程各个环节的服务品质能给客户留下深刻的印象。对不同的客户进行分级，对特殊的客户要给予特殊的优惠政策，促使他们能更多地消费。此外，还要及时为客户提供丰富有效的产品资讯、专业知识等内容，满足客户的需求。

3. 品牌

店铺的品牌或者产品的品牌在客户心中的地位，在很大程度上影响着客户的重复购买。品牌形象是区分本企业与其他竞争者的最佳方式，树立了品牌形象，也就确立了本企业在客户心目中的特殊地位。

4. 购物体验（购物过程、网站的页面设计等）

愉快的购买体验是客户重复购买的重要保障。购物体验是个综合性因素，不仅包括优质产品、合理的价格等因素，还包括专业、周到的客服，不定期的电话、短信、邮件的回访服务等，甚至店铺的页面设计、配备的背景音乐、选择的产品展示方式等都会影响客户的购物体验。有效提升客户的购物体验，更需要网店在某一方面做出自己的特色。例如，淘宝网店莉家在展示产品时除了用真人模特，还别出心裁地使用漫画模特（见图3-62），更好地展示了产品的特点，也给客户留下了深刻的印象，有助于客户形成良好的购物体验。

图 3-62　提升购物体
　　验的方法

（四）会员关系管理与会员流量引入

会员流量引入是指增加会员客户光顾网店的频率，促使会员客户重复购买，从而提升网店的经营效果。通过以上分析可知，会员流量引入必须通过会员关系管理来实现。在网店的经营中，会员流量引入的实质就是会员关系管理。

二、会员流量引入步骤

做好会员流量引入，如图 3-63 所示需要做好数据收集、会员等级设置、会员分组、会员关怀与营销等工作。在会员的购买过程中，会留下电话号码、邮箱、地址等个人的信息资料，这些信息资料是会员关系管理开展的基础；根据会员客户的资料（性别、年龄、收入、购物次数、购物金额、购买的产品等）建立统一的会员数据库，选定不同的标准，对会员进行分类，便于更好地针对会员的特点开展活动；分析不同级别会员的购买行为，找出同一级别会员购买行为的共同点；针对不同级别的会员分别采用不同的会员关怀与营销推广活动，最终实现客户价值的持续增加。

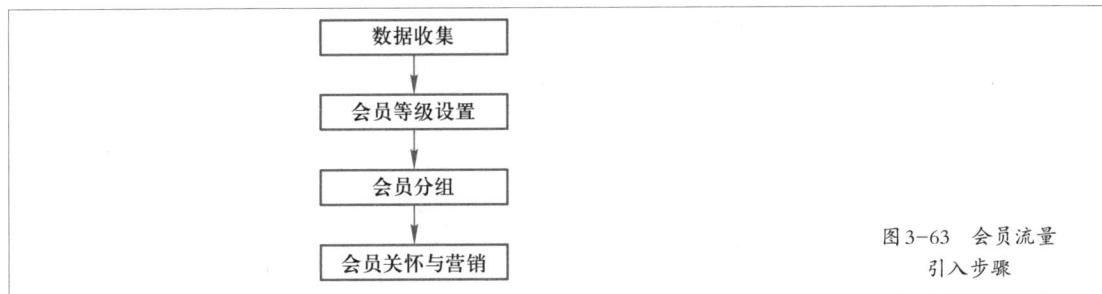

图 3-63　会员流量引入步骤

（一）数据收集

会员的数据资料是会员关系管理的基础，通过网店的后台（见图 3-64），可以查看到最基本的客户资料，如会员名、手机、邮箱、地址等基本信息。而会员的爱好、年龄、性别、受教育程度、兴趣等信息就需要客服在与会员的沟通过程中不断地收集和整理。经营不同产品的网店需要收集的会员资料不同。如服装类的网店，除会员的基本信息以外，会员的爱好、年龄、性别、肤色、体型等信息在会员管理中也非常重要。

会员数据收集

通过网店后台的会员管理，还可以查询会员的交易信息。点击交易详情，系统会显示如图 3-65 所示会员在网店中的交易情况。同时，会员管理的页面提供了会员查询功能，网店可根据不同的查询条件，搜索符合条件的会员。在会员较多的情况下，通过图 3-65 的查询功能查找会员能更有效地进行会员资料的整理及对会员进行分类。在会员资料的详细页面中，可以手工维护会员的资料，添加或者补充会员的资料，方便后续会员管理工作的开展。

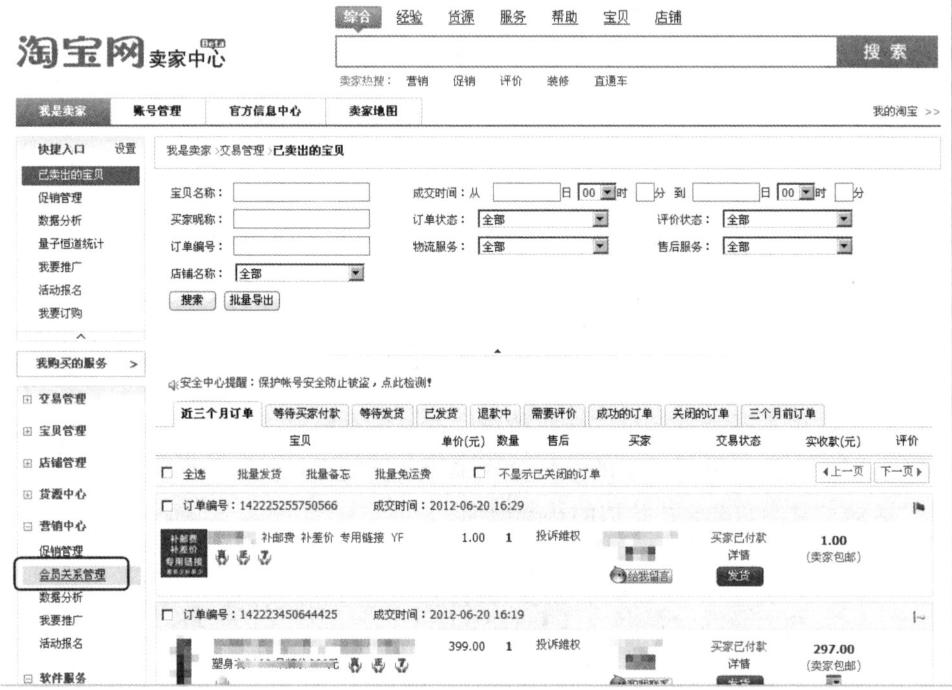

图3-64　会员关系管理入口

图3-65　会员资料查询

　　将会员资料补充完整后，与会员的旺旺对话框中将会显示会员的详细信息以及以往的购物信息，方便客服人员全方位了解会员信息，更好地与会员进行沟通、服务。除此以外，网络中还有一些关于会员关系管理的软件，可以添加更多的会员标签和字段，会员更多信息的添加可方便查找会员以及为会员分类。网店可根据自身的经营状况，选择购买合适的会员关系管理软件。

　　小贴士：会员关系管理软件

　　淘宝网的卖家服务中心提供了多种会员关系管理的定制软件，既有淘宝官网开发的软件，也有其他软件公司开发的会员管理软件。卖家可以根据自身的情况，以交易量或是会员管理的功能进行软件的分类选择。为了能使卖家更好地选择会员管理的软件，每个软件都提供了软件简介、开发企业、已经使用的人数等信息。当然，所有会员管理软件都不是免费的，需要卖家支付一定的使用费用。部分软件会提供一定的免费使用机会，以帮助卖家更好地了解软件的功能。使用量较大的会员关系管理软件有：客户管理助手、淘喜欢（会员关系管理及二次营销）、掌柜CRM等。

　　（二）会员等级设置

　　在收集了相对完整的会员资料后，需要根据不同的分类标准将会员分成不同的类别，进行会员分类管理。在会员等级设置中，涉及两个内容：等级设置和设置标准。

　　1. 等级设置

　　网店的后台会员管理工具会提供简单的会员等级标准。例如：在淘宝网店后台管理——会员关系管理中，"等级设置"选项卡将会员分成了如图3-66所示四种等级，分别是普通会员、高级会员、VIP会员和至尊VIP会员。

图3-66　会员等级设置

客户只要在网店中完成一次完整的购物过程（选购商品、下订单、付款、收货并评价），即成为普通会员。在普通会员的基础上，根据不同的设置标准，客户可以分别成为高级会员、VIP会员和至尊VIP会员。

小贴士：自定义会员等级

淘宝网的会员关系管理界面对会员的标准已经设定，但通过其他会员关系管理软件可自由地设定会员的等级和名称。例如，运用网店管家软件可以更贴近网店实际情况合理设定会员等级。

在等级标准设置中除了设置不同等级的标准，还需要设置每个不同等级的会员能享受的优惠折扣和特权。通过优惠政策的不同来体现出会员的不同等级是会员较能接受的方式，也是最直观的、让会员感受到个性化服务的方式。

小 案例

御泥坊会员特权

图3-67所示是淘宝网店御泥坊对不同级别会员所能享受会员特权的设置。

会员等级	会员折扣	新品抢先体验	店铺活动优先知	生日特权
普通会员			✓	生日礼包(价值20元)
高级会员	9.8		✓	高级生日礼包(价值60元)
VIP会员	9.5	✓	✓	VIP生日礼包(价值120元)
至尊VIP	9	✓	✓	至尊VIP生日礼包(价值200元)

图3-67　御泥坊会员特权

案例思考：御泥坊是通过哪种标准对会员进行分级的？

2. 设置标准

对会员分级的标准有很多，网店可以根据经营现状和会员情况选择不同的标准，但比较常用的设置标准有ABC分类法和基于客户关系管理的RFM模型。

ABC分类法是依据会员的消费记录排序后将会员分成A、B、C三类，分别进行管理的一种方法。一般以会员的消费总额作为排序标准，将会员的一定时期内消费总金额按照从高到低排列后，根据会员的消费金额占网店总销售收入的百分比对会员进行分类，A类会员消费金额占网店总销售收入的70%，B类会员消费金额占网店总销售收入的20%，C类会员消费金额占总销售收入的10%。A类会员是对网店贡献最大的客户，应进行重点管理。

注意事项：时间区间的设置

在以会员的消费总额为依据进行分类时，可以设定一个时间区间以便于进行金额的统计，可以按照周、月、季度、半年或全年进行统计。在具体的时间区间选定上，可以结合网店的经营状况。网店初期阶段可以设定较长的时间区间，在经营业绩逐步提升并稳定后，可以适当地缩短时间区间。

RFM模型是根据会员的价值和创利能力来进行分类的。在具体的分类过程中，选定三个指标来描述会员的价值状况。这三个指标分别是：R（recency）最近一次购买时间、F（frequency）消费频率、M（monetary）消费金额。

R（recency），最近一次购买时间。最近一次购买时间距今较短的会员对购物过程的体验还有较深的印象，也是最有可能再次光顾的会员。维持这样的会员会比维持很久以前有过购物体验的会员容易得多，也更能产生效果。

F（frequency），消费频率。经常光顾网店的会员必然是满意度较高的会员，甚至是忠诚会员。这些会员也是网店的最有价值会员，是会员关系管理的重要对象。

M（monetary），消费金额。会员的消费金额可以分为单次消费金额和累计消费金额，有些会员单次的消费金额较高，有些会员虽然单次的消费金额不高，但是消费频率比较高，累计消费金额也很高。不管是单次消费金额还是累计消费金额，消费金额较高的会员都值得网店重点关注。

小贴士：消费金额设置要点

单次消费金额高和累计消费金额高哪种会员对网店的价值更高呢？从网店持续经营的角度来说，累计消费金额高的会员更有可能成为网店的忠诚会员甚至是"粉丝"。但是单次消费金额高的会员的消费动机较为复杂，比如集中消费需求的释放、店内促销活动的吸引等。这些消费的动机都不具有持续性，因此，累计消费金额高的会员对网店来说更具有吸引力。当然，如果存在单次消费金额高，同时累计消费金额也高的会员，那是最好不过的了。

淘宝网采用了RFM的标准来进行会员的分析。在会员关系管理中，提供了会员分析工具，分别通过交易量、交易次数、交易时间来分析会员消费情况。商家可以通过设置不同的筛选条件来查看会员信息，以便更好地选定等级设置标准，有效地进行会员级别的划分。

通过RFM模型划分会员后，会形成如图3-68所示不同类型会员，在会员关怀与营销中可根据不同会员的级别确定不同的营销策略。

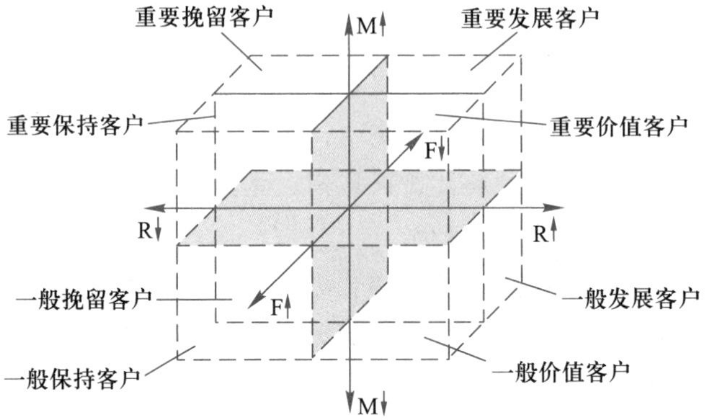

图3-68 会员分析

（三）会员分组

通过会员等级设置，所有会员会根据不同的标准自动成为各个等级的会员，当达到上一层会员的设置条件时，会员会自动升级并能享受属于该等级会员的优惠折扣或者特权。

除了标准的会员等级提升通道外，对于特殊的会员可以通过手动调整的方式破格提升他们的会员级别。比如有些会员虽然购物的金额并不高，但是非常愿意分享购物过程和购物体验，这些评价和分享能为网店起到口碑宣传，甚至能带来流量和成交量，提升这些会员成为VIP会员甚至至尊VIP会员，使之发展成为网店的忠诚会员。

小案例

通过分组来设定会员的成长通道

对于会员的分组不一定完全地依照等级标准进行。在充分考虑会员成长性的基础上设置会员级别，一方面能有效区分客户、合理服务客户，更好地产生效益；另一方面，能给予潜在客户更有利的成长通道，增强客户与店铺的黏性。

MAN FRIDAY旗舰店是一家经营男士衬衫的店铺。在刚进入天猫后，开展了"免费试穿"活动，每个月送出5 000件衬衫，共赠送了1.5万件衬衫。其中有5 000件赠送给了贡献度最高的前5 000名会员（即店铺的VIP会员），另外的5 000件送给了普通会员（有可能成为VIP会员），最后的5 000件赠送给了为潜在会员的客户。MAN FRIDAY

旗舰店会员营销的负责人介绍选定赠送对象的唯一标准就是现在或者未来最有可能成为店铺VIP的会员。

　　案例思考：MAN FRIDAY 旗舰店的免费赠送活动的主要目的是什么？对会员的成长有何帮助？

　　（四）会员关怀与营销

　　在完成了会员的分级后，要对不同级别的会员给予不同的关怀和营销活动。网店只有与会员不断沟通，建立情感上的信任和交流，会员才有可能成为忠实客户。

　　1. 会员关怀

　　会员关系管理的核心是通过对会员的关怀，拉近与会员的关系，提升会员的黏度与品牌影响力。对会员实施关怀并不一定花费大量的费用或是给予会员大幅度的折扣，更多的是让会员在购物的过程中体会到网店的服务。这种服务不一定是标准化的，但能体现出网店经营者在用心为会员客户服务。

　　常用的会员关怀主要是对会员的生日关怀、节假日关怀等。通过会员关系管理软件，可以在会员生日或节假日来临之际给会员发送祝福短信或邮件。当店铺有新货上架时可以通过短信向会员发送信息告知，同时在会员的购物过程中可利用站内信的方式告知进程，如图3-69所示。例如："货物已经发送，2天后将送达"、"您的货物已到本地配送点，中午将送达您手中"等。通过这种方式将购物过程中配货、发货、快递等会员无法掌控的过程具体呈现，让会员真实感受到网店的服务过程，有效地提升会员的满意度。

图3-69　会员关怀信息发送

　　除此以外，个性化的会员关怀也越来越多地运用到网店经营中。有些网店通过计算会员的使用频率掌握会员的购物时机，在会员再次购买前发送提醒短信。有些网店的经营者会通过定期写信的方式，将自己的感受和体会与会员进行分享，甚至用如图3-70所示漫画的形式将会员购物后的感受展示出来，很形象也很有特色。

图3-70　会员购后感受

2. 会员营销

会员营销是指选用不同的方式与会员进行沟通，促使会员增加光顾频率或购买量。常用的沟通工具有即时通信工具、论坛、微博、EDM和专业软件等。这些会员营销工具的使用将在会员流量引入工具中具体介绍。

借助会员管理工具，店铺可以向目标会员发送活动信息、优惠券等。除此以外，更多的店铺通过与会员的互动营销，加强与会员之间的联系和互动来开展营销活动。有些店铺鼓励会员通过照片、文字等手段评价产品并给予一定的奖励（以积分或优惠券为主），既能将会员购物的美好体验分享给其他会员，又通过发放优惠券的形式为会员的再次光顾创造了机会。

小贴士：深度筛选会员

在开展会员营销时，需要深度筛选会员。网店管家软件提供了"数据挖掘"功能做客户资料的深度筛选，以便于对筛选出来的特定客户对象做营销任务计划或做直接客户联系。在"数据挖掘"界面，可以通过"按客户档案"或者"按消费信息"甚至直接用"自定义"SQL语句三种方式来进行客户过滤。对过滤出来的客户对象，可以执行"手机短信群发"、"电子邮件群发"、"导出Excel文件"、"加入营销任务"、"修改客户类别"、"修改客户等级"和"标记此次营销"等操作。

（1）优惠券。优惠券也称促销券，是销售促进的一种形式。常见的优惠券分为打折券（购买产品时享受一定的折扣率）和代金券（购买产品时可抵扣票面标注的金额）。网店使用较多的为电子优惠券。无论是否为电子版，使用优惠券的目的都是帮助商家在一定时期内，对消费者（或购买者）以让利形式进行促销。

注意事项：使用优惠券开展会员营销时需注意的方面

（1）通过各种形式不断地提醒会员拥有的优惠券。当会员忘记了拥有的优惠券时，这些营销工具也就不能产生任何影响。

（2）在显著的地方明确标示使用规则。只有明确了使用规则，客户才有兴趣使用优惠券。

（3）体现出优惠券的价值。营销工具是否有效，其判断依据之一就是客户是否感觉到了实惠。客户只有感觉到了实惠，才会使用营销工具。因此，只有充分体现出优惠券的价值，才能实现凭借优惠券巩固会员、挖掘会员价值的效果。

（2）积分活动。积分是现阶段网店经营中被广泛使用的一种会员营销工具。积分活动是指通过累积积分的方式来使会员获得购买或服务的优惠。相对于促销活动，积分活动需要一定的时间，更适合运用于会员流量引入。积分活动的关键在于积分管理和积分奖励。

通过网店管家软件可以很便捷地设置积分规则，如图3-71所示。设定好积分规则后，即能直接通过交易额来为会员累积积分，也可以针对特定货品设定积分（在货品资料中编辑对应货品销售的积分）。

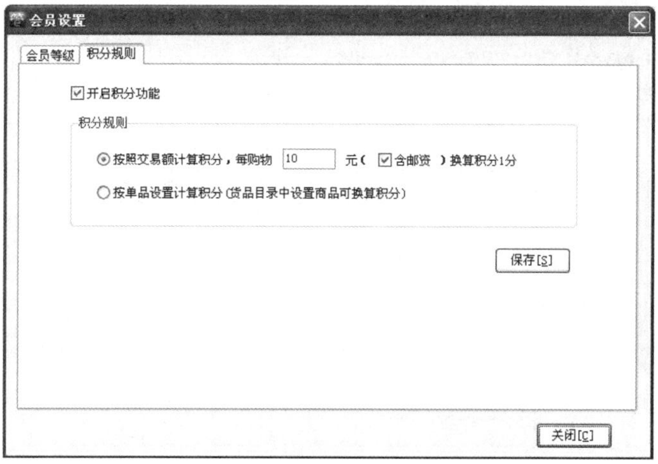

图3-71　积分规则设置

在设置了积分规则后，还要明确积分激励政策。合理、有效的积分激励政策能促进网店口碑营销，拉近网店与会员关系，更好地展示网店服务。

注意事项：淘宝网店御泥坊的会员积分规则

淘宝网店御泥坊规定，会员每消费1元，便可累积10个积分；当会员积分累积满8 000分时，便可兑换1.6M的泰迪熊一只；累积满20 000分，可兑换蓝魔MP4一部；累积满50 000分，可兑换佳能相机一部；当积分达到了100 000分，甚至可以兑换联想便携式计算机一台。御泥坊所有会员积分收集都通过手工完成，在淘宝平台中并没有提供相应电子化的积分管理工具。

三、会员流量引入工具

在会员营销中需要通过各种方式与会员进行沟通，常用的会员流量引入工具可以大致分为即时通信工具、论坛、微博、EDM和专业软件五种类型。以下对这五类工具分别进行介绍。

（一）即时通信工具

即时通信工具是网店与会员沟通过程中使用最频繁的一种工具，如阿里旺旺（见图3-72），该工具操作方便、反应快捷、效果明显。大部分的网站都会提供即时通信工具，方便买卖双方沟通。对于核心会员群体，也可以建立阿里旺旺群，更好地维护这部分会员。当然，站内即时通信工具普遍都存在使用范围局限的特点，因此，也可通过QQ、MSN等使用更普遍的即时通信工具与会员建立联系。

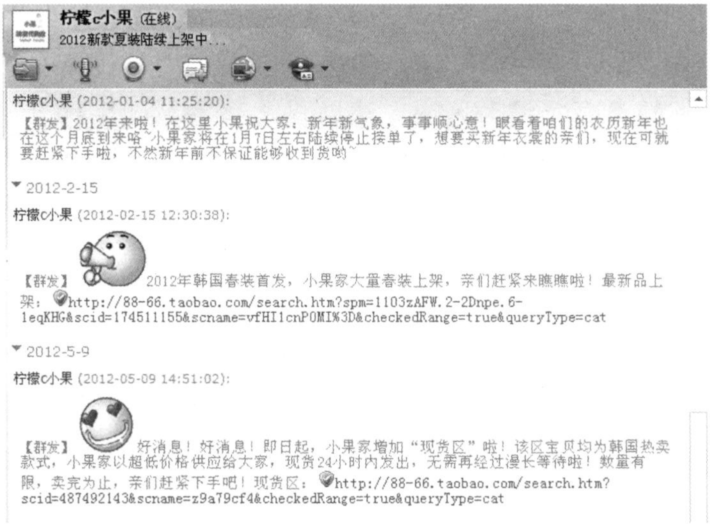

图3-72 阿里旺旺发布信息

（二）论坛

与即时通信工具相比较，论坛与会员的交流更为持久，更能起到口碑宣传的效果。网店运营平台商都会提供一些论坛工具，淘宝网中的论坛称为淘帮派，如图3-73所示。每个网店都可以利用自己的ID建立一个属于自己的论坛——帮派，该论坛具有设置版面与栏目、发布帖子与投票、论坛管理等功能，是一个专属于会员交流的平台。网店经营者可以在淘帮派中发表文字、图片等，会员之间也能相互交流。如果论坛人气旺，网店的流量也会提升。

除了运用运营商提供的平台工具建立论坛外，如果会员的数量较多，也可以建立独立的社区平台与会员进行交流。独立的社区平台一方面可以和会员进行深度的互动，增加会员的黏性；另一方面

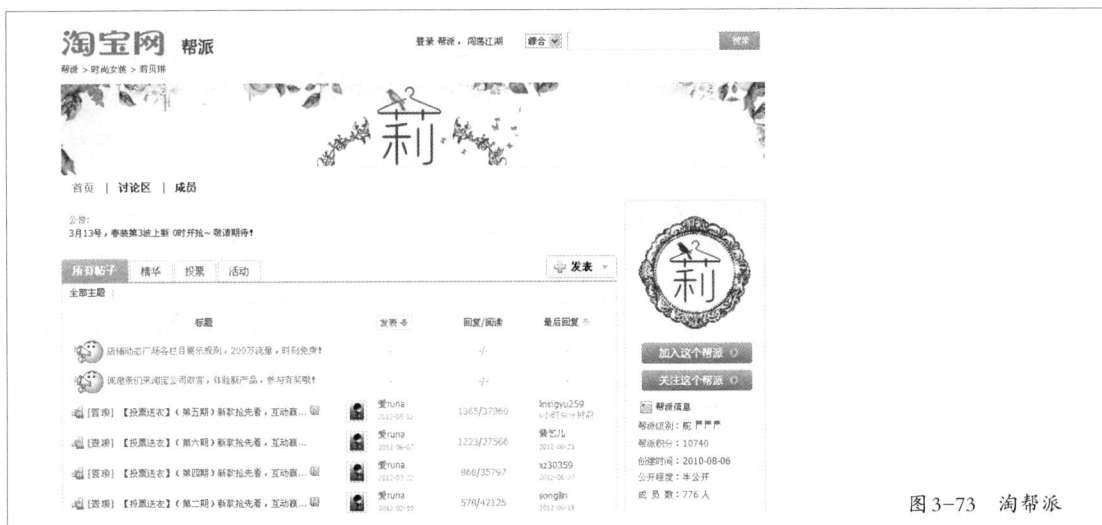

图3-73 淘帮派

可以提升品牌的影响力。独立的社区平台可以不依赖运营商的规则和功能，较为自由，也更能体现出自身的特性。利用自身开发的功能，能收集到更多的会员信息，也可以投放不同的营销活动，持续不断地提升会员的活跃度。但是开发独立社区平台的投入不少，且需要技术的支持，后期的管理和维护也存在很大的难度。平台论坛与自建论坛各自的优缺点如表3-11所示。

（三）微博

"掌柜说"如图3-74所示，是淘宝网在2011年推出的卖家自我营销和自我客户管理的一个SNS工具。

表3-11 平台论坛与自建论坛对比

论坛形式	优点	缺点
平台论坛	1. 开发费用较低、操作简单 2. 管理方便、维护成本较低 3. 可以在店铺中直接进行推广，不需要进行额外的推广活动 4. 能和其他的活动结合，起到整体会员营销效果	1. 受运营商的管理和条件限制 2. 不能或很难进行个性化功能的开发，难以形成特色
自建论坛	1. 创建灵活、方便，限制较少 2. 能进行个性化的设计 3. 能更有效地提升会员的活跃度	1. 开发费用较高，需要具备一定的技术 2. 后期维护和管理工作量大，需要有专业人员专门维护

小贴士：SNS营销

SNS，全称为social networking services，即社会性网络服

图 3-74 淘宝"掌柜说"

务，专指旨在帮助人们建立社会性网络的互联网应用服务，也指社会现有已成熟普及的信息载体，如短信SMS服务。

SNS的另一种常用解释：全称为social network site，即社交网站或社交网。

社会性网络（social networking）是指个人之间的关系网络，基于社会网络关系系统思想的网站就是社会性网络服务网站（SNS网站），国内的SNS网站多指社交网。以人人网（校内网）、开心网、白社会、QQ等SNS平台为代表。

"掌柜说"中及时发布店铺的最新动态，能更高效快捷地实现卖家与会员之间的互动，能稳固会员关系，能展示网店的特色，让更多的人（不仅仅是会员）来了解网店经营的产品、网店经营者的经营理念。

现阶段，淘宝网中的"掌柜说"的主要功能有：

（1）网店新产品发布通知会员。

（2）网店促销活动通知会员。

（3）及时在"掌柜说"上发布网店经营者的心得。

（4）策划与会员的互动活动。

（5）与会员进行互动，回复会员的留言，维护会员关系。

除了选择网店运营平台提供的 SNS 工具（如"掌柜说"）外，还可以运用其他平台开设店铺微博（如新浪微博、腾讯微博等）。相对于运营平台的微博工具，站外的微博工具可能拥有更广泛的使用人群，运用技术更为成熟，但是在推广方面却比站内平台更具有难度。微博工具在会员关系中的作用取决于微博的推广，通过更多会员的关注能便捷、快速地与会员沟通和交流。例如，图 3-75 为淘宝网店莉贝琳开设的新浪微博，店主通过该平台与会员进行互动、及时发布店铺最新的动态，如图 3-75 所示。

图 3-75　店铺微博

（四）EDM

EDM 营销也是较有效的会员管理工具。其成本较低，可以直接点击页面，活动转化率比较高，会员查看的概率也比较高。在淘宝网站内，可以通过站内信、电子邮箱通道来发送 EDM。站内信一次只能发送一条，每天发送的信息数量也是有限制的，而电子邮箱限制条件较少。

为了方便电子邮件的编写，可以利用网店管家中设置邮件的模板和发送策略。邮件模板可设置多种策略下对应的模板样式，模板的内容可以相应添加到"交易"、"货品"、"收货人"、"客户"和"系统"5 个项目下的各类字段，添加的字段在邮件发送时会针对不同的订单自动调用订单信息替代字段内容。邮件的发送策略可根据不同的店铺、不同的发送时机来调用不同的模板，如图3-76所示。

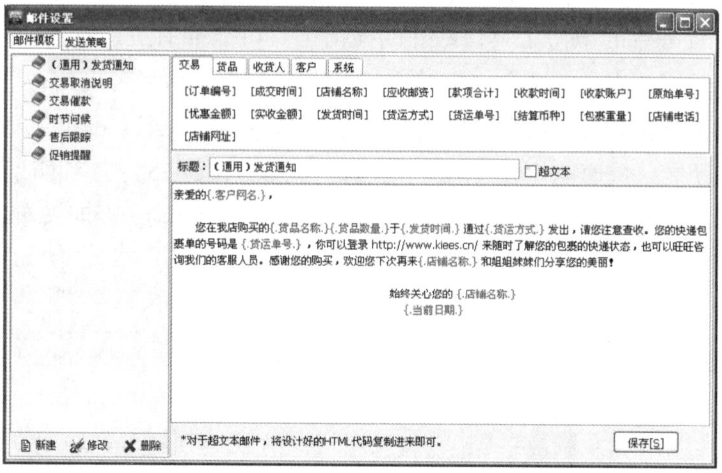

图3-76 邮件模板和发送策略设置界面

邮件营销是成本最低、监测效果比较好、信息包含量最大、应用范围最广泛的营销方式。据计算，两分钱就可以维系住一名会员。邮件营销需要进行详细的活动策划、页面设计，并建立专门的邮件服务器和监控反馈系统。

（五）专业软件

除了以上介绍的常用的会员流量引入工具外，淘宝卖家服务中心（见图3-77）提供了其他一些会员管理的专业软件。这些软件分别由不同的公司开发。针对不同的会员管理功能，网店可以根据自

图3-77 会员管理软件

身的状况合理地选择软件工具。

注意事项：关于会员管理软件需注意之处

淘宝卖家服务中心提供的会员管理软件有详细的软件介绍，便于卖家选择。同时，这些软件并不是免费使用的，一般都需要支付不等的费用。有部分软件会提供免费期，以帮助卖家更好地选择软件。

任务小结

通过对会员的分类，设置不同的等级，利用多样的工具开展会员的关怀和营销，可实现会员流量的引入，增加会员对网店利润的贡献，最终使会员成为网店的忠实客户。

任务思考

1. 比较新老客户的购买过程和价值。

2. 结合自己经营的网店选择会员分级标准，并阐述理由。

3. 如何运用不同的会员管理工具进行售前、售中、售后的会员管理？

举一反三

结合自身网店经营的产品特点，创建网店的帮派，策划本年度元旦期间的帮派宣传主题并投诸实施。要求如下：

（1）创建网店的帮派；

（2）根据产品特点确定本年度元旦活动主题；

（3）根据元旦活动主题，在网店帮派中宣传元旦活动；

（4）在网店帮派中监测会员对元旦主题活动的反应。

项 **目综合训练** <<<<<<<<<<<<<<<<<<<<<<<<<<<<<<<<<<<<<<<<<<<<<<<<<<<

1. 项目背景

随着网上购物市场的高速发展，淘宝平台上积聚了庞大的卖家群体，网上创业要取得成功就要积极地开展营销推广工作，把客户引入店铺，再以优质的商品和贴心的服务最终赢得客户。请结合淘宝网上开设的个人网店，在1个月内完成网店流量引入的任务，从而提高店铺的流量。

2. 环境要求

（1）网络环境：Internet畅通。

（2）软件环境：IE6.0以上、订购量子恒道、店内促销工具、CRM软件等。

3. 操作步骤

（1）做好宝贝信息发布的基础工作，包括标题关键词优化、宝贝图片优化、宝贝上架时间优化；

（2）开通直通车账号，投入直通车广告；

（3）选择一至两种店内促销工具，尝试开展店内促销活动；

（4）利用网店后台会员管理工具，收集、整理会员资料，发送店铺活动信息；

（5）使用量子恒道统计，观察店铺流量的变化，并详细记录。

<<<<<<<<<<<<<<<<<<< **项** 目实施总结 <<<<<<<<<<<<<<<<<<<<<<<<<<<<<<<

经过师兄甄有才的点拨，艾美丽从提高网店基础流量做起，开始尝试直通车推广，进行一些小型促销活动策划，另外她还对客户的资料进行了整理。经过一个多月的时间，网上小店的流量稳步上升，也积累了自己的客户资源，生意一天一天好起来了。艾美丽计划在未来的3个月内实现冲钻的经营目标。

在项目实践的基础上，艾美丽将本项目在实施过程中涉及的关键要点进行了总结，如图3-78所示。

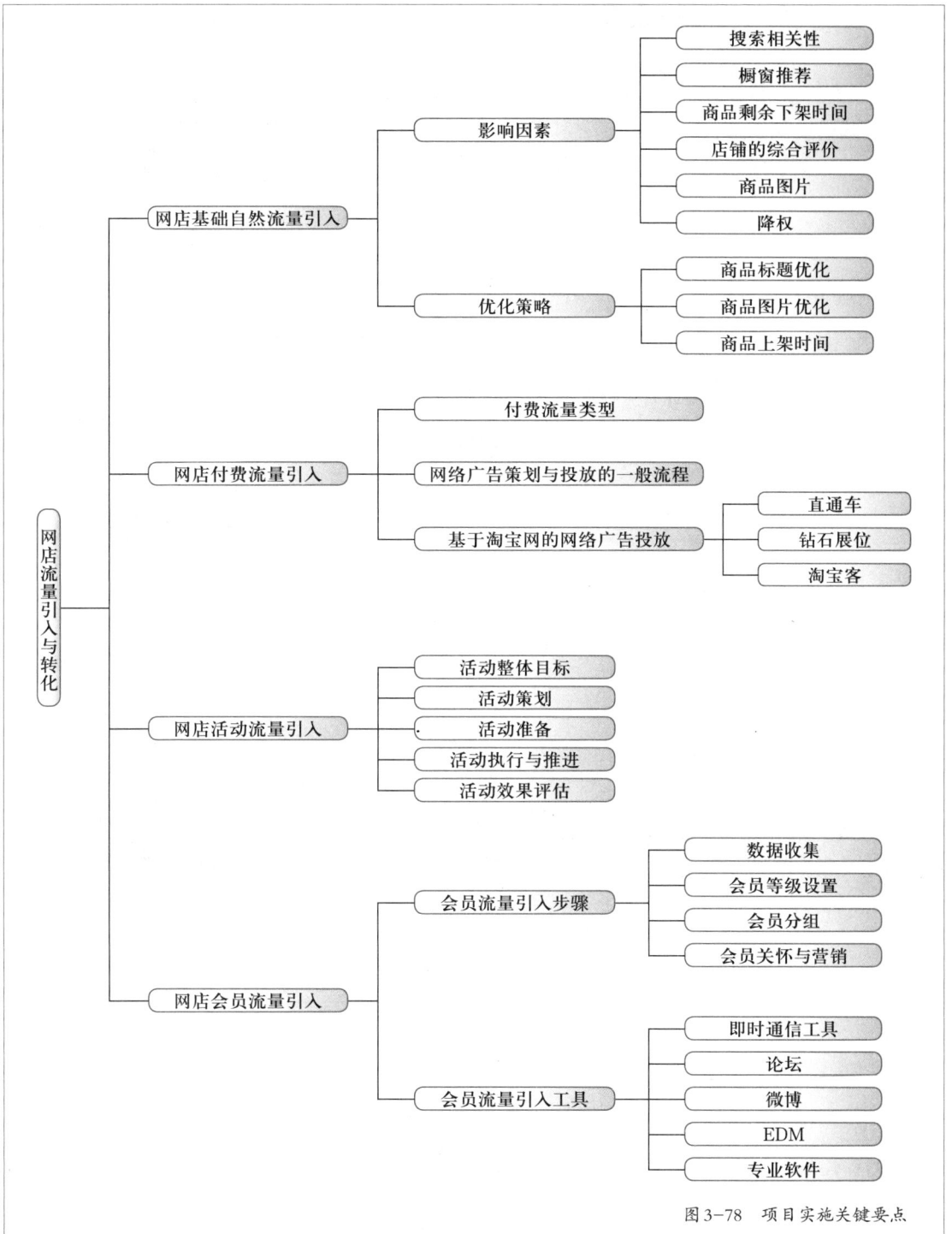

图 3-78　项目实施关键要点

<<<<<<<<<<<<<<<<<<<<<<<<<<< 自 我检查 <<<<<<<<<<<<<<<<<<<<<<<<<<<<<<<<<<<<

附表 3-1　职业能力测评表

	能/否	职业能力
通过学习本项目，你能否掌握右边列出的职业能力？		会使用流量统计工具查看、分析网站流量数据
		能进行网店商品信息等基础优化工作
		能选择合适的网络广告形式，进行网络广告的策划
		能进行直通车、淘宝客等广告投放操作
		熟悉网店活动流程，能根据一定的活动主题进行网店活动策划
		能利用店内促销工具策划促销活动并进行后台设置
		能进行会员分级管理
		能运用各种会员管理工具开展会员关怀与营销
通过学习本项目，你还掌握了哪些职业能力？		
自评人（签名）：　　年　　月　　日	教师（签名）：　　年　　月　　日	

注："能/否"栏填"能"或"否"。

附表 3-2　职业素养测评表

	职业素养	是否提高
通过学习本项目，你能否提升右边列出的职业素养？	信息获取能力	
	自我学习能力	
	商业规则意识	
	沟通表达能力	
	解决问题能力	
	团队合作精神	
通过学习本项目，你还提升了哪些职业素养？		
自评人（签名）：　　年　　月　　日	教师（签名）：　　年　　月　　日	

注："是否提高"一栏可填写"明显提高"、"有所提高"、"没有提高"。

项目4　网店日常经营管理

【项目描述与分析】

在前期准备和营销推广的基础上，艾美丽的网店要正式开始运营了。但让艾美丽头疼的是网店日常运营千头万绪，不知道从哪里着手，于是她联系师兄甄有才，请教如何才能有条不紊地打理好自己的网店。甄有才告诉艾美丽网店日常运营要做的事情主要有商品采购、商品库存管理、订单管理、发货与物流跟踪、客户管理等，并告诉艾美丽可以用专门的网店管理工具来进行自己的网店管理。甄有才还介绍了目前个人网店常用的网店管理工具网店管家、淘管、E店宝等，并建议艾美丽尝试使用网店管家管理自己的网店。

项目引入

【项目知识点】

网店日常经营管理的主要内容，商品分类与编码规则，商品采购管理、仓储管理基本知识，交易管理主要内容，物流基本知识，客户管理的重要性与基本内容。

【项目技能点】

网店管家的安装与配置；系统初始设置；采购管理；商品入库、出库管理与库存盘点操作；订单管理，发货管理，物流跟踪；客户日常维护与管理。

任务4-1　网店商品管理

任务导读

1. 如何进行网店管家的下载、安装、初始设置？

2. 如何进行商品采购管理？

3. 如何进行商品入库管理？

4. 如何进行出库管理？

5. 如何进行商品库存盘点？

任务分解与实施

通过前期的准备工作，网店开始正式运营了。但网店的日常经营管理活动比较繁杂，为了有条不紊地打理好自己的网店，我们可以借助于专门的网店管理软件。目前网店经营者常用的网店管理软件有网店管家、e掌柜、多店管家、甩手掌柜等，这些软件的功能大同小异。目前网店管家使用比较广泛，其功能设计与网店日常运营业务贴合比较紧密，因此我们选用这款软件进行网店的日常业务管理。本任务主要讲述网店管家的安装与初始设置、商品采购管理、商品库存管理三大部分的内容。

一、网店管家的安装与初始设置

网店管家是一款面向B2C、C2C商家，专注于电子商务进销存管理的软件。其功能包括订单处理、采购、仓储、客户关系管理、账款和售后等店铺后端全业务体系，能满足各类网上店铺在业务运营过程中面临的多方面管理需求，是网店日常运营管理的好帮手。

（一）网店管家下载安装

1. 准备工作

在互联网上下载的网店管家（企业版），其软件包内有数据库服务器、应用服务器、管家助理和客户端四个程序。为了保证网店管家正常运行，安装前要先调试好网络，建议采用100M以上的网络，数据库服务器最好采用专业的服务器设备。在业务量不大的情况下也可

网店管家安装预配置

以采用普通计算机，但必须是专机专用。服务器建议采用Windows 2003操作系统，应用服务器可和数据库服务器共用，但当数据库服务器负荷过大时，就需要单独配置应用服务器，客户端可支持Windows XP、Windows7等操作系统。网店管家部署结构如图4-1所示。

2. 系统安装

网店管家系统安装包括数据库服务器部署、应用服务器安装、管家助理安装和客户端安装四个部分。

（1）数据库服务器部署。在部署数据库服务器前，必须安装好SQL Server2000系统并保证其正常运行。运行网店管家软件包中的数据库服务器部署程序，自动将网店管家的数据库附加到SQL Server2000数据库系统中。附加选择数据库存放路径时，不要放置在系统盘，以避免数据丢失。

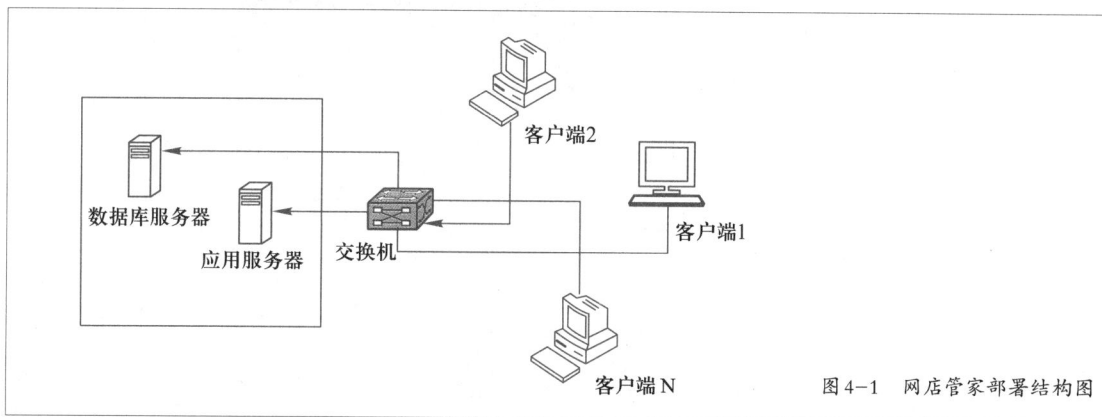

图4-1　网店管家部署结构图

（2）应用服务器安装。运行网店管家软件包中的应用服务器安装程序，进入安装向导，在选择安装路径时，也不要选择系统盘，以避免系统重装导致配置文件和图片文件丢失。

（3）管家助理安装。运行网店管家软件包中的管家助理安装程序，进入安装向导，选择默认安装方式自动安装管家助理。

（4）客户端安装。运行网店管家软件包中的客户端安装程序，进入安装向导，采用默认安装方式自动安装网店管家的客户端。

（二）网店管家初始设置

网店管家的初始设置可以为后面的业务操作、流程协调和统计分析起到很好的规范作用。网店管家的初始设置包括仓库设置、货位设置、规格色号设置、商品分类设置、初始商品输入、其他初始设置等。

网店管家初始设置

1. 仓库设置

网店的仓库类别一般有三种：本部仓库、委外仓库、残次品库。

本部仓库指网店自己拥有的仓库，店家可以完成主要的订单拣货、发货任务；委外仓库指与核心订单处理部门不在一起的仓库，比如分仓库或者供应商直接发货时供应商的仓库，此时订单发货方式为委外发货；残次品库指存放残次品的仓库或仓库区域。

为此，必须在系统中建立商品管理的仓库目录。在网店管家的设置菜单中的仓库目录菜单项点击"新建"，出现仓库信息编辑界面，输入仓库的名称、类别，委外接口，是否启用暂存货位和排序等信息，如图4-2所示。

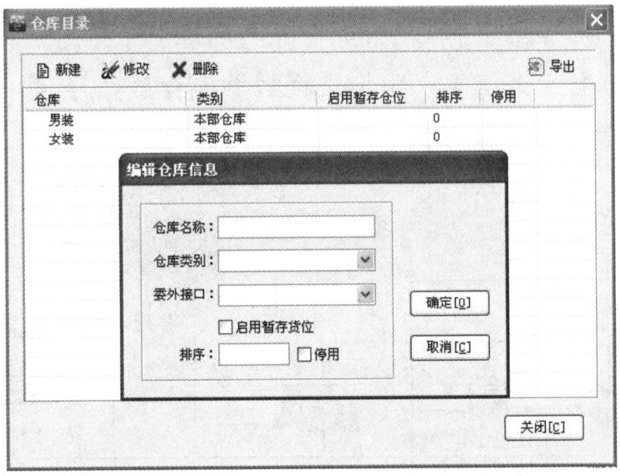

图4-2 仓库设置图

小贴士：启用暂存货位

商品在仓库有整仓（或称暂存区，即商品堆积存放区域）和零仓（或称货架区，即拣货作业区域）两种储存状态，如需要对整仓储存状态和零仓储存状态做货位区别处理的，可以在这里选择启用暂存货位。如果没有暂存区，或者有但是将商品的货位和库存数量统一用货架货位来管理的，则不需要启用暂存货位。

2. 货位设置

货位管理用于精准确定货物的具体存放位置和存储容量。一般通过三级分类原则来确定具体的货位，即仓库、仓库内的货架和货架上的货位。同样在网店管家系统中货位设置也遵循这一原则：首先确定商品在哪个仓库，其次确定在哪个货架，最后再根据层、位来确定最终的货位，便于拣货寻址，如图4-3所示。

货架编号编辑中，除了设置货架的编号名称，最好完善货架的位置信息和层数信息，便于后期通过网店管家系统来协助货位动态管理。在货位编辑中，除了确定货位编号、名称外，还可以编辑货位容积信息，即每个货位空间的大小，从而便于后期根据货位容积和商品体积来计算货位空间利用效率。

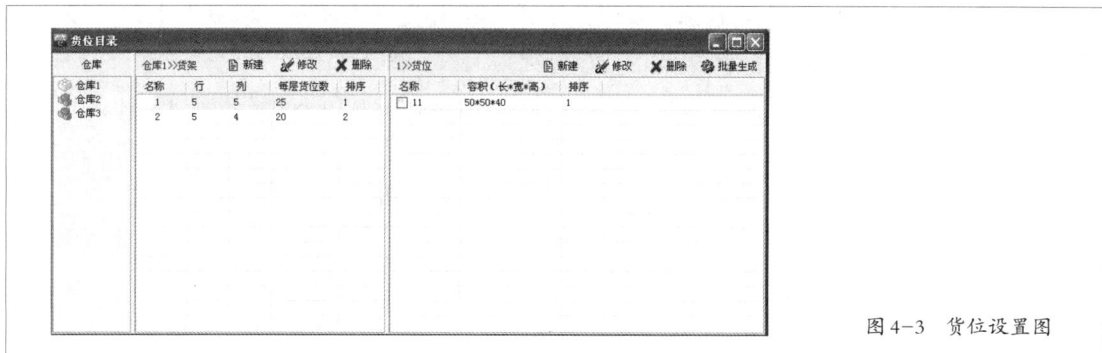

图 4-3 货位设置图

3. 规格色号设置

规格色号用于区分产品的大小规格、颜色类别。网店管家支持多规格商品条码附加码的预先设置，可以针对具体的规格和色号设置对应的附加码。在后面的商品资料编辑时，这些附加码便可以直接附加到商品具体规格的条码中去，如图4-4所示。附加码预设值主要用于自行设计并打印商品内部管理条码标签的情况，如果沿用商品上已有的供应商商品标签条码，则无须做此设置。

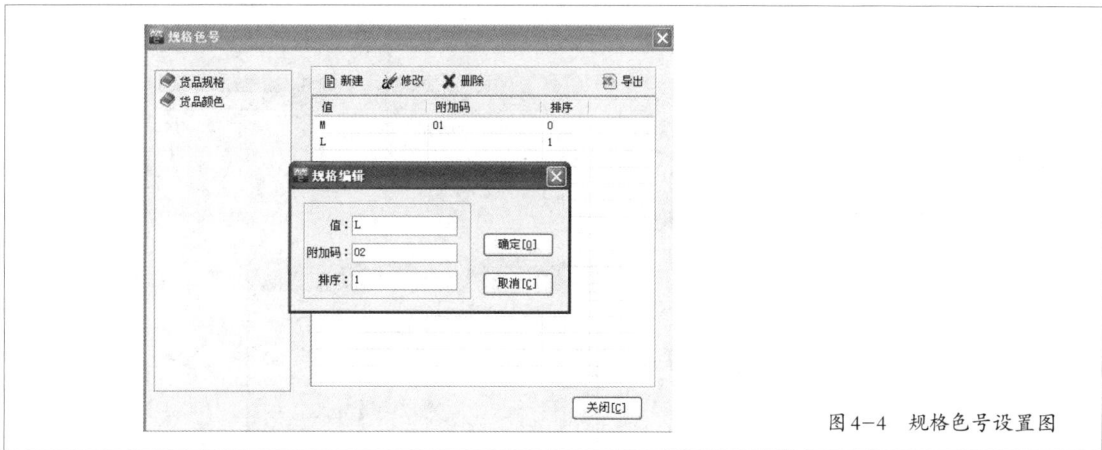

图 4-4 规格色号设置图

小贴士：其他目录设置

其他目录设置包括货品品牌、货品产地、退换原因、计量单位、出库原因、入库原因、事务类别、来电类别、接修方式、保修类别、预订类别、客户国别、冻结原因、取消原因、干预类别、采购退货类型、营销类别、退款原因、打印驳回审核原因等的设置，如图4-5所示。

4. 商品分类设置

分类管理的目的在于便于对各类别商品的销售、库存等业务情况做细致的了解。网店管家支持商品的多级分类，但从管理的适宜性角度考虑，我们建议做二级分类，比如在服装分类中，一级分类为男装和女装，二级分类为上衣、裤子和裙子等。

编辑分类信息时，注意系统编码（灰色不可编辑部分）和自编码的区别。这两个编码与"设置"→"编号计划"中的商品编号和商品条码结合起来，可确定新品建立时其编号和条码的生成情况，如图4-6所示。

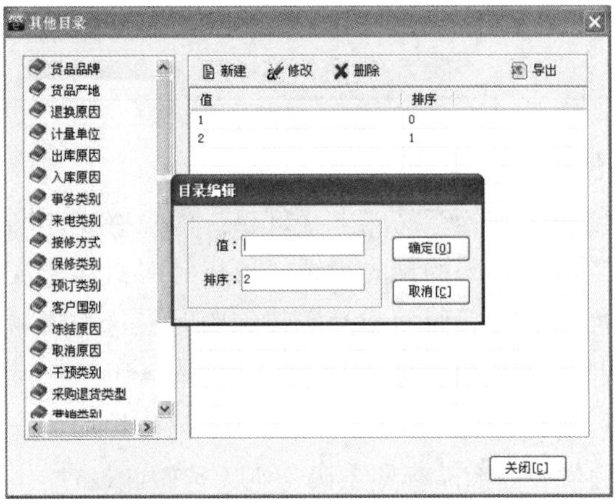

图4-5 其他目录设置图

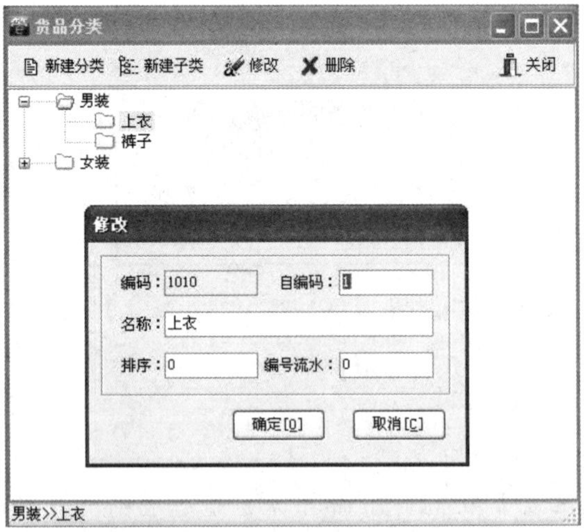

图4-6 商品分类设置图

5. 初始商品输入

在系统正式投入运营前，需要将网店经营的商品维护到系统中，网店管家的商品档案支持两种建立方式：一是手工编辑；二是Excel批量导入。手工编辑主要应用于商品资料的修改、完善。对于批量商品的资料建立，还是建议用Excel批量导入的方法。如图4-7所示。

图4-7 初始商品输入界面

  为了对商品进行分类管理，我们需要设置商品的编码规则，建议采用如图4-8所示的商品编码规则。

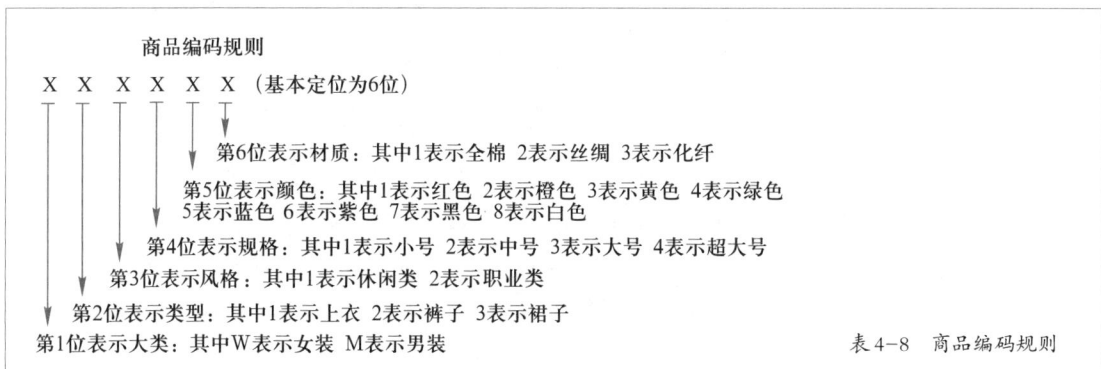

商品编码规则

X X X X X X （基本定位为6位）

第6位表示材质：其中1表示全棉 2表示丝绸 3表示化纤

第5位表示颜色：其中1表示红色 2表示橙色 3表示黄色 4表示绿色
5表示蓝色 6表示紫色 7表示黑色 8表示白色

第4位表示规格：其中1表示小号 2表示中号 3表示大号 4表示超大号

第3位表示风格：其中1表示休闲类 2表示职业类

第2位表示类型：其中1表示上衣 2表示裤子 3表示裙子

第1位表示大类：其中W表示女装 M表示男装

表4-8 商品编码规则

6. 其他初始设置

  网店管家还可以根据运营需要进行店铺设置、客户分类、员工设置、供货商设置、物流商设置、往来单位、收支账户、包装材料、结算货币、物流匹配、物流资费、打印模板记录标记等设置。在此不一一赘述，还请读者结合软件进行学习。

二、商品采购管理

  商品采购管理主要用于根据商品销售情况对已经销售过的老商品进行补货，以及根据市场拓展需要对以前未销售过的新商品进行采购。采购管理业务如图4-9所示。

商品采购管理

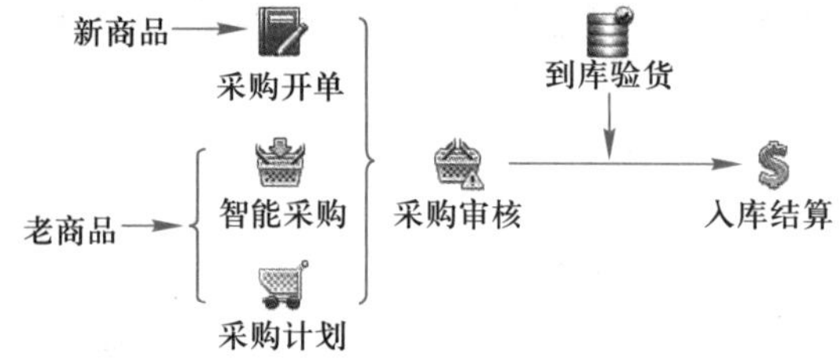

图4-9　采购管理流程图

（一）采购开单

采购开单即采购申请，主要用于以前未销售过的新商品采购，也可用于销售过的老商品的应急采购补货。采购开单可以在网店管家的采购开单功能中完成，其界面如图4-10所示。

在采购开单界面选择供货商，点击编号下的"…"按钮添加所需采购商品，手工修改商品的采购价格，也可以在"…"按钮中确定本次采购执行的价格和折扣，并通过点击"刷新"按钮来批量输入所采购商品的进货价格。

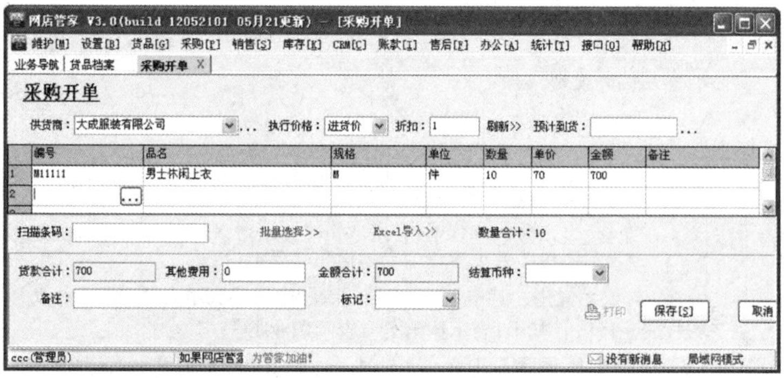

图4-10　采购开单界面

（二）智能采购

智能采购是指根据订单与库存状况自动生成采购清单。智能采购的采购清单生成可以综合考虑待审核订单缺货量、已审核订单缺货量、补货到警戒库存等条件，如图4-11所示。确定好这些采购条件后，系统会定期自动生成商品采购清单。

（三）采购计划

采购计划用于对暂时不需立即采购的商品做采购规划，并在合适的时机将这些商品转入采购订单，启动采购流程。网店管家的采购计划界面如图4-12所示。采购计划界面的上半部分是用来编辑计划进行采购的货品，可以通过点击"添加"按钮进行货品的添加和编辑，通过"移除"按钮可取消对应货品的采购计划。

用户可通过选择货品，点击"加入列表"将对应货品添加到下半部分要执行采购的货品清单中，然后选中相关货品，点击"生成采购单"开启"采购开单"界面。

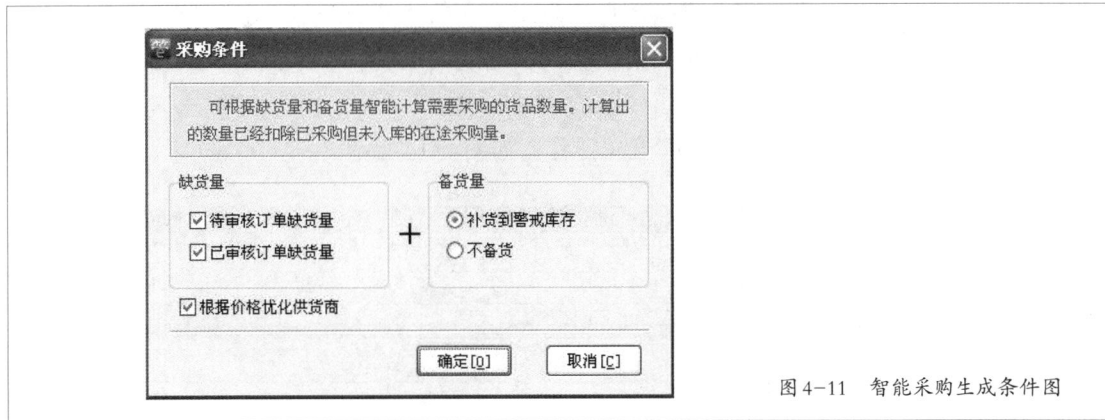

图4-11　智能采购生成条件图

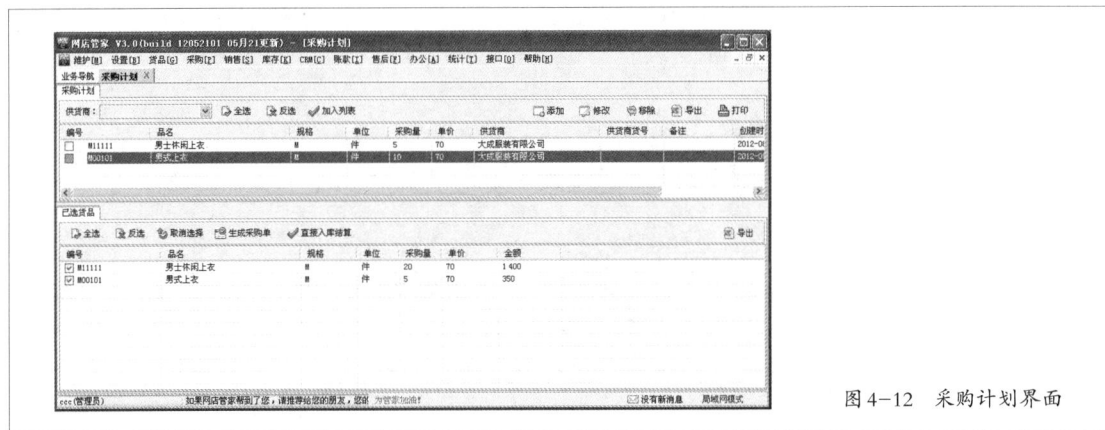

图4-12　采购计划界面

（四）采购审核

采购审核是采购主管对采购业务进行审核并确定最终采购信息的过程。在这个过程中，采购主管与供货商取得联系，询问供货商供货能力和最终的采购价格，根据沟通的结果对采购订单予以修改。采购审核操作界面如图4-13所示，界面上部分为采购单列表，下部分为具体采购单的采购商品清单。选中具体的采购单，在商品清单中可修改、添加所需采购商品，以及修改采购的数量和价格。另外在采购订单列表的右键弹出功能上，还可以进行采购单的选择、刷新、合并、拆分、修改、取消以及界面配置等操作。

（五）到库验货

采购订单经过审核，可以通过Excel表或传真的方式发给供货商

（具体操作详见采购单查询界面中的采购单信息导出或打印功能）。供货商根据订单要求组织货源，及时供货，随即进入到库验货环节。首先需要对供货商发来的商品进行质量检查，然后对检验合格拟入库的商品进行数量清点，仓库收货人员通过开验货单记录合格的采购数量，而采购结算人员通过引用验货单来完成采购结算和入库操作。进入网店管家的"到库验货"界面，可以对拟入库的合格商品进行采购入库开单操作，如图4-14所示。

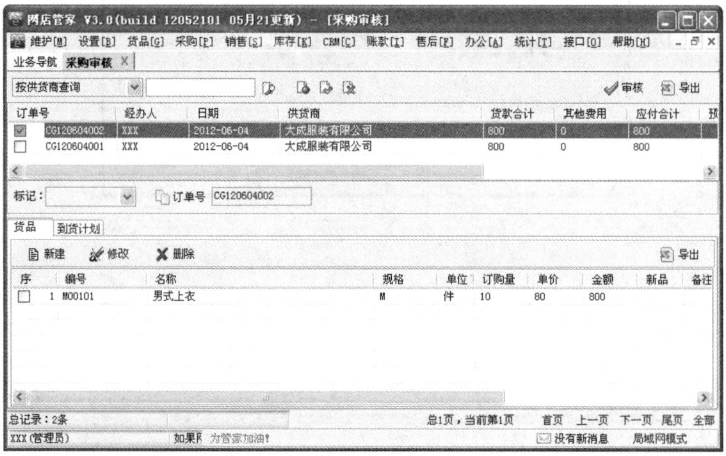

图4-13　采购审核界面

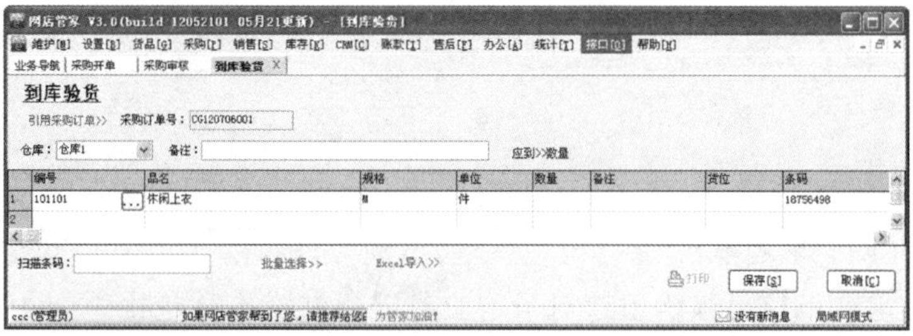

图4-14　到库验货界面

（六）入库结算

到库验货后，还需要进行入库结算。入库结算用于对商品做采购结算，采购业务只有在完成这一步后，商品才能在系统中完成入库。入库结算首先需要导入采购的商品资料。根据内部管理模式和采购方式的不同，商品导入的方式有引用采购订单、引用验货单、批量选择、Excel导入四种，如图4-15所示。入库结算费用包括采购货款、采购费用等。

完成信息登记后，选择"保存"，即完成商品在系统中的入库操作，并自动生成对应的入库单。

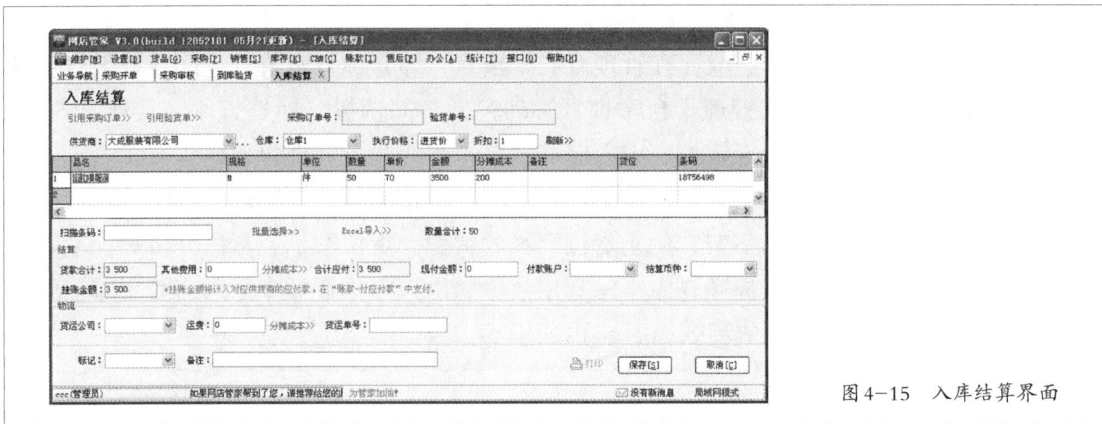

图4-15 入库结算界面

（七）采购退货

采购退货业务针对的是已经进入仓库，但因为商品质量问题或者商品滞销问题需要退回给供货商的情况。在系统中采购退货需要完成退货开单和发货结算两个步骤：

（1）退货开单。在"采购退货"的"新建退货"界面，填写采购退货作业对应的供货商、所在仓库、执行价格和退货折扣，并添加需要退货的商品。

（2）发货结算。采购退货业务建立后，进入"采购退货"的"发货结算"界面，对采购退货业务做发货出库和退换结算处理。采购退货功能如图4-16所示。

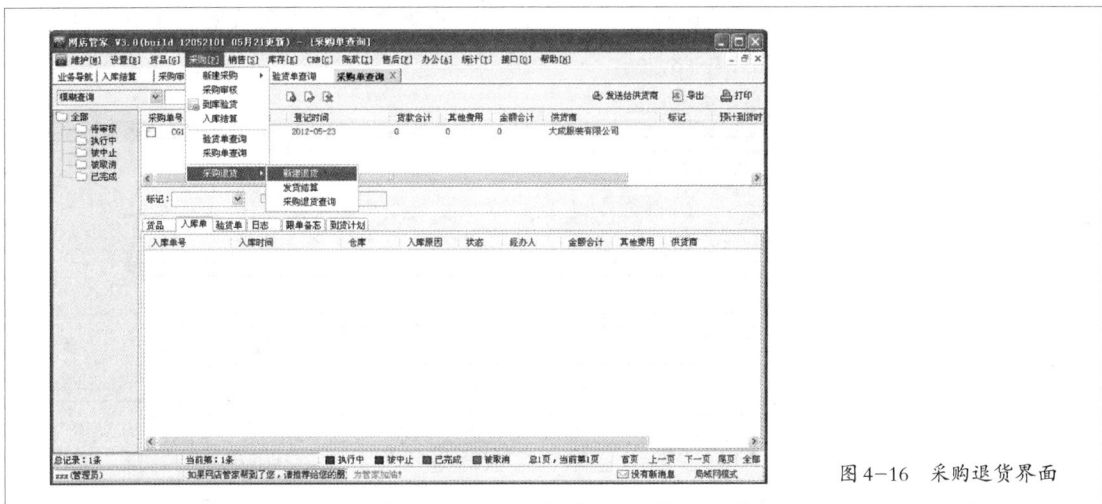

图4-16 采购退货界面

三、商品库存管理

商品库存管理指对仓储货物的收发、结存等活动的有效控制。其目的是确保货物完好无损，做到账实相符，保持合适的库存水平，及时发货，提升客户的满意度。

一般库存管理有三个重点，即仓库日常管理、库存数量管理和货位管理。仓库日常管理包括货品调拨、标签打印、其他出入库、出入库审核、出入库冲抵等；库存数量管理包含库存数量管理、分仓库存管理、商品盘点和库存价格的核对等管理；货位管理包括理货上下架、优化货位、释放货位、货位图示、货位分析等，主要是为了提升仓库空间利用效率和出入库作业效率。网店管家库存管理业务流程图如图4-17所示。

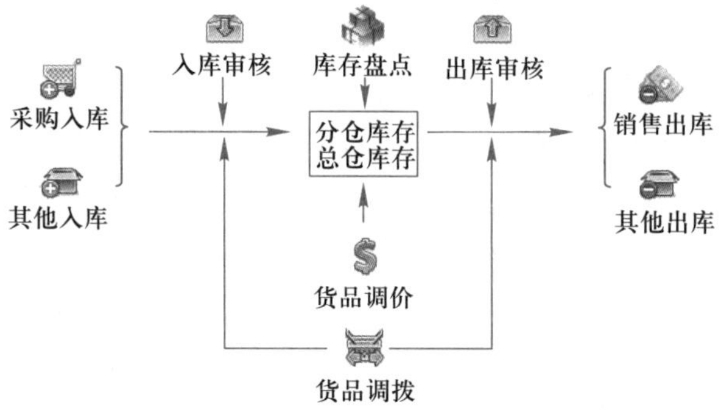

图4-17 网店管家库存
管理业务流程图

商品出入库管理

（一）仓库日常管理

1. 货品调拨

当存在多个仓库时，货品在仓库之间转移就需要做库存调拨业务。货品调拨业务可以在网店管家的货品调拨功能中实现，操作界面如图4-18所示。

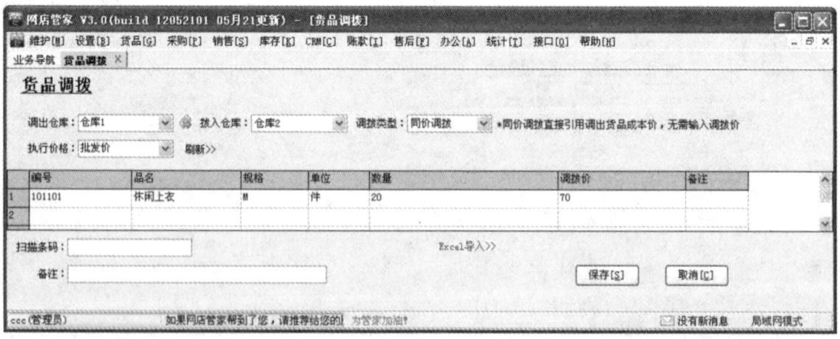

图4-18 货品调拨界面

填写"调出仓库"、"拨入仓库"以及"调拨类型"后，添加要调拨的商品并点击"保存"即在系统中完成了货品调拨。调拨保存后，系统会自动生成出库单和入库单。

2. 标签打印

标签打印一般在商品入库流程中操作，此外也可以根据需要在

"标签打印"界面直接输入商品及打印的标签份数和标签样式来执行
标签打印操作，标签打印在网店管家中的操作界面如图4-19所示。

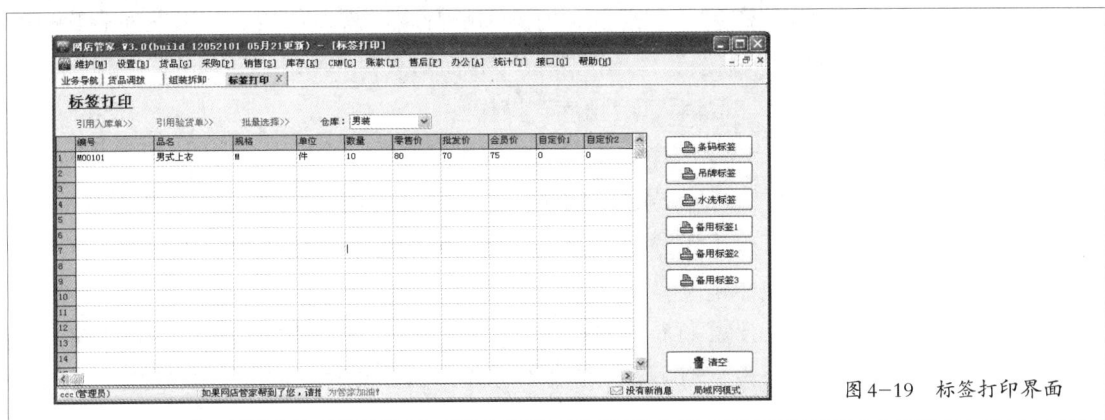

图4-19　标签打印界面

3. 其他出入库

其他出入库是指除了销售出库、采购入库、退换入库、换货出
库、调拨出入库等经常性出入库业务之外的商品出入库情况，如商
品拍照时的进出库，商品展览、展示时的进出库，商品质检时的进
出库等待。其他出入库只改变商品的库存数据，并不对商品的成本
价产生影响，所以不适合于采购或采购退货等业务情况。"其他入
库"和"其他出库"的界面如图4-20和图4-21所示。

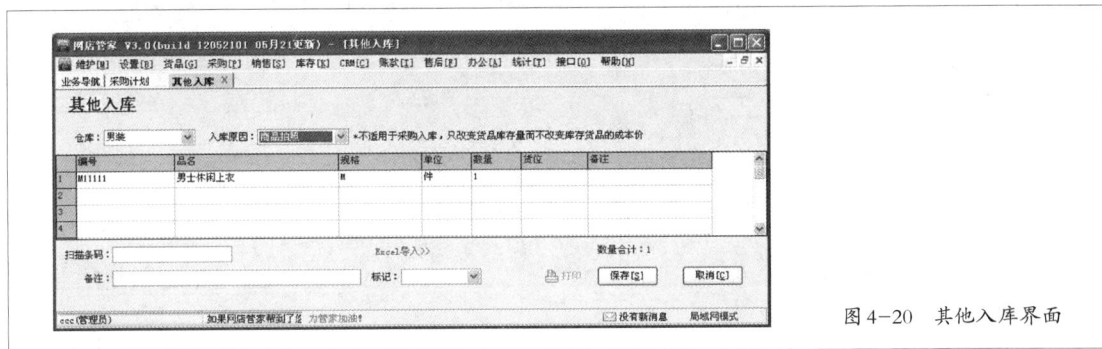

图4-20　其他入库界面

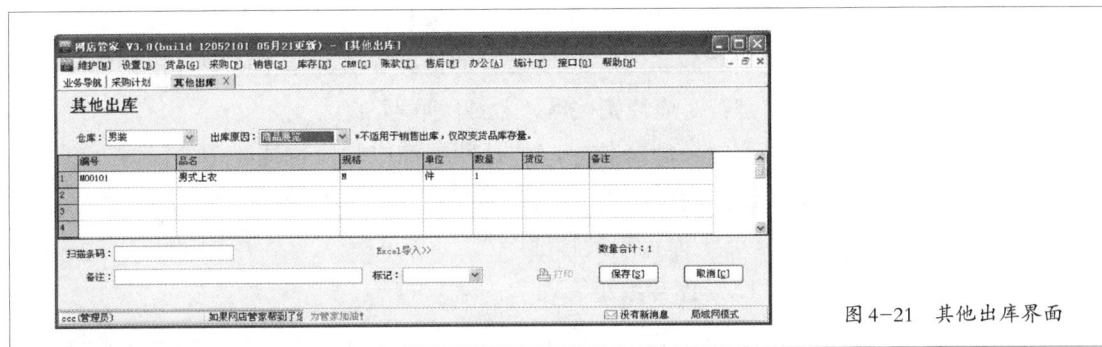

图4-21　其他出库界面

4. 出入库审核

如果在系统初始化时设置了商品入库、出库需审核的，则所有涉及商品入库或出库的操作都对应地需要审核。可以在网店管家的"入库审核"、"出库审核"界面对入库单和出库单进行"审核通过"或者"取消入库/出库"操作。

5. 出入库冲抵

入库单/出库单用于查看商品的出入库情况，不能直接删除，但可以采用冲销入库或冲销出库的方法对错误操作引起的入库和出库做冲销。

这里的冲销指作废、抵消。冲销入库或冲销出库可由系统在撤销发货、撤销入库等业务操作中自动执行，也可以在入库单/出库单查询页面通过右键菜单完成，如图4-22所示。

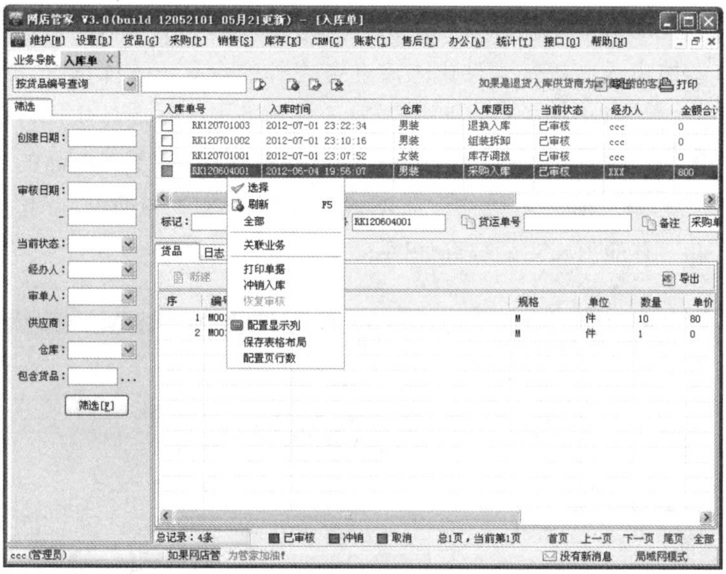

图4-22　入库单查询界面

选择冲销入库或冲销出库后，系统会自动生成一条审核通过的入库单或出库单，其入库或出库数量刚好为原入库单或出库单的数量的负数。如图4-23所示，冲销入库或冲销出库中可根据实际情况决定是否对应冲销关联账款或关联收支。

冲销关联账款对应的是冲销掉应收应付挂账中的记录，而冲销关联收支则是冲销掉已经核销结算的收支金额。

（二）库存数量管理

1. 总库存数量管理

总库存数量管理在系统中主要通过"总库存"功能来实现。总库存管理主要用于查看账面库存的详细数据，包含"总库存"、"不良品量"、"等待发货量"、"采购在途量"、"退货在途量"、"采购计划量"、"月销量"、"总销量"及库存状态等。网店管家的总库存查询界面如图4-24所示，通过右键菜单还支持单品盘点、单品采购、销售明细查看、采购明细查看等业务应用。

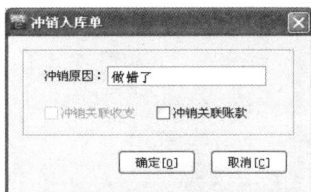

图4-23 冲销入库单界面

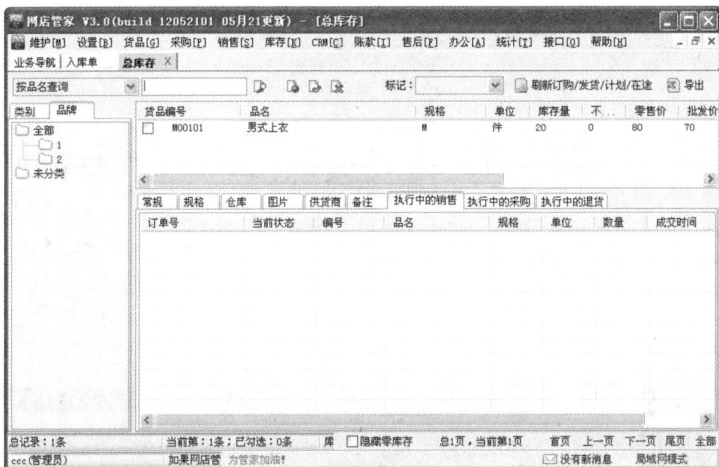

图4-24 总库存查询界面

2. 分仓库存管理

如果店家有多个分仓库，即可以查看每个分仓库中的商品库存状况。网店管家的分仓库存查询界面如图4-25所示，在仓库选择栏中选择一个仓库名称就可以浏览该仓库的具体库存状态。

3. 商品盘点

为保证仓库的实际商品数量与账面的数据一致，需要定期对商品的实际库存进行检查，这种检查即为商品盘点。商品盘点的流程如图4-26所示。

仓库盘点方式一般采用人工盘点，可以采用网店管家提供的盘点功能来完成。网店管家的人工盘点功能在"商品盘点"的"盘点开单"菜单项中，选择所要盘点仓库以及盘点单上商品的排序规则，并确定盘点的商品范围，如图4-27所示。

库存盘点

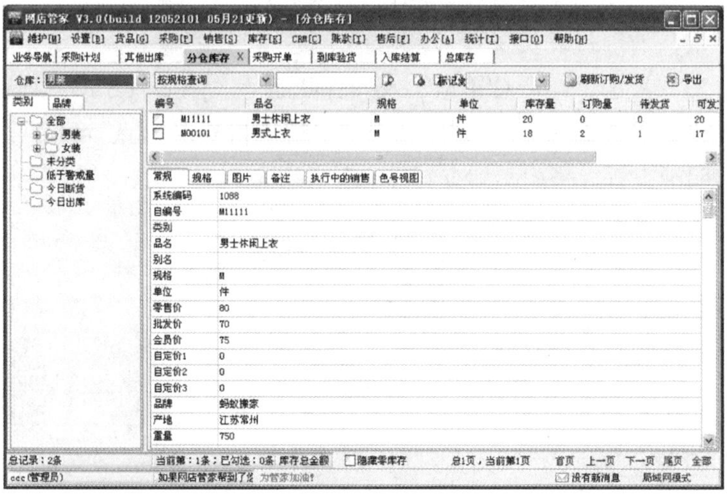

图4-25　分仓库存查询界面

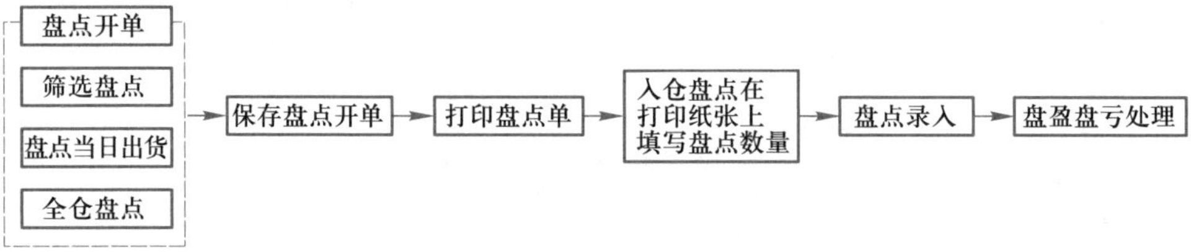

图4-26　商品盘点流程图

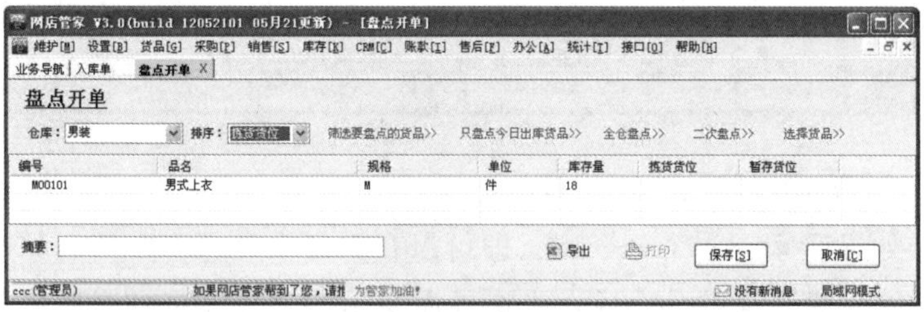

图4-27　盘点开单界面

　　仓库盘点首先要筛选需要盘点的商品，可以选择盘点商品的类别、品牌、货架、当日出库的商品、全仓盘点等。

　　筛选盘点范围后，系统会自动生成盘点单，盘点人员拿着打印出来的盘点单进入仓库盘点，清点并填写商品实际库存。盘点完成后，将单据上填写的实际库存数量录入系统。网店管家的盘点录入操作界面如图4-28所示。

　　盘点录入完成后需要做盘盈盘亏处理，以达到账实相符。

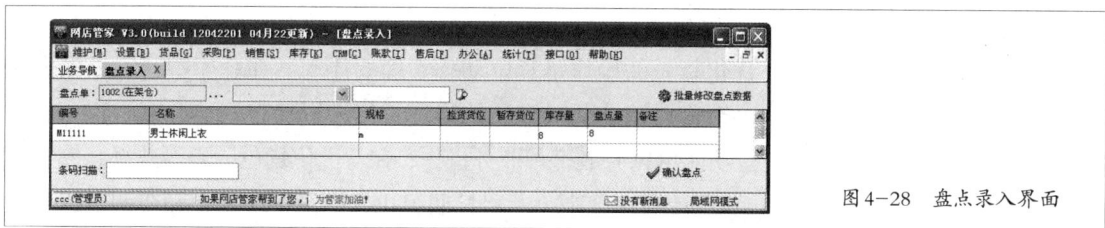

图4-28 盘点录入界面

（三）货位管理

货位管理包含对货位上的商品调整以及提升货位本身空间利用效率等工作。货位管理包括理货上架、理货下架、货位盘点、优化货位、释放货位、货位分析等。

1. 理货上架

理货上架指将商品由仓库的暂存货位转移到拣货货位，这项业务操作只需要输入转移的商品及其数量即可，如图4-29所示。网店管家的理货上架功能中有一个"智能理货"，其原理是由系统分析商品当前拣货货位库存量和前一天出库数量来智能推荐需要理货上架的商品及其数量。

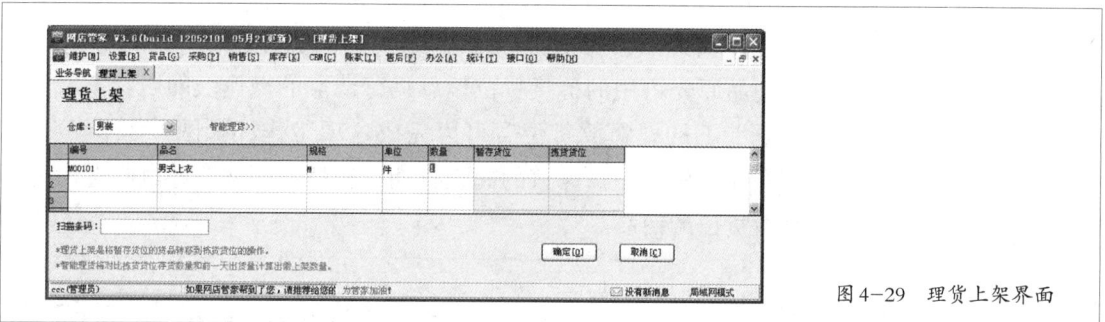

图4-29 理货上架界面

2. 理货下架

理货下架指将商品由仓库的拣货货位转移到暂存货位，理货下架也只需要输入转移的商品（支持条码扫描输入方式）及其数量，如图4-30所示。

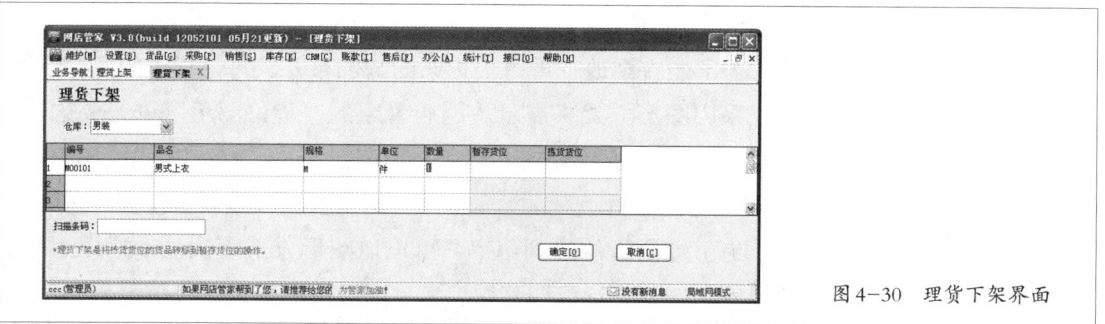

图4-30 理货下架界面

3. 优化货位

优化货位的操作是货位动态管理的体现。在仓库中，可以根据商品的热销或滞销情况对商品的拣货货位进行动态调整。网店管家的优化货位功能可以完成这种业务操作，在"优化货位"界面选择仓库及商品热销/滞销筛选规则（考察日期起止、销量排序规则和要调整优化货位的商品数量），选择"筛选"，对筛选出来的商品填写"新货位"，选择"确认修改"，即可完成系统中的货位信息调整，如图4-31所示。

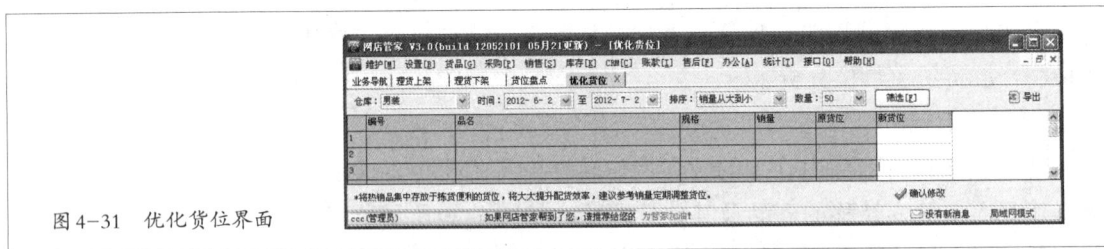

图4-31　优化货位界面

系统中的货位信息调整后，还需将修改结果导出Excel文件并打印，然后根据此结果到仓库中进行货位的实际调整。

4. 释放货位

释放货位，是指将一定时期内销量为0且该商品当前库存为0的商品原先占用的拣货货位信息进行清空的操作。网店管家"货位管理"下的"释放货位"可以完成这项工作，如图4-32所示。选择仓库，确定销量考察的起止日期，选择"筛选"即可筛选出需要释放货位的商品。

图4-32　释放货位界面

勾选需要释放的货位，再选择"确认释放"，即可完成对应商品的拣货货位信息清空操作。

5. 货位图示

为了能直观地查看每个货架的货位布置及每个货位的库存情况，可以采用图形方式来展示。网店管家的"货位图示"可完成这项工作，如图4-33所示。

6. 货位分析

为了提高货位的利用率，可以以图形方式直观显示货位上商品的出库频率，为货位调整做参考。网店管家提供了货位分析的功能，如图4-34所示。

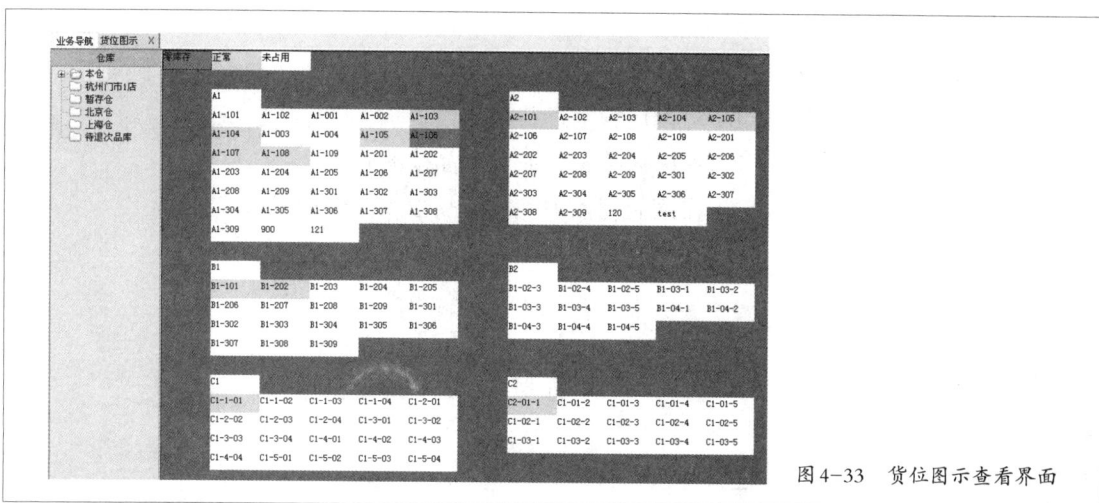

图4-33　货位图示查看界面

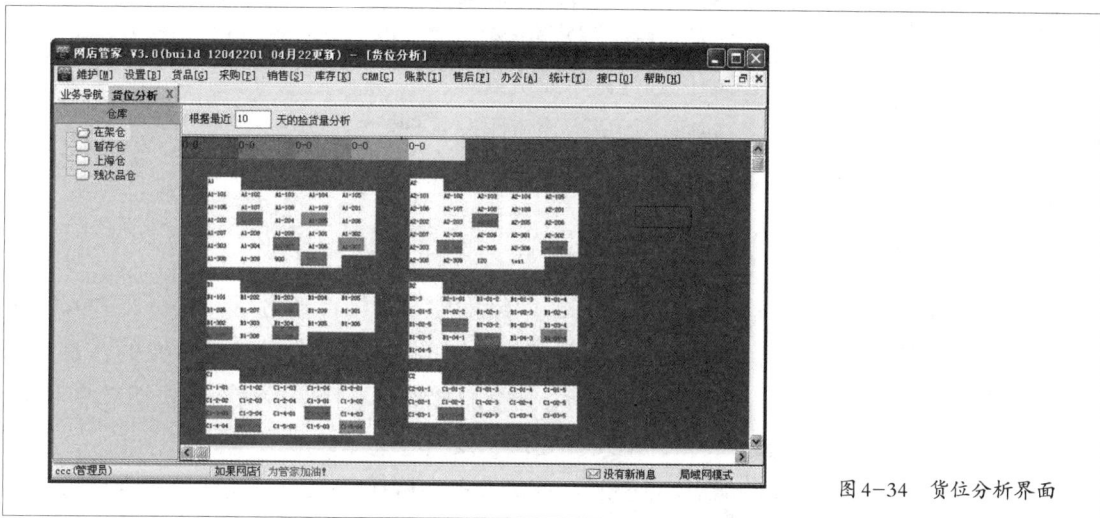

图4-34　货位分析界面

任务小结

通过对网店管家的安装与初始设置、商品采购管理和商品库存
管理知识的学习，我们能够掌握商品采购的基本流程和网店商品的
库存管理知识，进而能够更好地进行网店日常的商品管理。

任务思考

1. 为什么在使用系统时要进行完善的初始设置？

2. 商品采购管理包括哪些环节？

3. 仓库日常管理的重点内容是什么？

4. 库存盘点有什么作用？

举一反三

在网店管家中进行商品的日常管理，需主要完成如下操作：

（1）对网店管家进行初始设置。

（2）在网店管家中完成商品采购管理。

（3）在网店管家中完成商品出入库管理。

（4）在网店管家中完成商品库存盘点管理。

任务4-2　网店交易管理

网店交易管理

任务导读

1. 如何将订单导入网店管家？

2. 如何进行订单审核？

3. 如何进行订单发货处理？

4. 如何进行货运物流跟踪管理？

5. 如何进行订单查询与干预？

任务分解与实施

经过项目3进行的网络推广与营销活动之后，客户会进入网店浏览商品并下单，网店管理人员接下来就要开始最重要的日常业务活动——交易管理了。完整的日常交易管理活动大体包括订单生成、订单审核和订单发货处理、发货在途管理及订单其他操作等，具体流程如图4-35所示。这些业务在网店管家中都能轻松实现，另外网店管家还提供了淘宝、拍拍、当当、京东以及独立网店等网络直销、分销订单以及线下直销、批发业务的支持。

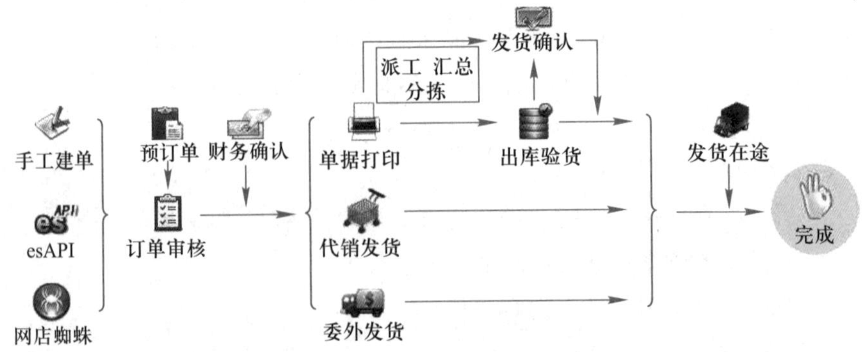

图4-35　订单管理流程

一、订单生成

（一）订单来源

网店管家设置的订单来源有六种：网络平台订单、400电话平台订单、汇款订单、批发订单、售后换货订单以及现款销售订单（如门店订单、自提订单）等。其中网络平台订单是最主要的来源，客户在店铺浏览到需要购买的商品后，会选择"立即购买"或"加入购物车"进行下单，此时在店铺后台的卖家中心订单列表中会自动出现客户下单的信息，如图4-36所示。

图4-36 淘宝店铺后台卖家中心订单列表

上述所产生的订单可以直接在店铺的后台进行管理，也可将订单导入或录入网店管家中进行管理。

（二）订单建立

订单来源不同，订单的建立方式也有所差异，常用的订单建立方式有利用esAPI或网店蜘蛛等软件自动抓取订单和手工建单两种，下面具体介绍手工建单这种方式。

通过网店管家的手工建单功能进入手工建单界面，如图4-37所

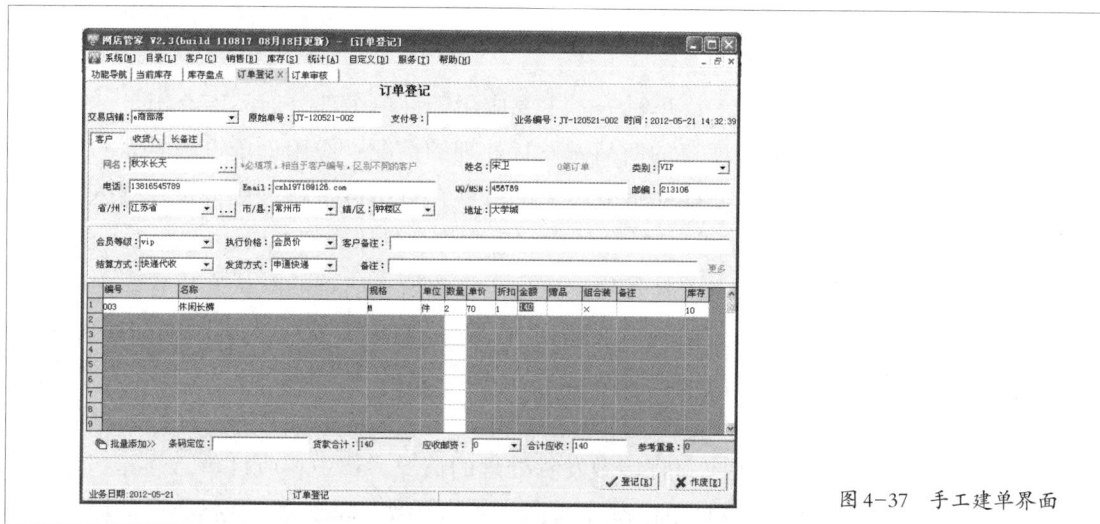

图4-37 手工建单界面

示。手工建单界面需输入订单基本信息、订单客户信息、订单商品信息、订单收款信息等。

编辑好上述信息后选择"登记"按钮,即可完成订单的创建过程。

二、订单审核

订单审核是指对订单信息资料的审核,以使后面的打单、配货和出库作业都能顺利执行。如果审单工作不严谨,则将对后续工作造成影响,会降低订单处理的效率。

对于订单建立中涉及的五种类型订单来源,除了现款销售订单外,其他四种订单都会进入审核环节。

订单审核分为两个环节:客审和财审。客审指的是客服或专职审单人员对订单的基本信息进行基本检查和订单修改,确保审核通过的订单都可以正常配货、发货;财审则是财务人员对订单的客户付款情况做确认,以决定是否继续处理相应订单。

(一)订单客审

订单客审需要完成下面的检查工作:

1. 检查库存是否充足

检查仓库中有无客户需要的足够商品。库存足够,则该项审核即通过;若库存不足,则需要根据不同情况对订单作相应处理。对库存不足的订单,可以采用下面的四种处理方式:

(1)转预订单。主要应用于等待采购的情况,可在网店管家的"转预订单"功能中完成。订单转入预订单时,可以设置一个激活日期,预订单在这个激活日期到来时可自动转入订单审核环节。如果预订单在设置激活日期之前满足进一步处理的条件,审单员也可手工将预订单转入审核。

(2)订单拆分。主要应用于订单中部分商品库存不足,可以优先对有库存的商品做发货处理的情况。应用订单审核界面的"拆分订单"功能对拆分出来的有库存订单做审核操作,转入打单发货环节(关于订单拆分的内容后文将会具体介绍)。

(3)委外发货:应用于订单所在店铺的默认发货仓库中商品库存不足,但其他仓库有库存的订单处理(关于委外发货的内容后文将作进一步介绍)。

(4)代销发货:应用于订单中的商品没有库存,计划将相关订单由供应商直接做发货处理的情况。选中相应订单,选择"修改订单",在订单修改界面将"订单类型"修改为"代销售"即可(关于代销发货的内容后文将作具体介绍）。

以上这些操作可以在网店管家的"异常"下的"库存不足"检查功能中完成。

2. 检查同名未合并

如果客户下了多张订单，则可以将这些订单合并成一张订单进行处理，网店管家的"同名未合并"功能能完成这项操作。对筛选出来的同网名订单，判断其收件人、收货人信息是否也一致，如果网名、收件人和收货信息一致，则可以选择这样的同网名订单将它们合并为一个订单。对于网名相同，但收件人或收货地址不同，经与客户联系后可以统一为一个收货人和收货地址的，也可以选择"合并订单"，并选择或编辑最后的收货人信息和收货地址，完成订单的合并。

同名未合并检查一直可延伸到订单扫描出库操作前，既可能出现在订单审核状态，也可能出现在打包出库状态。若出现于后者，则需要找到打包出库的这个订单，将它"驳回审核"，然后再到订单审核界面将这两个订单合并。

3. 拆分订单

如果订单中包含多件商品，并存在以下某种情况，客审人员就可以对订单做拆分处理，以保证能正常发货：

（1）订单部分商品库存不足，但我们需要优先对有库存的商品优先发货的；

（2）订单中同时有我们自己发货商品和代销品的；

（3）订单需要分两个或两个以上仓库来分别发货的；

（4）订单中商品需要分开包装发货的。

对于大件商品，如大型家电家居产品，一个商品需要一个包裹，我们也可以通过自动拆分为单品功能将订单拆成单品订单。

4. 检查快递和发货仓库

如果需要对快递和发货仓库进行修改，则可以在网店管家的过滤条件中的"异常"下"修改订单"来修改发货仓库和货运方式，以保证能准确发货。

5. 冻结和解冻订单

对置疑订单，可以采取冻结订单来暂时停止对订单的审核处理。方法是在订单上右键选择，在弹出的菜单栏中选择"冻结订单"，被冻结的订单以粉红色字体来提示。

当订单满足解冻状态时，审单人员可以选择"解冻订单"来取消订单的冻结状态。

6. 其他审单操作

审单人员还可以对订单进行备注修改、订单标记、批量修改、订单取消、强制审核、人工确认、预估毛利、客户联系等操作。

订单客审通过后，如果我们在单据打印中设置了启用多通道打印并选择了"审核时人工指定"，客审人员选择"审核完成"时系统就会弹出"选择打印通道"界面，选择好打印通道后，订单就进入相应通道的客户端计算机的"单据打印"界面。

订单审核界面如图4-38所示。

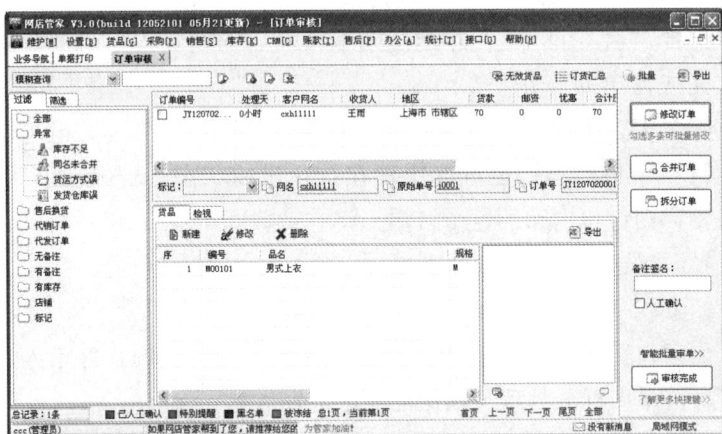

图4-38 订单审核界面

（二）订单财审

如果对订单设置了需做财务确认，则当订单通过客审环节后，会自动转入财审环节。网店管家的财务确认可以完成这项功能，界面如图4-39所示。

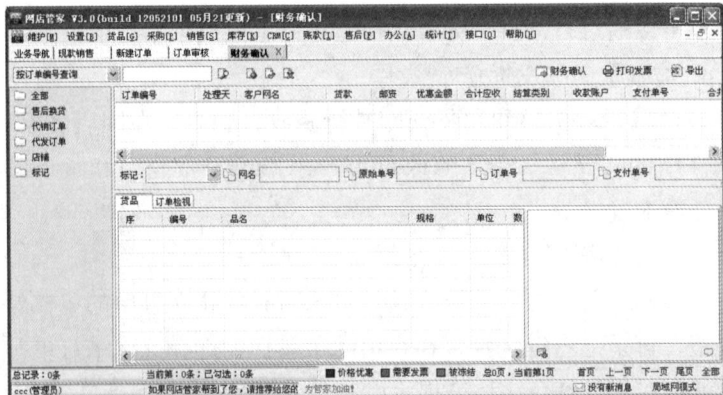

图4-39 订单财审界面

订单财审主要有三方面内容：财务确认、打印发票、驳回或冻结。

（1）财务确认。财务查看订单金额支付情况，对确认实际到款金额无问题的订单，选择"财务确认"，将订单转入到"单据打印"环节。

（2）打印发票。对需要打印发票的订单，打印发票。发票样式在物流资费中设置。

（3）驳回或冻结。对规定时期内未到账或者买家实际支付金额与订单中应收金额不一致的订单，做驳回或冻结处理。

小贴士：预订单管理

预订单指暂时不需或暂时无法做发货处理的订单，另外售后换货的发货订单也会自动转为预订单。这项操作可在网店管家的预订单功能模块中完成。

预订单在过滤条件"异常"下增加了"包含代销品"和"包含预售品"，而且在订单列表界面增加了"预订类别"。审单员可以根据这些条件对预订单进行过滤和排序操作。

此外，审单人员也可以在预订单界面通过右键菜单功能对预订单及其商品明细进行相关操作。

三、订单发货处理

订单经过客审和财审后，就可以进入打单发货处理环节了。根据订单配货、发货操作主体的不同，在网店管家中发货处理可分本仓发货、代销发货和委外发货三种情况。

仓库配货与出库

（一）本仓发货

本仓发货是指网店自身完成打单、拣货和发货作业。其包括的主要内容有单据打印、仓库配货与商品出库、物流发货三个环节。

1. 单据打印

本仓发货首先需要打印订单的货运单、发货单、汇总单或分单汇总单。这些操作可以在网店管家的单据打印功能模块中完成，界面如图4-40所示。

当一批符合筛选条件的订单筛选出来后，打单员选择"货运单套打"和"打印发货单"就可以进行快递单和发货单打印。打印完成后，打单员还需要对该批次打印出来的快递单号进行登记，如图4-41所示。

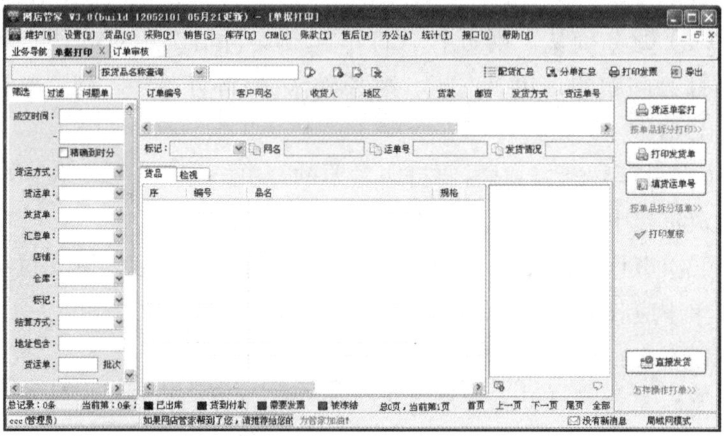

图4-40　单据打印界面

图4-41　填货运单号界面

小贴士：同批次连打快递单号

网店管家支持同批次连打快递单号的智能联想，即当打单员用扫描枪扫描同一批次连打的快递单中第一张快递单的单号后，可以选择按钮，对该批次的其他订单的快递单号实现登记。通过快递单号登记的工作，系统实现了快递单和订单的一一对应工作。

如果不经过网店管家系统进行商品出库校验和发货确认操作，则可对已经登记过快递单号的订单做批量勾选，然后选择"批量发货"，对应订单将跳过验货和发货确认环节，直接完成处理流程。

小贴士：多通道打印

如果启用了多通道打印，则某通道对应的客户端计算机上首先由系统自动筛选此通道被分配的待打印订单，打单员可以通过货运方式、货运单、发货单、店铺、标记、结算方式、地址包含、商品数和包含商品等批量筛选过滤。

2. 仓库配货与商品出库

仓库配货是与具体配货和出库流程相结合应用的，该功能支持配货派工、随机汇总、二次分拣和商品出库。仓库常见的配货方式有摘果法、播种法、摘果播种法和单品出库。

（1）摘果法。摘果法是一单一单配货的方式，拣货人员拣完一个订单的商品再去拣下一个订单的商品。适合于面积不大、拣货行走路径不长的仓库。

（2）播种法。也称二次分拣法。拣货人员先根据配货汇总单进入仓库集中拣取一批订单的商品，然后再到分拣区将商品分配到各个订单中转箱中。适合于仓库面积较大、订单中平均商品较多的情况。

（3）摘果播种法。也称摘果播种一次完成法。拣货人员根据分单汇总单，在对订单集中拣货的同时完成订单商品的按单分配，不需再做二次分拣作业。摘果播种法需要配置可直接容纳多个订单空格的拣货车，如图4-42所示。

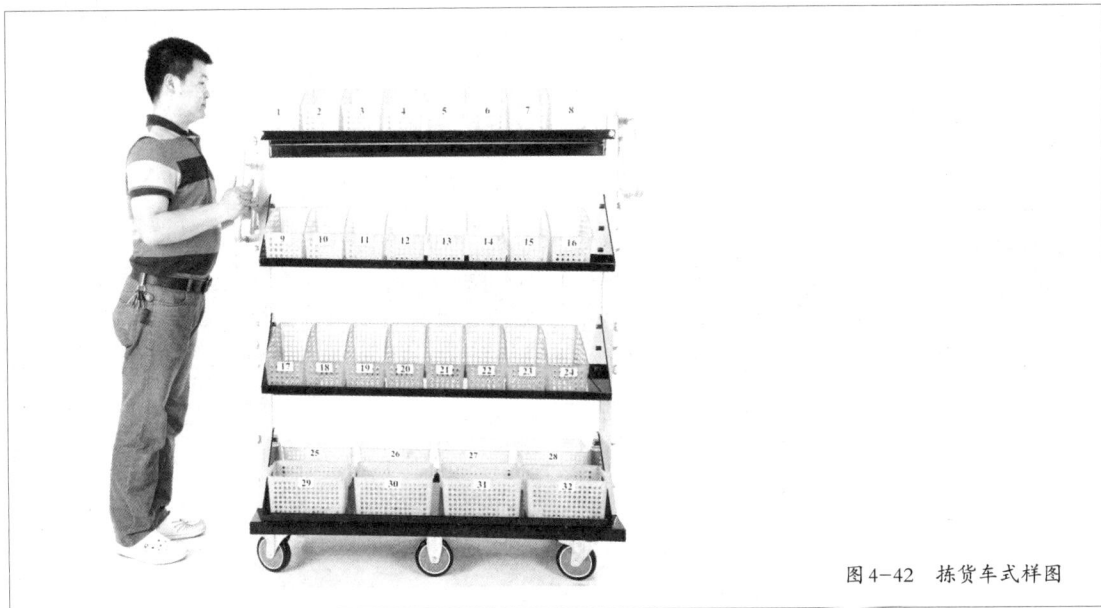

图4-42　拣货车式样图

（4）单品出库。对单品订单使用的一种特殊拣货出库方法。拣货人员首先获取一批单品订单的汇总单，根据汇总单进入仓库配货。配货完成后，由校验人员扫描商品标签条码，在扫码的同时实现快递单和发货单的自动打印以及快递单号的自动登记（关于单品出库的内容后文将作进一步介绍）。

上面四种仓库配货与商品出库方式的流程如图4-43所示。

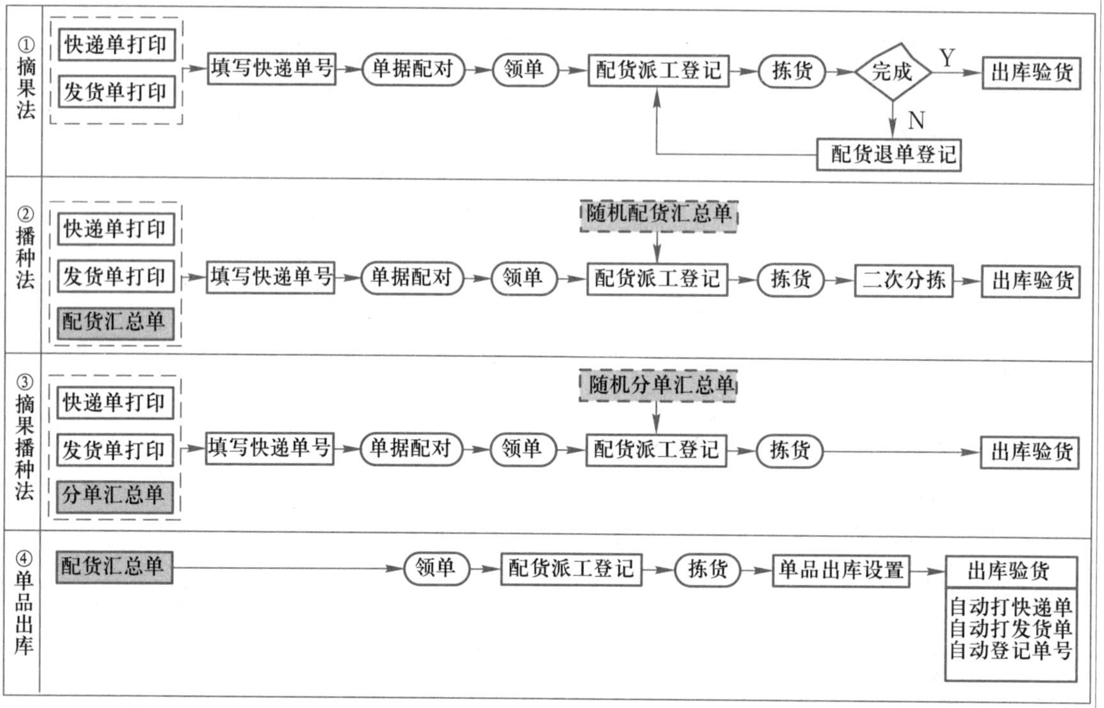

图 4-43　仓库配货与商品出库方式的流程图

仓库配货与商品出库活动包括以下环节：

（1）快递单打印、发货单打印和快递单号登记。

（2）配货汇总单打印和随机汇总单打印。

小贴士：配货汇总单和随机汇总单

配货汇总单和随机汇总单都是将一批订单的商品进行汇总。两者的区别在于配货汇总单是提前打出来的，如果汇总的是50个订单的商品，则要求拿着汇总单的拣货人员必须同时拿上这张汇总单对应的50个订单的快递面单和发货单去做二次分拣。打单人员必须保证汇总的订单数量和拣货人员拿取的快递面单数量是完全一致的，而且确认是同一批。而随机汇总单则相对随意些。

在随机汇总模式下，打单人员只需负责快递面单和发货单的打印、快递单号登记和单据配对。拣货人员随机拿取一批配对好的单据，用扫描枪扫描自己拿到的快递单。扫描完成后，拣货人员选择"打印配货汇总单"，系统就自动累计该拣货人员这一批次拿到的快递面单所对应订单中的商品并给出汇总单，这种模式下不限定拣货人员一次拿取的快递面单的数量，而且可以更好地保证汇总单和所拿快递面单的对应。

（3）配货派工登记。配货派工登记有两方面作用：计算拣货员的业绩和便于责任的确定。配货派工登记界面如图4-44所示。

图4-44　配货派工登记界面

配货派工中，打单员或者拣货员选择单据类型和配货员后，用扫描枪扫描对应的货运单或汇总单，即可完成派工登记。

（4）配货退单登记。配货退单登记一般在摘果法配货方式中应用。如果拣货人员在拣货时需要将自己已做派工登记的订单分给其他拣货人员去拣货，就需要进行配货退单登记。网店管家的配货退单登记界面如图4-45所示，扫描快递单号后，就可清空原派工记录。

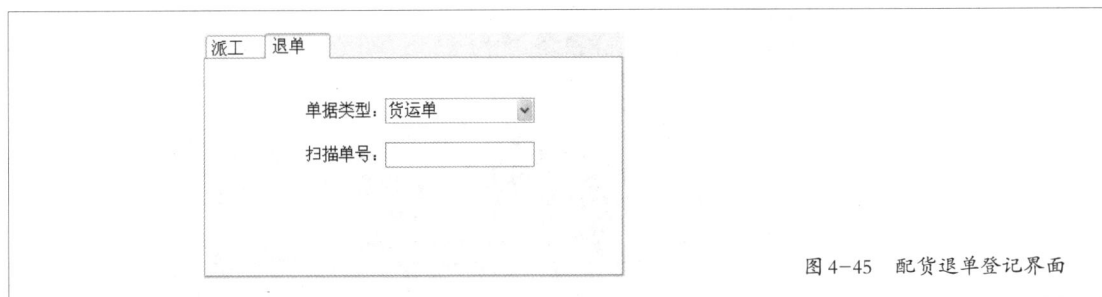

图4-45　配货退单登记界面

（5）出库验货。订单配货完成后，需要对订单所配商品做一次出库核对，即核对订单与出库单的信息是否一致，具体包含核对商品品种、数量，有时还需要进行重量的核对。网店管家提供了三种出库验货支持方式：条码模式、淘宝模式和列表模式。

条码模式：即用扫描枪扫描快递单号调出订单信息，再用扫描枪扫描商品标签上的条码来完成订单商品的检验，网店管家的条码库验货如图4-46所示。

淘宝模式：类似于订单检视，扫描快递单号后，根据快递单所对应订单的原始单号，进入淘宝后台页面找到订单，再根据订单详情来做商品出库校验。

列表模式：通过直观的商品图片和商品名称的方式来做出库校验，如图4-47所示。

无论是哪种模式，在校验窗口的右下角均有一个扫描拍照窗口。

当我们在校验的计算机上配置了摄像头的时候，选择摄像头图标，即可拍下商品校验的场景，以便于后面查看。

（6）单品出库。单品出库是先找货后打单的方式。当拣货员根据汇总单完成对单品订单商品的拣取时，可进入网店管家的单品出库功能模块中进行操作，单品出库界面如图4-48所示，扫描单品商品标签上的条码，就可完成订单的出库。

图4-46 条码模式验货

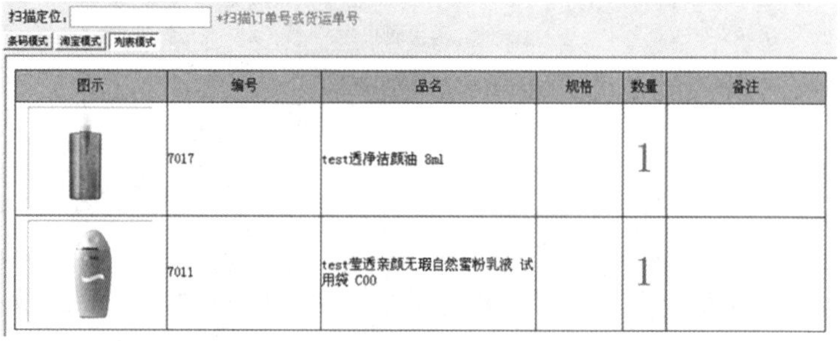

图4-47 列表模式验货

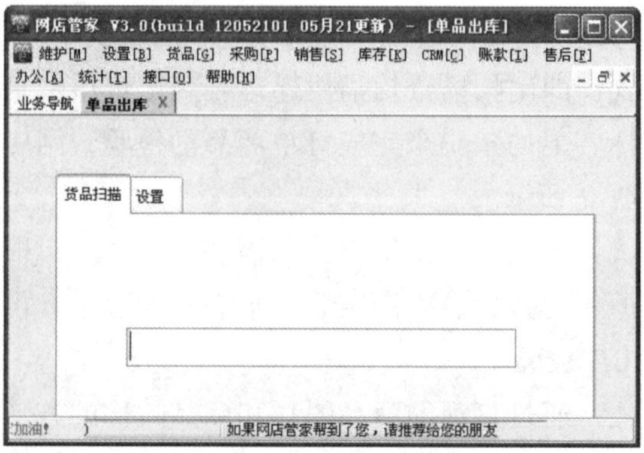

图4-48 单品出库扫描界面

在单据打印页面打印单品订单汇总单时，没有事先打这些单品订单的快递单、发货单和没有做快递单号登记的，可以选择"设置"，进入单品订单快递面单和发货单自动打印以及快递单号自动登记设置，如图4-49所示。选择货运方式，并输入每个快递方式连打模式下第一张要打印的面单单号，同时勾选"打印货运单"和"打印发货单"，就可以在"商品扫描"时自动打印货运单、发货单，并自动完成快递单号登记及发货出库操作。

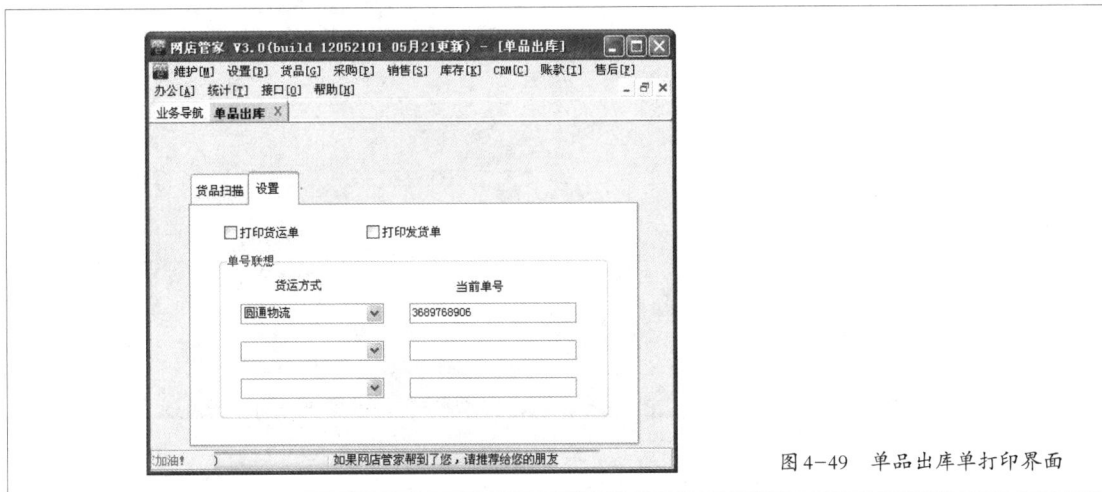

图4-49　单品出库单打印界面

（7）大件验货。由于包含多个大件商品的订单在打单和填写单号的时候是分拆的，相应地，在出库校验的时候也是单独校验。这项工作可以在网店管家的大件验货中完成。当大件验货校验通过之后，界面会出现绿色的显示条，如图4-50所示。这项功能的前提是单据打印界面订单为"按单品拆分打印"，并且单号是拆分填写的。

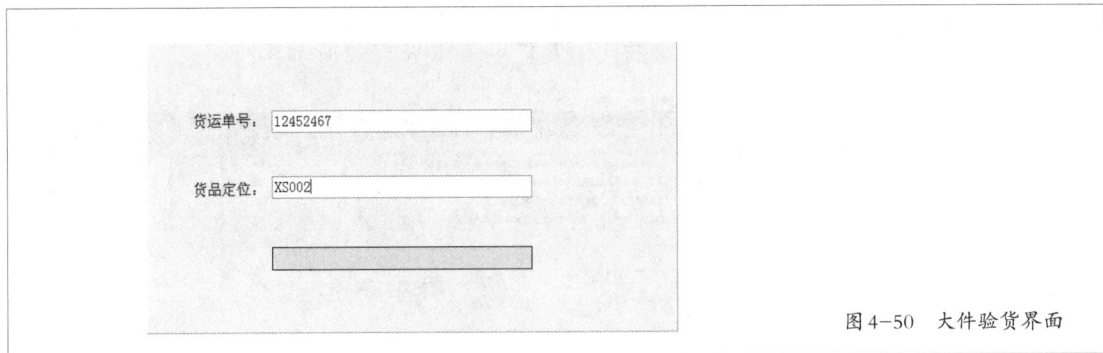

图4-50　大件验货界面

3. 物流发货

订单在完成出库验货后，就进入了发货确认环节。发货确认主要用来登记包装、配货员、打包员、包裹称重和邮资填写。网店管家的发货确认界面如图4-51所示。

如果我们在网店管家的系统设置中勾选了"商品校验出库后即自动完成发货确认处理",也可以忽略发货确认步骤,然后在"物流发货"下的"打包员登记"和"邮资补登记"界面中做补充登记。

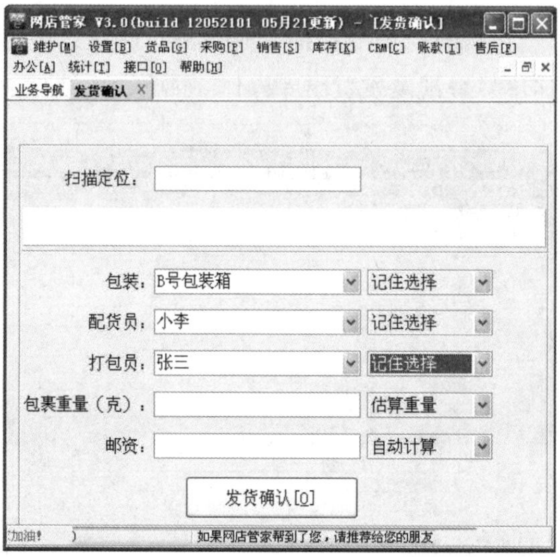

图4-51 订单发货确认界面

（二）代销发货

代销发货是指自己没有相应商品库存,而是由上家供应商来完成订单发货的业务情形。在这种方式下,我们的代销订单自动递交到Web for网店管家模块,供应商获取订单信息后完成发货,并将发货的物流信息填写到Web for网店管家模块中,然后由Web for网店管家模块自动将物流信息再提交给网店管家。我们在代销发货界面主要的工作是补充物流信息和完成结算。

网店管家的代销发货界面如图4-52所示。

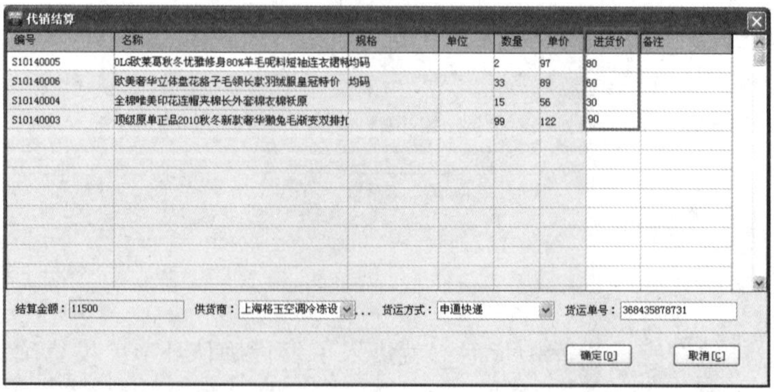

图4-52 代销发货界面

（三）委外发货

委外发货是指订单的商品无法从本仓库完成发货，需要将订单信息发给外部分仓库，由外部分仓库来完成发货的情况。与处理代销发货的模式基本一致，但不需要做代销结算。

四、发货在途管理

商品发货后，为了提高客户满意度，需要及时通知客户货物的在途情况，这就需要进行货物在途管理，对订单的运输状态和客户签收情况做自动扫描和查看。网店管家的发货在途管理界面如图4-53所示。

当订单的物流信息显示已签收，则可以选择"确认到货"结束物流跟踪。

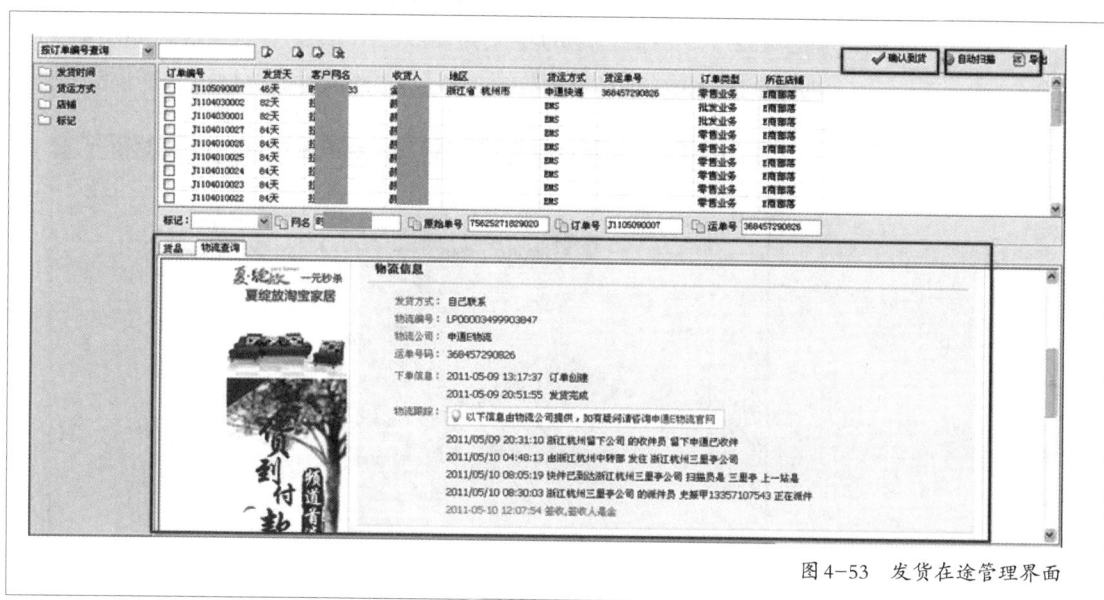

图4-53　发货在途管理界面

五、订单其他操作

网店的日常交易业务管理除了以上的常规管理外，有时还需要进行订单查询、订单逆向处理等，由此我们可以了解一段时间以来网店的运营情况。

（一）订单查询

为了了解订单情况，我们可以通过过滤条件筛选出一些特定订单进行浏览统计等操作。网店管家提供了订单查询的基本功能，丰富了对订单查询的条件和查看内容。网店管家的查询条件除了"过滤"、"筛选"和"高级"外，还增加了对异常订单的梳理，使我们能对各类订单的情况了如指掌。异常订单筛选界面如图4-54所示。

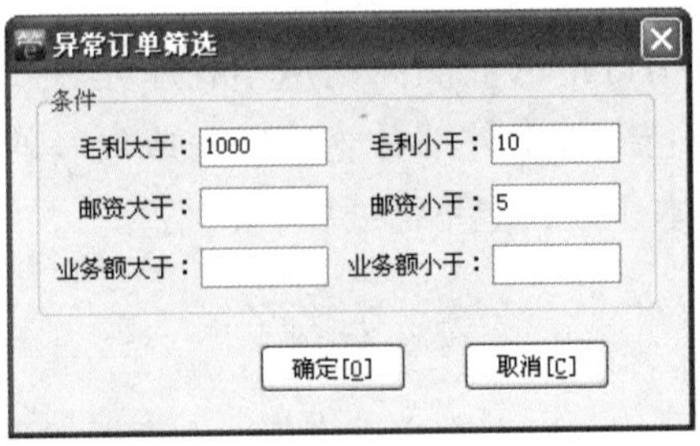

图4-54　异常订单筛选界面

（二）订单逆向处理

订单逆向处理指在订单处理过程中或者处理结束时，需要将订单返回到前面的步骤做重新处理。订单逆向处理主要包含补偿退款、驳回处理、取消订单、删除订单、恢复交易、撤销出库等操作。这些功能可在网店管家的相关界面右键弹出菜单中实现，如图4-55所示右键弹出菜单中的"取消订单"功能即为审核订单的逆向处理。

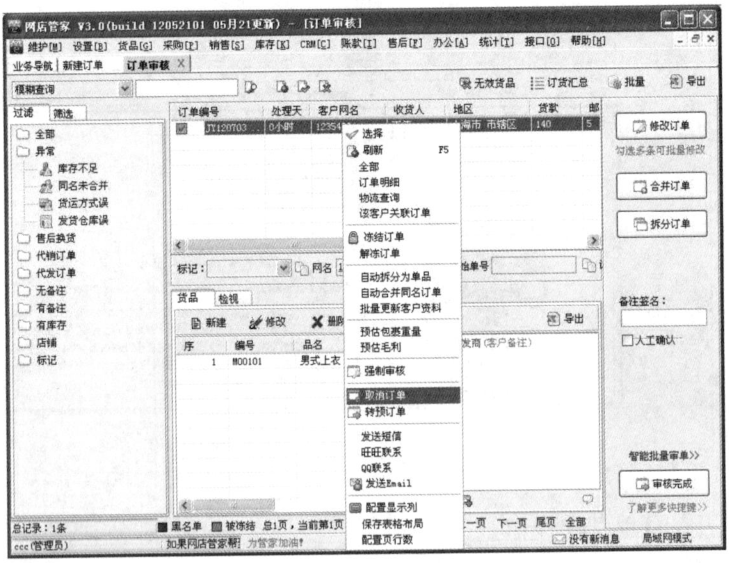

图4-55　审核订单
的逆向处理

任务小结

通过学习订单的处理流程，我们掌握了网上交易活动中的订单生成、订单审核、订单发货处理、发货在途管理及订单其他操作等各个环节的操作内容，这将促使我们对网店的日常运营管理更加富有条理。

任务思考

1. 网络交易管理涉及哪些方面？

2. 订单审核需要审核哪些内容？

3. 仓库常见的配货方式有哪些？

4. 如何进行物流跟踪管理？

举一反三

在网店管家系统中完成订单的日常管理，主要包括如下内容：

（1）录入一张新订单。

（2）进行订单的审核。

（3）根据订单进行发货。

（4）对发货的订单进行跟踪管理。

任务4-3　客　户　管　理

任务导读

1. 如何进行交易评价管理？

2. 如何管理客户资料？

3. 如何进行客户日常联系？

4. 如何进行客户营销？

任务分解与实施

随着市场竞争的加剧，市场竞争的焦点已经从产品的竞争转向品牌的竞争、服务的竞争和客户的竞争，谁能与客户建立和保持长期良好的合作关系，赢得客户信任，谁就能迅速提高市场占有率，获取最大利润。

一般可以把网店的客户管理概括为"3W1H"：

who——客户管理对象：通过客户档案管理、客户分类、会员等级及数据挖掘建立完善的客户筛选标准，便于我们根据不同的客户对象做针对性的客户管理。

when——客户维护时机：指一般时机与售前到货通知、售中提醒、客户回访的时机策略，便于把握最佳客户关怀时机。

what——客户管理内容：指营销任务、消费券管理、赠品策略、客户回访等客户管理的内容。

how——客户联系手段：指与客户联系使用的即时通信工具、400电话、平台短信、电子邮件等手段。

客户管理的整体框架如图4-56所示。

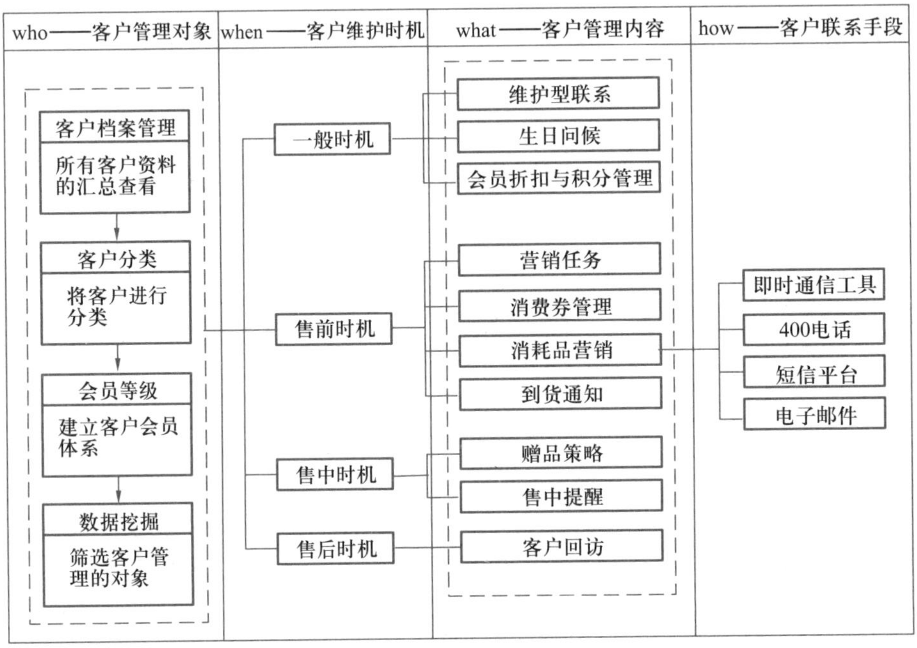

图4-56 客户管理的整体框架图

一、交易评价管理

很多顾客在购买网上商品前会仔细查看卖家的信用记录，通过其他买家对该卖家的评价内容判断卖家是否诚实守信、卖家的货品是否货真价实等。良好的信用记录将帮助卖家得到更多买方的信任，因此，客户管理很重要的一项工作就是进行交易评价管理。要做好交易评价管理，就必须制定适当的评价激励措施，以维护客户对自己网店的好评。对不好的评价，也要及时做好客户沟通工作，改变客户对自家网店的看法。

（一）评价规则

在各大交易平台上买卖双方都有权基于真实的交易在一定时间内进行相互评价。例如，淘宝网就规定在支付宝交易成功后15天内可以进行相互评价，淘宝网评价包括信用评价和店铺评分，天猫评价仅包括店铺评分。店铺评分由买家对卖家作出，包括宝贝与描述相符、卖家的服务态度、卖家发货的速度。每项店铺评分均为动态指标，为此前连续6个月内所有评分的算术平均值。如图4-57所示。买家可在淘宝网信用评价或天猫店铺评分生效后的3个月内追加评论，追加评论的内容不得修改。卖家可对追加评论的内容进行解释，追加评论不影响淘宝网卖家的信用积分或天猫店铺评分。

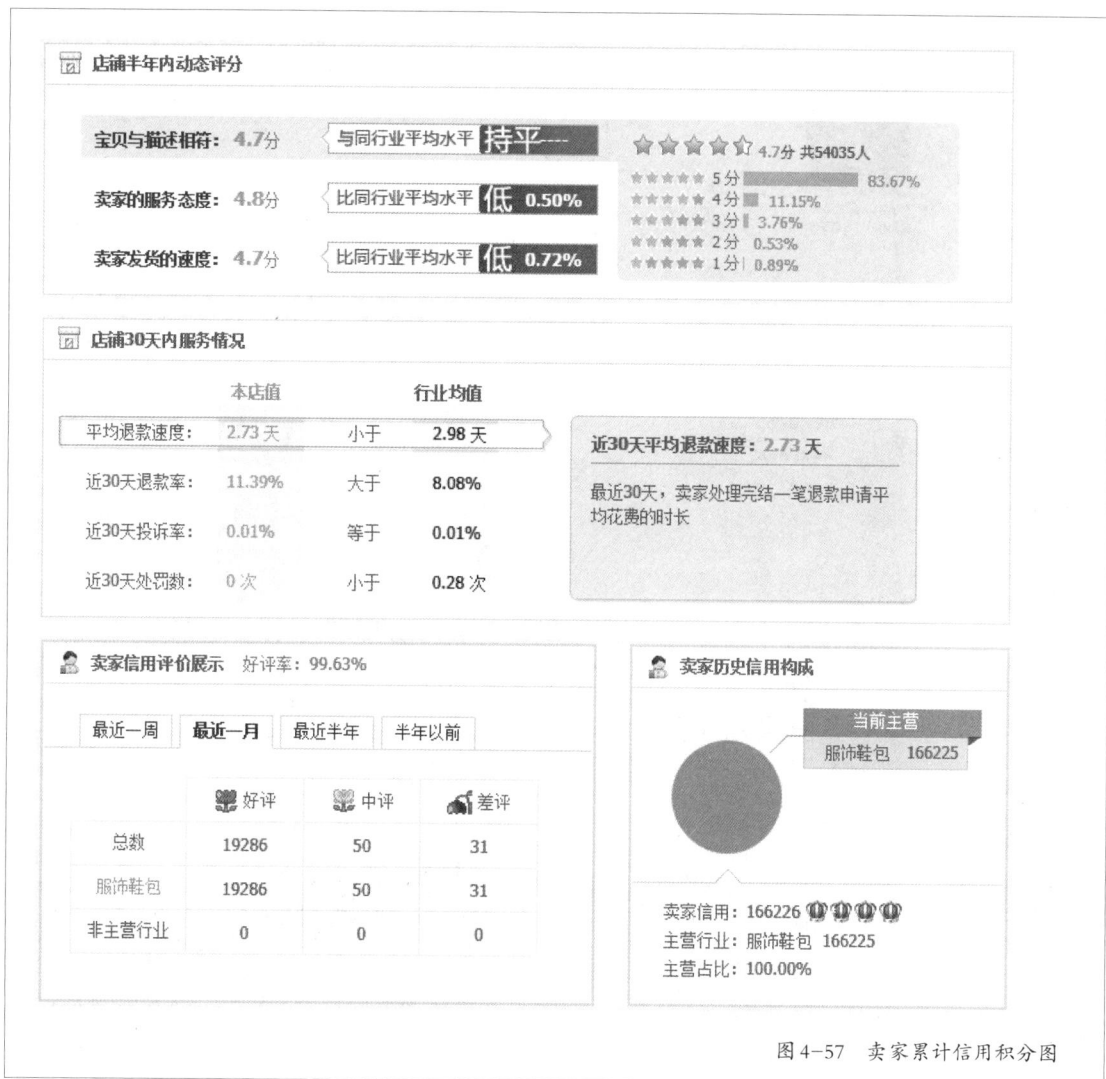

图4-57 卖家累计信用积分图

（二）评价激励

为了保证买卖双方对网上交易进行客观公正的评价，可以采用一定的评价激励措施，尤其对于卖家来说，不好的评价往往会对网店的生意影响巨大，一定的评价激励措施可以改善客户对自己的印象，引导客户给出合理的评价。卖家常用的评价激励措施包括积分奖励、邀请参加活动、赠送消费券等。如图4-58所示为店铺举办的、客户给予店铺好评即可获得5元消费券的活动。

图4-58 积分奖励界面

小案例

京东商城评价积分激励

为了鼓励买家进行合理的评价，京东商城开设了评价积分激励措施。京东商城的积分规则包括两个方面：购买商品积分和商品评价积分。购买商品积分指买家在商城中购买设有积分项的商品后系统会自动增加买家的积分。商品评价积分指买家购买商品后给出了有价值的评价后会获得商城给出的积分。另外，参加京东商城举办的一些活动也可以获得积分，比如晒单活动，买家可以通过晒单帖向其他网友展示所购商品的照片、使用心得等，这些晒单通过审核后每个商品前5个晒单帖可获得10个积分。如图4-59所示为买家对商品发表晒单的界面。

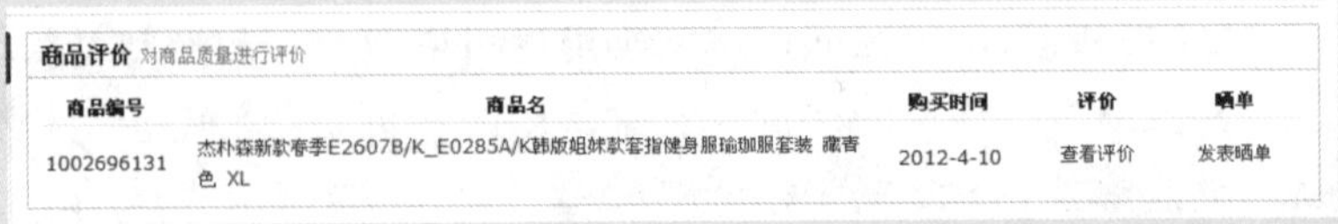

商品编号	商品名	购买时间	评价	晒单
1002696131	杰朴森新款春季E2607B/K_E0285A/K韩版姐妹款套指健身服瑜伽服套装 藏青色, XL	2012-4-10	查看评价	发表晒单

图4-59 发表晒单界面

案例思考：通过这个案例可知，一些平台通过激励机制能够促使买卖双方进行客观公正的评价，因此店家也可以采用激励措施引导客户给出合理的评价。

（三）评价反馈

对交易双方的评价进行反馈也是客户评价管理的重要内容，好的反馈可以拉近与客户的关系。无论是好评、中评还是差评，都要及时给出反馈。常见的反馈方式有直白式反馈、表扬反馈、幽默反馈等。

小 案例

"飘零大叔"幽默回复创千万身家

从高中辍学生到身家上千万元的淘宝"青年富豪"，从 5 元钱开店到年销售额数千万元，卖零食的"飘零大叔"孙铜初在淘宝上创造了一个奇迹。不过，孙铜初在淘宝上最出名的，却是他对买家中差评极其诙谐幽默的回复，以至于后来有粉丝为了看他的回复，故意给出中差评……

"大约是 2008 年，我第一次遇到了差评。"孙铜初说，"我打电话和买家沟通，没想到买家比我更激动，好像受了天大的委屈，吓得我不敢回答他的问题。电话挂了以后，我一想，人家花钱买我的东西，我还让人家不爽，怎样才能让他开心起来呢？要不，给他写个诙谐的回复吧，希望他看后心情好一点。于是，就有了第一个回复的诞生。"孙铜初说。

后来，孙铜初幽默回复差评的举动竟成为店铺的一大特色。在孙铜初的淘宝店买家评价里看到，有买家给了中评，认为鸡太小，没啥味道。"飘零大叔"的回复是："散打鸡、柔道鸡都去参加运动会了，只能抓些童子鸡凑凑数，一不小心让您看出来了，惭愧啊惭愧。"有买家在中评里说："这个图片很漂亮，可是味道很一般啦。""飘零大叔"回复说："试了几次，实在拍不出难看的图片，唉，天生丽质，没办法……"

就这样，"飘零大叔"火了。豆瓣网上甚至有细心网友把他的回复整理成帖子，吸引了大量买家来他的网店消费，甚至有买家故意不给好评，就是想看看"飘零大叔"会说点啥。

（资料来源：http://www.cnbeta.com/articles/185927.htm。）

案例思考：通过这个案例，我们了解了孙铜初处理客户评价的巧妙方法，如果有客户给我们差评，那么我们将如何处理？

（四）评价修改与删除

在交易平台上收到中差评后，要及时与对方沟通协商，如果达成一致意见，评价后一定时间内，就可以请评价方自行登录交易平台修改评价。例如，在淘宝上收到中差评后，30天内可以请评价方登录淘宝后台的"给他人的评价"，找到相应评价进行修改，如图4-60所示。一旦超过30天自助修改期，将无法再进行修改。当然在交易过程中，买卖双方会遇到很多问题，淘宝网希望双方通过友好协商，共同解决遇到的问题和困难。如果双方无法协商还可以发起恶意评价投诉，以保障自己的权益。

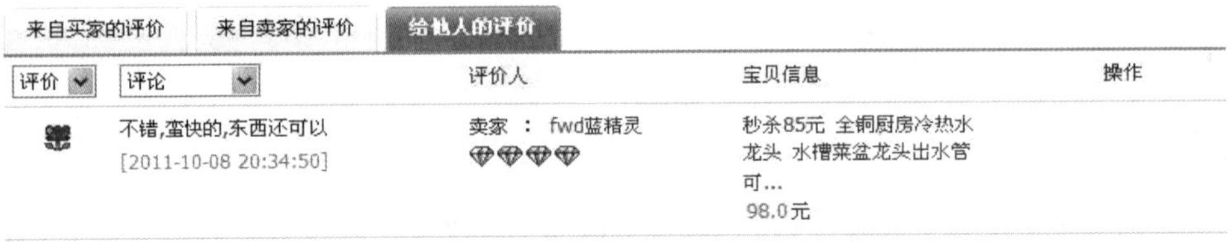

图4-60 评价修改界面

二、客户关系维护

网店管家支持在不同时机条件下客户关系的维护。客户关系维护时机可以分为一般时机和与销售密切相关的售前、售中和售后时机。一般时机条件下的客户关系维护包括维护型联系、生日问候和会员折扣与积分管理；售前客户关系维护包括营销任务、消费券管理、消耗品营销和到货通知；售中客户关系维护包括赠品策略和售中提醒；售后客户关系维护包括客户回访（见图4-56）。

（一）客户档案管理

在客户关系维护活动中，首先需要获取客户资料并将其输入系统中。网店管家的客户档案管理可以完成客户资料的录入、修改、删除等操作，还可以查看系统中记录的客户近期订单、消费积分、账款往来、退换货等情况。

客户的基本档案会在订单抓取或建立的时候自动在客户档案中添加。如果需要做批量导入或批量更新，还可以批量导入Excel表格中的客户资料。客户档案管理界面如图4-61所示。

小贴士：客户分类管理

有的客户是网店的忠实买家，而有的客户对我们不是很重要，因此需要对客户进行分类管理，划分等级，计算积分，从而便于我们筛选特定客户对象做营销任务计划或进行直接客户联系。

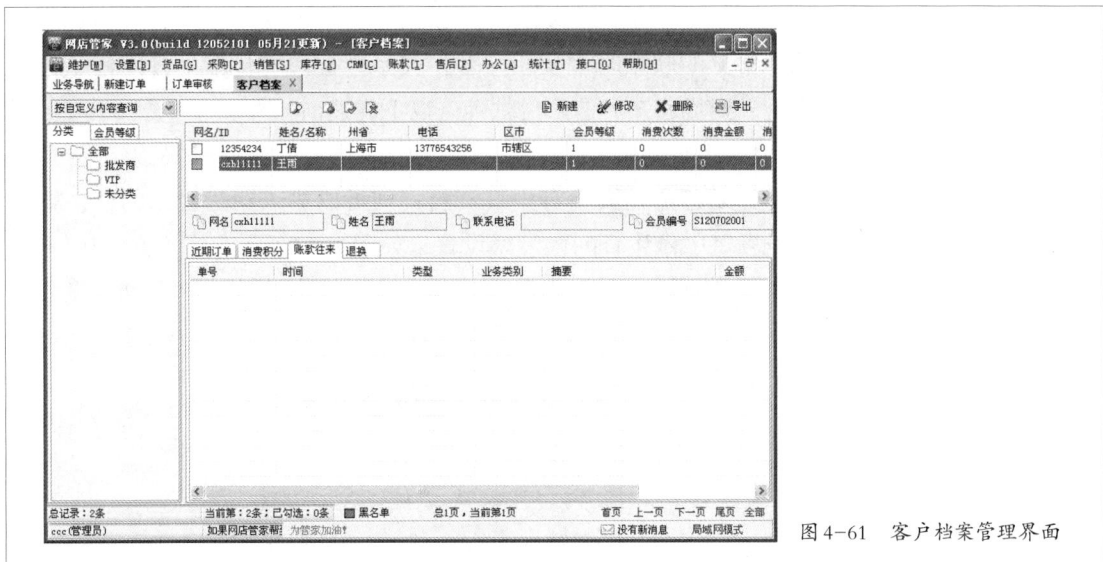

图4-61 客户档案管理界面

（二）客户关怀

为了维护与客户的关系，需要定期与客户保持联系，拉近与客户的距离，同时可在交易活动中给客户发出各种提醒，显示对客户的关怀。

与客户联系时首先需要从客户档案中选择客户，然后选择联系工具与客户进行沟通。网店管家在自己的客户关系管理系统中集成了电话联系、QQ联系、电子邮件联系、短信联系等功能。在网店管家中选定客户后，可以通过右键功能菜单中沟通工具来与客户建立联系，如图4-62所示。

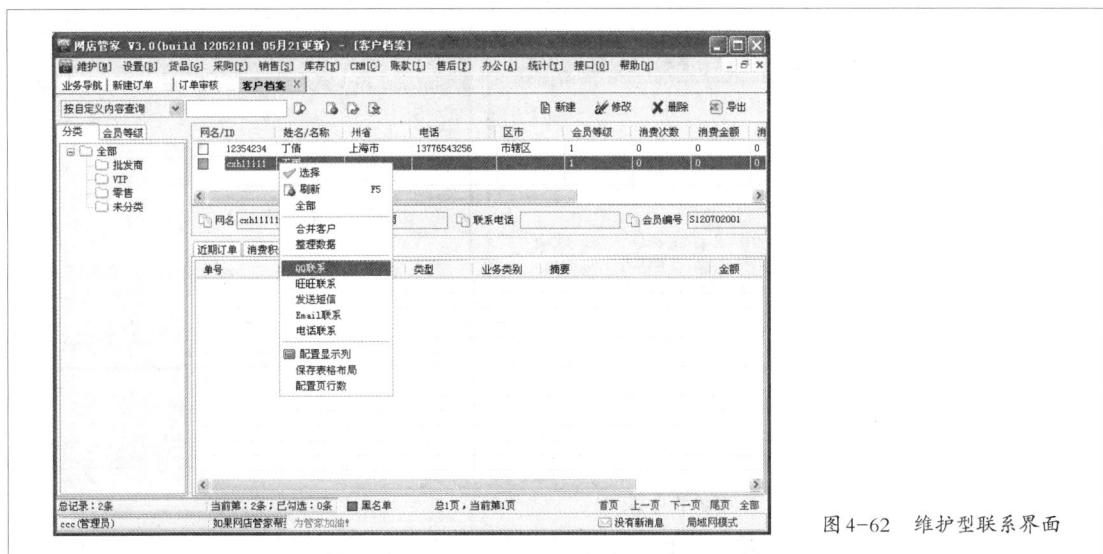

图4-62 维护型联系界面

与客户联系时需要选择好联系时机，不要使客户有被骚扰的感觉。常见的联系时机及相应客户关系维护内容包括生日问候、售中提醒、到货通知、催未付款等。以下详述前三种。

1. 生日问候

如果客户档案中有生日资料，则可以进入网店管家的"生日问候设置"中做生日问候策略设置，如图4-63所示。图4-63中内容模板中的"[网名]"、"[姓名]"将在短信或邮件发送时，自动替换为生日问候对象客户的真实网名和姓名。

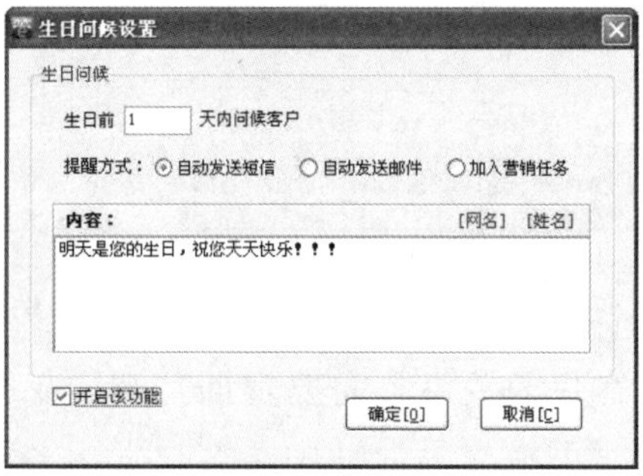

图4-63 生日问候策略设置界面

2. 售中提醒

售中提醒是将订单的处理状态以短信或邮件的方式告知客户，其中包含"内容模板"和"发送策略"两个部分。进入网店管家的手机短信通知方式，编辑短信模板和发送策略，如图4-64和图4-65所示。保存设置后，系统将自动在设置的时机通过管家助理以及短信平台发送相应模板设置中的短信内容给客户。

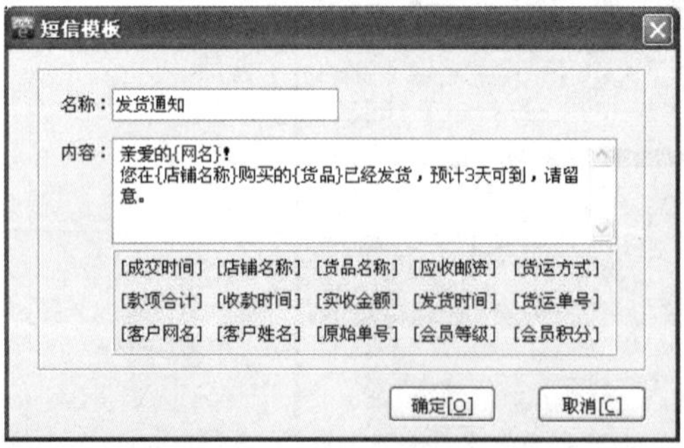

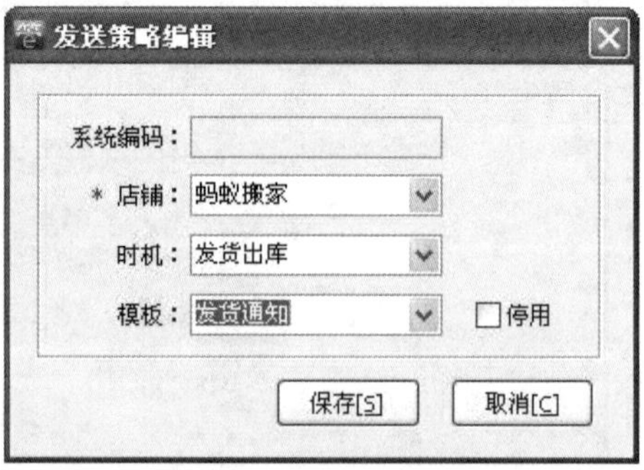

图4-64 短信模板设置界面（左）

图4-65 短信发送策略设置界面（右）

3. 到货通知

对于仓库暂无库存的缺货商品或者预售型商品，可以在客户咨询后，对有意愿做订单等待的客户做"到货通知"工作。这项功能在网店管家的到货通知中可以实现。其中到货通知包含了通知条件设置和内容模板设置两个方面，分别如图4-66和图4-67所示。

图4-66 通知条件设置界面

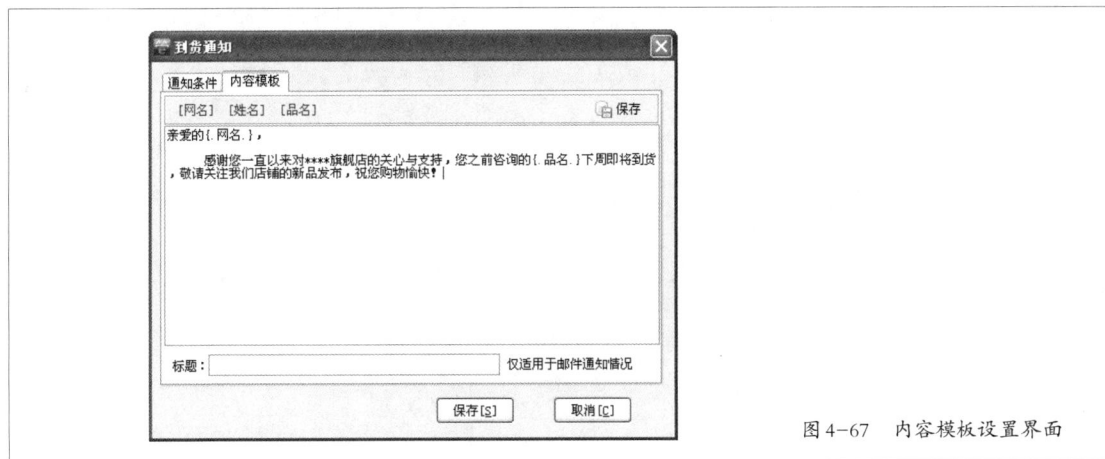

图4-67 内容模板设置界面

（三）客户营销

网店日常运营活动中可以有针对性地选择客户开展营销推广，进行客户资源的充分挖掘。客户营销常见的活动有营销活动通知、消费券管理、消耗品营销、赠品策略等。

1. 营销活动通知

为了更好地销售商品，可以选择特定的客户对他们开展营销推广。在网店管家的营销任务中，可以通过手机短信、旺旺、QQ和E-mail等工具与选定的客户联系并执行具体的活动推广，如图4-68所示。

2. 消费券管理

网店也可以通过发放消费券的方式吸引或回馈客户。网店管家的消费券添加界面如图4-69所示。

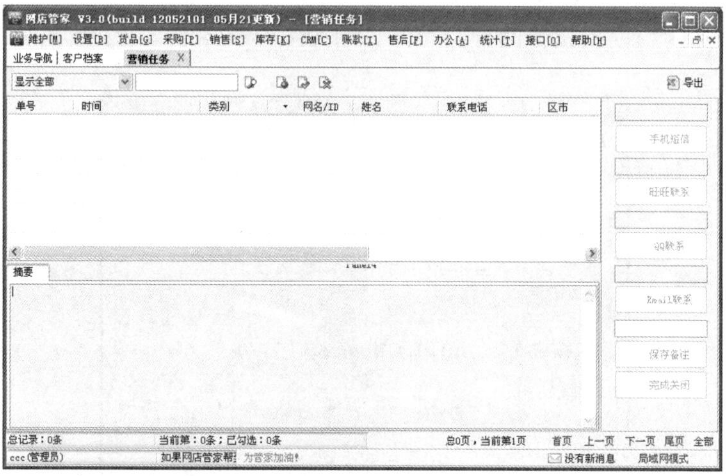

图 4-68 营销任务管理界面

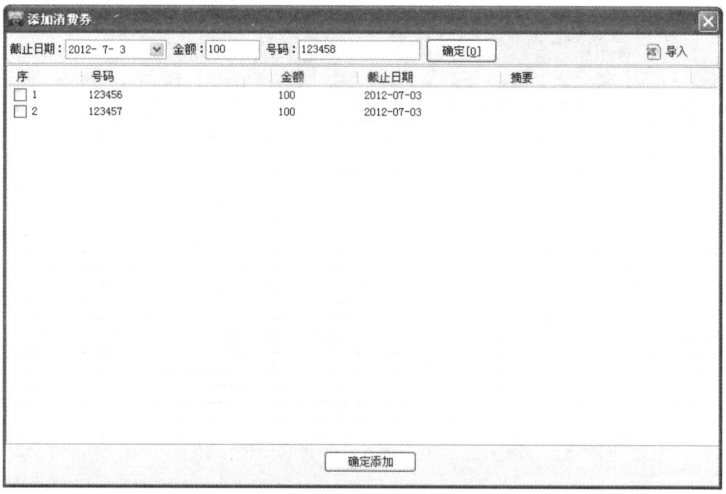

图 4-69 消费券添加界面

3. 消耗品营销

如果商品档案中建立了快速消费品的消耗天数，我们就可以对这种商品进行消耗品营销。网店管家的消耗品营销界面如图4-70所示。在其中可以填写提前通知的天数、选择提醒方式、编辑提醒内容等。

4. 赠品策略

为了提高网店的人气，可以在特定的时间进行赠品发放。网店管家提供了赠品设置功能，帮助店家进行赠品管理。其赠品设置编辑界面如图4-71所示。

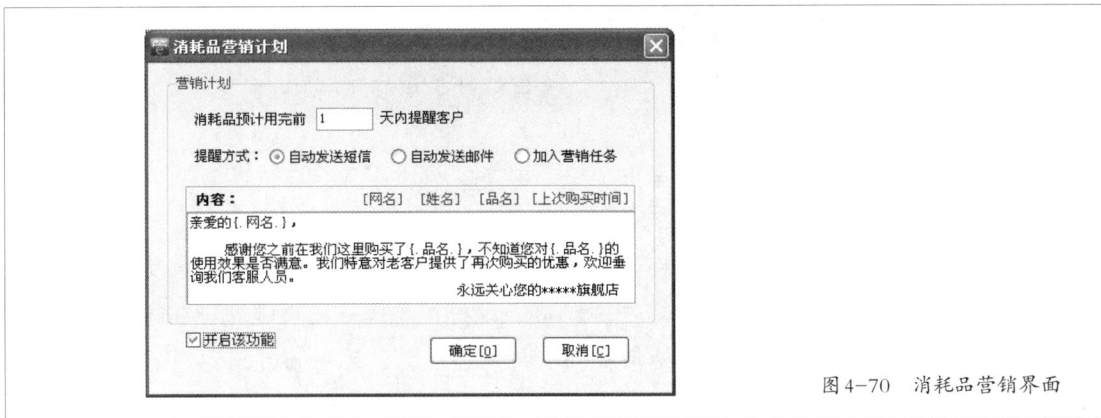

图 4-70　消耗品营销界面

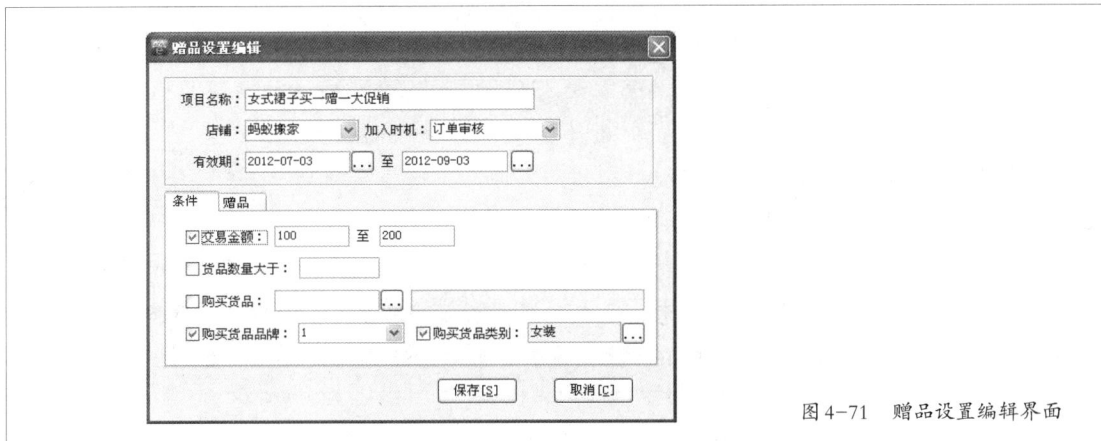

图 4-71　赠品设置编辑界面

（四）客户回访

为了了解客户收到货物后的情况，需要对客户进行回访。客户回访可以在网店管家中实现，回访任务由系统根据销售回访中的设置自动生成，如图 4-72 所示。回访完成后需将回访结果输入系统。

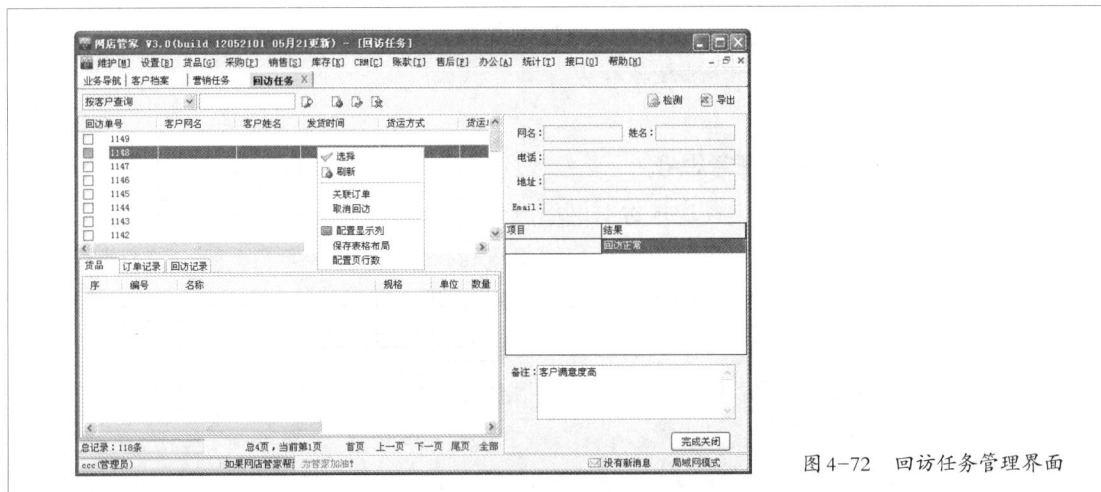

图 4-72　回访任务管理界面

小 案例

皇冠茶叶小店好评率100%

我在淘宝上开了一家卖茶叶的小店，目前做到了皇冠级别，好评率还是100%呢，这得益于我对客户关系的重视。

为了管理好自己的客户，首先我在网店管家建立了自己的数据库，记录下客户的年龄、爱好等信息。这些有助于分析客户心理，为后面制定活动提供支持。每个会员过生日时，我都会为其发送生日祝福。

在店铺里，我除了卖茶叶外还专门设计了一款特殊的宝贝——会员卡，这在网上店铺很少见吧！每张卡标价30元，共设计了1 000张，如果全卖完就是30 000元哦！会员持卡消费可以直接打折，省去了讨价还价时的不愉快，效率很高哦！再说，会员花30元购卡，必然想着怎么把这钱给赢回来，这样就刺激了二次、N次消费。这张会员卡是不是比免费的会员卡更有价值呢！店铺有活动了，我会给客户发条信息提醒下，唤醒沉睡的客户，客户也不会觉得是骚扰。

案例思考：这个案例重在强调客户关系管理的重要性。为了维持与客户的良好关系，我们日常应该做些什么工作？有什么高招呢？

任务小结

与客户建立和保持良好的合作关系，赢得客户信任，才能提高市场占有率，增加企业核心竞争力，获取最大利润。通过这次任务的实践可知，卖家应掌握给客户留下良好印象的技巧，以提高买家对店铺的评分，创造店铺的良好形象。同时，通过客户关系管理的各种活动，来增加客户的黏度，挖掘客户的潜力，这样经营的网店生意才会越来越红火。

任务思考

1. 客户评价对网店有什么作用？
2. 为何要对客户评价进行反馈？
3. 有哪些渠道可以获取客户资料？
4. 日常网店运营中需要与客户进行哪些方面的联系？
5. 如何挖掘客户的潜在需求？

举一反三

利用客户管理系统进行客户管理，主要管理活动包括如下内容：

（1）有客户对你的店铺给出了差评，尝试与客户进行沟通，并引导客户修改差评。

（2）给客户发一封生日祝贺信。

（3）通知客户货物抵达。

（4）给客户发一个优惠活动通知。

（5）提醒客户消费券即将到期。

项目综合训练 <<<<<<<<<<<<<<<<<<<<<<<<<<<<<<<<<<<<<<<<<<<<<<<<<<<<<<<

1. 项目背景

通过前期的营销推广活动，开始有客户陆续光顾我们的网店了，店铺后台卖家中心的订单列表中也出现了一些新的订单，我们需要对这些订单进行及时处理。

2. 环境要求

每人1台计算机，能上互联网，网速达标，有网店管家软件。

3. 操作步骤

（1）在系统中建立一张新订单；

（2）进行订单的审核；

（3）进行订单的配货与出库；

（4）进行出库验货；

（5）进行订单发货；

（6）进行订单物流跟踪管理。

项目实施总结 <<<<<<<<<<<<<<<<<<<<<<<<<<<<<<<<<<<<<<<<<<<<<<<<<<<<<<<

在师兄甄有才的指导下，再加上自己的勤奋努力，经过一个多月的时间，艾美丽熟悉了网店管家的使用方法，明晰了网店日常经营活动的主要内容，也使网店的日常经营活动有条不紊地展开。不过，网店日常经营活动比较繁杂，艾美丽在项目实践的基础上将本项目在实施过程中涉及的关键要点进行了总结，如图4-73所示。

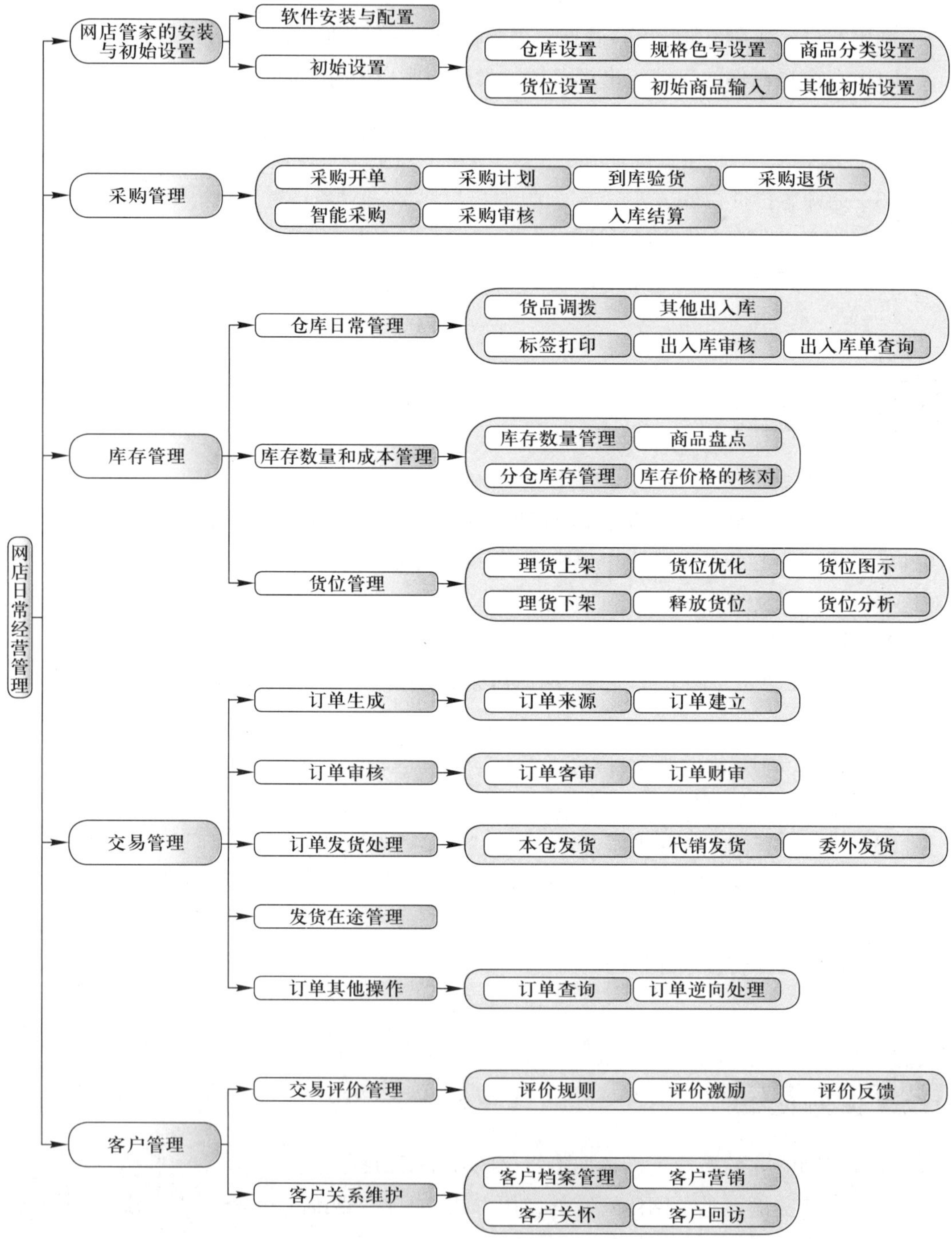

图 4-73 项目实施关键要点

自**我检查** ‹‹

附表4-1　职业能力测评表

	能/否	职业能力
通过学习本项目，你能否掌握右边列出的职业能力？		能够安装网店管家系统
		能够进行网店管家系统初始设置
		能够利用网店管家系统进行商品采购处理
		能够利用网店管家系统进行商品库存管理
		能够利用网店管家系统进行订单管理
		能够利用网店管家系统进行配货与发货处理
		能够利用网店管家系统进行物流跟踪管理
		能够利用网店管家系统进行客户管理
通过学习本项目，你还掌握了哪些职业能力？		
自评人（签名）： 　年　月　日		教师（签名）： 　年　月　日

注："能/否"栏填"能"或"否"。

附表4-2　职业素养测评表

	职业素养	是否提高
通过学习本项目，你能否提升右边列出的职业素养？	软件操作能力	
	自我学习能力	
	客户关怀意识	
	沟通表达能力	
	解决问题能力	
	团队合作精神	
通过学习本项目，你还提升了哪些职业素养？		
自评人（签名）： 　年　月　日	教师（签名）： 　年　月　日	

注："是否提高"一栏可填写"明显提高"、"有所提高"、"没有提高"。

项目5　网上创业绩效评估与风险控制

【项目描述与分析】

当网店经营了一段时间，各项业务都能有条不紊地进行时，艾美丽开始思考："我算成功了吗？"为了解决这个困惑，她又去请教了师兄甄有才。甄有才认为，这个问题可以从网店的经营数据中找到答案。他让艾美丽将网店的销售额、进货成本、访客数等一些数据进行收集，对影响网店经营的因素进行分析，据此判断网店成功与否。

项目引入

【项目知识点】

创业绩效，获利性指标，经营业绩指标，成长性指标，网上创业主要风险因素，网上创业风险的主要应对策略。

【项目技能点】

网上创业项目的获利性、成长性分析；全面认识网上创业的风险，制定网上创业风险防范与应对措施。

任务 5-1　网上创业绩效评价

任务导读

1. 什么是绩效？创业项目绩效评价与一般企业绩效评价一样吗？
2. 如何准确判断网上创业绩效？
3. 哪些因素会影响网上创业项目绩效？

任务分解与实施

一、创业绩效评价的方法

创业绩效是指创业者为了创业成功而采取的各种行为的结果。

创业绩效评价是依据一定的评价方法和评估指标对新创企业在一段时期的经营成果和发展能力做出客观、公正和准确的综合评价。从已有的研究成果来看，已有的创业绩效评价方法基本可分为客观评价法和主观评价法两大类。

（一）客观评价法

客观评价法主要通过收集各项经营数据，进行数据的统计和分析。目前存在的各种评估理论与方法，归纳起来不外乎模型法和指标法两种。

客观评价法的运用目前已基本形成成熟的指标体系，它具有两个特点：一是指标具有较强的针对性和阶段性，是对所评价项目当前状况的反映，能够及时反馈给创业者，对于项目管理非常有帮助；二是指标的资料来源主要依赖于企业，这些指标体系不约而同地表明了指标体系与企业基本数据测量的关系，而数据测量往往不掌握在评价者手中，这就容易造成评价体系的偏差。

（二）主观评价法

主观评价法是以个人感受、态度和评价而建立的评价方法。具体而言，它通过问卷调查、实地访谈、材料分析、专家论证等方式对创业项目进行主观评价。

近几年对创业项目绩效的评价大多引入了主观评价法，因为成熟的定量指标体系在创业项目中越来越难以操作，基础数据难以获取，即使能够获取也要耗费大量的时间和经济成本，所以运用更广泛的是专家或者第三方评估方法。

当然，这种主观评价法并未完全放弃定量指标的运用。对于创业项目来说，其绩效存在诸多的风险，更多地表现在潜在价值上，所以评价方式不应局限于单一方法，应坚持主、客观方法的综合运用。

现代财务和绩效评价

二、网上创业绩效评价指标体系的构建

（一）指标体系构建的原则

要对网店的经营业绩进行科学有效的评价，首要任务是选择和设计一套与网店运行机制相配套的评价指标体系。基于对影响网店创业成功因素的理解，在构建和设计网店业绩评价指标体系时，应遵循以下基本原则。

1. 综合性原则

由于网店运营状况的复杂性，其所表现出来的各个方面的成长特征不一定都可以量化，因此，为了全面、综合地反映网店经营业绩，其评价指标体系必须将定量指标与定性指标、财务指标与非财务指标相结合。

2. 可获取性原则

能够评价经营业绩的指标一定要方便获取，因此，在指标选取时，其来源最好是网店自身经营中可以直接获取的原始数据，或者在原始数据上稍做加工后的财务数据。

3. 动态性原则

网店运营和成长是一个动态的变化过程，不同发展阶段的成长特征不同。这就要求在对网店的绩效指标进行评价时，应对企业的不同发展阶段采用不同的评价指标与评价标准，以动态的眼光对网店进行客观评价。

4. 持续性原则

评价网店业绩，根本目的是分析和判断网店未来发展的潜力如何，是否具有持续发展的能力。因而，对网店业绩的评价应该建立反映网店前景的持续性评价指标。

5. 与成熟企业的绩效评价相区分原则

与成熟企业的稳健经营不同，新创企业的经营活动以尽快摆脱生存困境、快速成长为主要目标。加之其本身成立时间短暂，相关经营数据采用一般企业评价指标难以准确反映实际增长情况和发展趋势。因此，对创业绩效的评价应与成熟企业的绩效评价有所区别。

小贴士：企业财务评价的内容

一般而言，绩效评价主要存在于财务管理领域。财务管理理论认为，企业某一时点上的绩效状况可通过分析该企业该时点上的偿债能力、获利能力、营运能力和发展能力四个方面的绩效来体现。

（二）创业绩效评价指标体系的结构

由于对网上创业项目绩效的考察主要是判断其成长健康程度、

预测其未来趋势，因此建议从获利性、经营效率和成长性三个方面加以衡量。

创业项目的获利能力是首要考察的指标。所谓获利能力是指网上创业项目资金增值的能力。对于网络创业而言，通常表现为网店收益数额的大小与水平的高低。获利性指标主要是通过一系列的公式和数据，将网店收入与利润作对比，反映出网店一定期间内盈利水平的高低。创业项目的经营效率是考察的第二类指标。所谓经营效率，是指网店利用现有资源开展各项业务活动的成本与效果，是衡量一个创业项目绩效的重要指标。创业项目最终的目标是进行公司化运作，并将公司的规模不断扩大。因此，创业项目的成长情况也是创业绩效评价指标中应该考虑的关键性指标。

结合网上创业项目特点，建议可构建网上创业总体绩效以表征网上创业项目的整体绩效状况，该指标由获利性指标、经营效率指标和成长性指标三个一级指标共同构成。为便于准确评估三大一级指标，需进一步将其细化为可测量的二级指标。至此，形成了"一个整体框架、三个指标类别和十八个指标细分"组成的指标体系（见表5-1）。

网上创业绩效评价
指标体系

表5-1　网上创业绩效评价指标体系

指标类别	指标细分
获利性指标	1. 销售毛利率 2. 销售净利率 3. 总资产报酬率 4. 净资产报酬率
经营效率指标	5. 平均订单规模 6. 订单转化率 7. 静默转化率 8. 出店率 9. 重复购买率 10. 平均订单成本 11. 平均每次访问成本 12. 订单获取差距
成长性指标	13. 主营业务收入增长率 14. 净利润增长率 15. 销售毛利润增长率 16. 访客增长率 17. 订单规模增加率 18. 市场占有上升率

三、单个网上创业绩效指标的计算方法

（一）获利性评价指标

创业项目获利性衡量指标一般可通过收集项目运营中的各项数据，统计并加以测度。一般在项目运营中，销售毛利、销售收入、销售利润都是比较容易统计的数据，创业项目获利性指标就是在此类数据的基础上进行计算和判断。

1. 销售毛利率

计算公式如下：

$$销售毛利率 = \frac{销售毛利}{销售收入} \times 100\% \qquad (5\text{-}1)$$

例如，甲网店的 A 商品，销售毛利为 7 元，销售收入为 35 元，这件商品的销售毛利率就是 20%。

指标意义：反映企业产品市场竞争能力。该指标直接体现了企业每元销售收入能获得的毛利额，也体现了销售收入对企业产品成本的补偿能力以及对企业净收入的贡献水平。

评价方法：对于网上创业的企业而言，该指标越大说明获利能力越强，产品在市场上的竞争能力也就越强。但绝对不能简单地讲，本期的销售毛利率比上期低就不好。

2. 销售净利率

计算公式如下：

$$销售净利率 = \frac{净利润}{销售收入} \times 100\% \qquad (5\text{-}2)$$

例如，甲网店的 A 商品，净利润为 3.5 元，销售收入为 35 元，这件商品的净利率就是 10%。

指标意义：反映的是企业销售收入能最终获取税后利润的能力。

评价方法：在同等条件下，该指标越大，说明企业销售的盈利能力越强。

注意事项：销售净利并非越大越好

一个企业如果能保持良好的持续增长的销售净利率，应该可以说企业的财务状况是好的，但并不能绝对地讲销售净利率越大越好，还必须看企业的销售增长情况和净利润的变动情况。

3. 总资产报酬率

计算公式如下：

$$总资产报酬率 = \frac{利润总额 + 利息支出}{平均资产总额} \times 100\%$$ （5-3）

指标意义：表示企业包括净资产和负债在内的全部资产的总体获利能力，是评价企业资产运营效益的重要指标。

评价方法：一般情况下，可据此指标与市场资本利率进行比较。若该指标大于零但小于市场资本利率，则表明创业绩效不理想，资金投入该创业活动不如投入资本市场的回报高；若该指标小于零则表明创业活动有亏损。创业者可针对此指标预先设定一个高于市场资本利率的期望报酬率，起到追求更高创业绩效的作用。

4. 净资产报酬率

计算公式如下：

$$净资产报酬率 = \frac{净利润}{平均净资产} \times 100\%$$ （5-4）

式中：净资产 = 总资产 - 总负债；

平均净资产 = （年初净资产 + 年末净资产）/2。

指标意义：体现了投资者投入企业的自有资本获取净收益的能力，突出反映了投资与报酬的关系。

评价方法：一般认为，企业净资产报酬率越高，企业自有资本获取收益的能力越强，运营效益越好，对创业项目的投资者、债权人的保证程度越高。

（二）经营业绩评价指标

1. 平均订单规模（average order amount，AOA）

计算公式如下：

$$AOA = \frac{订单总金额}{订单总数}$$ （5-5）

例如，甲网店一天的订单总金额为 9 000 元，订单总数为 30 笔，那么它的日平均订单规模为 9 000 ÷ 30=300 元/笔。

指标意义：评估网店的关联产品和升级产品的促销能力。

评价方法：在同等条件下，该指标越高越好。

小贴士：跟踪平均订单规模很重要

将网店的访问者转化为买家当然是很重要的，同样重要的是激励买家在每次访问时购买更多的产品。通过这个指标可以发现哪些商品更容易吸引买家大量购买，从而赢得更多利润。

2. 订单转化率（conversion rate，CR）

计算公式如下：

$$CR = \frac{订单总数}{访问量} \times 100\% \qquad (5-6)$$

例如，甲网店一天的订单总数为30笔，访客人数达到240人，那么它的日订单转化量为（30÷240）×100%=12.5%。也就是说，每天每8位访客就有1位下单购买甲网店的商品。

指标意义：衡量一个网店吸引客户购物的能力，通过它可以看到在营销上的努力对收入增长的巨大成效。

评价方法：在同等条件下，该指标越高越好。

3. 静默转化率（silent conversion rate，SCR）

计算公式如下：

$$SCR = \frac{静默成交人数}{静默访问人数} \times 100\% \qquad (5-7)$$

指标意义：静默成交用户是指未咨询客服就下单购买的用户。店铺里还会存在部分用户，因为他们对店铺非常认可，在购买时不咨询客服就直接下单了。这些用户可能是老用户，也可能是新用户。通过该指标，可以衡量网店页面的装修质量和产品描述。

评价方法：在同等条件下，该指标越高越好。

4. 出店率（departure rate，DR）

计算公式如下：

$$DR = \frac{出店人次}{出店页面浏览量} \times 100\% \qquad (5-8)$$

指标意义：出店率是指出店人次占某个或某组页面流量的比例。如果某个页面的出店率非常高，说明大部分用户是从该页面离开店铺的，进而说明该页面对顾客的吸引力差。如果首页出店率非常高，说明首页的承载功能特别差，需要做进一步调整。通过该指标，可以衡量商品和店铺对于顾客的吸引力。

评价方法：在同等条件下，该指标越低越好。网店首页的出店率一定要为低值。

小案例

淘宝网某化妆品店品牌出店率比较

在淘宝网某化妆品店品牌搜索前十名的搜索页中出店率最高和最低的搜索页（见表5-2）：雅诗兰黛对应的搜索页出店率最低，只有6.45%，其对应的宝贝种类有110种，说明品类齐全、界面交互式良好，富有吸引力；DHC对应的搜索页出店率最高，有15.17%，其对应的宝贝种类有19种，说明品类不完善，界面的美化有问题，缺乏吸引力。

表5-2 淘宝网某化妆品品牌出店率比较

品牌搜索前十名（共搜到110个符合条件的商品）			
搜索词	搜索次数	访客数	出店率
雅诗兰黛	9 942	2 393	6.45%
倩碧	9 559	3 200	8.34%
兰芝	7 300	2 643	7.58%
CG	5 814	3 687	10.11%
欧莱雅	5 512	1 713	7.71%
DHC	3 717	1 802	15.17%
我的美丽日记	3 520	1 275	8.55%
兰蔻	3 395	1 564	11.81%
雅漾	3 148	1 516	8.99%
安娜苏	3 000	1 030	9.5%

（资料来源：卖家网）

案例思考：搜索次数、访客数和出店率的相互关系是什么？

5. 重复购买率（repeat order rate，ROR）

计算公式如下：

$$ROR=\frac{超过一次购买顾客数}{购买的总顾客数}\times100\% \qquad (5-9)$$

例如，甲网店的一天的订单总数为30笔，其中6笔为老顾客的订单，那么它的日重复购买率为（6÷30）×100%=20%。也就是说，每天有20%为回头客的订单。

指标意义：评估网店激发顾客产生多次购买的能力。

评价方法：在同等条件下，该指标越高越好。

6. 平均订单成本（cost per order，CPO）

计算公式如下：

$$CPO=\frac{总的营销成本}{总订单数} \qquad （5-10）$$

指标意义：衡量平均的订货成本。

评价方法：在同等条件下，该指标的数值越低表明创业绩效越高。

小贴士：如何降低CPO？

产生一个订单的市场成本对于提高利润和现金流的增长是十分重要的。在提高订单转化率并且不增加成本的情况下，平均订单成本会自动下降。

7. 平均每次访问成本（cost per visit，CPV）

计算公式如下：

$$CPV=\frac{总的营销成本}{总访问数} \qquad （5-11）$$

指标意义：评估网店流量和营销成本的关系。

评价方法：在同等条件下，该指标的数值越低表明创业绩效越高。

小贴士：如何降低CPV？

CPV是衡量一个网站市场营销效果和客户转化过程的有效手段。要减少平均每次访问成本（CPV）可以缩减无效的市场开支或通过关注订单转化率（CR）来实现。

8. 订单获取差距（order acquisition gap，OAG）

计算公式如下：

$$OAG=CPV-CPO \qquad （5-12）$$

指标意义：衡量市场效率的指标，测量从非访问者中获得客户的成本。

评价方法：指标的值应是一个负值，该指标的绝对值越小表明创业绩效越高。

小贴士：如何降低OAG的绝对值？

有两种方法可降低OAG的绝对值：一是增强网站的销售能力，降低CPO，OAG的绝对值就会缩小，说明网站转化现有流量的能力得到了加强；同样的，CPV可能升高而CPO保持不变或降低，OAG的绝对值也会缩小，表明网站所吸引的流量都具有较高的转化率。

（三）成长性评价指标

利用财务数据判断一个网店成长性是否良好是一个复杂的过程，将这一过程简化为一些具体的指标，才能让创业者理解。以下指标可用于衡量网店创业项目的成长性。

1. 主营业务收入增长率

计算公式如下：

$$主营业务收入增长率 = \frac{本期收入 - 前期收入}{前期收入} \times 100\% \qquad (5\text{-}13)$$

例如，甲网店第1年的收入为5万元，第2年的收入为12万元，那么该网店第2年的收入增长率为（12-5）÷5×100%=140%。

指标意义：营业收入增长率，是指网店本期营业收入增长额与上期营业收入总额的比率，反映网店营业收入的增减变动情况。

评价方法：营业收入增长率大于零，表明网店本年营业收入有所增长。该指标值越高，表明网店营业收入的增长速度越快，市场前景越好。此外，单纯看一年的增长率不足以说明网店成长得比较好，可以运用多期比较得出网店的成长性。例如，甲网店主营收入第3年的收入为36万元，那么该网店第3年的收入增长率为（36-12）÷12×100%=200%，那么该网店的收入增长率同比约为140%。一般来说，若网店主营业务收入增长率同比大于10%，且连续3年保持正增长，则网店的成长性较好。

2. 净利润增长率

计算公式如下：

$$净利润增长率 = \frac{本期净利润}{前期净利润} \times 100\% - 100\% \qquad (5\text{-}14)$$

例如，甲网店第1年的净利润为3万元，第2年的净利润为9万元，那么该网店第2年的净利润增长率为（9÷3）×100%-100%=200%。

指标意义：净利润是指利润总额减成本后的余额，是当年实现的可供出资人（股东）分配的净收益，也称为税后利润。它是一个网店经营的最终成果。

评价方法：净利润增长率越高，说明网店的利润越多，经营效益就好；净利润增长率为负数的话，不能说明网店就没有利润，但说明网店业的经营效益在变差，它是衡量一个网店经营效益的重要指标。

3. 销售毛利润增长率

计算公式如下：

$$毛利润增长率 = \frac{本期毛利润}{前期毛利润} \times 100\% - 100\% \qquad （5-15）$$

例如，甲网店第1年的销售毛利润为4.4万元，第2年的销售毛利润为10.5万元，那么该网店第2年的销售毛利润增长率为（10.5÷4.4）×100%-100%=139%。

指标意义：销售毛利润是指销售收入减去销售成本后的余额，它是一个网店经营业绩的直接成果。可以明显看出网店的销售情况和成本情况。

评价方法：毛利润增长率越高，说明网店的销售业绩越突出。在网店净利润不断增长的条件下，保持较高的毛利润增长率，该指标数值若≥1，表明收入与利润同步增长，成本与产销率合适，企业的成长性较好。

4. 访客增长率

计算公式如下：

$$访客增长率 = \frac{本期访客数}{前期访客数} \times 100\% - 100\% \qquad （5-16）$$

例如，甲网店第1个月的访客数为1 000人，第2个月的访客数为1 500，那么该网店第2个月的访客增长率为（1 500÷1 000）×100%-100%=50%。

指标意义：电子商务市场中真正的主角是消费者，用户的消费行为是网店成长中必须考虑的因素。因此定期比较访客增加率，可以让创业者不单纯地考虑利润和成本，更多地从客户角度考虑网店的持续发展能力。

评价方法：访客增长率越高，说明网店的客源越多。根据艾瑞咨询数据，2011年，中国B2C网站的访客月增长率为26%，C2C网店的访客月增长率为16%。持续的访客增长率递增，说明网店的客源充足，网店成长的稳定性较强。

5. 订单规模增加率

计算公式如下：

$$订单规模增加率 = \frac{本期平均订单规模}{前期平均订单规模} \times 100\% - 100\% \quad （5-17）$$

例如，甲网店的第1个月的平均订单规模为300元/笔，第2个月的平均订单规模为500元/笔，那么该网店第2个月的订单规模增加率为（500÷300）×100%-100%=67%。

指标意义：订单规模的增加，是创业者进行主营商品选择和营销活动策划以及评价客服人员业绩的重要参考数据。在订单规模增加率中，可以细分为主营商品的订单规模增加率和综合订单规模增加率，用于考量主营商品的销售业绩。

评价方法：订单规模增加率越高，说明网店目前的主营商品定位准确，营销活动开展合理，客服人员推销方法得当。持续的订单规模增加率递增与持续的访客增长率递增一样，说明网店成长的稳定性较强。

6. 市场占有上升率

计算公式如下：

$$市场占有上升率 = \frac{本期市场占有率}{前期市场占有率} \times 100\% - 100\% \quad （5-18）$$

指标意义：市场占有率是指本网店商品一定时间在产业总体市场销售量的百分比。市场占有率的领先者可以采用扩大市场占有率的战略来提高其利润率。当市场占有率超过40%，其利润率可达30%左右，其利润率是市场占有率在10%以下经营个体的3倍。很多网店的市场战略都定位在市场占有率，希望通过市场占有率的提高获得更大利润。市场占有上升率则从网店发展角度，考量网店市场占有率的情况。

评价方法：市场占有上升率越高，说明网店目前的市场占有率越来越大。市场占有上升率创业者自身很难计算得出。这就需要专家或第三方机构进行专业的评估。或者通过每一阶段查询权威机构公布的行业销售数据，与自身的数据进行比较得出市场占有率是否上升。

四、网上创业绩效的关键影响因素

（一）网上创业获利性的关键影响因素

1. 主力商品选择

网店的主力商品是指在一个网店中，销售量或者销售金额占有重要地位的商品。主力商品经营的好坏直接影响网店盈利的高低，决定着创业者投入精力、体力、时间和感情后的收益。主力商品的选择还可以确定网店在市场及买家心目中的定位。对于初次创业者而言，找到有一定竞争优势的一个或若干商品作为主力商品是非常重要的。

单个创业绩效指标计算

小案例

成功选品的绿盒子

绿盒子成立于 2010 年 8 月，是一家集设计、开发、生产、销售于一体的童装公司，已经成为淘宝网上销量第一的童装品牌，发展速度惊人。旗下拥有品牌：Miss de Mode（摩登小姐）、M.I.L Boy（爱制造）、Jenny Bear（珍妮贝尔）、higirl，以及与迪士尼合作推出的全新国际品牌童装。绿盒子总裁、服装设计师出身的吴芳芳从 2006 年开始经营童装。绿盒子旗下的童装品牌"摩登小姐"曾在 3 年里有 100 多个加盟商，在全国开设了 147 家商场专柜。2008 年，受金融危机影响的商场销量整体下滑，吴芳芳的货被大量积压。

由于自己本身不具备线下渠道能力，尝试低成本的线上渠道销售看上去是唯一的选择。吴芳芳因此坚定选择通过网络销售儿童服饰。她考虑到，随着我国电子商务环境的日趋成熟，以服装为代表的网购行业正进入发展黄金期，而由于 80 后、90 后逐步进入婚育年龄，婚庆、婴幼儿网购市场的发展会更加突出。目前，80 后父母已经成为童装网购的主要力量，而且他们热衷于网上购物。网购已经成为众多新一代 80 后父母们主要的购物方式，并且这种消费者增长的速度是以几何数倍递增的，市场空间难以计算。

图 5-1　绿盒子官方旗舰店 logo

案例思考：绿盒子选择童装的原因是什么？

2. 货源成本控制

稳定的货源是网络销售的基础，是网店成功的重要保障。对于网上创业者，拥有良好的货源就是成功的一半。获得货源的渠道可以分为自己制造和外部批发。如果创业者有自己的生产线，可以生产自己的商品，并直接在网络上售卖。这样减少了中间渠道，可以用较低的价格吸引消费者。

小案例

绿盒子的货源

对于绿盒子的总裁吴芳芳而言，创业初期时，在淘宝做服装销售的原创品牌并不多。大多数服装类卖家的货品来源相似，主要依靠批发市场或者生产厂家进货。在衣服款式的同质化程度较高的情况下，低价是吸引顾客最有效的策略。而绿盒子旗下的"摩登小姐"的产品基本都是自己生产，且颇具设计感的女童洋装，类似款式在其他卖家中很少能见到，很快就吸引了一批更在意设计与质量的年轻妈妈。

最初的几个月里，"摩登小姐"在淘宝上每个月有十多万元的销售额，这个数字对比当时大卖家一百多万元的月销售额并不算多，但此结果仍然让吴芳芳觉得与传统商场销售相比，线上销售是一条不错的渠道。同样的利润空间，原先一大半要交给商场等中间渠道，现在则可以全部归为品牌商自己。因此，她开始切断所有线下销售转为线上，也就是在这尝试性的第一年里，摩登小姐从最初登录时月销售额仅12万元，迅速飙升至2009年全年实现2 000万元的销售额。

热门分类	
童装品牌	爱制造｜摩登小姐｜珍妮贝尔｜迪士尼公主｜迪士尼米奇米妮｜小熊维尼｜Hi Girl｜漫威
2012新品	6月27日新品｜6月13日新品｜6月04日新品｜六一特供39元T恤｜体验款8折包邮
男童装	短袖T恤｜无袖T恤｜长袖T恤｜衬衫｜套装｜夹克｜亲子装｜卫衣｜短裤/中裤｜长裤｜2012新品
女童装	短袖T恤｜无袖T恤｜长袖T恤｜卫衣｜连衣裙｜短裙｜套装｜亲子装｜披肩｜打底裤｜2012新品
男童鞋	凉鞋｜板鞋/运动鞋｜靴子｜2012年春夏新款
女童鞋	单鞋｜凉鞋｜靴子｜2012年春夏新款
配 饰	棒球帽｜太阳眼镜｜童袜｜护腕｜项链｜裤链｜耳罩｜手提包｜针织帽

图5-2　绿盒子官方旗舰店商品目录

案例思考：绿盒子货源的独特优势是什么？

3. 网店选址

为网店选址就如同在现实生活中为门店选择地址一样，网店拥有好的网络地址，就拥有了稳定的访问客流量，为网店经营成功提供了基础保证。创业者可以在网络公司组建的第三方销售平台上进行开店，也可以自建平台销售商品。而创业初期一般都会选择在第三方销售平台上开设网店。在选择网络平台时，首先应考虑该平台的网络关注度和曝光率；其次考虑该平台的注册人数，以及用户的活跃程度；再次考虑该平台具备的客户服务方案；最后需要考虑该平台的使用费用，不能增加太多成本消耗。

作为中国最大的网络卖场，淘宝网在B2C和C2C市场中占据主要地位是毋庸置疑的，赢得的市场关注度也是非常高。此外淘宝网也非常重视相关平台的建设，从进货渠道、商品展示平台、推广渠道，到安全的支付平台，再到卖家的基础服务应用套件、买家交流的互动社区。

小案例

网店平台的选择

2003年，出于对童装的爱好，吴芳芳和她的三个创业伙伴，把自己设计的童装挂到易趣网上，居然供不应求。为了扩大规模，吴芳芳想出一个办法，用低廉价格收购外贸企业富余产品，然后进行改装和搭配。仅用一年，绿盒子一跃成为易趣童装销售冠军，吴芳芳本人也成为超级卖手。但随着易趣的衰退和线下销售的失败，吴芳芳将淘宝网作为再次起飞的起点，虽然现在绿盒子的独立官方网站正在筹建，但是吴芳芳仍不会放弃淘宝网上的既有网店和商城。

案例思考：网点平台的选择依据是什么？

（二）网上创业成长性的关键影响因素

1. 发挥个性优势

利用自身产品和服务优势，树立起良好的网店品牌形象与值得信赖的商家信誉，可以提高客户对品牌的忠诚度。目前网购市场上的商品品种繁多，竞争激烈。要想得到长足发展，一定要将自身优势发挥出来。

小 案例

绿盒子利用产品开发优势打造爆款

如何更好地在网上卖童装，直到2009年夏天店里出现了两款"爆卖款"，绿盒子才真正开始找到感觉。由于喜欢养玫瑰，吴芳芳很快想到了玫瑰概念，并亲自设计出两套女童连衣裙"希腊玫瑰"和"京都玫瑰"（见图5-3），定价128元，略低于摩登小姐的其他连衣裙。出乎意料的是，几百件裙子很快卖空，用户的留言让他们一批接一批地追加生产。此时，绿盒子团队的产品开发优势被发挥出来，设计团队把这两款裙子发展成一个系列，在短时间内开发出十种新款式，陆续投产推出。最后这一系列"网络特供款"在两个月内共卖出了8 000条。

图5-3 2009年绿盒子独创童装"希腊玫瑰"和"京都玫瑰"

案例思考：绿盒子的爆卖款你喜欢吗？优势何在？

2. 提升价格优势

最能影响中国网上购物用户购买决策的因素是产品的价格和定价模式。据艾瑞咨询的市场调查显示，其比例为42.7%，居各项因素之首。商品的定价模式有很多种，通常消费者较偏好将包装、运费成本包含在售价内的定价模式。无论是进货成本为依据，加上期望得到的利润来确定所卖东西的价格，还是按照想买商品的买家们的承受能力来确定价格，创业者只要分析清楚市场和产品，并成功销售产品，即为合理的定价。

小 案例

绿盒子成功的定价策略

绿盒子创始之初，吴芳芳把600元一件的童装大衣和300元一条的连衣裙放到网上出售时，很多淘宝大卖家都觉得她根本"不懂做生意"。商场价格的衣服怎么可能在淘宝上有销路呢？但凭借设计的优势，吴芳芳还是获得满意的收益。但当其决定全面在线上销售，切断线下销售时，吴芳芳还是对于产品的价格进行了重新定位。当推出"希腊玫瑰"和"京都玫瑰"时，网品平均客单价是50元，但吴芳芳坚持把价格定在128元。淘宝内部预计，这套玫瑰系列顶多卖1 000条，但奇迹发生了。

如今的绿盒子，已经鲜有价格比商场高的童装。通过成本核算，绿盒子的价位基本定在中等。凭借过关的质量和独特的设计，价格上已经获得了消费者的认可。绿盒子也不定期地推出折扣优惠专区（见图5-4），通过价格来吸引更多的顾客。

图5-4 绿盒子的折扣专区

案例思考：绿盒子的价格有优势吗？

3. 创新管理模式

运营团队管理是影响网上零售业绩的一个重要方面，许多网店经营一段时间后难以为继的一个重要原因就是自身的管理问题。物流、市场营销和客户服务等环节都影响着顾客对网店的评价，因此如何将网店更好地发展下去，如何找到一种各方面都很优秀的管理模式，是每个网店发展的必经之路。

小 案例

绿盒子优化管理流程

在投资人的建议下，绿盒子开始设立专业的职能部门代替原本较为粗放的管理，提高运营效率。"以前都是我一个人身兼数职，结果每个环节都不够专业。"吴芳芳说。比如她给物流部门制定的人均每天发货指标是70件，这在她看来已经够好了，运营副总裁上任后花了一个月改进流程，这一效率就被提高到每人每天发货100件。市场总监刚刚加入时，发现之前绿盒子竟然没有做过任何客户关系管理（CRM），线上广告投放和社会化媒体营销的ROI（收入和广告投放比例）控制得也很不好，于是开始着手策划市场营销方案。到了当年6月，包括财务和运营两位副总裁在内，技术、市场、供应链、物流、招商等八位总监组成的管理层团队也在投资人的引荐下逐步到位。

2011年至今，绿盒子的销售额接近3亿元，公司规模发展到了800多人，已经拥有了7个童装品牌，推出新款的周期被提高到了1个月4次。

案例思考：专业的管理团队给绿盒子带来了什么？

任务小结

本任务围绕如何准确评价网上创业绩效，构建了由获利性指标、经营效率指标和成长性指标三大指标组成的网上创业绩效评价指标体系，逐一列出单个指标的计算方法，并进一步总结出了影响网上创业绩效的关键因素，希望能在评价网上创业绩效的实践中加应用。

任务思考

1. 针对自己的网店，你认为何种评价方法适合评价。
2. 针对目前的营业数据，请计算自己网上创业的各项绩效指标。

3. 为了更好地评价自己网店的创业绩效，你认为应长期注意哪些数据的收集和计算。

4. 在影响网上创业绩效的关键性因素中，你认为你已经注意了哪些因素，还需要在哪些因素中加以注意。

举一反三

根据本任务内容，结合自身认识，观察表5-3，思考问题：

表5-3 网店第三季度销售情况表

	A	B	C
销售商品数	140	223	396
销售收入	4 218	7 626	12 152
进货成本总支出	3 798	6 888	9 996
营销成本总支出	108	132	205
订单量	76	104	173
访问量	202	286	309
购买顾客数	76	92	153
超过一次购买顾客数	0	8	13

1. 计算分析表5-3中三家网店哪一家的经营情况较好？

2. 说出哪些因素会获得更高的利润？

任务5-2 网上创业风险控制

任务导读

1. 哪些因素会影响网上创业？

2. 如何评价各种风险因素？

3. 网上创业过程中如何有效控制风险？

任务分解与实施

一、识别网上创业风险因素

（一）创业风险及其管理

1. 风险与创业风险

风险是指一个事件对另一事件造成损失的可能性。创业风险，是指创业活动失败的可能性。创业初期事务繁多，此时创业风险具有相当的隐蔽性，创业者不易察觉或无暇顾及。更为重要的是，由于主观认识的有限性和客观条件的动态易变性，导致了任何创业活动都无法完全回避风险的存在。由此可见，要想取得创业成功，首先必须采取有效措施控制创业风险。

小贴士：风险的构成要素及其关系

风险由风险因素、风险事故和损失三大基本要素共同构成。风险因素是风险事故发生的潜在原因；风险事故是造成损失的直接的或外在的原因，是损失的媒介；损失是指非故意的、非预期的和非计划的经济价值的减少。简言之，风险因素会引起或增加风险事故，而风险事故发生可能造成损失。

2. 风险管理

风险管理，是人们对潜在的风险因素进行辨识、评估，并根据具体情况采取相应的措施进行处理，从而在主观上尽可能做到有备无患，在客观上无法避免时亦能寻求切实可行的补救措施，从而减少意外损失或化解风险。

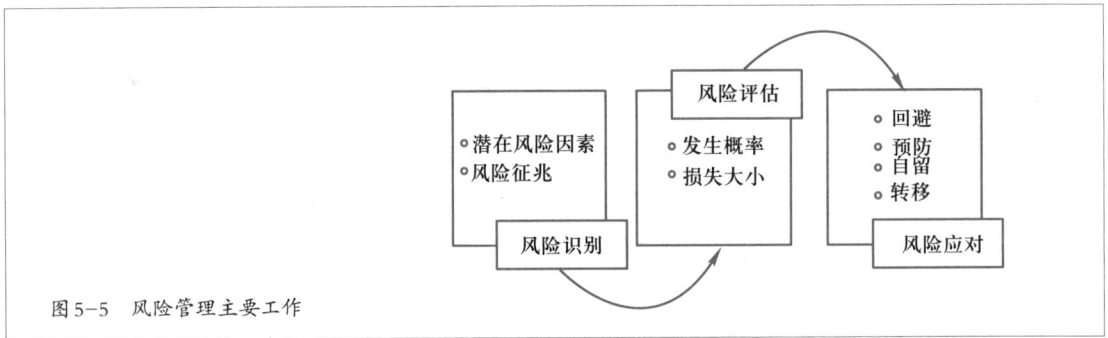

图5-5　风险管理主要工作

如图5-5所示，风险管理可由前后相继的三大工作组成，即风险识别、风险评估和风险应对。

（1）风险识别。识别可能存在的风险。创业项目的风险识别要回答以下问题：项目中有哪些潜在的风险因素？这些风险因素会引起什么风险？这些风险的严重程度如何？简单地说，就是要找出风险之所在和引起风险的主要因素，并对其后果作出定性的估计。

小贴士：创业风险因素

风险因素是指引起或增加风险事故发生的机会或扩大损失幅度的条件，是风险事故发生的潜在原因。创业过程是一个复杂的过程，通常会面临多种多样的风险因素。大体而言，可将创业风险因素归纳为12类，详见表5-4。

表5-4 创业风险因素

风险因素	描述	典型表现
创业团队	由于某些原因引发创业团队工作不力而导致新企业创业绩效下降的可能性	团队成员构成不合理，无法形成优势互补； 团队涣散； 人员流失率过高； 创业精神不足等
资源	由于人、财、物等资源在数量、种类、结构等方面的原因而导致新企业创业绩效下降的可能性	不能及时筹齐所需资金； 无法保证稳定的原材料供应； 无法招到合适的人员； 过分依赖特定供应商，资源调配困难等
技术	由于技术方面的困难而导致新企业创业绩效下降的可能性	技术基础薄弱，设计能力不足； 技术不成熟，技术和生产配套能力低； 无法掌握关键生产环节和技术等
组织管理	因新企业组织管理不善而导致新企业创业绩效下降的可能性	管理体制不规范； 人员配备不合理； 责任体系不清楚等
市场营销	在开展市场营销活动过程中，由于各种不确定因素的影响，使企业营销的实际收益与预期收益发生一定的偏差，进而导致新企业创业绩效下降的可能性	产品不适销对路； 推销不力； 服务或经营措施不当； 保管不慎造成货物损失； 运输过程中货物破损； 营销人员的缺乏职业道德，故意促使营销风险事故发生或损失扩大
信息沟通	由于企业与组织内外部的沟通问题而导致新企业创业绩效下降的可能性	企业组织内部沟通不畅； 与市场沟通不足； 与合作伙伴沟通不足； 与政府部门沟通不足
市场波动	由于市场需求、市场容量、市场发育程度和生产中的市场配套条件等情况的不确定性而导致新企业创业绩效下降的可能性	对市场的潜在需求研究不透彻； 市场定价超消费者接受水平； 对市场变化趋势缺乏预见性等
行业环境	由于行业的生命周期、进入和退出壁垒等的不确定性而导致新企业创业绩效下降的可能性	行业进入或退出障碍估计不足； 行业竞争过于激烈； 对行业主导发展方向判断错误； 重大技术进步或新技术的出现
政策法规	由于政策法规的改变而导致新企业创业绩效下降的可能性	政策法规体系缺乏连续性； 政策法规执行不规范； 政策倾向重大改变等
宏观经济	由于宏观经济走势的变化而导致新企业创业绩效下降的可能性	对宏观经济形势的估计过于乐观； 居民可支配收入下降； 资本市场不成熟等

风险因素	描述	典型表现
社会环境	由于人口结构、生活方式等社会文化因素的影响而导致新企业创业绩效下降的可能性	人口结构发生改变； 大众生活方式的改变； 与宗教信仰和风俗习惯相抵触； 不符合大众审美观点和价值观念等
自然条件	周围的自然环境的状况及其变化而导致新企业创业绩效下降的可能性	自然环境不同于预期设想； 自然灾害突发； 自然环境剧烈变化等

（2）风险评估。识别出每个风险因素对项目的影响大小。一般完成了风险评估后，就已经确定了项目中存在的风险以及它们发生的可能性和对项目的风险冲击，并可排出风险防范的优先级。

（3）风险的应对。对已经识别的风险进行定性分析、定量分析和风险排序，制定相应的应对措施和整体。制定风险应对策略主要考虑以下四个方面的因素：可规避性、可转移性、可缓解性、可接受性。

小贴士：风险应对计划的主要内容

一份完整的风险应对计划应包括：已识别的风险及其描述、风险发生的概率、风险应对的责任人、风险对应策略及行动计划、应急计划等。

（二）网上创业的主要风险因素

网上创业的风险因素是指那些会造成网上创业过程中收益低于预期甚至是失败的因素。作为创业活动的一种类型，网上创业除了如前文所述一般创业活动会面临的风险因素外，还具有一些行业特有风险因素。可以说，相较于其他创业方式，网上创业一方面获得国家政策支持和巨大市场空间，拥有成本低廉和营销便利的经营优势，另一方面它也需要面对竞争激烈、物流成本高、法律和信用环境欠佳、网络安全等行业特有风险因素。

1. 创业模式雷同，市场竞争激烈

由于通过第三方平台网络销售具有投资小、见效快、简单灵活、进入门槛低等优点，大量创业者已经进入了该领域，而一些传统企业也纷纷将市场扩展到网络中。可以说，通过第三方平台网络销售模式的创业活动很容易造成市场的过度饱和以及过度的市场竞争，这使新进入者面临巨大的竞争压力。尤其在服装、消费电子、化妆品等领域的网上店铺之间的竞争异常激烈。

2. 来自于竞争对手的恶性竞争

由于网络交易竞争激烈，商品同质化现象严重，一些缺乏商业道德的竞争对手会选择一些不良的方式来进行恶性竞争，对新店铺的正常经营造成干扰。如为了压制同类产品的卖家，一些不良卖家冒充消费者将对方的产品"拍下"而不完成交易，让其货物处于其他消费者不可购买的状态以达到减少竞争压力的目的。有些卖家出于打压竞争对手的目的，佯装成客户购买下产品完成交易后，对产品或服务进行恶意评价，导致竞争对手的产品出现滞销的局面。

小案例

小网店遇57万元大单

"'叮咚'卖家最喜欢的声音响起，您懂的。"果果说，那天她点开系统提示，就出现第一个13万元的订单，面对这样的大单，她并非欣喜，而是怀疑，因为实在没人会一下子买这么多零食，"一般都会先买几罐尝尝"。紧接着旺旺发来信息，第一句话就让果果晕了，"有犯人在不？"一看，这是一个前一天刚注册的新号，旺旺名叫"判官××"。

果果还在纠结怎么办，不知什么原因这位买家自己把第一个13万元的交易关闭了。"终于松了口气！庆幸躲过一劫，这样的情况，买家如果拍下，货到底发还是不发？"

可紧接着，又一声"叮咚"，一看，果果被吓呆了。还是这款整箱的辣味肉条，一下拍了3 000多箱，44万元的货。"这才明白，刚才的10多万元取消是因为没给我拍下架。"果果郁闷地说，自己半年来辛苦经营，好不容易做到现在3钻，100%好评。果果觉得自己没得罪过谁，只有一个可能就是同行了，因为这款肉条销量是全网第一。

果果说："买家IP是福建的，地址留的是安徽，电话留的是河北的，并且是空号。"

果果想着，咱们就按照淘宝程序办事，核实地址发货呗。结果问了买家，他就没声音了。为了不影响其他顾客正常购买，她把那位判官的40万元订单关闭了，重新上架了宝贝。网友开玩笑地说："天上果然掉馅饼了哈，57万元的大单呀，真的hold不住啊！"

（资料来源：新浪财经。）

案例思考：如何识别买家是否为恶意拍下商品？如何应对这种风险？

3. 来自于恶意买家的欺诈风险

我国目前尚处于市场经济逐步规范的过程中，电子商务相关法律制度尚不健全，电子合同、在线支付、产品交付等问题虽有了初步的法律规范，但还没有实现全面的法律保护。这直接导致了在互联网这一虚拟环境下进行的网络交易存在欺诈行为的问题比传统行业中更为严重。

目前网络骗子已经化身为消费者活跃在各大交易平台，通过虚假交易达到诈骗卖家钱财的目的。由于卖家掌握大量资金和货物，在日常交易量巨大的情况下，卖家很容易就上当受骗，尤其是一些新手卖家，因为缺乏相关的经验，对页面的设置、交易流程等交易操作不熟悉，很容易让骗子钻了漏洞，遭受经济损失。可以说，在网店交易过程中来自于买家的欺诈风险也是不容忽视的。

网购催生职业差评师

小案例

被人恶意"差评"欲哭无泪

这几天，被"忽小猫"形容为欲哭无泪，在淘宝开店半年多的她，还是第一次遭遇这种情况。事情要从几天前她卖出的4样东西说起。当时有人爽快地拍下了这几样东西，"忽小猫"也迅速发了货。昨天，对方收到东西后很快给出了评价。"没想到给了两个中评两个差评！说我少发了一个、发了一个用剩下的、发了一个实物跟描述不符的，最可气的是说我还给了他一个假货！"

"忽小猫"觉得非常冤枉："他买的货数量很少，我数了好几遍才包装的，而且产品上都有防伪码，刮开涂层就可以查验真伪的，不可能有假。"随后，"忽小猫"积极地联系对方，可奇怪的是，对方不接电话，后来好不容易上线，却要求用QQ聊天，说淘宝旺旺掉线。

没想到上了QQ，对方很直接地说："改一个评价25元，让我给他支付宝付款，我付一个他改一个。""忽小猫"这才意识到，她遭遇到了传说中的"恶意评价"，而且对方很有可能是"职业差评师"！

所谓职业差评师就是一群不停购买卖家东西，收到货后立即给差评，以修改评价为由讹诈卖家钱财或者物品的人。他们往往一次性拍下多件商品，每个商品都可以产生一次评价，他们便以每个差评20~100元来索要费用。"忽小猫"遇到的情况并非个例，一项调查表明近七成受访店主称自己遭遇过"恶意差评"的要挟。有网友在帖子中透露，积少成多，这些"职业差评师"可能月入过万。

（资料来源：深圳晚报。）

案例思考：如何识别职业差评师？如何应对职业差评师？

4. 来自于货源的风险

很多创业初期的网店规模都较小，资源相对有限，无法做到大批量进货。这也就造成了新开网店库存有限。一旦某一商品持续热销，势必会造成全网多个商家对该款商品的补货意愿，引起货源短缺。如果此时上游供应商不能及时补货，便会置创业者于无货可售的尴尬境地，从而引发消费者对新开网店的信用不满。此外，为免去囤积货品的烦恼，很多创业者选择了由货源商直接发货的网上代销。需要注意的是，虽然网上代销有不占资金且代发货的好处，但网店代销也面临着更多的货源风险：

（1）代销店主见不到实物，不了解实物，无法向顾客准确描述和保证商品的品质。

（2）买家支付宝付款后，网店向货源商支付宝付款，遇到以下情况垫压的货款有回收风险：快递途中丢货、邮寄途中商品被损、恶意买家刻意拒付、商品和描述不符、商品被人冒领。

（3）买家对于商品的退换货是寄送至货源商处，代销网店无法保证货源商能否兑现售后。甚至有买家寄回到货源商处后商品丢失，代销网店因此涉嫌网络诈骗而被调查。

小案例

代销的烦恼

卖家王辰最近就遇到了让他很烦恼的事情：

因为身边货源有限，在网络中同样式的商品又比比皆是。为了更好地发展，他打算在自己的店里代销一些其他产品。最终，他选择了看上去信誉很高的卖家——以批发零售化妆品法国兰蔻为主的安安小店。因为资金有限，他选择的是完全由上家代发货的方式，虽然这样做不必担心自己压货，但对方却是不支持支付宝交易的。思来想去，他还是决定试一试，因为毕竟上家有着很高的信誉度，在一定程度上还是可以相信的。但刚合作了头两单生意，便接到了顾客的投诉。原来买家在收到该化妆品后，都不约而同地反映包装低劣、字迹不清，很明显与专柜上的产品不一样，是假货，已经当场拒收，并强烈要求退款，否则投诉到底。

于是王辰找到上家，也就是安安小店。但对方根本不承认有这回事，认为买家是在无理取闹，同时也劝他不予理会。因为王辰没有见过该套化妆品，与上家又是直接到账交易，所以他很被动。无奈之下他只好退款给买家，可算是赔了夫人又折兵，最后连货都没拿到。

（资料来源：http://www.53shop.com/SrcShow.asp?Src_ID=42529。）

案例思考：网络代销的风险有哪些？

5. 来自于物流方的风险因素

网店的创业者大多将实物商品的配送工作交由专业的第三方物流公司完成。在配送过程中由于工作人员的野蛮搬运、粗心大意，往往会出现货物在配送过程中延误、损坏或丢失的情况。一旦这种情况出现，容易产生交易纠纷，处置不当可能招致买家对网店的差评。

6. 来自于网络环境不安全的风险

网上创业活动是在开放的网络上进行的，支付信息、订货信息、销售信息、谈判信息、机密的商务往来文件等大量商务信息在计算机系统中存放、传输和处理。黑客攻击、计算机病毒等会造成商务信息被窃、篡改和破坏。在使用网络银行或第三方支付工具时，如果不注意防范计算机病毒和木马程序，极易导致自己账户、密码等重要的财务信息被黑客窃取，进而导致资金被非法转移。此外，机器失效、程序错误、错误操作、错误传输都会造成信息失误或失效，给创业者带来不可挽回的损失。

小案例

青岛网店遭黑客篡改 价格打一折招千份订单

2012年4月18日，青岛市工商局市北分局北仲路工商所接到市民汪先生投诉，称他3月24日在一家网店购买了标价1.9元一支的可伶可俐洁面乳，下单数量为300支，已在线支付了570元人民币。

如今，已过了半个多月，网店却拒绝发货。这是北仲路工商所3月26日以来，接到的第十五起针对同一家网店的投诉，投诉内容也大致相同，均为市民下单订购了该网店的商品，店主却迟迟不发货。

据介绍，被集中投诉的这家网店名叫"百洋健康网"，是2006年注册的，实体店位于北仲路附近，是一家销售药品、保健品和日常用品的零售店，销售额一直很平稳。"3月23日上午8点，我们在网站上发布了正确的商品销售信息，第二天是周六，实体店的员工都休息，只有网店客服在盯着网站。"该店谭经理说，客服先是发现几种商品的网络成交量不正常地猛增，后来才发现洁面乳、唇膏和洗发露等商品的标价都出现了问题，原价19元的可伶可俐洁面乳单价变成了1.9元。截至当天下午6时，网店共收到1 007份订单，而80%的订单都是购买可伶可俐洁面乳的。

谭经理称，经过信息部鉴定，确定网站被黑客攻击了。"当时就忙着改商品信息、打电话向顾客解释，根本没顾得上给网页截图留证据。"谭经理说。经过协商，大部分顾客都同意接受网店赠品，同时取消订单。有些不愿意这样解决的顾客可能就到工商部门投诉了，还有几名顾客则一直联系不上。谭经理称，一支可伶可俐洁面乳的进价是10.49元，如果按照1.9元的单价来发货，公司至少要损失1万余元。

在工商所和网店的努力下，十几起申诉和700余名顾客的不满都得到了圆满解决。

（资料来源：http://www.2cto.com/News/201204/128334.html。）

案例思考：网络环境有哪些不安全因素？

二、制定网上创业风险的应对措施

（一）风险应对的一般策略

风险应对即通过多种措施使风险降至可接受程度的过程。一般而言，风险应对策略大体可分回避风险、预防风险、自留风险和转移风险四类。

1. 回避风险

回避风险，即主动避开损失发生的可能性。如创业者经过分析发现某一类产品市场已经供过于求，为了避免市场竞争激烈的风险，则可考虑采取主动放弃选择经营该产品的方法从而回避可能出现的风险。

2. 预防风险

预防风险，即采取预防措施，以减小损失发生的可能性及损失程度。如为了防止新企业中的人员流失，可以采取一些提高人员待遇、改善工作环境的措施；为防止程序或数据丢失而进行数据备份等。

注意事项：预防风险的成本控制

风险管理的一条基本原则是：以最小的成本获得最大的保障。预防风险涉及一个现时成本与潜在损失比较的问题：若潜在损失远大于采取预防措施所支出的成本，就应采用预防风险手段。

3. 自留风险

自留风险，即主动承担风险。自留风险一般适用于对付发生概率小，且损失程度低的风险。

4. 转移风险

转移风险，是指通过某种安排，把自己面临的风险全部或部分转移给另一方。保险是转移风险应用范围最广、最有效的风险管理手段之一。

（二）网上创业风险的应对措施

针对风险分析的结果，应制定出具体的风险应对策略以预防、减少乃至消灭风险事件发生。如图5-6所示，针对前述网上创业中存在的主要风险因素，结合风险应对的一般策略，可采取多种具体措施一一应对。

创业风险应对措施选择

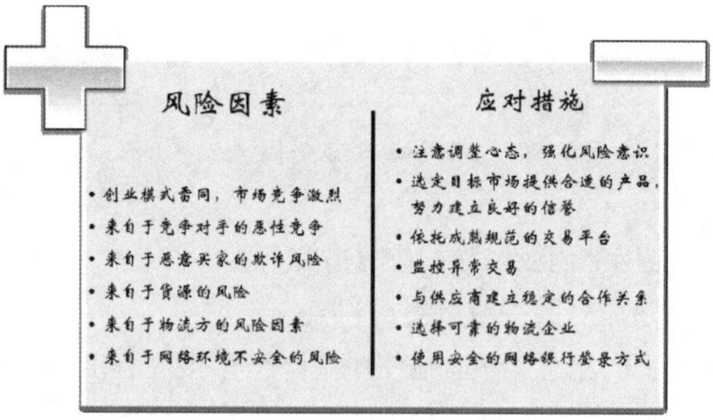

图5-6 网上创业风险的应对措施

1. 创业者自身注意调整心态，强化风险意识

创业开始之前创业者首先要调整好心态，在思想上要充分准备、持之以恒，断绝走捷径的侥幸思想。大多数创业者资金、能力、经验都有限，必须杜绝浮躁思想，踏踏实实、从小做起。所谓"知己知彼、百战百胜"。只有做好充分准备，准确认识自身特点，综合考虑发挥自己的资源优势、特长来确定经营范围，在创业过程中应努力发挥自身特长，选择自己熟悉的领域，才能在以后网上创业中

拥有优势。新事业一旦开始后，创业者更是要绝不轻言放弃，坚持到底。创业不可能一帆风顺，需要创业者具有持之以恒精神，如果遇到一点困难与挫折就退让躲避，那么，之前的努力将全部付诸东流。

注意事项：创业需要持之以恒

调查显示，95%的创业失败不是因项目本身，而是创业者缺乏持之以恒的精神。

网络时代，信息瞬息万变。网络创业应该更多地关注电子商务的发展方向，掌握更多的网络信息，以应对各种各样的问题和风险。网上创业者可以多到网上社区学习相关防骗知识，多在论坛交流防骗经验，加强自己对网络风险的认识和防范意识。同时，还应多关注相关国家法律制度，国家对于产品的监管、对于网上开店的相关政策等，及时准确地掌握相关信息，就能够快速机敏的应对各类问题和风险。

2. "创业模式雷同，市场竞争激烈"风险应对措施

（1）选定目标市场提供合适的产品。网上商品琳琅满目，网络市场也是纷繁复杂，面对激烈的市场竞争和自身的有限资源，创业者要想成功就必须将网络市场进行细分，在此基础上选定某一目标市场作为自己的服务对象。只有在选对目标市场并保证稳定地为其提供优质产品的情况下，创业者才有可能在网络市场上站稳脚跟。可以说，科学地选定目标市场和良好的产品是建立竞争优势、应对对手竞争风险的关键。

小贴士：适合在网上销售的产品

一般来说，符合以下条件的产品在网上销售具有优势：① 体积较小、便于运输的产品；② 附加值较高的产品；③ 具备独特性或时尚性的产品；④ 通过网站了解就可以激起浏览者购买欲的产品；⑤ 网下没有，只有网上才能买到的产品。

（2）努力建立良好的信誉。建立良好信誉对于网上经营至关重要。网络商家的信誉代表着众多消费者的认可，为商品质量提供了更多的保障。消费者在同等条件下购买商品时，无疑更青睐信誉高的商家，甚至愿为此付出更高的价格。

3. 来自于竞争对手恶性竞争的主要应对措施——依托成熟规范的交易平台

由于成熟的第三方交易平台上往往运营时间较长，已经拥有充足的客户资源，可以有效规避人气不足的经营风险。此外，经过前

期的运营，这些第三方交易平台往往在摸索中制定了较为完善的交易规则，利用这些规则可以较好地规范竞争对手的不规范行为，协调与买家间的纠纷等。

4. 应对恶意买家欺诈风险的主要措施——监控异常交易

经常登录和维护自己的网上店铺，及时掌控店铺的交易情况，一旦出现恶性竞价、恶意购买、恶意差评等异常情况可及时向交易平台投诉，寻求交易平台的帮助和解决。对于每一笔交易都需要保存好发货的物流凭证，甚至有必要对每笔交易明细进行截图保存，一旦交易纠纷发生可以有效地维护自己的权益。

小贴士：恶意差评的处理步骤

（1）双方都评价后，买家的差评将出现在自己的信誉评价中。卖家应首先针对该差评整理好相关资料给予诚恳的解释。

（2）及时与买家沟通采取适当补救措施争取让其撤销差评。

（3）如果买家为恶意评价则可能沟通无果，那么卖家可以发起投诉。当对买家进行投诉后，相关评价就会被屏蔽，等到淘宝裁定之后才会在自己的评价中显示。

（4）用聊天记录举证对方。注意，目前淘宝不受理非恶意评价的评价争议，但对于以下情况淘宝将直接删除此类评价，并保留对评价方处罚的权利：

① 在评价中有污言秽语、色情、辱骂、违反"和谐社会"精神风貌的言语；

② 涉嫌同行业的恶意评价；

③ 在交易过程中，评价方利用中评或差评，对被评价方进行威胁，或提出不合理的要求（如不退货退款、降价等）；

④ 凡使用淘宝推荐物流而引起的中差评（如少货、到货时间晚等情况）。

如能证明是以上原因所致的差评，找淘宝客服会帮助改正。聊天记录也是证明。

5. 货源风险的应对措施——与供应商建立稳定的合作关系

代销某一商品，不仅要清楚地知道该产品的详细性能、质地、颜色等一些重要的商品信息，更重要的是要知道自己所代销的实物。在经营过程中，创业者应及时了解产品库存变动情况。一旦产品的库存量低于库存警戒线，就应及时向供应商订货。对于部分特别有市场潜力的产品，有条件的情况下可以采用包销、买断经营等方式来保证货源的稳定，也可以尝试通过签署合作协议来成为某品牌、某产品的指定网络经销商，这样不仅仅有充足的货源还可以有效地规避来自竞争对手的恶性竞争。

与代销企业之间的交易宜选择线上第三方支付的方式，尽量不采用直接到账交易或是直接转账，避免陷入被动局面，钱货两空。

6. 物流风险的应对措施——选择可靠的物流企业

绝大部分网上创业者都需要通过第三方物流来完成货物向买方的传递。物流服务的好坏、质量的高低直接关系到消费者能否按时、准确、完好无损地收到货物。快递物流这个环节是在网店运营中容易出错的环节，并且不容易控制，很多时候网店商品质量本身没有问题，只是由于快递的原因而遭到买家的差评，进而影响网店信誉。因此一定要选择两家以上有信誉、有保障、服务好的物流企业，与其签订有制约性的合作协议，建立良好的、长期的、稳定的合作关系。在日常发货中，结合快递公司特色和产品需求找准快递公司。此外，对于贵重物品务必要进行保价，避免因货物丢失、损毁而造成严重的损失。

小 案例

网店物流风险的规避

在淘宝上经营饰品的刘先生从浙江义乌国际商贸城通过某快递公司向一个买家发送价值 1 900 元的饰品若干，但买家一直未收到货物。关于赔偿事宜，双方协商不成，发货人刘先生将承运人高某告到法院。法院经审理判决被告高某赔偿收货人全部损失，即按货物的全部价值赔偿收货人 1 900 元。为了规避此类快递风险，刘先生接受了以下建议：一是选准公司。选择一些规模较大的、信誉度高，已形成规模的快递公司，并在合同附件里保留对方公司的各种合法的营业执照证明的复印件。二是争取押金。根据网店每月大致的快递费用及快件的大致价值，要求快递公司在签订合同时支付相应的快件押金，以作为快件安全送达的保证。三是约定赔偿。在合同中约定好相应的快件赔偿、保价、延误送达等相关的处理方式的条款，以便出现快递问题时有据可查。自从这些措施实施以来，刘先生发现顾客关于快递的投诉量明显下降。

案例思考：网店物流风险如何有效应对？

7. 网络环境风险的应对措施——使用安全的网络银行登录方式

网络交易中来自于黑客、计算机病毒、木马程序的威胁和破坏无时不在，特别是网上窃取用户资金的犯罪行为时有发生。因此网上创业者务必要使用安全的网络银行登录方式，如移动证书、文件证书、动态口令，再结合SSL或SET安全通信协议可以有效确保重要财务信息的安全。此外，创业者还可通过开通银行账户余额变动短信通知服务的方式，及时了解账户的变动情况。

任务小结

本任务首先介绍了风险管理的基本知识，指出了一般创业活动中普遍存在的风险因素及其典型表现。需要注意的是，作为创业活动的一种类型，网上创业除了如前文所述的一般创业活动会面临的风险因素外，还受到一些诸如竞争激烈、物流成本高、法律和信用环境欠佳、网络安全等行业特有风险因素的影响。针对这些特有风险因素，结合风险应对的一般策略，本任务进一步提出了多种具体应对措施。

任务思考

1. 如何进行风险管理工作？
2. 相较于其他创业方式，网上创业有哪些特殊的风险因素？
3. 代销的风险有哪些？
4. 创业风险的应对措施有哪些？

举一反三

请仔细阅读下列案例：

女生小王大学毕业后决定自己创业，综合考虑各方面因素后选择开家网店。创业之初，对于卖什么小王尚无明确概念，经对淘宝网的多日观察，她发现某品牌内衣卖得很火。小王盘算了一下卖内衣确实比卖一般的服装等要简单得多，不涉及过时的问题，今年卖不完明年还可以继续。于是她直接去阿里巴巴搜"××××内衣批发商"。经过几天的研究找了家深圳的供货商，看其网站做得很漂亮，因为离家较远没有实地去考察，就用旺旺联系了。在与网上向客服小姐沟通的过程中小王仔细询问了产品的质量。客服小姐说："产品均为出口余单，吊牌水洗标和专柜一样，专柜有的，我们有，专柜没有的，我们也没有，这点客户可去专柜比较验证！""欢迎专柜验货，接受支付宝付款"等。客服的几句话让小王立即相信这就是正品。第2天就去下单批了100件。订单发了准备付款时，客服小姐把支付宝账号给了小王，在付款过程中小王才发现是即时到账。由于之前没认真研究过支付宝，不知道支付宝还有即时到账的功能。发现该交易是即时到账时，小王有点犹豫，就又向客服小姐咨询了些问题。这时客服小姐表现得很不耐烦，说小王不是真的打算批发，让她考虑清楚决定批发后再和她们联系。在客服小姐的刺激下小王赶快把钱打到了对方账上。

　　几日后，小王收到货后打开包装，看到一个个产品时，不由得大失所望：材料、做工、手感跟品牌实体店的商品完全无法相提并论。经过一段时间的研究小王发现其实淘宝卖该品牌内衣大部分都是假的。第1次批发以失败告终，亏了3 000多元。虽然有些郁闷，但小王还是不想就这么放弃，继续找，找了一段时间都没找到合适的供货商。而之前所批发的那批女士内衣挂到网上，想试试按批发价卖掉，还真有人来咨询，经过跟买家的初步沟通发现卖女士内衣也比较麻烦，涉及的码数款式太多很容易积压货物，想想太复杂最终还是决定放弃！

　　思考：1. 该案例中的小王面临的是哪种类型的创业风险？

　　　　　2. 你认为小王在此次创业过程中犯了哪些错误？

　　　　　3. 你认为该类风险可以采取哪些措施来规避？

项目综合训练 <<<<<<<<<<<<<<<<<<<<<<<<<<<<<<<<<<<<<<<<<<<<<<<<<<<

　　1. 项目背景

　　在本项目中，学生需要了解各种创业绩效指标，也应知道定期分析的创业绩效状况的重要性。只有通过相关数据分析，才能更好地了解自身经营状况、及时应对风险。

　　2. 环境要求

　　计算器、纸笔。

　　3. 操作步骤

　　（1）观察图表。

　　（2）根据公式计算数据。

　　（3）评价网店绩效。

　　（4）调查淘宝网店卖家风险。

　　（5）分析应对措施。

思考一：表5-5为某网店开张后前3个月的销售数据，请根据表中的相关数据评价该网店的创业绩效。

表5-5　某网店开张前3个月销售情况表

	1月	2月	3月
销售商品数（件）	140	223	396
销售收入（元）	4 218	7 626	12 152
进货成本总支出（元）	3 798	6 888	9 996
营销成本总支出（元）	108	132	205
订单量（份）	76	104	173
访问量（次）	202	286	309
购买顾客数（人）	76	92	153
超过一次购买顾客数（人）	0	8	13

思考二：调查一下淘宝网服装类卖家一般会面临哪些风险？列出这些风险因素分别可采取哪些措施加以应对？

项目实施总结

一路走来，蚂蚁搬家经历了多种风险，还好早有各种风险预案的准备，艾美丽采取多种措施将各种创业风险一一化解。经过师兄的提点，艾美丽经常计算自己店铺的各种创业绩效指标，定期分析小铺的创业绩效状况。经对相关数据的分析，艾美丽发现自己店铺的创业绩效令人非常满意。为了更好地了解自身经营状况、及时应对风险，艾美丽将本项目在实施过程中涉及的关键点进行了总结，如图5-7所示。

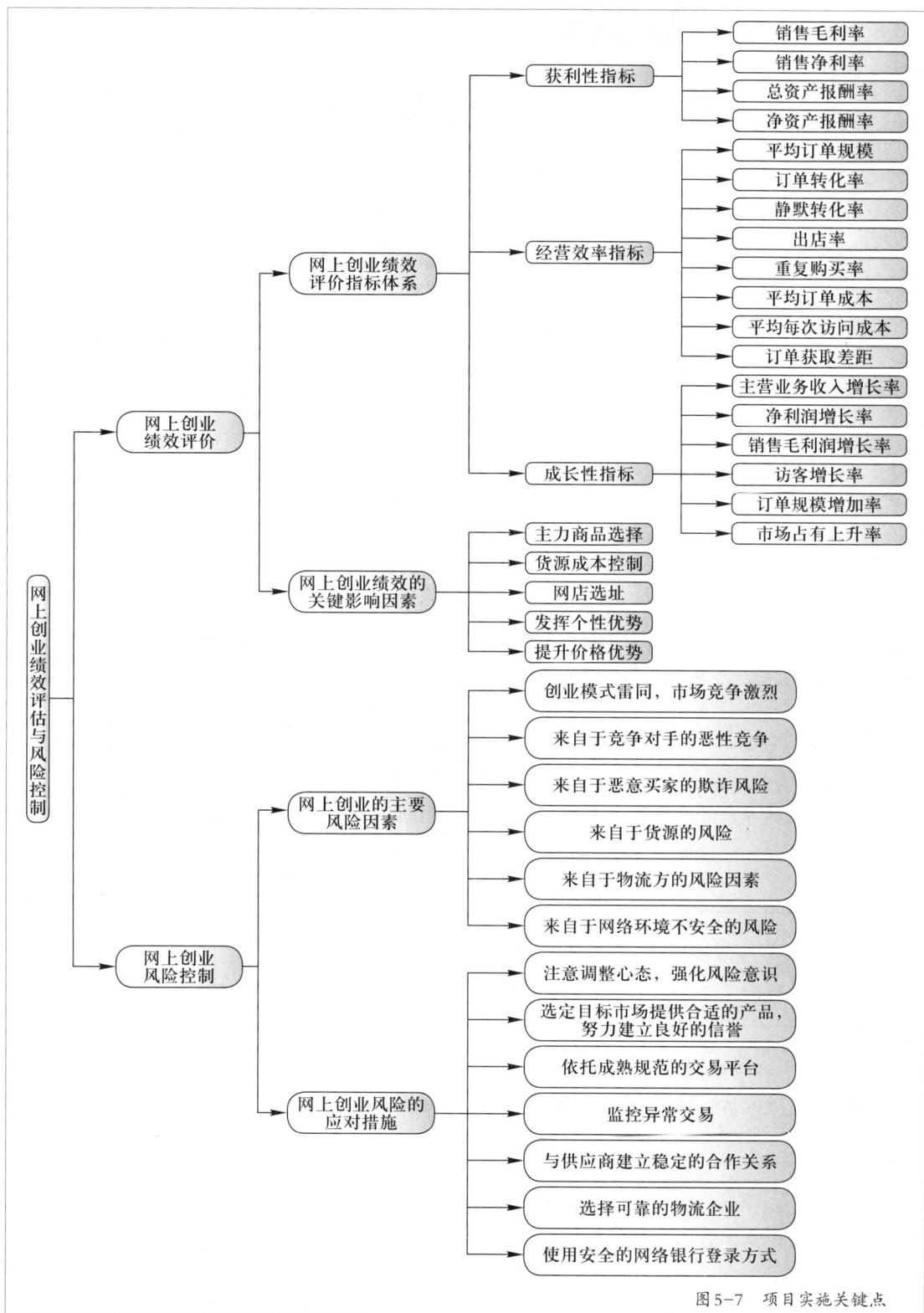

图 5-7　项目实施关键点

附表 5-1 职业能力测评表

	能/否	职业能力
通过学习本项目，你能否掌握右边列出的职业能力？		能掌握创业绩效的评价方法
		能掌握网上创业评价指标体系评价创业绩效
		能掌握影响网上创业绩效的关键影响因素
		能全面认识网上创业的风险
		能针对不同的网上风险因素制定相应的防范、应对措施
通过学习本项目，你还掌握了哪些职业能力？		
自评人（签名）： 年　月　日	教师（签名）： 年　月　日	

注："能/否"栏填"能"或"否"。

附表 5-2 职业素养测评表

	职业素养	是否提高
通过学习本项目，你能否提升右边列出的职业素养？	信息获取能力	
	自我学习能力	
	商业规则意识	
	沟通表达能力	
	解决问题能力	
	团队合作精神	
通过学习本项目，你还提升了哪些职业素养？		
自评人（签名）： 年　月　日	教师（签名）： 年　月　日	

注："是否提高"一栏可填写"明显提高"、"有所提高"、"没有提高"。

项目6 网店的公司制运作

【项目描述与分析】

经过前段时间的不懈努力，艾美丽的网店已经开始具备一定的规模。甄有才告诉艾美丽，创业初期需要灵活的组织和管理以便及时捕捉商机，但当新事业达到一定规模后要想实现持续跨越式成长，专业化管理将成为必然的选择。经过师兄的指点，艾美丽认识到后续要想将网店做大做强，必须考虑采取公司制运作。通过制度化管理、科学的业务发展规划和品牌化建设使企业在规范中发展壮大应成为下一阶段关注的重点。

项目引入

【项目知识点】

企业类型，新企业申办登记手续，企业管理制度，公司业务规划，品牌整体规划，品牌定位，品牌形象设计，品牌传播推广和品牌形象维护。

【项目技能点】

确定公司的企业类型，明确公司内部分工，设计恰当的企业组织结构；了解依法设立网络公司的工商、税务、备案等手续，制定规范性的企业管理制度，为公司未来的发展制定明确的规划，建立核心优势；确定公司品牌定位，设计品牌形象，开展品牌传播推广，有效维护品牌形象。

任务6-1　公司制运作筹备

任务导读

1. 公司有哪些形式？

2. 设立公司需要办理哪些登记手续？

3. 如何实现公司的制度化管理？

4. 如何为公司未来的发展制定明确的规划？

任务分解与实施

一、选择公司形式

（一）企业的基本类型

根据企业成立时注册资本的构成不同，可将企业分为三种类型：

（1）个人业主制企业，即由一个自然人出资兴办，完全归个人所有和控制的企业。

（2）合伙制企业，即由两个或两个以上的个人或单个业主制企业通过签订合伙协议，共同经营，收益和风险由合伙人共同承担的组织。

（3）公司制企业，是指由一个以上股东出资成立的能够独立对自己经营的财产享有民事权利、承担民事责任的经济组织。

相比于前面两种企业制度，公司制企业以完善的法人财产权为基础，以有限责任为基本特征的法人治理结构更有保证。相对而言，公司制企业更容易组建成大型、巨型企业，代表了现代企业的发展方向。

小贴士：公司制企业的形式

根据《中华人民共和国公司法》（以下简称《公司法》）规定，公司制企业包含有限责任公司和股份有限公司两种形式。

有限责任公司，又称有限公司，是指依《公司法》设立，由不超过一定人数的股东出资组成，每个股东以其所认缴的出资额为限对公司承担责任，公司以其全部资产对公司的债务承担责任的企业法人。

股份有限公司，是指全部资本分成等额股份，股东以其所持股份为限对公司承担责任，公司以其全部资产为限对公司债务承担责任的企业法人。

（二）有限责任公司的设立条件

根据《中华人民共和国公司法》（以下简称《公司法》）的规定设立有限责任公司，应当具备下列条件：

（1）股东符合法定人数，有限责任公司由50个以下股东出资设立；

（2）股东出资达到法定资本最低限额。根据《公司法》规定，有限责任公司注册资本的最低限额为人民币3万元。公司全体股东的首次出资额不得低于注册资本的20%，也不得低于法定的注册资本最低限额，其余部分由股东自公司成立之日起两年内缴足；其中，投资公司可以在5年内缴足。

小贴士：申请设立一人有限公司的特别规定

（1）股东为一个自然人或者一个法人。一个自然人只能投资设立一个一人有限公司。该一人有限责任公司不能投资设立新的一人有限公司。一人有限公司应当在公司登记中注明自然人独资或者法人独资，并在公司营业执照中载明。

（2）一人有限责任公司的注册资本最低限额为人民币10万元。股东应当一次足额缴纳公司章程规定的出资额。

（3）一人有限责任公司章程由股东制定。

（4）一人有限责任公司不设股东会。

（5）其他内容同有限责任公司。

（3）股东共同制定公司章程。

（4）有公司名称，建立符合有限责任公司要求的组织机构。设立董事会、监事会的，董事会成员为3～13人，监事会成员不得少于3人；股东人数较少或者规模较小的有限公司可以不设董事会、监事会，设1名执行董事，1～2名监事。

（5）有公司住所。

小贴士：有限责任公司章程应当载明的事项

（1）公司名称和住所；

（2）公司经营范围；

（3）公司注册资本；

（4）股东的姓名或者名称；

（5）股东的出资方式、出资额和出资时间；

（6）公司的机构及其产生办法、职权、议事规则；

（7）公司法定代表人；

（8）股东会会议认为需要规定的其他事项。

二、办理申办登记

实现公司化运作必须按照法律法规要求完成注册登记手续。开展网上贸易类公司申办登记的基本流程包括16个环节：① 确定经营场所；② 公司名称预核；③ 制定公司章程；④ 刻私章；⑤ 办理银行询证函；⑥ 开立验资账户；⑦ 办理验资手续；⑧ 申请设立开业登记；⑨ 刻公章；⑩ 办理企业组织机构代码证；⑪ 开设银行基本户；⑫ 办理税务登记；⑬ 申请领购发票；⑭ 注册域名；⑮ 租赁服务器；⑯ 网站经营许可证。创业者应参照此流程依次到多个部门办理相关手续，如表6-1所示。

网络贸易公司的创立流程

表6-1　网络贸易公司的创立流程

	申办业务名称	办理机构	阶段性成果
1	确定经营场所	房屋中介机构、房产登记部门	房屋租赁合同、购房合同
2	公司名称预核	工商部门	公司核定名称
3	制定公司章程	律师事务所	公司章程
4	刻私章	公安指定刻章门店	私章
5	办理银行询证函	会计师事务所	银行询证函
6	开立验资账户	银行	验资账户、盖章的银行询证函
7	办理验资手续	会计师事务所	验资报告
8	申请设立开业登记	工商部门	营业执照
9	刻公章	公安指定刻章门店	公司印章
10	办理企业组织机构代码证	技术监督局	组织机构代码证
11	开设银行基本户	银行	公司开户行账号
12	办理税务登记	税务局	税务登记证
13	申请领购发票	税务局	发票
14	注册域名	域名代理机构	公司域名
15	租赁服务器	中国电信、中国联通、中国移动等网络接入服务商	网站上线
16	网站经营许可证	通信管理局、工商管理部门等	ICP备案、经营性网站备案等

需要注意的是，按照我国政府相关规定，在办理申办登记手续的过程中，通过互联网向用户有偿提供信息、电子商务及其他网上应用服务活动的新创企业除了需办理一般企业的登记手续以外，还需要办理相关的经营许可证。目前相关的许可证照如表6–2所示。

表6-2 不同类型的电子商务企业涉及的许可证照

名称	适用范围	发证机构
ICP备案	任何网站都需要进行ICP备案	工业和信息化部
经营性网站备案	通过互联网向用户有偿提供信息等服务活动的经营性网站	工商行政管理机关
广告经营许可证（网络广告经营）	经营性互联网信息服务提供者为他人设计、制作、发布网络广告的	工商行政管理机关
网络文化经营许可证	利用互联网经营文化产品，从事互联网文化的展览、比赛等活动的	文化部门
互联网出版许可证	经营新闻出版类电子商务业务的网站	新闻出版部门
信息网络传播视听节目许可证	开展互联网视听节目服务的网站	国家广播电影电视管理部门
互联网新闻信息服务许可证	在境内从事互联网新闻信息服务的网站	国务院新闻办公室
互联网药品信息服务资格证书	经营互联网药品信息服务的网站	国家食品药品监督管理机构
电信业务审批	主要是开办电子公告服务（BBS）论坛的网站	通信管理局
增值电信业务经营许可证	主要是提供无线增值等业务的网站	通信管理局
电信与信息服务业务经营许可证	从事电信与信息服务业务的经营单位	通信管理局
互联网卫生信息服务管理	通过开办医疗卫生网站或登载医疗卫生信息向上网用户提供医疗卫生信息的	卫生部
电子支付牌照	网上支付、电子货币发行与清算等都在需要申报的支付清算业务范围之内	中国人民银行

三、设计企业管理制度体系

（一）企业管理制度及其构成

企业管理制度是企业在生产经营管理的实践活动中所建立的带有强制性的规定，是明确企业员工应尽义务和权利保障的规章，包括企业的人事制度、绩效考核制度、财务管理制度等。企业制度的确立可以防止管理的任意性，通过设置合理的权利、义务和责任使得每位员工能预测自己的行为和努力的后果，激励员工为企业的目标和使命努力奋斗。

小 案例

七人分粥的故事

有七个人住在一起，每天共喝一桶粥。显然粥每天都不够分。一开始，他们抓阄决定谁来分粥，结果分粥的人每次都给自己打得满满的，其他人都吃不饱。后来决定轮流分粥，于是乎每周下来，他们只有一天是饱的，就是自己分粥的那一天。再后来他们开始推选出一个道德高尚的人出来分粥。强权就会产生腐败，大家开始挖空心思去讨好他，贿赂他，搞得整个小团体乌烟瘴气。然后大家开始组成三人的分粥委员会及四人的评选委员会，互相攻击扯皮下来，粥吃到嘴里全是凉的。最后想出来一个方法：轮流分粥，但分粥的人要等其他人都挑完后拿剩下的最后一碗。为了不让自己吃到最少的，每人都尽量分得平均，就算不均，也只能接受。大家快快乐乐，和和气气，日子越过越好。

管理的真谛在"理"不在"管"。管理者的主要职责就是建立一个像"轮流分粥，分者后取"那样合理的游戏规则，让每个员工按照游戏规则——制度来自我管理。游戏规则要兼顾公司利益和个人利益，并且要让个人利益与公司整体利益统一起来。责任、权力和利益是管理平台的三根支柱，缺一不可。缺乏责任，公司就会产生腐败，进而衰退；缺乏权力，管理者的执行就变成废纸；缺乏利益，员工就会积极性下降，消极怠工。只有管理者把"责、权、利"的制度平台搭建好，员工才能八仙过海，各显其能。

案例思考：制度对于公司化的运营重要吗？作为新创立的公司，哪些制度必不可少？

通过制度建设可以有效梳理和确定管理规则和操作流程，固化已有的成功经验和管理方法，并将其转变为员工清晰了解、一致认同和共同遵守的明示规则，保障企业的运作有序化、规范化，降低企业运营成本，增强企业竞争实力。

企业管理制度是由一整套管理制度体系构成，如图6-1所示，大体可分为四个层次：第一层为企业的基本管理制度，是企业管理的总原则和指导方针，主要体现为企业的治理结构。第二层为组织管理制度，这一层主要是根据企业的业务和管理职能设计组织机构，明确各组织机构的职能。第三层为业务管理制度，主要包括各业务主体活动的管控流程和职能部门管理制度等。第四层为操作规范，具体包括各个岗位职责描述、岗位操作程序、业务规范等。

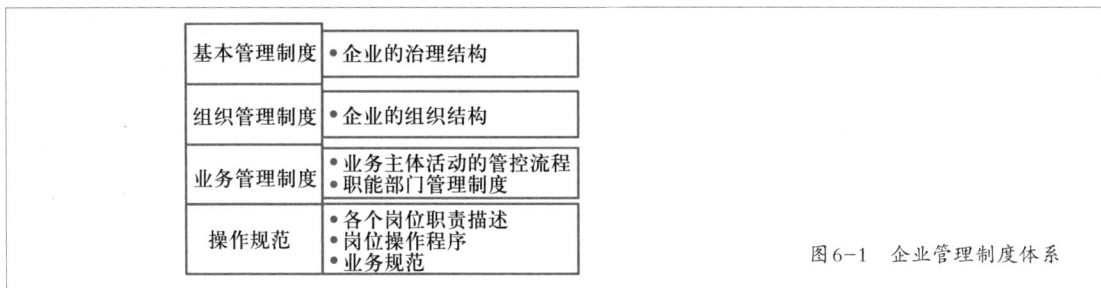

基本管理制度	• 企业的治理结构
组织管理制度	• 企业的组织结构
业务管理制度	• 业务主体活动的管控流程 • 职能部门管理制度
操作规范	• 各个岗位职责描述 • 岗位操作程序 • 业务规范

图6-1　企业管理制度体系

注意事项：企业管理制度体系中各项制度的侧重点

企业管理制度的设计需要形成一套完整的体系。许多公司并不是疏于制度的订立，而是制度繁多杂乱，政出多门，形成"文山"，相互抵触，让人无所适从，结果是形同虚设，甚至造成负面影响。简而言之，四层管理制度的设计中分别需关注：一、二层制度是企业实施管理的基础，要重点关注不相容职能的分离和相互制衡，而三、四层制度是企业管控的支撑，要重点关注制度的系统性、完整性，确保每一活动处于受控状态。

（二）确定基本管理制度——治理结构

公司的治理结构是现代企业制度中最重要的组织架构，主要是指公司内部股东、董事、监事及经理层之间的关系。公司治理结构使公司法人能有效地活动起来，是公司制度的核心。按照我国公司法的规定，公司法人治理结构，主要由股东会（或股东大会）、董事会、监事会和经理层组成。

公司治理结构的内部关系

小贴士：董事会与监事会可不设

新创立的网络贸易类企业由于一般规模较小，根据我国《公司法》第51条和52条的规定：股东人数较少或者规模较小的有限责任公司，可不设董事会和监事会，但必须设一名执行董事和一至二名监事。

（三）制定组织管理制度

1. 组织结构

组织结构（organizational structure），是指构成组织各要素之间的关系，描述了组织的框架体系。组织结构的设计主要包括"单位、部门和岗位的设置"、"各单位、部门和岗位的职责、权力的界定"以及"单位、部门和岗位角色相互之间关系的界定"三大内容。

2. 网络零售型企业组织结构设计

网络零售型企业组织架构一般采取职能型组织架构，由高层、中层管理者及基层员工构成，每个部门的职能是不同的，运营总监带领团队完成业务指标，行政经理负责后勤和内务工作。每个岗位都有对应的工作职能以及权限范围，如图6-2所示。

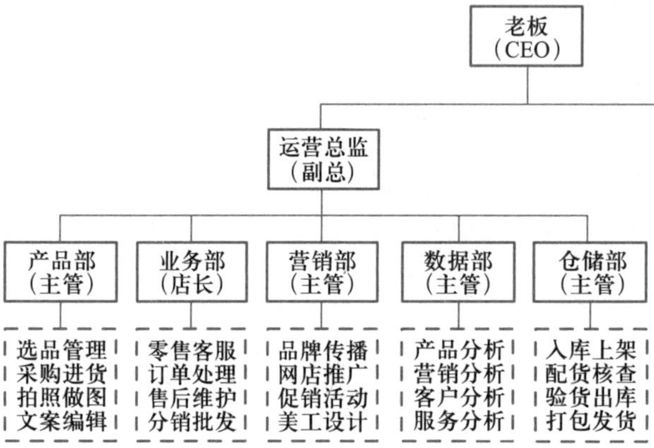

图6-2 网络零售型企业组织结构图

产品部：主要负责选品管理、采购进货、拍照做图、文案编辑等。

业务部：主要负责网店日常业务处理，包括售中和售后客服、订单处理等。

营销部：主要负责网店推广、促销活动策划、美工设计、品牌传播等。

数据部：主要负责产品分析、营销分析、客户分析、服务分析等。

仓储部：主要负责入库上架、配货核查、验货出库、打包发货等。

当然，网络零售型企业还应根据自己的业务特点灵活进行组织架构设计。例如，对于网络代销店而言，由于库存和发货都是上游供应商操作的，就没有必要设置仓储部。有些网上商店也把业务部称为客服部，其岗位职能又分为售中和售后，售中负责在线接待和接单，而售后则负责关系维护和纠纷处理。

小贴士：企业组织结构形式

典型的企业组织结构形式有如下五种（见图6-3）：

（1）直线型组织结构。各级行政单位从上到下实行垂直领导，没有职能分工，一切管理职能基本上都由行政主管自己负责、执行。

（2）职能型组织结构。各级行政单位除主管负责人外，还相应地设立一些职能机构，这些职能机构在自己的业务范围内有权向下级发布命令和指挥。

（3）直线职能混合型组织结构。只有各级行政负责人才有对下级进行指挥和下达命令的权力，职能结构只作为参谋发挥作用，对下级只起业务指导作用。

（4）事业部制组织结构。是在一个企业内对具有独立产品市场并拥有独立利益和责任的部门实行分权化管理的一种组织结构形式。

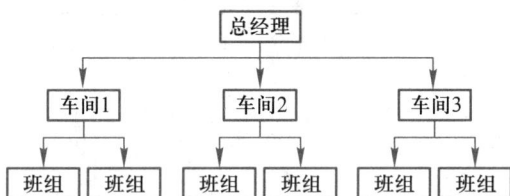

图6-3（a）　直线型组织结构

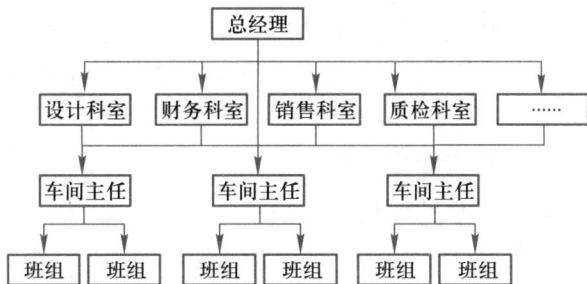

图6-3（b）　职能型组织结构

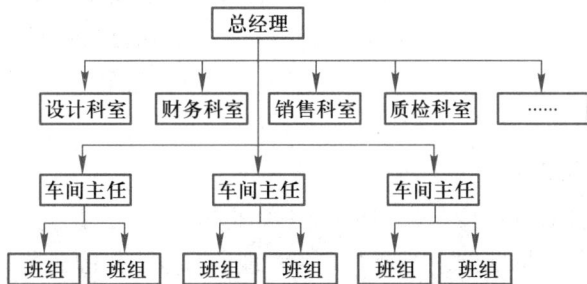

图6-3（c）　直线职能混合型组织结构

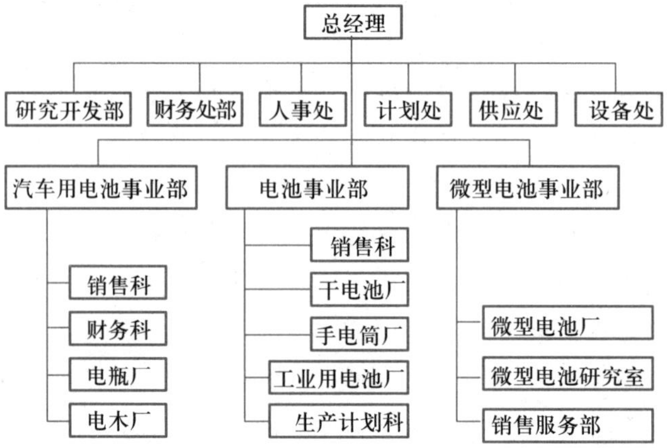

图6-3（d） 事业部制组织
结构

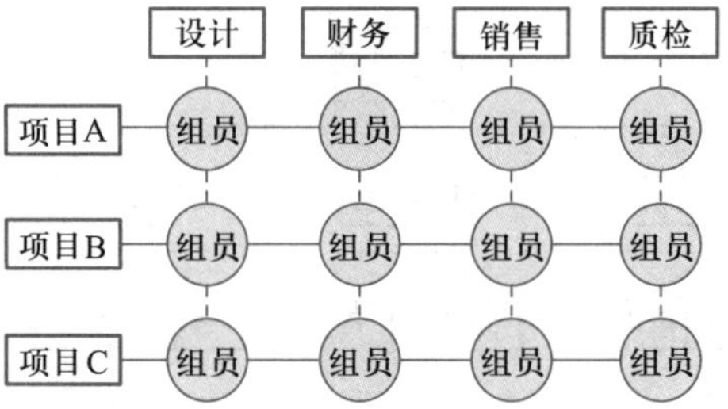

图6-3（e） 矩阵型组织
结构

（5）矩阵型组织结构。把按职能划分的部门和按产品划分的部门结合起来组成一个矩阵，由纵、横两套管理系统组成的组织结构。

（四）制定业务管理制度

1. 行政管理制度的制定要点

行政管理制度是那些专门针对公司行政事务如何开展的规章制度。公司的行政事务主要包括档案管理、印鉴管理、公文打印管理等。为理顺公司内部关系，使各项管理标准化、制度化，提高办事效率，大部分公司都会制定一些行政管理制度。公司行政管理制度一般包括：办公室管理制度、出差管理制度、会议管理制度、办公用品管理制度等。

2. 财务管理制度的制定要点

公司财务管理制度是公司根据国家有关法律、法规及财务制度，并结合公司具体情况制定的针对财务管理、财务工作的公司制度。

财务管理制度主要包括：财务部门的职责以及相关岗位、会计准则和财务纪律、财务计划与预算、经营支付、费用报销、账号管理、现金管理、票证管理、会计档案管理等。

3. 人事管理制度制定要点

人事管理制度主要解决的是公司在工作人员的录用、培训、考核、升降、调配、奖惩等方面的规章制度。一般而言，如表6-3所示，人事制度的内容主要包括员工招聘制度、员工培训制度等多项内容。

表6-3　公司人事管理制度的主要内容

序号	主要内容	主要条款
1	总则	人事管理制度的宗旨、原则 主要负责部门及其职责
2	员工招聘	招聘计划的制定与落实，包括招聘方案的制定、审批、发布； 应聘的接待与审查，面试负责部门、内容及录用的决定、不予录用的情形； 录用手续、录用后的试用期，试用期转正的申请、考评与审批
3	员工任用	劳动合同的签订，必要的明确劳动合同中的岗位责任、保密条款； 岗位责任、任用期间的调（升）职
4	员工培训	培训计划、形式、内容、要求、考核等
5	绩效考核	考核的标准、形式、期限、结果（奖惩）等
6	薪资及待遇	企业或岗位基本薪资构成、等级标准；福利待遇；薪资的调整
7	考勤及休假	考勤制度；休假制度
8	离职管理	辞职、辞退、合同终止的劳动关系解除及办理程序
9	员工守则	劳动纪律、职业道德、文明礼仪等行为规范
10	人事档案管理	员工个人人事档案的建立、人事信息管理、人事手续中的文件归档管理等

需要注意的是，网络贸易类公司作为一种典型的轻资产企业，不从事制造活动，主要业务集中于营销、物流、网站技术等方面。其利润水平的高低直接取决于这些业务部门人员的工作绩效。因此，对这些人的有效考核和激励的作用远远大于对固定资产的管理。

小 案例

某网络零售企业客服绩效考核方案（摘录）

第1条　目的

1. 客观公正地评价员工的工作业绩、工作能力及工作态度，促使员工不断提高工作绩效和自身能力，提升企业的整体运行效率和经济效益。

2. 为员工的薪酬决策、培训规划、职位晋升、岗位轮换等人力资源管理工作提供决策依据。

第2条　适用对象：公司所有客服人员，但考评期内未到岗累计超过2个月（包括请假及其他原因缺岗）的员工不参与当期考核。

第3条　工作业绩：主要从月销售额和对上级主管安排的任务完成情况来体现。

第4条　工作能力：根据本人实际完成的工作成果及各方面的综合素质来评价其工作技能和水平，如专业知识掌握程度、学习新知识的能力、沟通技巧及语言文字表达能力等。

第5条　工作态度：主要对员工平时的工作表现予以评价，包括客户纠纷的解决、积极性、主动性、责任感、信息反馈的及时性等。

第6条　考核周期：根据岗位需要，对员工实施月度考核，其实施时间分别是下一个月的5～10日。

第7条　考核实施

1.考核者依据制定的考核指标和评价标准，对被考核者的工作业绩、工作能力、工作态度等方面进行评估，并根据考核分值确定其考核等级。

2.考核者应熟悉绩效考核制度及流程，熟练使用相关考核工具，及时与被考核者沟通，客观公正地完成考评工作。

第8条　根据员工的考核结果，将其划分为5个等级，主要应用于职位晋升、培训需求、绩效提成发放、岗位工资调整等方面，具体应用如表6-4所示。

表6-4　客服考核结果应用表

评估等级	考核得分	所需培训强度	职位晋升	岗位级别	岗位工资调整
卓越	95～100	无	推荐	资深客服	3 000元
良好	75～84	较强	/	一级客服	2 500元
一般	65～74	强	/	试用客服	2 000元

第9条　个人销售绩效提成计算方法如表6-5所示。

表6-5　个人销售绩效提成

销售额	绩效提成
15 000元以下	1.5%
15 000～20 000元	超出15 000元部分×2%＋150元
20 001～25 000元	超出20 000元部分×4%＋250元
25 000元以上	2%

第10条 公共销售绩效提成计算方法：

公共销售绩效提成＝公共销售业绩总额×0.5%÷客服人数

月单项奖励：月整套销售额最高 奖50元

总销售增长率达25% 奖50元

总销售增长率达50%元 奖100元

第11条 最终工资计算方法：当月工资＝岗位工资＋个人绩效提成＋公共绩效提成＋工龄工资。

第12条 连续3个月考核排名第一的，将给予一次性200元的奖励；连续3个月考核不及格的，自动请辞。

第13条 本制度由电子商务中心制定，报总经理审批后实施，修改时亦同。

案例思考：案例中绩效考核方案如何对网店客服人员的工作进行考核和激励？

（五）制定操作规范

操作规范是针对业务活动过程中那些大量存在，反复出现，又能摸索出科学处理办法的业务操作所制定的作业处理规定。业务规范大都有技术背景，以经验为基础，是概括和提高了的工作程序和处理办法，如服务规范、业务规程、操作规范等。业务操作规范程序性强，是人们用来处理常规化、重复性问题的有力手段。

目前，操作规范层面的管理制度的制定业界普遍倾向于采用标准操作程序（standard operation procedure，SOP）来实现。SOP是一种通过对过程的标准化操作，减少和预防差错和不良后果的发生的管理方式。SOP的精髓就是把一个岗位应该做的工作进行流程化和精细化，使得任何一个人处于这个岗位上，经过合格培训后都能很快胜任该岗位。当前，在网络贸易类公司中，客服岗位操作规范普遍引入了SOP，来改善客户服务体验。

小 案例

某网络零售企业售前SOP规范

一、礼仪要求

真诚地面对每一位前来咨询的客户，用和善友好的态度及笑脸表情让客户感受到你的真诚。

对客户提出的疑问要快速、准确地解答，不要让客户等得太久。对自己不明白的问题，不可妄下结论，要询问上级后再回答客户！也不可自作主张地夸大产品功能等信息！如因此造成的后果，追究其责任。

如有事情需要离开计算机旁，请及时调整旺旺状态。

二、标准用语

1. 欢迎语

• 您好，我是1号客服××。很高兴为您服务，有什么可以效劳的？（笑脸表情）

• 您好，我是1号客服××。很高兴为您服务，您刚才说的商品有货。（笑脸表情）现在满×××元有×××活动。（这个要看顾客提问的商品价值而决定推荐哪种活动）

2. 对话用语

• 亲爱的，您说的，我的确无法办到。希望下次能帮到您！（笑脸表情）

• 哈，您的眼光真不错，这款商品是我们现在卖得最好的，而且也是性价比最高的产品了！（合适的表情）

• 您在购买产品时，价钱确实是考虑的方面，但产品的质量和售后服务也是考量产品好坏的重要因素！这样您才能买着放心，用着舒心呀！呵呵（笑脸表情）

3. 议价用语

• 您好，我最大的折扣权限就是×××元以上给您打97折，要不我给您打个97折吧，谢谢您的理解啦。（合适表情）

• 呵呵，您真的让我很为难呀！我请示下领导，看能不能给您95折，不过估计有点难，您稍等哈。（合适表情）

• 亲爱的买家，真的非常抱歉，您说的折扣真的很难申请到，要不您看×××元可以吗？我可以再问下，否则我真的不好办！（合适表情）

4. 支付款对话

• 您好，已经为您修改好了价格，一共是×××元，您付款就可以了，感谢您购买我们的商品。（笑脸表情）

• 亲爱的，很高兴看到您购买我们的商品，价格已经为您改好了，您付款就可以了！收到您的付款后我们会尽快为您安排发货的！

• 哈，已经看到您支付成功了。我们会及时为您发货的，感谢您购买我们的商品，有需要请随时招呼我，我是1号客服×××。

5. 物流用语

• 您好，我是1号客服××。很高兴为您服务。请问您发货到哪个城市呢？（笑脸表情）

• 如果您很着急的话，我建议您采用顺丰快递，但价格稍微贵一点。需要支付15元的快递费用。

• 您好，由于您是要发往新疆（西藏、广西）地区的，快递路程较远，快递公司对这些地区加收了快递费用，所以我们需要收您15元的快递费用。

三、常见问题解答

如果客户对产品提出的问题属于常见问题，可以婉言请客户先看一下×××产品的常见问题解答，也可以把常见问题解答的对应部分粘贴给客户看。

四、异常情况的处理

对异常情况的处理，要做到不隐瞒，不草率，不舞弊。及时地处理问题，并向上级汇报情况，使问题得到最及时、最圆满的解决，减少不必要的麻烦和损失。如果由于个人原因而耽误解决事情的最佳时机，并造成不必要的损失，要追究其个人责任并让其补偿相应损失。

五、发货流程与规范

1. 当买家支付费用后及时通知发货人员，并把发货地址及所需发货物品一同发给发货人员。

2. 发货人员核对包装物品并填写快递单号。联系快递取货人员取货，并收取快递回单。

3. 把快递回单交给客服，客服登记运单号并确认发货状态。

4. 把快递回单交给发货人员进行保管。

案例思考：案例中售前SOP规范可以产生哪些作用？

四、制定公司业务发展规划

（一）公司业务发展规划

公司业务发展规划，是在公司现有业务的基础上，根据公司的发展战略和经营目标而制定的、对现有业务的扩展和延伸。公司业务发展规划是有关公司计划在各个时间段预期达到的目标及其完成这些目标的实施方案的描述。公司业务发展规划的制定应立足现状、扬长避短、系统思考，围绕公司整体战略展开。

（二）公司业务规划的制定流程

公司业务规划的制定过程大致可分为前后相继的五个阶段，即准

备阶段、调研阶段、系统分析阶段、编制阶段和论证阶段。如图6-4
所示，每一阶段需完成若干工作任务，最终形成正式的公司业务规划。

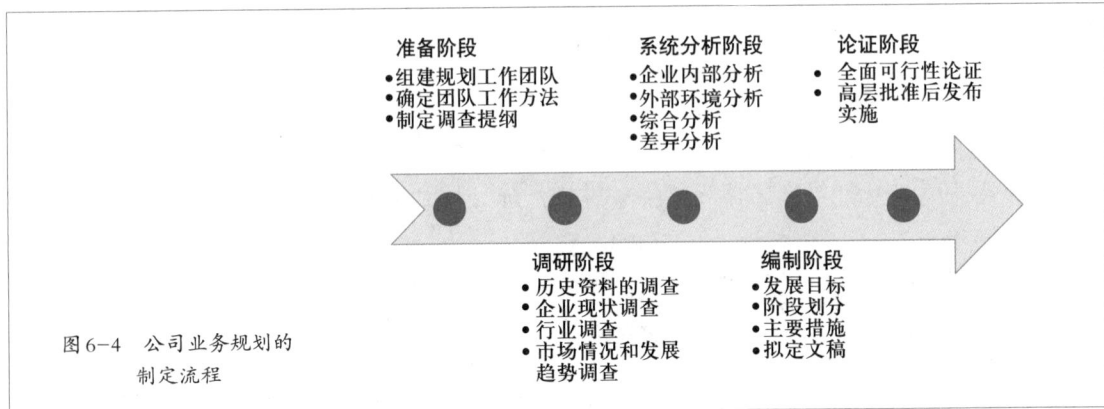

图6-4 公司业务规划的
制定流程

（三）公司业务发展规划的主要内容

1. 公司现状分析

公司的现状分析应首先就公司当前所处的宏观环境、行业环境以
及公司内部发展现状分别展开研究。在此基础上，应综合各方面现状
的分析结果得出全面的结论。目前，SWOT分析是当前在战略规划报
告里经常使用的综合分析工具。SWOT分析方法根据企业自身的既定
内在条件进行分析，找出企业的优势、劣势及核心竞争力之所在。其
中，S代表strength（优势），W代表weakness（劣势），O代表opportunity（机
会），T代表threat（威胁）。S、W是内部因素，O、T是外部因素。

作为刚刚摆脱初创状态的企业，综合分析自身面临的局面可围
绕如表6-6所示问题展开。

表6-6 新创企业的SWOT分析

内部因素分析		外部环境分析	
S：优势	W：劣势	O：机会	T：威胁
1. 本公司擅长什么？	1. 本公司什么做不来？	1. 市场中有什么适合我们的机会？	1. 市场最近有何改变？
2. 本公司有何新技术？	2. 本公司尚缺乏哪些技术？	2. 外部新出现了哪些可供本公司学习的技术？	2. 竞争者最新成功举措有哪些？
3. 本公司能做什么别人做不到的？	3. 其他公司有什么比本公司好？	3. 外部可以提供什么新的技术或服务？	3. 是否赶不上顾客需求的改变？
4. 本公司和别人有什么不同的？	4. 本公司目前尚不能够满足哪些顾客？	4. 可以吸引什么新的顾客？	4. 政经环境改变是否会伤害本公司？
5. 本公司从哪些方面吸引了顾客？	5. 本公司最近因何失败？	5. 在未来5~10年内本公司可在哪些方向发展？	5. 是否有什么事可能会威胁到本公司的生存？
6. 本公司撑过初创期困境的原因是什么？			

2. 发展战略选择

作为一家由创业期步入成长期的网络企业，发展战略成为其总体战略的必然选择。一般而言，大多数企业在此阶段都会围绕"提高管理水平、让企业高效低耗运营、创新产品和服务、实现品牌化"来描绘自身总体战略。

在明确了总体战略的基础上，尚需进一步明确具体的成长战略和成长方式。

在企业成长的方式上，主要有两种基本形式：一种是内部成长，指企业主要是依靠企业自身盈利的再投入以及内部经营条件的改善而实现的企业成长，包括降低成本、提高生产率、组织结构调整等，可控性相对较强；另一种是外部成长，指企业主要通过外部行为实现的成长，如兼并与收购、技术转让、吸收外资等，控制难度较大。

小贴士：典型的企业成长战略（见图6-5）

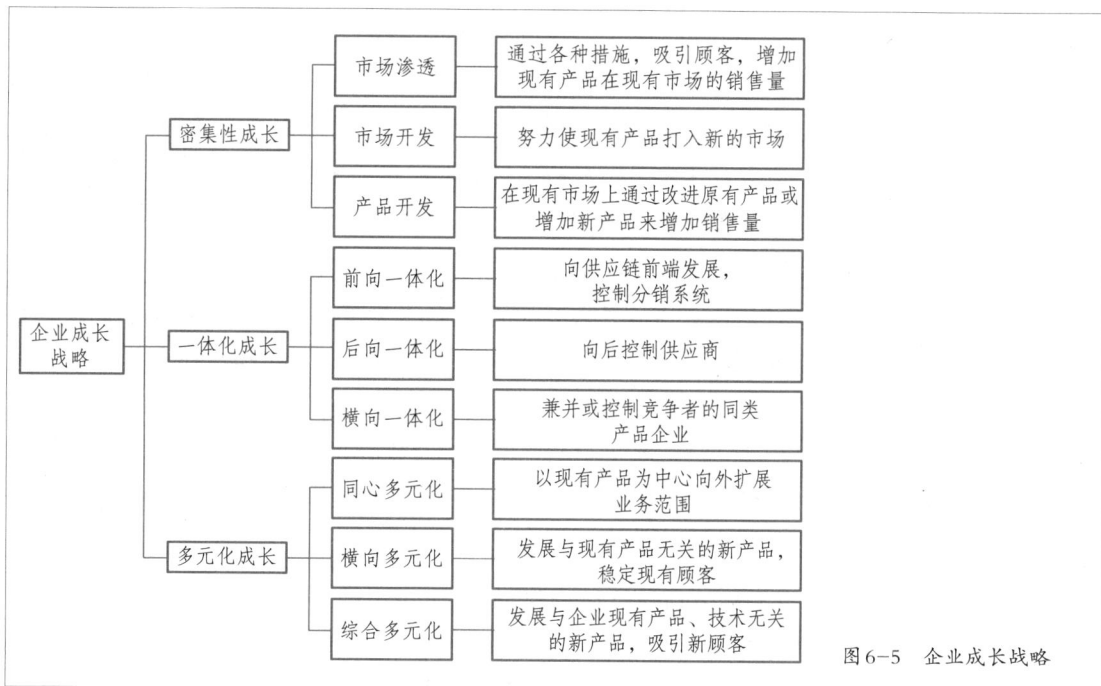

图6-5　企业成长战略

3. 确定发展目标体系

（1）总体发展目标。在规划期内拟建成的基本规模、特色、结构与功能。除此之外，尚须说明规划期内的扩展项目、新开发项目、调整项目等主要战略设想。

小案例

苏宁易购的十年规划

2011年6月19日，国内最大的家电连锁零售企业苏宁电器在南京发布2011—2020新十年发展战略，苏宁电器董事长张近东率领公司高管团队集体亮相，并从连锁发展、营销创新、科技转型、电子商务等方面阐述公司整体发展战略，立志将苏宁打造成一个在连锁地域、经营规模、科技创新、服务能力等方面都具备全球化竞争力的世界级企业。

苏宁易购总经理凌国胜在发布会上表示，苏宁的战略目标是到2020年，苏宁易购每年保持年复合增长率50%，销售规模位居行业第一；SKU总量200万以上；注册会员1亿人；团队成员为2.5万人；覆盖全国90%以上的城市；云计算、云服务能力进入世界领先行列，转型为网络生活平台，成为智慧苏宁的重要组成部分；产品线涵盖家电、家居、百货、图书、音像、运动及户外、在线法律、教育咨询与服务等。

苏宁易购根据电商行业发展预期及易购自身定位，将未来十年分为高速增长期、行业领先期、跨越转型期三个阶段。每个阶段的经营目标及实施策略如下：第一阶段：2011—2013年，是苏宁易购的高速增长期，成为互联网企业的框架基本完成。第二阶段：2014—2016年，是苏宁易购的行业领先期，规模位居行业第一。第三阶段：2017—2020年，是苏宁易购的转型跨越期，转型网络生活平台。

（资料来源：http://b2b.toocle.com/detail--5813681.html。）

案例思考：案例企业的总体发展目标是什么？

（2）利润增长发展目标。通过上述分析，在估算需求、资源、能力的发展趋势与可能性的基础上，确定总产值及发展速度、利润总额、资金利税率等方面的基本指标。

（3）技术发展目标。主要反映依靠科技进步，提高产品质量和性能，发展品种、加快产品开发速度等方面的部署。着重考虑：技术开发主攻方向、工艺改进、设备更新、产品质量和水平、新产品开发等。

（4）主要业务成长发展目标。在市场调查和预测的基础上确定主导产品产量和配套产品以及有关大类产品的目标产量。

（5）主要分系统目标。在确定总目标的基础上，按其所属分系统逐级分解。一般可具体分解到基本部门与大类产品的程度。

小贴士：企业战略目标的量化描述（见表6-7）

表6-7　企业战略目标的量化描述

	目标内容	典型量化指标
1	盈利能力	利润、投资收益率、每股平均收益、销售利润等
2	市场	市场占有率、销售额或销售量
3	生产率	投入产出比率或单位产品成本
4	产品	产品线或产品的销售额和盈利能力、开发新产品的完成期
5	资金	资本构成、新增普通股、现金流量、流动资本、回收期
6	生产	工作面积、固定费用或生产量
7	研究与开发	花费的货币量或完成的项目
8	组织	将实行的变革或将承担的项目
9	人力资源	缺勤率降低率、迟到率降低率、人员流动率、培训人数或将实施的培训计划数
10	社会责任	活动的类型、服务天数或财政资助

4. 目标分解实施

按照总体战略和目标体系的要求，对企业内各方面职能活动进行的分解谋划，明确公司各部门或各种职能应该发生什么作用以及如何发挥这些作用。这也就是为每一职能部门制订互相支持和补充的职能规划。

小案例

苏宁易购发展规划的分解实施

根据电子商务行业发展的预期及苏宁易购的定位，苏宁易购将未来十年分为高速增长期、行业领先期、跨越转型期三个阶段。

第一个阶段：2011—2013年，是苏宁易购的高速增长期，成为互联网企业的框架基本完成。实施策略：（1）后台系统升级，IT研发团队初步成型。（2）产品线从家电产品延展至百货、图书、音像、虚拟产品等。（3）基本完成主干及毛细物流建设，构建自主快递体系。

第二个阶段：2014—2016年，是苏宁易购的行业领先期，规模位居行业第一。实施策略：（1）产品线扩展至医疗器械、保健产品、家居用品、食品等，第三方商户增长迅速。（2）提高云计算能力，IT应用大幅提升。（3）应用现代物流技术，覆盖"最后1公里"。

第三个阶段：2017—2020年，是苏宁易购的转型跨越期，转型为网络生活平台。实施策略：（1）产品品类垂直细分，拓展海外销售渠道。（2）物流平台承担社会公共服务职能。（3）数据化运营能力提升，IT研发转型为开放性平台。

案例思考：目标分解的作用是什么？总体目标与分解目标的关系是什么？

5. 实现发展规划的主要对策与措施

主要是针对满足目标实施的条件差异，进行具体分析与测算后采取的切实对策，确定业务、人才结构、市场拓展等方面的调整重点。这项工作是完成规划目标的关键环节。

小贴士

发展规划的主要对策与措施一般应满足下列要求：① 有系统性；② 切实可行；③ 有应变的余地；④ 有分阶段实施期限；⑤ 有具体责任者；⑥ 有考核的量化指标。

6. 制定规划保障措施

为保障所制定规划得以有效实施，企业必须建立有力的组织保障、监督检查制度等保障体系。

任务小结

本任务阐述了网店公司制运作的筹备工作。首先，介绍了企业的基本类型和有限责任公司设立的条件以及网络贸易公司申办登记的基本流程，紧接着介绍了企业管理制度体系的构成和制定方法，最后介绍了如何制定公司业务发展规划。

任务思考

1. 公司制企业相对于其他两种形式的企业有哪些特点？

2. 网络零售企业需要取得哪些经营许可证？

3. 企业管理制度体系由哪些制度组成？这些制度如何实现协同运作？

4. 公司业务发展规划的制定应遵循哪些基本原则？制定公司业务规划的流程是什么？

举一反三

请结合相关知识，制定一份网店美工人员绩效考核方案。实施步骤如下：

（1）制定网店美工人员的绩效考核形式；

（2）明确网店美工人员的绩效考核期限；

（3）制定网店美工人员的绩效考核标准；

（4）制定网店美工人员的绩效考核结果的奖惩办法。

任务6-2 公司品牌化建设

任务导读

1. 品牌是什么？

2. 网络贸易类公司为什么要建设品牌？

3. 如何有效建设公司品牌？

任务分解与实施

一、品牌意识的树立

（一）品牌的概念

品牌，是指企业及其所提供的商品或服务，由名称、术语、标记、符号、图案等组成的综合标识。品牌存在于消费者心目之中，代表了企业或产品的视觉的、感性的和文化的形象。品牌是一个集合概念，主要包括品牌名称、品牌标志、商标和品牌角色四部分。

（1）品牌名称，是指品牌中可以用语言称谓（可以读出）的部分——词语、字母、数字或词组等的组合。如淘宝、梦芭莎、唯品会等。

（2）品牌标志，是指品牌中可以被认出、易于记忆但不能用言语称谓的部分，包括符号、图案或明显的色彩或字体。如图6-6所示，淘宝网采用的是橘红色特殊字体，梦芭莎采用的是红底白色中英文组合，笛莎采用的是玫红色字母"Deesha"加象征着公主的皇冠标志的组合。

图6-6（a）淘宝网品
　　　牌标志
图6-6（b）梦芭莎品
　　　牌标志
图6-6（c）笛莎品牌
　　　标志

淘宝网
（a）

Moonbasa
梦芭莎
（b）

Deesha
（c）

（3）商标是经注册后受法律保障其专用权的整个品牌、品牌标志、品牌角色或者各要素的组合。在我国，当商标使用时，要用"R"或"注"明示，意指注册商标。未经过注册获得商标权的品牌不受法律保护。商标是品牌的内核，也是无形资产的重要构成要件，它能在较长时间内给企业带来超额利润，因此，被人们称为"永动的印钞机"。笛莎商标权申明如图6-7所示。

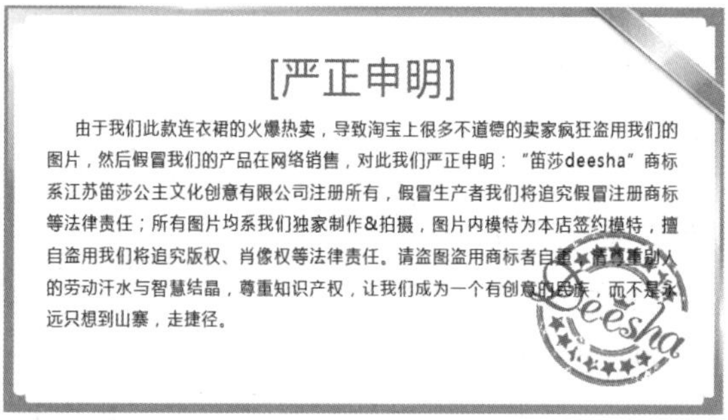

[严正申明]

　　由于我们此款连衣裙的火爆热卖，导致淘宝上很多不道德的卖家疯狂盗用我们的图片，然后假冒我们的产品在网络销售，对此我们严正申明："笛莎deesha"商标系江苏笛莎公主文化创意有限公司注册所有，假冒生产者我们将追究假冒注册商标等法律责任；所有图片均系我们独家制作&拍摄，图片内模特为本店签约模特，擅自盗用我们将追究版权、肖像权等法律责任，请盗图盗用商标者自重，尊重我们的劳动汗水与智慧结晶，尊重知识产权，让我们成为一个有创意的企业，而不是永远只想到山寨，走捷径。

图6-7　笛莎商标权申明

注意事项：品牌与商标的区别

品牌是市场概念，强调的是企业（经营者）与顾客之间关系的建立、维系与发展。

商标是法律概念，强调的是对生产经营者合法权益的保护。

（4）品牌角色是用人或拟人化的标识来代表品牌的方式。如图6-8所示，淘宝网采用的品牌角色是一个Q版卡通形象——淘公仔。阳光橙色的淘公仔浑身透着健康，代表了淘宝网想要传递的年轻、时尚、健康、阳光的企业形象。

淘宝网

我和太空
有个约会
9.taobao.com

图6-8　淘宝网品牌角色——淘公仔

（二）品牌的作用

随着市场的发展，消费者品牌意识的增强，品牌对于公司经营的作用也相应地越来越大。具体而言，品牌的作用主要体现于如下几个方面：

（1）区分的标识。品牌通过名称、标志、色彩、标语等确定了一个产品的来源或制造者，从而使制造商或经销商对消费者（个人或者组织）负责。企业拥有的品牌将自身与其他企业相区别，便于消费者记住和再次选择该产品或服务。

（2）核心价值的体现。品牌代表着企业的核心价值观念，向企业内部和外部的利益相关者承诺了其持续传递的特性、利益和服务。

（3）提供附加价值。品牌不仅表明了一定的质量水平，而且能向消费者传达情感、文化、艺术、视觉、智能、环保、节能、人性等品牌附加功能。当前，消费者对产品的消费心理开始从追求基本功能需求以及廉价实用向多种附加功能需求转移。

（4）帮助公司构建竞争优势。具有良好口碑的品牌能够使公司和产品与竞争对手形成差异、创造超高额利润回报，从而保证公司在激烈的市场竞争中立于不败之地。

（5）带来经济价值。成功的品牌不仅能给企业带来丰厚的经济收益，而且是一项代表着能影响消费者行为的、具有法律效力的资产。作为一种可以被买卖的资产，品牌可以为其拥有者提供将来收入的保障。

小 案例

百度的品牌价值

在"2011胡润品牌榜"中，百度品牌价值翻了两番，以1 580亿元首次成为"中国最有价值的民营品牌"，并在全国品牌中排名第四，超过贵州茅台、中华等老品牌，创造了民营品牌在全国品牌排名中的最高纪录。

（三）企业品牌决策

企业品牌决策是企业对是否品牌化、用什么品牌、如何使用品牌等一系列有关品牌问题的决策。概括而言，企业的品牌决策的主要决策内容涵盖了品牌化决策、品牌归属决策、品牌质量决策和家族品牌决策（见图6-9）。这四大决策内容前后相继，共同回答了新公司品牌的建设方向。

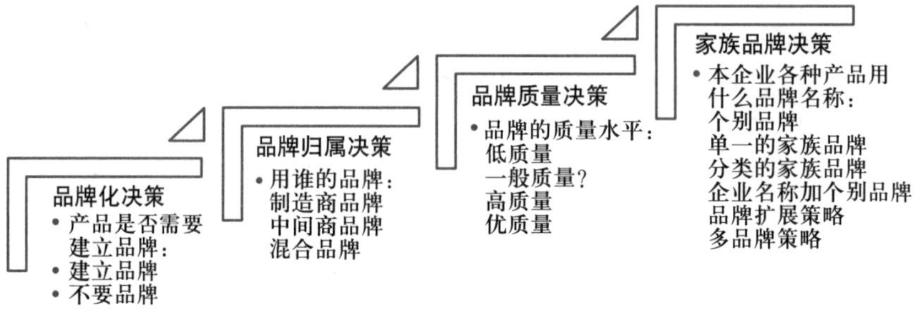

图6-9 企业品牌决策内容

（1）品牌化决策，主要是就企业是否要建立品牌作出选择。选择要建立品牌，那么企业则需要进一步解决后续的决策。反之，如选择不用品牌，则后续决策亦无须展开。

（2）品牌归属决策，主要是在决定建立品牌之后，进一步决定使用谁的品牌。一般企业可有三种选择：使用制造商品牌、使用中间商品牌或使用混合品牌（即有些产品用自己的品牌，有些产品用中间商品牌）。

（3）品牌质量决策，主要是决定其品牌产品的质量水平。所谓品牌质量，是指反映产品耐用性、可靠性、精确性等价值属性的一个综合尺度。

（4）家族品牌决策，主要是决定其产品都使用统一的品牌名称，或者分别使用不同的品牌名称。可供选择的决策有：个别品牌、单一的家族品牌、分类的家族品牌、企业名称加个别品牌、品牌扩展策略和多品牌策略。

二、规划品牌建设

（一）品牌建设的概念

品牌建设，是指品牌拥有者对品牌进行的设计、宣传、维护的行为和努力。品牌建设的内容涵盖了品牌资产建设、信息化建设、渠道建设、客户拓展、媒介管理、品牌搜索力管理、市场活动管理、口碑管理等多方面的建设活动。

注意事项：品牌建设应与企业战略规划相结合

品牌是企业层面的概念，贯穿于整个企业运营的各个环节，不是企业一个或几个部门的责任。企业在进行战略规划时，就应该将企业的品牌塑造与企业宗旨有效地结合起来。品牌建设应建立在企业的整体战略、形象和价值之上，并且与企业的战略和营销活动相统一。

目前，企业的品牌意识越来越强，纷纷将其视为企业占有市场、获取最佳效益和良好信誉的有力保证与象征，将打造成功品牌作为自身努力的目标。与传统企业相比，依托互联网生存的网络贸易类企业由于发展时间短、品牌价值低，需要更加努力地投入。

小贴士：淘品牌

"淘品牌"是淘宝商城推出的基于互联网电子商务的全新品牌概念，淘宝对于"淘品牌"的官方定义是：淘宝商城和消费者共同推荐的网络原创品牌。2008年4月淘宝商城推出之后，网货品牌与淘宝互相的需求让淘品牌概念正式出现。当年一批名不见经传、前身多为代工工厂或淘宝C2C卖家的小企业，是淘宝商城入驻最早的商户。而在两年前，淘宝商城内表现上佳的商家成为首批"淘品牌"。经过多年培育，目前有100多个淘品牌。

很多淘品牌最初的进驻目的，多出自朴素的意识，打开一条销售途径，没有太多品牌意识。绝大多数的淘品牌网商们都经历过类似的成长路径：从销售质优价廉的网货起家，虽然大多成立时间不过三五年，但销售额很快就高达数千万元甚至上亿元。积累用户规模后，它们又靠着建立一个新的网货品牌去反向整合生产和供应链，逐渐形成稳定的定位，从而蜕变成以优质产品和服务为诉求的淘品牌。

（资料来源：http://cn.china.cn/article/d1036596, bb36e0, d2098_7439. html。）

（二）品牌建设的流程

强势品牌不是短时间能够累积起来的，它必须经历一个循序渐进的过程。公司品牌的建设都会经历品牌发展过程，一般分为品牌创立阶段、品牌扩张阶段和品牌维护阶段三个阶段（见图6-10）。这三个阶段分别以打造品牌知名度、提升品牌美誉度、提高品牌忠诚度为中心展开建设工作。

品牌建设流程

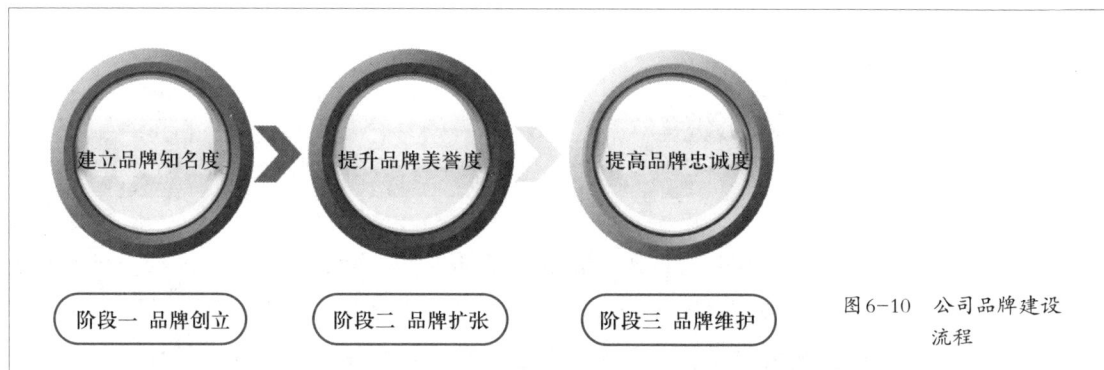

图6-10　公司品牌建设流程

1. 品牌创立阶段

品牌创立阶段公司品牌建设的主要任务在于在了解顾客和市场需求的基础上进行品牌定位，然后通过营销推广提高品牌的知名度。此阶段的核心工作内容包括品牌调研与诊断、提炼品牌核心价值、品牌化决策、品牌定位、品牌设计。

小贴士：品牌调研与诊断需回答的问题

（1）公司意图进入什么市场？市场环境怎样？

（2）公司可以有效投入的资源有哪些？

（3）公司发展规划中各阶段的财务目标是什么？品牌在这些目标里扮演什么角色？

（4）品牌现在地位怎样？未来预期目标如何？

（5）现在的品牌能够达到未来目标吗？

2. 品牌扩张阶段

品牌扩张阶段公司品牌建设的主要目标在于通过分析消费者对品牌的反响，进一步提高品牌的美誉度。此阶段的核心工作内容为品牌的传播与推广。

3. 品牌维护阶段

品牌维护阶段公司品牌建设的主要目标在于提高消费者对品牌的忠诚度。此阶段的核心工作内容为品牌的维护与延伸。

需要注意的是，网络贸易类企业创建品牌的速度远远超过传统企业创造品牌的速度。在传统商业模式中，品牌建设往往是一个长期的过程，可能需要几十年的时间，而在电子商务领域则不然。依托互联网这一新媒体，网络贸易公司一方面可利用其对网民实现广泛覆盖，同时也可利用网络跟踪等专业技术实现受众的准确区分进而做到信息的精准传播，这必然大大提高品牌传播效率。可以说，以互联网为传播载体的网络贸易公司在品牌传播、塑造方面比传统公司迅速、有针对性得多。

童装淘品牌笛莎的
品牌成长之路

小 案例

朵朵云的品牌建设

朵朵云由其创始人黄文瑛于2005年创建。开店之初，黄文瑛仅在网上卖闲置母婴产品，发现该类产品销售很好后，她才开始明确将母婴产品作为网店的主打产品，开始寻找货源。经过几年来的发展，朵朵云已经成为了淘宝网母婴类信誉排名第一的卖家。在全球金融危机的大背景下，朵朵云这一母婴用品专业的C2C网店仍然取得了6个月150%的高增长率。2012年3月16日，朵朵云成为全淘宝实体交易类第一家四金冠店铺。

（1）朵朵云的品牌建立。朵朵云在品牌创立之初就明确提出了"娟娟母爱，朵朵真情"为品牌定位。

（2）朵朵云的品牌扩张。母婴产品对于安全性的要求非常高，因此妈妈们不会单纯根据广告来判断产品的价值，她们更加倾向于从其他有经验的妈妈那里得到信息。针对消费者的这种心态，黄文瑛选择了母婴类论坛作为推广的主阵地。由于朵朵云信誉良好，妈妈们买着放心，久而久之朵朵云的名气就在妈妈圈里面传开了。在店铺规模扩大以后，朵朵云成立了自己的淘宝帮派，活跃用户有25 000多名，她们成了彼此的"推销员"。在这里，妈妈们找到了一个可以大晒育儿经、秀辣妈秀宝贝照片甚至分享情感经历的平台。黄文瑛自认为朵朵云之所以能把母婴类的第二名甩在后面，口碑是关键中的关键。这一品牌推广手段十分有效，它让朵朵云在几乎没有做什么付费推广的情况下就达到了三金冠的规模。

（3）朵朵云的品牌维护。尽管朵朵云在淘宝的母婴类目是第一名，但黄文瑛真正担心的却是京东、当当、红孩子等B2C平台对自己的夹击。朵朵云的优势在于口碑，在于老客户的黏性，但是母婴市场是一个高流动性市场，每年都有一批妈妈不再需要这些东西，然后又有一批新妈妈进来。这些B2C网站有品牌优势，信誉较好，又投得起广告，很容易分流刚做妈妈的年轻消费者。面对激烈的竞争环境，黄文瑛采取了多项措施维护朵朵云这一品牌，具体措施有：① 重视服务，对各种细节的把握很到位。② 重视数据挖掘，引入管易软件、赤兔名品客服绩效管理软件在拓展产品线、关键字调整、投放直通车等方面作为参考。③ 积极打造自有品牌。虽然，朵朵云目前仍有2/3的销量来自于其他品牌的贡献，但其自有品牌的销量也提升到了1/3。④ 实施品牌延伸。2010年，朵朵云以公司的名称"云沁"注册了淘宝商城（1年后，该店铺跻身商城母婴类目的前三名）。

案例思考：朵朵云先后采取了哪些方法建设品牌？

三、品牌建设

建设一个成功的品牌，公司品牌定位、品牌形象设计、品牌传播推广和品牌形象维护四个环节的工作至关重要。

（一）公司品牌定位

品牌定位是指企业在充分理解其消费者定位和产品定位的基础上，对特定品牌的文化及个性取向进行差异化的一种商业决策。

品牌定位的实施不能简单等同于确定目标市场或实现产品的差异化，也不仅仅是广告口号的设计与宣传。品牌定位的实施需在市场调研和细分基础上，发现或创造出品牌独特的差异点，并与消费者心智模式中的空白点进行择优匹配，从而确定一个独特的位置，然后借助整合传播手段在消费者心智中打上深深的烙印，建立起强有力的联想和独特印象。

小 案例

麦考林的品牌定位

麦考林的目标客户定位在18～38岁的年轻女性，开始时主要经营两个品牌：自有品牌 EUROMODA 风格简约大方，温婉时尚；引进品牌Rampage 与美国著名服装公司Iconix合作，风格性感妩媚，独立自信。所有产品以大众化消费来定位，售价基本控制在30～200元。由于性价比高，麦考林的产品吸引了越来越多的时尚消费人士。

案例思考：麦考林采取的是何种品牌定位？

总体而言，品牌定位的过程可采取STP策略步骤依次实施：

（1）S即细分市场（segmenting），根据购买者对产品或营销组合的不同需要，将市场分为若干不同的顾客群体，并勾勒出细分市场的轮廓。由于不同消费层次、消费习惯、偏好的消费者有着各不相同的需要，要想获得消费者的认可，公司必须首先将自己定位于满足消费者需求的立场上。因此，公司品牌定位的第一步就应进行市场细分。市场细分的主要依据有：地理标准、人口标准、心理标准和行为标准。

注意事项：市场细分的要求

（1）市场细分不是产品分类，而是消费者分类。

（2）细分后的市场必须是具体、明确的，不能似是而非，否则就失去了细分的意义。

（3）细分后的市场必须是有潜力的市场，而且有进入的可能性，这样对企业才具有意义。如果市场潜力很小，或者进入的成本太高，企业就没有必要考虑这样的市场。

（2）T即选择目标市场（targeting），是指企业要选择进入一个或多个细分市场。实践证明，受资金、渠道、环境等方面的限制，任何一个品牌都不可能为全体顾客服务。目标市场的选择应同时满足三个条件：一是该细分市场有一定的规模和发展潜力，这样才能保证有收益的可能；二是该细分市场未被竞争对手完全控制，否则公司若进入该市场无疑将付出高昂的代价；三是符合企业目标和能力（见图6-11）。

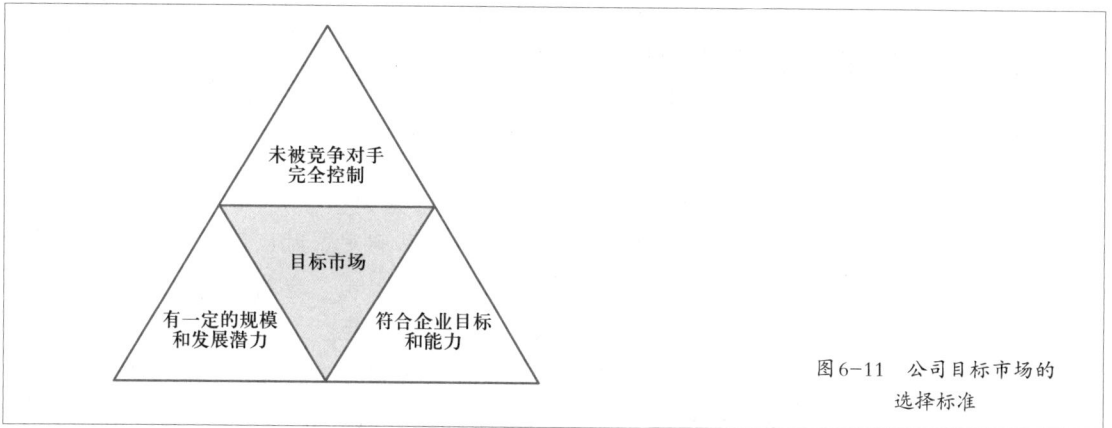

图6-11　公司目标市场的选择标准

（3）P即定位（positioning），即确立企业及其产品在目标市场上的位置。具体来说就是企业及其产品在消费者心目中的形象。本质而言，品牌定位就是企业向目标消费群体展示品牌独特性的过程。成功的品牌定位应使目标消费群体会到公司所提供的品牌具有独特的个性，能够给他们带来好处或提供购买的理由。

小贴士：常用的品牌定位策略（见表6-8）

表6-8　常用的品牌定位策略

定位策略	形象目标	实施要点	典型口号
功效定位	某项功效专家	承诺一个功效点的单一诉求更能突出品牌的个性	王老吉——"怕上火喝王老吉" 舒肤佳——"抑菌"
领导者定位	追求品牌成为本行业中领导者	发现本企业产品在某些有价值的属性方面的竞争优势，并取得第一的定位，而不必非在规模上最大	"正宗的"、"第一家"、"市场占有率第一的"

续表

定位策略	形象目标	实施要点	典型口号
加强定位	在消费者心目中加强自己现在形象的定位	有意识地突出品牌某一方面的优势，给消费者留下深刻印象，从而获得竞争的胜利	七喜汽水——"七喜非可乐"好丽友薯愿——"非油炸的薯片"
空当定位	市场空白填补者	寻找和发现一个市场空白地带	"反季节销售"
品质定位	高品质	产品优良的或独特的品质	"优质"、"纯天然"雀巢——"味道好极了"
情感定位	关怀、牵挂、思念、温暖、怀旧、爱等情感体验	唤起消费者内心深处的认同和共鸣	益达无糖口香糖——"关爱牙齿，更关爱你"光明——我家的乳品专家
消费群体定位	"我自己的品牌"	突出产品专为某类消费群体服务	护彤——"儿童感冒药"金利来——"男人的世界"
情景定位	在特定的情景下即联想该品牌	将品牌与一定环境、场合下产品的使用情况联系起来	脑白金——"今年过节不送礼，送礼就送脑白金"旺旺——"我要旺"

注意事项：品牌定位应慎重选择并保持一致

需要注意的是，公司在进行品牌定位时应慎之又慎，反复斟酌后找出最佳突破口。避免出现定位混乱、定位过度、定位过宽或定位过窄的情况。一旦确立了理想的定位，公司必须通过一致的表现与沟通来维持此定位，并应经常加以监测以随时适应目标顾客和竞争者策略的改变。

（二）公司品牌形象设计

随着市场经济的发展，企业间的竞争已经从单纯的价格战、质量战、品牌战逐步地演变成为企业的综合形象战。良好的品牌形象可以深深地吸引住消费者，成为企业在市场竞争中的有力武器。当前关于企业形象的设计一般考虑通过建立企业形象识别系统（corporate identity system，CIS）的方式来实现。通过该系统的实施来实现企业形象一体化，树立企业对内、对外的良好形象，增加企业在市场上的竞争力。

1. 品牌形象的构成

CIS由理念识别（mind identity，MI）、行为识别（behaviour idengtity，BI）和视觉识别（visual idengtity，VI）三个方面分别从精神、视觉以及行为形象上共同完成对企业形象的塑造。企业形象识别系统的构成如表6-9所示。

表6-9 企业形象识别系统的构成

项目	系统结构	形象层面	主要内容	表现形式	设计者	典型案例
1	MI	意识形态范畴	确立企业经营理念，是企业生产经营过程中设计、科研、生产、营销、服务、管理等经营理念的识别系统	企业精神、企业价值观、企业信条、经营宗旨、经营方针、市场定位、组织体制、社会责任、发展规划等	高层管理人员	唯品会（www.vipshop.com）提出的经营理念：正品保证、商品保证、体验保证
2	BI	动态识别系统	企业实践经营理念与创造企业文化的准则，对企业运作方式所作的统一规划而形成的识别系统	对内：组织制度、管理规范、行为规范干部教育、职工教育、福利制度等 对外：市场调查、公共关系、营销活动、流通对策、产品研发、公益活动等	职能工作人员	唯品会坚持以安全、诚信的交易环境和服务平台、可对比的低价位、高品质的商品、专业的唯美设计、完善的售后服务，全方位地服务于每一位会员，致力打造为中国一流的中高端名牌特卖的新型B2C网络购物平台
3	VI	视觉表达体系	以标志、标准字、标准色为核心展开的完整的、系统的视觉表达体系	基本要素：企业名称、企业标志、标准字、标准色、象征图案、宣传口语、市场营销报告书等 应用系统：产品造型、办公用品、企业环境、交通工具、服装服饰、广告媒体、招牌、包装系统、公务礼品、陈列展示以及印刷出版物等	专业的视觉设计师	

在整个CIS系统中，MI、BI是领导决策层的一种思维方式以及内部管理的推导，往往是无形的，而VI是把这些思维方式的结果以无比丰富多样的应用形式，在企业整个管理和营销过程中加以具体运用和体现，成为塑造独特企业形象、传播企业经营理念、建立企业知名度的快速便捷之途，是CIS系统最具传播力和感染力的部分。

2. 企业VI的设计

形象设计统一、个性突出、视觉冲击力强的企业VI能使企业品牌瞬间从众多商品中脱颖而出，从而对消费者的购买行为造成影响。

VI设计一般包括基础部分和应用部分两大内容：① 基础部分严格规定了企业标志等视觉基本要素及其组合形式，是企业形象的核心部分，主要体现为对企业名称、企业标志、标准字体、标准色彩、象征图案、标语口号等的设计；② 应用部分，是将以上基础要素结合现实物件将企业形象传递给大众，这些物件通常在企业开展工作和活动中需经常使用的工具，一般体现为：办公用品、企业环境、交通工具、服装服饰、广告媒体、招牌、包装造型、公务礼品、陈列展示以及印刷出版物等。

小贴士：VI设计的基本原则

VI设计不是机械的符号操作，而是以BI和MI为内涵的生动表述。因此，VI设计应多角度、全方位地反映企业的经营理念。具体而言，VI设计应遵循以下基本原则：

系统性原则，即VI设计根据企业的社会性和整体发展要求展开，包含企业在发展战略、管理、营销、广告、公共关系等众多领域的视觉体现。

整体性原则，即VI设计需进行企业各领域的全盘考虑，保证各个环节内容的和谐一致。

艺术性原则，即VI设计必须适应人们的审美需求。

法律性原则，即VI设计、管理和维护过程中应遵循国家的商标法、知识产权法、广告法等有关法律法规，坚持根据企业的具体实际开展原创性设计。

（1）VI基础部分的设计。

① 企业名称或品牌名称。在考虑命名时，要符合有关法规，同时要在思想性、独特性、措辞明确性、文字明了性、适应广泛性、国际性等各方面进行把握。

② 企业标志。包括两种标志：第一种是基本标志，应首先调查和分析企业实态、企业与消费者和投资股东的关系等，设计具有个性、易于识别、体现企业理念、形式优美的整体形象。第二种是变形标志，以不损害基本标志为原则，进行延伸变化形成符合一定主题的造型形象。

③ 标准字体。在设计上要求新颖别致，易于阅读，与标志风格一致；在印刷时采用字体不需要专门设计，选择与标准字风格匹配的字形即可。

④ 标准色彩。主色的设计要能突出企业或品牌的精神、文化、商品的优越性；而辅色的设计要注意与主色之间的协调关系，以及

与用色环境和对象的协调等。

⑤ 象征图案。以上的企业标志、标准字体、标准色彩通常需要组合在一起才能成为象征性图案，一般采取排列组合或变形组合方式来形成有特色的装饰图，无论哪种组合方式都要使各个元素相互映衬，促进消费者对企业的认知和记忆。

⑥ 标语口号。这是企业理念的概括，可根据营销活动或理念而设计宣传文字，要求文字简洁、朗朗上口，使消费者瞬间了解企业思想。

小案例

唯品会VI基础部分的设计

唯品会的企业名称，取意于"唯美"：专业团队的唯美设计，充分展示出各名牌商品的品牌意韵及特点；"品味"：选择高端层次的品牌格调，用心去领略一种高品质的生活内涵；"时尚会"：最IN的时尚资讯，最潮流的名牌折扣，打造最新一代的时尚会。

唯品会LOGO的标准造型，标准字体取VIP英文作为中文名称的谐音表达，简洁且体现以客户至上的高端服务理念；字体以曲线形态表现、以玫粉色为标准色彩，加上一朵花，全面体现优美雅致的女人气质，符合女性白领阶层形象；其辅助字体是中文名和网址，字形正常，便于阅读，如图6-12（a）所示。唯品会在一些特殊应用下，不违背标准造型设计原则，LOGO会产生一些变形造型，如图6-12（b）所示。

图6-12（a）　唯品会LOGO标准造型　　图6-12（b）　唯品会LOGO变形造型

唯品会面向客户的标语口号是"名牌时尚折扣网"，简洁的7个字，将企业的商品特点、营销特点充分体现，如图6-12（c）所示。

图6-12（c） 唯品会标语口号

案例思考：VI基础部分设计需主要体现哪些内容？

（2）VI应用部分的设计。

① 办公用品。要考虑简洁性、美观大方，树立完整、规范的企业管理形象，这部分内容非常多，如信封、便笺、名片、请柬、文件夹、账票、资料带等。

② 包装造型。应强调代表企业形象的标志、名称或品牌，同时表现商品本身所要表达的理念，结合包装材料和技术进行的整体设计。

③ 广告招牌。无论是动态还是静态，都必须具有连贯性、针对性，广告内容可以千变万化，但诉求的宗旨是不变的。

小案例

唯品会VI应用部分的设计

唯品会主要通过网络平台进行销售，VI基本要素在其网站上充分展现，如图6-13（a）所示，网站页面以标准色彩为主，每个按钮和重点信息均以玫粉色标注，强化观者的影响和感受，创造优美雅致的购物氛围。

图6-13（a） 唯品会网站界面

唯品会通过搜索引擎、门户网站、网络知名媒体等一系列途径进行推广营销，在发布的广告招牌设计里，也充分体现其商品定位，如图6-13（b）所示。

图6-13（b） 唯品会广告招牌

唯品会与EMS联合完成物流服务，致力打造高端的配送服务，其在物流包装造型方面也十分用心，其中快递包装外盒上印刷企业LOGO和服务理念、温馨提示、感谢词、客服电话，让客户打开盒子就感受到其服务理念，如图6-13（c）所示；其中商品包装除了有各品牌商品本身的包装之外，还外加一层唯品会印刷袋，如图6-13（d）所示；每份快递包装都附含清晰的送货单据，如图6-13（e）所示；独特的正品保障卡和服务信封如图6-13（f）所示。

图6-13（c） 唯品会快递包装盒

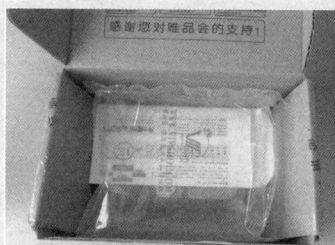

图6-13（d） 唯品会商品包装袋

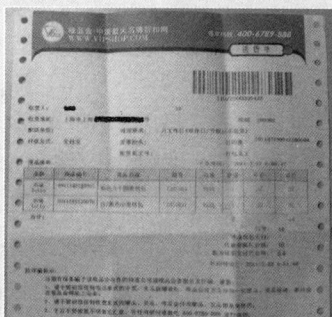

图6-13（e） 唯品会送货单

图6-13（f） 唯品会正品保障卡和服务信封

唯品会的理念在面向公司内部管理时，从建筑大楼的指示牌（见图6-13（g）），到前台服务窗口的装修（见图6-13（h）），以及办公各类单据纸张方面（见图6-13（i）），也处处突出其形象和企业文化。

图6-13（g）公司指示牌

图6-13（h）前台装修

图6-13（i）办公纸张

案例思考：VI应用部分设计与基础设计的关系是什么？

（三）公司品牌传播推广

品牌传播推广，是指在品牌识别的整体框架下，以提高品牌知名度、美誉度和特色度为直接目的，选择广告、公关、销售、人际等传播方式，将特定品牌推广出去并建立良好的品牌形象，进而能得到广大消费者广泛认同的系列活动过程。

品牌传播是品牌个性诉求的手段，也是形成品牌文化、培养消费者忠诚度的有效手段。有效的传播推广不仅可使公司品牌为广大消费者和社会公众所认知，还可以实现品牌与目标市场的有效对接，为品牌及产品进占市场、拓展市场奠定宣传基础。

1. 品牌传播方式

常用的品牌传播方式有广告、人员推广、公共关系、促销等。相对而言，如表6-10所示，每种传播方式都有自己的优缺点。

表6-10　常用的品牌传播方式的对比

传播方式	优点	缺点	主要形式
广告传播	① 传播面广，速度快 ② 形象生动、信息艺术化、吸引力强 ③ 可选择多种媒体 ④ 可重复使用	① 说服力较小 ② 购买行为滞后 ③ 信息量有限	平面广告（如报纸、杂志、邮件等）、影视广告、电台广告、户外广告、网络广告
销售促进传播	① 刺激快，吸引力大 ② 在改变消费行为方面非常有效 ③ 与其他促销工具有很好的协同作用	① 只能短期刺激 ② 可能使顾客产生顾虑和怀疑 ③ 可能损害品牌形象 ④ 竞争对手容易模仿	海报、传单、商品堆头陈列、附赠、试用、买赠、换赠、智力竞赛、有奖问答、广告语征集、活动促销（如新闻发布会、商品展示会、抽奖与摸奖、娱乐与游戏）等
公共关系传播	① 可提高企业知名度、美誉度和信赖度 ② 可信度高 ③ 绝对成本低	① 见效较慢 ② 难以取得媒体的合作 ③ 效果难以控制	制造品牌的正面新闻、品牌形象代表的演说、利用特殊事件来引起公众注意（如周年纪念）、参与公益活动、出版刊物、制作传播视听资料、打造企业识别系统、设立免费电话服务
人际传播	① 信息双向沟通，能及时反馈 ② 信息传递的针对性较强 ③ 尤其适用于某些贵重品和特殊产品	① 成本高 ② 受推销人员素质的制约 ③ 接触面太窄	直销、柜台销售、电话营销

小案例

利用明星开展品牌推广的京东商城

"别把网购当智力游戏。从赝品里选真货，不如从正品里面选好货；叫你亲，不如质量精。"京东于2011年邀请到日渐成熟而富有魅力的演员孙红雷代言其品牌，反映出京东已进入企业发展期。当孙红雷出现在大银幕上说着这些经典对白的时候，台下的观众被这条诙谐的广告引发笑声。孙红雷的"顾小白"形象深入人心，广告将个人的形象品牌化，增加了观众对京东这个品牌的心理附加值（见图6-14）。

图6-14 孙红雷京东广告

案例思考：网络贸易公司为什么也要利用传统方式进行品牌推广？

2. 整合营销传播

20世纪末以来，在公司品牌传播推广的方式上人们开始主张实行整合营销传播（integrated marketing communications，IMC）。整合营销传播的核心在于两个方面：一是将广告、公关、CI、直销、渠道、促销、包装、活动策划执行、市场研究、客户反馈、客服呼入呼出互动等一切传播活动都涵盖到营销行动的范围之内；二是将统一的传播资讯传达给消费者（见图6-15）。

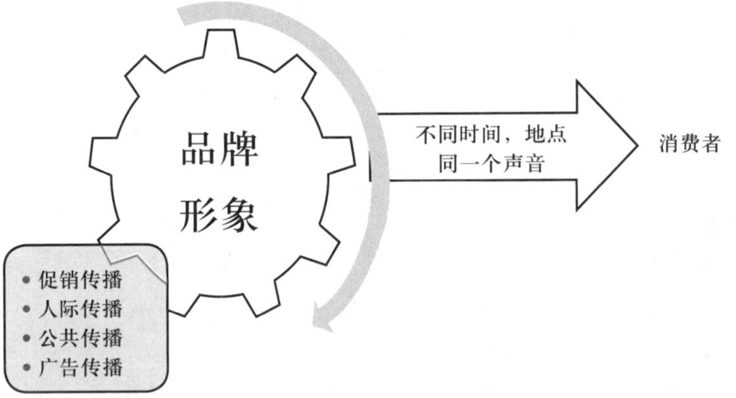

笛沙微电影——爱的礼物

图6-15 整合营销传播的核心

品牌整合营销传播的基本要求：

（1）建立企业CIS。

（2）保持品牌形象诉求的连贯性、传承性，保证品牌形象的连续性，避免品牌形象传播链的断节影响消费者的记忆度和忠诚度。散乱的诉求容易形成分散的形象传播，而不便消费者的记忆，使传播效率降低，浪费传播成本。

（3）多方位、多角度、多层面规划传播媒介间的组合、互动效应，注重传播的立体化。

（4）建立一个由品牌、营销、CI、设计、媒体等专业人员组成的专门机构或团队来负责推进品牌管理工作。

（四）品牌维护

品牌维护，是指企业针对外部环境的变化给品牌带来的影响所进行的维护品牌形象、保持品牌的市场地位和品牌价值的一系列活动的统称。对品牌的及时维护，不仅可以强化品牌认知，保持和增加品牌核心价值，而且可有效防止品牌老化进而出现品牌空心化，预防和化解危机，防止假冒。

公司品牌的维护方法大体可以分为品牌的经营维护和法律维护两种类型。

1. 品牌的经营维护

（1）确保产品质量。产品是品牌形象的载体，其质量的优劣、安全系数的高低直接影响着消费者对产品品牌形象的评价。维护品牌形象的核心就是从产品质量做起，保证消费者能够使用质量合格、工艺先进、外观设计新颖的产品。

（2）提高服务质量。品牌附加值是品牌通过各种方式在产品的有形价值上附加的无形价值。消费者愿意购买品牌商品，其中一个重要原因就是看重该品牌所能带来的服务。因此，提供良好服务，在消费者中形成良好的口碑，不仅能够把品牌附加值转化为实际利润，而且是维护品牌的有效手段。

小贴士：服务对于网络贸易企业品牌建立很重要

在网购领域中，决定消费者评价的因素不仅仅是产品本身，还包含了从信息搜索到选择、下单、支付、物流、退换货等一系列与产品本身紧密相连的各项服务。这些服务的无形性、过程性和与提供者的不可分割性等特征，使得客户服务（客户体验）成为电子商务企业品牌化的一个关键组成部分，有时甚至比产品本身还重要。因此，高品质且独具匠心的服务也可成为电子商务企业手中的一张王牌。

（3）丰富品牌内涵。对现有品牌的深度或宽度进行调整和对品牌进行延伸，都能起到丰富品牌内涵的作用。品牌的生命力来源于品牌的发展，品牌延伸是企业实施品牌战略的重要内容，它是在原有品牌影响力的基础上，推出新产品或新品牌，以达到能让消费者快速接受新产品或新品牌的目的。

（4）广告宣传。广告作为引导消费者购物的重要手段，长期化的广告宣传、阶段性的强化宣传力度、不断强化品牌声誉可起到有效维护品牌的目的。

注意事项：品牌宣传广告的关注点

用于宣传公司品牌的广告应关注品牌形象的展示，而不是产品功能的推介。

（5）及时进行品牌定位更新。消费者的需求、市场竞争态势等各种市场因素都在动态变化中，这使得品牌的初始定位有可能已不符合当前的现实状况。这就要求企业必须顺应市场变化，迎合消费者需求，及时更新品牌定位。需要注意的是，品牌定位的更新应注意保持稳定、动态调整。更新后的品牌定位不能破坏原有品牌定位的稳定性，不能影响品牌价值的实现，尽量使品牌保持健康的发展态势。

小案例

裂帛的品牌延伸

2006年11月，裂帛在淘宝销售平台上建立自己的原创品牌，销售排名在淘宝女装类民族品牌前列。公司扩展迅速，富有无穷的潜力，年销售额达千万元，是淘宝网络奇迹。2010年，裂帛荣获"2010全球网商评选十佳网货品牌"、"2010全球网上评选最具创新力网商"。 2011年，裂帛在网络销售取得巨大成功之后，开始考虑除了线上销售之外增加线下专卖店的形式，实现品牌的延伸。专卖店加网络购物的营销方式开设了线下的专卖店。目前裂帛广泛吸收加盟商，希望能在全国各地繁华地段设有实体店铺。目前已在北京、上海、深圳等地开设了旗舰店，销售业绩惊人。

案例思考：作为成功网商的裂帛为什么要更新自己的品牌从线上走到线下？

（6）危机防范处理。企业只有提前做好品牌危机防范预案，当危机真实发生时才能有条不紊地通过预案化解危机。品牌危机的成功化解可以有效地维护企业品牌形象，重新赢得消费者对品牌的信赖和忠诚。

（7）提高员工素质。员工是企业的主体，也是公司形象的载体，企业中的部分员工还需要与消费者进行接触，更直接代表着公司的品牌形象。企业员工素质的提高对品牌形象维护起到了促进作用。

2. 品牌的法律维护

（1）商标注册。加强品牌商标的注册工作，使品牌获得法律保护，这是保护品牌最为有效的手段之一。商标注册应遵循四大原则：①"注册在先"的原则，即任何创品牌的企业都必须及时注册自己的商标，切勿等产品出名之后再行注册，以免被他人抢注；②"宽类别注册"原则，即在申请注册时，不应仅在某一类或某一种商品上注册，而应同时在很多类商品上注册；③"防御注册"原则，即在同一商品上，申请注册除正商标以外的多个近似商标；④宽地域注册原则，即商标注册的地域要广，不能仅仅在某一国家或地区注册，而应同时在多个国家和地区注册。

小案例

iPad 商标侵权案

唯冠公司是一家显示器和液晶电视制造商。2000年，唯冠旗下的唯冠台北公司在多个国家与地区分别注册了iPad商标，当时苹果并未推出iPad平板电脑。2001年，唯冠国际旗下深圳唯冠科技公司又在中国内地注册了iPad商标的两种类别。

2009年，苹果与唯冠达成一项协议，唯冠台北公司将iPad全球商标以3.5万英镑价格转让给苹果。但深圳唯冠认为，iPad的中国内地商标权并没有包含在3.5万英镑的转让协议中，所以iPad的中国内地商标权不属于苹果。于是，该公司将苹果告上了法庭，试图阻止苹果iPad在中国的销售，并要求苹果总部支付16亿美元的赔偿金。

2012年2月17日，惠州市中级法院判当地苹果经销商构成侵权，禁止其销售苹果iPad相关产品。这是国内法院首次认定苹果商标侵权。

2012年6月，持续两年之久的iPad商标案终于落下帷幕。苹果公司与深圳唯冠就iPad商标案达成和解，苹果公司向深圳唯冠公司支付6 000万美元。

案例思考： 为什么深圳唯冠能够成功迫使苹果公司支付巨额费用？

（2）保护商业秘密。商业秘密是指不为公众所知悉，能为权利人带来经济利益、具有实用性并由权利人采取保密措施的技术信息和商业信息。对于商业秘密，企业应在宣传中注意自我保护，同时还应加强内部管理，防止泄密。

（3）打击假冒侵权行为。假冒、侵权现象会对企业品牌产生负面影响，直接导致企业市场份额和利润的损失。企业一方面要利用科技手段提高自身防伪能力，另一方面也要利用法律武器，借助工商管理部门的力量，全力打击假冒侵权行为。

（4）保护域名。由于网络空间本身是一种资源，故域名不论是仅作为一种网络地址还是同时作为一种网上商标，其持有人均因其而享有一定的独立利益，所以域名是一种独立的权利。域名的保护最有效的措施是采取防御性注册，即企业基于一个主要域名，在不同的类别域名、国别域名和语言域名上注册该域名或其衍生域名、相似域名，以形成一个完整的域名族。

小贴士：域名被抢注后的补救办法

（1）向域名注册机构提出注册异议；

（2）争取获得域名注册人同意，采用门户网页的方式，共享相同的网上名称；

（3）与域名注册人交涉，谈判使其放弃该域名；

（4）求助法律，用诉讼解决争端；

（5）使用另外的域名。

任务小结

本任务首先通过对品牌概念、品牌作用以及企业品牌决策内容的介绍来强化网上创业者的品牌意识。在此基础上，本任务进一步提出了品牌建设概念并简要地介绍了品牌建设的流程。最后，着重介绍了品牌建设中四大重要环节（公司品牌定位、品牌形象设计、品牌传播推广和品牌形象维护）的工作要点。需要注意的是，虽然以互联网为传播载体的电子商务公司在品牌传播、塑造方面比传统公司更迅速、更有针对性，但公司品牌化建设仍然是一个循序渐进的过程，需要全方位、长期的经营和维护。

任务思考

1. 品牌与商标的区别在哪里？

2. 品牌建设各阶段的实施重点是什么？

3. 品牌定位如何实施?

4. 什么是CIS系统?　CIS系统由哪些内容构成?

5. 如何开展品牌维护?

举一反三

请为艾美丽的公司完成VI基础部分的设计:

(1)公司名称;

(2)企业标志;

(3)标准字体;

(4)标准色彩;

(5)象征图案;

(6)标语口号。

项目综合训练 <<<<<<<<<<<<<<<<<<<<<<<<<<<<<<<<<<<<<<<<<<<<<<<<<<<

1. 项目背景

综合阅读本书中有关艾美丽公司的信息,请为艾美丽的公司制定一份未来五年的发展规划。

2. 环境要求

计算机,互联网。

3. 操作步骤。

(1)分析公司面临的现状;

(2)选择发展战略;

(3)确定企业的发展目标体系;

(4)目标分解实施;

(5)制定实现发展规划的主要对策与措施;

(6)制定发展规划保障措施。

项目实施总结 <<<<<<<<<<<<<<<<<<<<<<<<<<<<<<<<<<<<<<<<<<<<<<<<<<<

不知不觉,一年多的时间过去了,艾美丽的蚂蚁搬家已经从一家不知名的网络小铺成长为一家有限责任公司。辛勤的劳动终于换来了丰厚的回报,蚂蚁搬家的品牌知名度越来越高。回顾公司化以来的历程，艾美丽将本项目在实施过程中涉及的关键要点进行了总结，如图6-16所示。

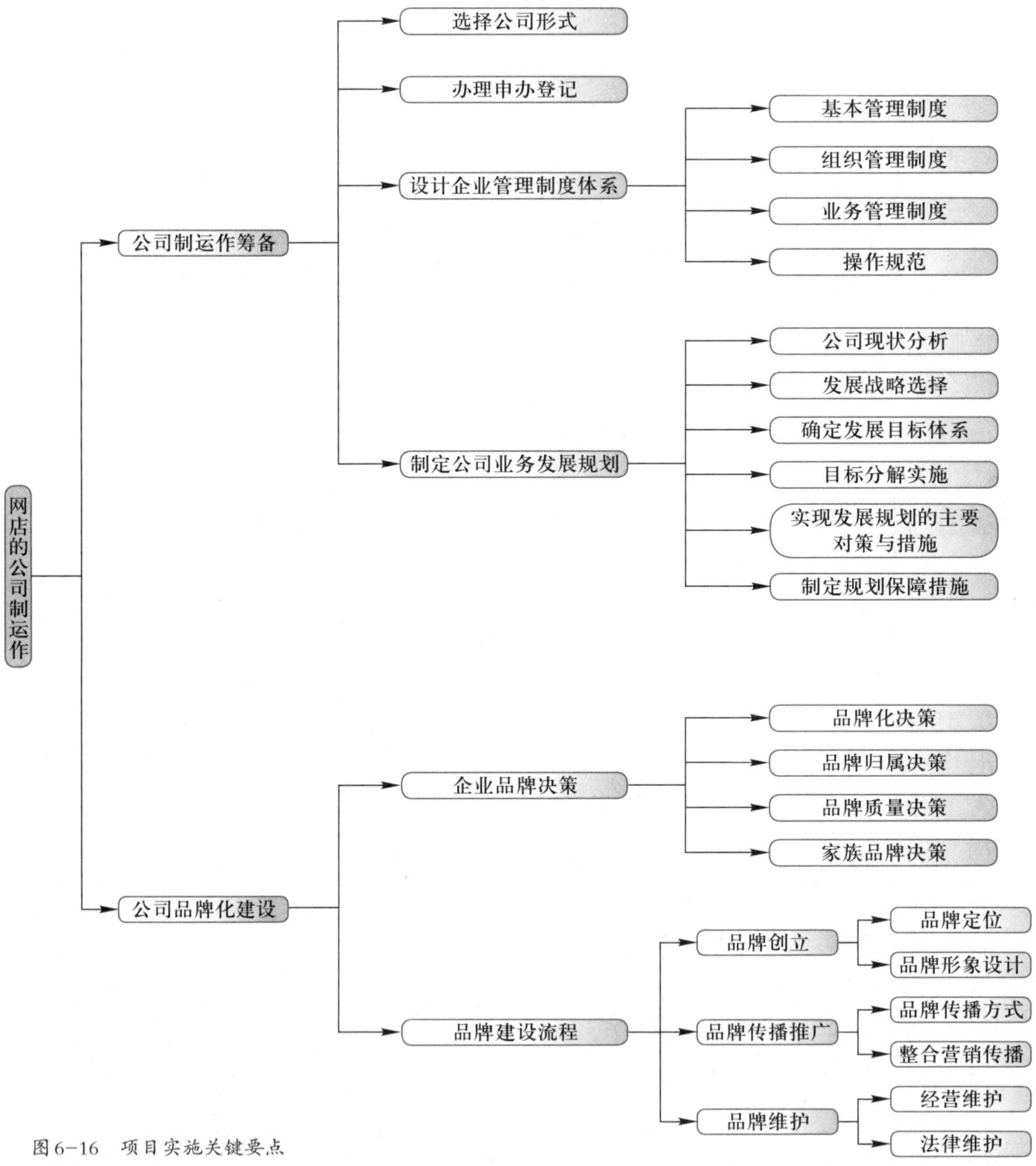

图6-16 项目实施关键要点

自我检查 <<<<<<<<<<<<<<<<<<<<<<<<<<<<<<<<<<<<<<<<<<<<<<<<<<<<<<<<<<<<<<<<<<

附表6-1　职业能力测评表

	能/否	职业能力
通过学习本项目，你能否掌握右边列出的职业能力？		能确定公司的企业形式
		能明确公司内部分工，设计恰当的企业组织结构
		能掌握依法设立网络公司的工商、税务、备案等手续
		能制定规范性的企业管理制度
		能为公司未来的发展制定明的规划
		能确定公司品牌定位
		能设计品牌形象
		能开展品牌传播推广
		能有效维护品牌形象
通过学习本项目，你还掌握了哪些职业能力？		
自评人（签名）： 　　年　　月　　日	教师（签名）： 　　年　　月　　日	

注："能/否"栏填"能"或"否"。

附表6-2　职业素养测评表

	职业素养	是否提高
通过学习本项目，你能否提升右边列出的职业素养？	信息获取能力	
	自我学习能力	
	商业规则意识	
	沟通表达能力	
	解决问题能力	
	团队合作精神	
通过学习本项目，你还提升了哪些职业素养？		
自评人（签名）： 　　年　　月　　日	教师（签名）： 　　年　　月　　日	

注："是否提高"一栏可填写"明显提高"、"有所提高"、"没有提高"。

参 考 文 献

[1] 罗岚.网店运营专才.南京：南京大学出版社，2010.

[2] 王毅达.网络零售——定价策略与渠道选择.北京：经济科学出版社，2008.

[3] 王先标.网店开门红——淘宝网中小店铺决胜之道.北京：人民邮电出版
社，2009.

[4] 冯英健.网络营销基础与实践.北京：清华大学出版社，2007.

[5] 唐光临，孟卫东，吴实.B2C电子商务网站的分类比较研究.中国电子商
务研究中心，2010.

[6] Norman M.Scarborough, Thomas W.Zimmerer.小企业的有效管理创业
实务.7版.北京：清华大学出版社，2006.

[7] 林汉川，丘红.中小企业创业管理.北京：对外经济贸易大学出版社，
2005.

[8] 戴建中.网络营销与创业.北京：清华大学出版社，2008.

[9] 淘宝大学.网店客服.北京：电子工业出版社，2011.

[10] 淘宝大学.网店美工.北京：电子工业出版社，2011.

[11] 淘宝大学.网店推广.北京：电子工业出版社，2011.

[12] 淘宝大学.数据化营销.北京：电子工业出版社，2012.

[13] 淘宝大学.流程化管理.北京：电子工业出版社，2012.

[14] 闵敏，吴凌娇.电子商务实用基础.北京：机械工业出版社，2008.

主编简介 <<<<<<<<<<<<

吴凌娇，常州信息职业技术学院副教授，南京理工大学高级访问学者，江苏省"青蓝工程"优秀青年骨干教师。自2001年起从事电子商务与企业信息化的教学与研究，先后赴新加坡、澳大利亚、英国学习进修。主讲课程"电子商务基础实践"和"网络贸易专员实务"分别被评为国家级精品课程和省级精品课程。先后出版《电子商务概论》《电子商务实用基础》《电子商务基础实训指导》《网络贸易实务》等多本教材，其中《电子商务实用基础》被评为"十一五"国家级规划教材。研究课题"高职院电子商务专业立体化实践平台的研究与实践"于2009年获得国家级教学成果二等奖。先后成功孵化"型动帮""柳编哥"等多个大学生网上创业项目，指导学生完成的"携团起义校园团购网创业计划书"获第二届全国大学生电子商务"创新、创意及创业"全国总决赛特等奖。

宋卫，常州信息职业技术学院经贸管理学院院长，研究员级高级工程师、副教授，研究方向为企业信息化、电子商务与供应链管理，曾获国家教学成果二等奖、江苏省教学成果一等奖、常州市第十一届哲学社会科学优秀成果奖三等奖。为江苏省信息产业厅先进工作者、江苏省优秀教学团队带头人、江苏省精品课程负责人、常州信息职业技术学院教学名师、常州市"百名教授进百企"先进个人。

郑重声明

高等教育出版社依法对本书享有专有出版权。任何未经许可的复制、销售行为均违反《中华人民共和国著作权法》，其行为人将承担相应的民事责任和行政责任；构成犯罪的，将被依法追究刑事责任。为了维护市场秩序，保护读者的合法权益，避免读者误用盗版书造成不良后果，我社将配合行政执法部门和司法机关对违法犯罪的单位和个人进行严厉打击。社会各界人士如发现上述侵权行为，希望及时举报，本社将奖励举报有功人员。

反盗版举报电话 （010）58581999 58582371 58582488

反盗版举报传真 （010）82086060

反盗版举报邮箱 dd@hep.com.cn

通信地址 北京市西城区德外大街4号
　　　　　高等教育出版社法律事务与版权管理部

邮政编码 100120

防伪查询说明

用户购书后刮开封底防伪涂层，利用手机微信等软件扫描二维码，会跳转至防伪查询网页，获得所购图书详细信息。用户也可将防伪二维码下的20位密码按从左到右、从上到下的顺序发送短信至106695881280，免费查询所购图书真伪。

反盗版短信举报

编辑短信"JB，图书名称，出版社，购买地点"发送至10669588128

防伪客服电话

（010）58582300

资源服务提示

方式一：智慧职教

欢迎访问职业教育数字化学习中心——"智慧职教"（http://www.icve.com.cn），以前未在本网站注册的用户，请先注册。用户登录后，在首页或"课程"频道搜索本书对应课程"网上创业"进行在线学习。用户可以在"智慧职教"首页或扫描本页提供的二维码下载"智慧职教"移动客户端，通过该客户端进行在线学习。

扫描下载官方APP

方式二：Abook

访问http://abook.hep.com.cn/37306；点击"进入课程"，正确输入教材封底防伪标签上的20位密码，点击"确定"完成课程绑定，可学习数字课程的相关资源。

资源服务支持电话：010-58581854　邮箱：songchen@hep.com.cn

本书编辑邮箱：wangpei@hep.com.cn